英美语文课程与教学概论

董蓓菲 著

华东师范大学出版社

·上海·

图书在版编目(CIP)数据

英美语文课程与教学概论/董蓓菲著.—上海:华东师范
大学出版社,2023
ISBN 978-7-5760-4056-2

Ⅰ.①英… Ⅱ.①董… Ⅲ.①语文教学－教学研究
Ⅳ.①H19

中国国家版本馆 CIP 数据核字(2023)第 146966 号

英美语文课程与教学概论

著　　者　董蓓菲
策划编辑　彭呈军
责任编辑　吴　伟
特约审读　朱晓韵
责任校对　秦乐淳　时东明
装帧设计　卢晓红

出版发行　华东师范大学出版社
社　　址　上海市中山北路 3663 号　邮编 200062
网　　址　www.ecnupress.com.cn
电　　话　021-60821666　行政传真 021-62572105
客服电话　021-62865537　门市(邮购)电话 021-62869887
地　　址　上海市中山北路 3663 号华东师范大学校内先锋路口
网　　店　http://hdsdcbs.tmall.com

印 刷 者　上海景条印刷有限公司
开　　本　787 毫米×1092 毫米　1/16
印　　张　21.5
字　　数　451 千字
版　　次　2023 年 9 月第 1 版
印　　次　2023 年 9 月第 1 次
书　　号　ISBN 978-7-5760-4056-2
定　　价　76.00 元

出 版 人　王　焰

序

无数事实证明,科学技术改变了人类生活的图景,以知识为基础的人类社会,正走向全球化和智能化。为此,世界各国加紧实施面向 2030 年的教育战略,以培养具有竞争性的人才。2019 年,联合国教科文组织(UNESCO)发布指向未来的课程、素养、实施三部曲:《指向 21 世纪的课程的概念重建和定位重置:全球性的范式转变》《未来的素养和未来的课程:课程变革的全球性参考框架》《变革教学、学习和评价:如何支持素养为本的课程》。中国教育置身面向世界和未来的历史潮流之中,语文教育必须为现在和未来的母语学习,做出科学的、前瞻性的布局和规划。

中国基础教育发展(包括语文教育)已达到历史高位,从"国际学生评估项目"(简称 PISA)的成绩来看,整体发展水平已跃居世界中高收入国家行列。语文教育要实现从有质量到高质量的发展转型,首先需要学理聚焦,厘定学科素养的内涵与外延,加强原生性教育理论研究;其次,创造性转化域外先进的课程、教材、教学、评估理念和实践经验,并加以本土化创新实践。《英美语文课程与教学概论》就是为后者打开一扇窗户。

记得 20 世纪 90 年代末,我因教育部计算机辅助教学(简称 CAI)项目去德国巴伐利亚州的学校考察,看到计算机是作为一种玩具进入中小学课堂的——学生完成学习任务后可以去教室后方,打开计算机玩游戏。更匪夷所思的是班级计算机管理员的筛选标准:第一,家人必须从事 IT 行业工作;第二,家里有电脑。德文老师解释:在家里,学生管理员有家长帮着培训,且不必担心软硬件的更新,他们始终可以与时俱进;在学校,学生管理员可以教班上的学生,一带二、二带四,滚雪球似的,全班学生就学会了电脑操作。德国人实用至上、效率为先的价值观,融在学校教育的诸多细节之中。

2005 年我在新加坡担任教育部顾问,拿到了教育部《华文课程与教学法检讨委员会报告书》。这份近百页的报告书,在第 3 页写道:"华文是华族的母语,随着中国环球影响力的提升,华文的用途必将与日俱增,这是毋庸置疑的!"作为一个中国公民,我身处其中、尚未感受到祖国潜在的巨变,而邻国教育部的文件却已形诸笔墨。这种敏锐、前瞻的国际理解意识,让我在敬佩之余倍感隐忧。这份报告不仅检讨了新加坡华文教育存在的现实问题,而且明确提出从改革目标、课程结构到内容方法直至评估、配套资源的愿景和蓝图。从问题到对策、从目标到路径乃至时间表,一一罗列在这份顶层设计上。首页还印着该委员会 10 名成员的签名,意味着 10 位教育部的智囊必须为这份国家报告担责。为解决新加坡国民语言种类繁多,华文基础参差不齐的难题,新加坡教育部引入西方课程分层举措,编制了义务教育阶段、分层的《华文》课程标准;借鉴上海教师专业发展的教研制度,实施"种子教师"计划……2015年,在全球72个国家和地区参加的PISA项目中,新加坡金榜题名、三科独占鳌头。以PISA阅读项目为例,2009年新加坡位列全球第5名、2012年升至第3名、2015年技压群雄取得第1名(535分)。新加坡教育的稳步向前与其精准的课程改革息息相关,从深层次看,这也与新加坡东西方融合的教育文化紧密相关。

2015年,应英国伦敦大学学院(UCL)彼得·布拉奇福德(Peter Blachford)教授邀请,我加入了美、英、法等地学者组成的国际合作研究"班额与有效教学"(Class Size And Effective Teaching)课题组。记得在伦敦的课题会上初见剑桥大学莫里斯(Maurice)教授,他就毫不客气地说:"中国的老师在课堂上要少讲一点!少讲一点!"彼得教授则介绍自己正在研究,如何培养学生和不喜欢的同学合作。西方学者对学生合作学习(cooperative learning)、教师合作教学(co-teaching)的深度研究,赋予我观察异域教育的慧眼。在伦敦期间,我搜遍了伦敦大学学院的图书馆,找不到一套英国的语文教科书,求助图书管理员也一无所获。情急之中,我拉住擦身而过的一位女青年,她告诉我自己是语文老师,他们学校没有语文教科书。然后她诧异地反问我:"你觉得谁最了解我班上的学生?"我回答道:"是你!""对呀,我最了解他们,所以自己找书目、编阅读材料!"当我有一天走进伦敦圣·安德鲁斯小学的语文课堂,果真应验了那位教师的话,全班学生分级阅读难度不同的六本小说。而且英国绝大部分语文课堂都是如此。为了满足学生的个体需求,英国不仅采取教科书自由选用制,而且在小学一至三年级的班级里,安排两位教师合作教学。主讲教师一定会花大量的时间教读班上最滞后的五六名学生,并让他们融入全班的教育戏剧表演。英国语文教育对学习差异给予理解和尊重,为满足每一个学生的需求和发展,设计不同的学习经历,开发个别化的学习目标,体现了英国教育彰显个人自由、包容和尊重的价值观。

语文教育的国际展望能开拓我们的视野。当你读《英美语文课程与教学概论》一书,发现众多迥异于中国语文教育的举措时,尚需透过差异的现象,寻觅他国语文教育的本质——现象的背后必然是一个国家的价值观念、文化传承使然。就像美国引领的本轮全球性教育改革,为什么是基于课程标准的教育变革呢?因为在此之前,美国没有一门学科是全国统一设置的、没有一门学科有国家统一的课程标准。这类现象归因于美国高度分权的教育制度,导致联邦政府无权决定各州教育政策和课程设置。这些差异分散在英美语文教育政策、课程、教材、教学、评估体系之中,只有透过现象的、质的认识,再结合中国语境分析,才能有效借鉴并为我所用。就像英国教师自选读物作为教科书,必然导致全班学生识字量的参差不齐。但这一做法却能深度匹配学生的阅读能力、满足阅读需求。用统编教科书的我们,一定难以兼顾沿海发达城市与中西部农村学校学生的差异化需求,但是由于每篇课文有明确的识写字等要求,所以在识字质量上是极有保障的。教科书制度对学生阅读需求、识字质量的利与弊,是难以两全但可以兼顾的。这就要根据一个国家现阶段语文教育急需解决什么问题、达成哪类目标,再权衡选择,消减弊端。

《英美语文课程与教学概论》一书是当代教育的两个发达国家——美国和英国,语文学科核心素养、课标教材、教学范式、素养为本实践的全息写真。诸如基于元认知的课程标准框架、大概念引领的教科书编制;渗透读写领域的高阶思维能力培养、过程写作法,学习中心的读写工作坊;融于听说领域的教育戏剧,跨学科的主题学习活动设计……科学的理据、先进的理念、多元的举措……想必会带去一场头脑风暴,阅读之余也期待您回馈有助于完善本书的建议!

行笔至此,要感谢美国纽约市立大学胡泱教授、伦敦大学学院彼得教授给予的学术支持!感谢我的硕博士研究生,尤其是翟志峰博士、池夏冰博士、俞颖艳硕士,以及云南省红河学院曹红丽老师,为此书提供了中外文内容和素材。此书的出版,得到了华东师范大学出版基金、教育学部教师教育学院领导的支持,以及华东师范大学出版社彭呈军分社长、吴伟女士的帮助,在此深表谢意! 最后,感谢先生一贯的支持,从硕士、博士到博导,使我浸润于专业研究并享受其乐趣!

董蓓菲

2023 年 6 月于湖墅

1491891657@qq.com

目　录

第 一 章
美 国 语 文 课 程 改 革

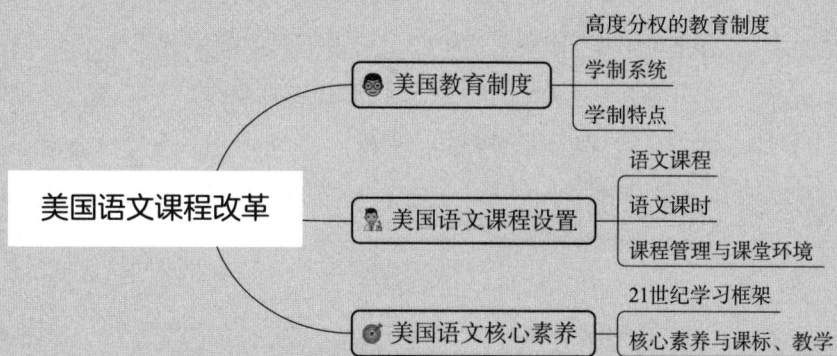

美国语文课程改革
- 美国教育制度
  - 高度分权的教育制度
  - 学制系统
  - 学制特点
- 美国语文课程设置
  - 语文课程
  - 语文课时
  - 课程管理与课堂环境
- 美国语文核心素养
  - 21世纪学习框架
  - 核心素养与课标、教学

美国，全称美利坚合众国（United States of America），是由华盛顿哥伦比亚特区、50 个州和关岛等众多海外领土组成的联邦共和立宪制国家。国民主要由世界各地移民及其后裔和当地居民印第安人组成。当今美国已是世界上的教育发达国家之一，其教育改革与发展趋势对世界各国具有非同寻常的影响力。2000 年，本轮基于标准的全球性课程改革就源自美国。

"使来自不同国家、不同民族的人民美国化"，为达到这个目的，英语始终是美国学校课程中的主要必修科。为便于评述，我们将美国英语/英语语言艺术课程称为"美国语文课程"。

第一节　美国教育制度

对美国教育体制有一个全面的了解，有助于我们客观地认识美国语文课程。

一、高度分权的教育体制

美国教育是联邦、州、地方共同负责的教育管理体制。1840年通过的美国宪法修正案第10条规定"本宪法所未授予合众国或未禁止各州行使之权力，皆由各州或人民保留"。此法案造就了美国以州为主体，从联邦政府到地方政府，再到学区、学校，呈现地方自治的传统特色。这种特立独行的体制，赋予各州的语文教育以无限张力。

美国教育体系是高度分权的。宪法中未规定联邦政府享有教育管理的权力，所以教育政策和课程设置等均由各州与地方政府决定。

（一）联邦教育部

美国联邦教育部的雏形是"教育办公室"，创设于1867年，主要职能是搜集学校和教学情况等教育数据，以便政府作出相关的教育决策。长期以来，这个"教育办公室"先后隶属于联邦内政部、卫生部、教育和福利部等，政治地位不高。1979年，美国国会颁布了《美国教育部组织法》(*The Department of Education Organization Act*)，1980年，具有内阁层级资质的联邦教育部正式诞生。

联邦教育部行使教育与学生事务的职能，承担四方面的职责：(1)就联邦政府财政资助教育设立相关的政策，并管理这些教育资金的分配，监控其使用；(2)通过学生评估等方式搜集数据，监控全国学校教育科研项目运转，将相关信息呈报国会，并传达给教育者与社会大众；(3)就教育领域中的重大问题开展相应调研，必要时促进联邦政府乃至国会做出相关举措；(4)确保联邦关于禁止歧视的政策法规实施，确保联邦政府资金支持到位，确保每一个个体享有均等的入学教育机会。[①] 近年来，联邦教育部在指导重大教育问题；传播国家教育思想、最新教育研究成果；保证所有公民不因种族、肤色、国籍、性别、残疾或年龄的影响，平等享受联邦教育基金资助等方面的宏观调控功能尤为突出。

（二）州教育委员会

由民众通过选举选出有教育理念的议员，或州长任命社会知名人士组成的州教育委员会，是州教育决策的集权部门，负责州级层面的民主化、科学化的教育管理。其主要职责是：制定州的教育政策；对全州公立学校系统进行监督；提供教育咨询服务和教育资料。

各州均设教育厅，负责协调州内学校运行、教师职业发展等各项事务。其职能主要有四个方面：制定各项规章制度，督导并主持联邦政府和本州教育项目的实施；经营州教育事业的

---

① 赵章靖.美国基础教育［M］.上海：同济大学出版社，2015：43.

实际事务,如制定本州中小学教学大纲、高中毕业标准、参加本州教育测试;掌握州教育财政,制定教育预算;制定州教育事业发展的目标和规划,开展和研究评价活动。

但夏威夷州例外,该州无州教育委员会,教育事务由州政府直接管理。

(三) 学区

许多州把教育实际管理权委托给地方教育行政当局,即学区来行使。现有的 16800 个学区是美国最基本的教育行政单位。该机构主要包括:

地方学区董事会——负责制定学区相关政策、规则;

学区教育监事——负责制定并监管学区财务运算、开发和评估学区课程设置与教学、组织学校日常教学和教师培训等工作、沟通学区董事会;

学区教育办公室——负责帮助监事管理学校系统和人事。

从教育经费来源看,美国公立学校的教育经费 44.1% 来自州政府,43.4% 来自地方政府,12.5% 来自联邦政府。[①] 但由于美国各州在社会经济、政治和文化等诸多方面所具备的共性,以及国家教育评审,鉴定机构的指导作用等,全美各州的教育体制虽有所差别,但总体而言是大同小异的。

(四) 校长

美国中小学校长的职责除确保所有学生达到相应的标准外,还包括安全、财物、交通、设备、公共关系等。校长作为一所学校的决策者,其办公室一般配有 2—4 位秘书,分别负责学生、教职工、校舍、材料及设备等日常工作。每所公立学校都有儿童咨询师和护士。咨询师除了心理咨询外,还负责学术专业咨询、个体计划(包括未来职业规划)、社交能力培养,以及学校辅导课程的实施等。学校的老师、家长和校领导组成的校委会,则负责制定符合学校预算的"综合教育计划"及其他学校事务。

二、学制系统

美国教育可分成三个层次:初等教育、中等教育和高等教育。初等教育包括学前教育和小学教育;中等教育包括初中和高中;高等教育结构主要由五类院校组成,分副学士、学士、硕士、博士、博士后和专业后修业研究(见图 1-1)。高等职业教育一般由社区学院负责。

(一) K—12

美国的基础教育阶段就是指从学前到 12 年级的教育,简称"K—12"。美国儿童年满 6 岁入小学,若就读公立学校,从一年级到 12 年级都享受免费教育。其中中学分综合中学、中间学校(middle school),普通中学归属前者。综合高中也承担中等职业教育。美国中小学每学年有三个学期,每学期约 15 周。

---

① 赵章靖. 美国基础教育[M]. 上海:同济大学出版社,2015:64.

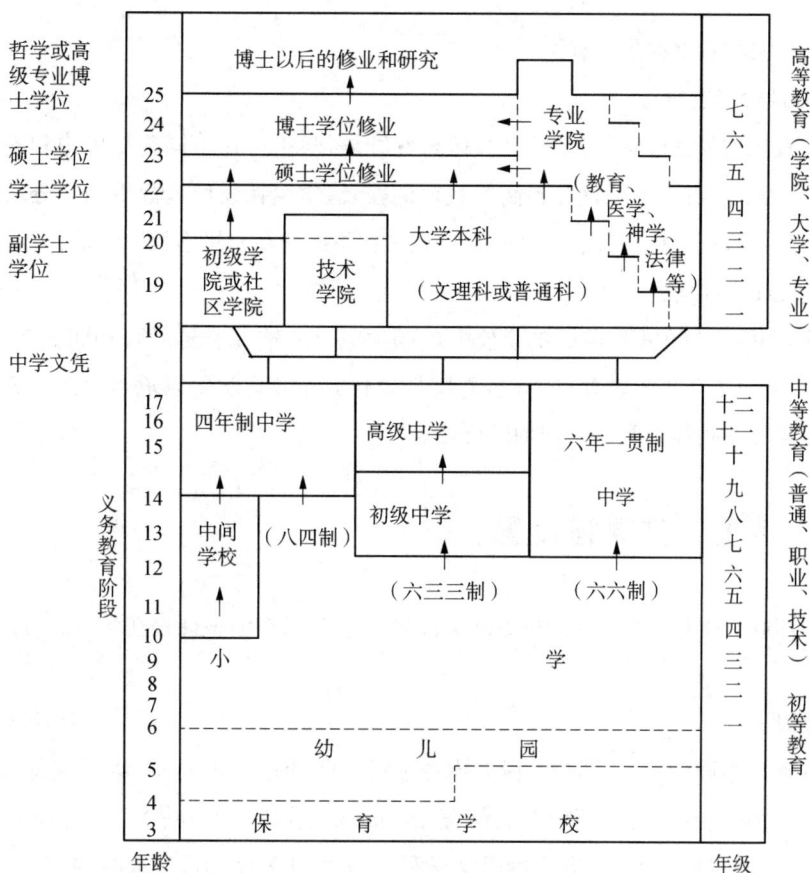

图 1-1　美国学制图①

（二）三种学制类型

美国基础教育有多种不同的学制：六三三制、五四三制、四四四制等。"六三三制"小学六年、初中和高中各三年。"五四三制"小学五年、初中四年、高中三年。"四四四制"小学四年，然后进入中间学校学习四年，再读四年高中。

三、学制特点

综观美国现行学制，有如下几个特点：

（一）典型的单轨性

从学前教育到高等教育，各级各类学校之间并非截然分开，而是纵贯横连，互相衔接，与双轨制有明显的区别。

（二）施教机构和分段学制的多样性

初等、中等、高等教育的各个阶段在起始方面有较一致的要求，但在各个阶段内部，有不

---

① 冯增俊. 当代国际教育发展[M]. 上海：华东师范大学出版社，2002：9.

同种类的施教机构和多样的学制组合。

（三）开放性和上行性

虽然施教机构和分段学制各有不同，但相互开放，学生可在不同施教机构和不同分段学制之间转换。此外，由于中等教育和高等教育的普及，学生在任何施教机构和分段学制中学习，都能在一定条件下继续升读高一级学校，以及在不同的高一级学校中转换并上行。

（四）较强的综合性

一方面，美国学制在不同阶段的学校中，一定程度上综合了普通教育和职业教育；另一方面，该学制也兼顾了非正规教育，如许多高校都设有成人教育学院以承担成人教育任务。因而美国教育学制在功能上具有一定的综合性。

第二节　美国语文课程设置

全美 16800 个地方学区，视英语/英语语言艺术为核心课程，该课程在各州的名称有所不同。

一、语文课程

语文课程在不同的州、不同的学段名称各不同。有的统称为：英语、语言或英语语言艺术（English language arts）。也有分称为：阅读（Reading）、作文（Writing）、文学（Literature）等。从小学六年级起，包括初中、高中阶段语文学科开设两门课程：语言（或称语言艺术）、文学。初中阶段的"语言"课程一般包括语法和作文；"文学"课程则以文学主题、文学体裁为线索，学习各国不同时期的文学作品。高中阶段开设语文必修和选修课，尤其是高三和高四年级的"文学"门类繁多，包括美国文学、英国文学、世界文学和比较文学等。中学语文课程属于学术课程，每个学生必修。在四年制中学，学生毕业要获得 16 个学分，语文课程要占 3—4 个学分。表 1-1 是俄亥俄州格伦巴斯高中三年学分统计。

表 1-1　俄亥俄州格伦巴斯高中学分表

学分＼学科＼学年	英语	现代文学与作文	英语文学与作文	商业英语	世界史	合众国史	民主主义原理	数学	保健教育	体育	合计
10	5	—	—	—	5	—	—	—	—	2	12
11	5	—	—	—	—	5	—	—	2	2	14
12	—	5			—	—	5	—	—	—	10

需要说明的是，在美国"curriculum""subject""course"是三个不同的概念。"curriculum"是课程的总称；"subject"是学科的意思；"course"指语文学科范畴内具体的课程，即在一学年、

一学期或更短时间内进行教学的课。"语文"是一门学科（subject），这门学科开设多门课程（course），如文学、阅读、写作、语法、演说、辩论等。每门课程又分出不同难度水平（能力水平）的课，一般分为四个等级水平：

（一）基础水平（Basic Level）

该类课适合学习能力或基础较差的学生，只需掌握最基本、最必要的语文知识和技能。

（二）普通水平（General Level）

该类课适合多数学生，属中等水平。也可称为"标准水平（Standard Level）"或"常规水平（Regular Level）"。

（三）高级水平（Advanced Level）

该类课适合优秀的学生，课程内容更宽泛、难度更深。

（四）免考级（Advanced Placement 简称"AP 级"）

该类课内容相当于大学水平，考试通过后可计入大学学分，升入大学可免修这门课。因此，也称"大学先修课程"，一般在 K9—11 高中学段都会开设。学生在 K11 年级学习结束后，可凭借相应的 AP 课程成绩申请进入高校学习，也可以继续在校进入 K12 年级的学习。

所以在美国的一些高中，语文学科有四门课程，每门课程又分年级和不同的难度水平，一所学校语文学科开 20、30 门课是常有的现象。表 1-2 为新泽西州海兹雷特镇校区（Hazlet Township Public School）莱瑞顿高中（Rariton High School）开设的语文课程。

表 1-2　莱瑞顿高中必修课和选修课①

必　修　课	
九年级	英语快班、英语 A、英语 B、英语基础、基本技能 1
十年级	美国文学快班、美国文学 A、美国文学 B、美国文学基础、基本技能 2
十一年级	英国文学快班、英国文学 A、英国文学 B、英国文学基础、基本技能 3（实用写作 10 年级和 11 年级可共选）
十二年级	高级英语/大学英语快班、英语 4A（有效交流）、英语 4B（有效交流）、文学风格基础、基本技能 4
选　修　课	
戏剧入门	九、十、十一、十二年级选修
戏剧 A、B	十、十一、十二年级选修
新闻 A、B	十、十一、十二年级选修
SAT 应试	十、十一、十二年级选修

① 洪宗礼等. 母语教材研究［M］. 南京：江苏教育出版社，2007：76.

莱瑞顿高中的必修课程分为五个层级,成绩优秀的学生可选快班,如必修课程中的英语快班、美国文学快班;能力弱的学生可选基本技能。期末课程平均得分在 93 分及以上,下个学期可选择高一层次的课程;平均得分在 85 分以上、93 分以下的可以继续选择同一层次的课程。

表 1-3 是贝尔维尤学区初中开设的语文课程。

表 1-3 贝尔维尤学区初中语文课程[①]

英语	六年级/七年级/八年级 英语
	六年级/七年级/八年级 文学
阅读	阅读
	作品选读
选修课程	主题写作
	辩论
外语学生的课	针对母语非英语的初中生

美国大多数中小学语文课程是分科教学的,但近年来对学科内容进行综合的课程(统整课程)研究取得了很大的成功。综合课程往往打破学科界限,以教学单元的形式融合多学科内容。一般单元的构成有三种形式:专题、项目和观点。如关于"树木"这个专题,小学生在科学课学习树木的年轮;数学课学习树木高度的测量;艺术课学习制作树叶画;音乐课学习吹奏木质乐器;语言课阅读有关树木的文学作品、写树的俳句。中学以自然、历史和英语语言运用为中心的专题"英国文学",学生对一本小说、一个剧本和一位作家展开研究。以项目为主的单元如"纽约的城市发展",会考虑学生的个别差异,引导他们围绕一篇研究论文、一篇自传、一个现场参观活动来展开。以观点为主的单元集中在口语表达和情感抒发上,如"克隆技术的利弊"。

此外,一些小学还参与多元智能课堂教学的研究。该类课程以知识为中心,围绕知识点的学习发展学生的八种智能:语言智能、数理逻辑智能、视觉空间智能、身体运动智能、音乐智能、人际关系智能、自我认识智能、自然智能。课程的设计与综合课程极为相似,有些设计还注意到了智力发展的顺序性。在美国,许多教育者、研究者认为:霍华德·加德纳(Howard Gardner)的多元智能理论可以为传统语文教学提供各种切入点,可以帮助教师把现有的课程或单元转换成多元的学习机会。下面是小学四年级为期八天的语文标点符号单元教学计划,平均每天语文课时为 35—40 分钟。

---

① 赵章靖.美国基础教育[M].上海:同济大学出版社,2015:123.

水平：四年级

主题：英语语言艺术

目标：理解问号、句号、逗号和叹号等四种标点符号的功能，辨认彼此之间的区别。

星期一（语言智能）

学生听一段有关标点符号功能的口头解释，读含有四种标点符号的例句，要求他们完成一份填写标点的作业。

星期二（视觉空间智能）

教师在黑板上画图，这些图与每一种标点的形状和意思相对应（问号用一个挂钩表示，因为问题钩住我们以寻求答案；叹号用一个人在宣布某件事情时，敲打地板的形象来表示；句号就用一个点表示，因为你已经做了一个平滑而简单的点；逗号用一个刹车片的形状来表示，因为它要求你在一个句子之中暂时停顿）。学生可以自己画标点符号的图片，并将图片插在句子当中（用不同的颜色表示不同的标点）。

星期三（身体运动智能）

教师要求学生在阅读句子时用自己的身体来表示标点符号的形状（例如，做一个弯曲的姿态表示问号）。

星期四（音乐智能）

学生为不同的标点制作不同的声音（就像维克托·波格在他的戏剧中那样），然后当不同的学生阅读有四种标点的例句时发出和谐的声音。

星期五（数理逻辑智能）

学生分成 4—6 人小组，每个小组有一个盒子，盒子分成四个间隔，每个间隔中放置一种标点。各小组把那些缺少标点的句子（每句缺少一个标点）分类，按照标点符号的用法放在四个不同的间隔中。

星期一（人际关系智能）

学生分成 4—6 人小组。每个学生有四张卡片，每张卡片上写有一种标点符号。教师把一个需要添加标点的句子放在投影仪上。小组同学围成一圈，将相关的卡片放在圈中。小组中第一个放对卡片的学生得 5 分，第二个学生得 4 分，等等。

星期二（自我认识智能）

要求学生应用这些标点符号自己造句，这些句子内容应该与自己的个人生活相关（例如，他们希望某个同学回答的一个问题，或者是他们感触很深的一个陈述，或者是他们希望其他同学知道的一个事实）。

星期三（自然智能）

要求学生把每一种标点符号指定为某一个动物和它独特的声音(例如,句号可以用狗的叫声表示,逗号可以用鸭子的叫声表示,问号可以用猫的叫声表示,叹号可以用狮子的吼声表示)。在教师(或者是学生)阅读某一段落时,学生们可以发出与每一种标点相对应的动物的声音。

(改编自[美]托马斯·阿姆斯特朗.课堂中的多元智能——开展以学生为中心的教学[M].张咏梅,等译.北京:中国轻工业出版社,2003:66—67.)

二、语文课时

虽然美国不存在全国统一的语文课程,但教育工作者普遍认同:语文课程应当像一条金线贯穿教育系统,从幼儿园一直到高等院校。学前和小学低段的语文课程主要侧重教学生阅读、简单的写作和流畅地自我表达;小学中高段以及中学的语文课程关注学生通过阅读、写作来获取新知,以及有意义、准确地交流;高中阶段的语文课程则关注在不同学科间发展高效阅读和有效表达的技能。

(一) 课程表

下面是特托尔湖(Turtle Lake)学区纪念碑(Memorial)小学(见表1-4)、纽约州奥斯维戈(Oswego)中间学校(见表1-5)的课程表。

表1-4　小学二年级课程表①

	时间	星期一	星期二	星期三	星期四	星期五
	9:00—9:15 学生到校	早课				早课
1	9:15—9:55	晨会	晨会	艺术	晨会	晨会
2	9:55—10:15	数学	电脑技术	晨会	体育	
	10:15—10:35			课间餐		课间餐
3	10:35—10:55		课间餐		课间餐	媒体课
	10:55—11:15	课间餐		阅读		
4	11:15—11:35	阅读	阅读		阅读	阅读
	11:35—11:55					
5	11:55—12:15	拼写	拼写	写作	拼写	写作
	12:15—12:25					
6	12:25—12:50	午餐				
	12:50—13:15	休息				

---

① 洪宗礼等.母语教材研究[M].南京:江苏教育出版社,2007:75.

	时间	星期一	星期二	星期三	星期四	星期五
7	13:15—13:30	Wk1:同伴阅读 Wk2:SQUIRT	SQUIRT			
	13:30—13:50	Wk1:同伴阅读 Wk2:和平项目	数学			
8	13:50—14:10	Wk1:音乐				
	14:10—14:30					
9	14:30—14:50	Wk1:写作 Wk2:音乐	科学/ 社会科学	科学/ 社会科学	科学/ 社会科学	特别项目
	14:50—15:10	故事 及放学仪式	故事 及放学仪式	故事 及放学仪式	故事 及放学仪式	故事 及放学仪式

表1-5 七年级课程表①

时间	星期一	星期二	星期三	星期四	星期五
7:55—8:37	活动				
8:39—9:21	数学				
9:23—10:05	英语				
10:07—10:49	第1—13周外语Ⅰ,第14—26周卫生Ⅱ,第27—39周卫生Ⅰ				
10:51—11:33	第1—13周家政,第14—26周美术,第27—39周音乐				
11:35—12:03	午餐				
12:05—12:47	社会科学				
12:49—13:31	体育和劳技教育				
13:33—14:15	科学				

　　高中课程实施学分制,学校面向学生未来的大学学习和职业生涯规划,开设的课程门类繁多,尤其是选修课程。表1-6是贝尔维尤学区(Bellevue school district)高中核心课程表。表中自选课程是指学生自主选择学校开设的职业技术、视觉与表演艺术、外语以及其他选修课程。

(二)课时

　　美国各州不仅语文课程课时是不一样的,而且每节课时长也不一致,高中一节课从52—

① 朱绍禹.本国语文卷[M].北京:人民教育出版社,2001:234—235.

90 分钟,长短不一。以威斯康星州为例,该州小学语文每周拼写(Spelling)、阅读(Reading)、语言艺术(Language Arts)各 4 课时(每课时 45 分钟)。初中每周文学(Literature)、语言艺术(Language Arts)各 5 课时(每课时 45 分钟)。高中每周文学和语言艺术各 7 课时(每课时 60 分钟)。

表 1-6　高中核心课程简表①

K9 年级	K10 年级	K11 年级	K12 年级
英语 文学与写作	英语 文学与写作	英语 美国文学与写作/AP 英语与美国文学/IB 英语	英语 高级英语/K12 英语/AP 文学与写作/IB 英语
社科 世界史基础 AP 人文地理	社科 世界史/AP 世界史	社科 美国史/AP 美国史/IB 历史	社科 当代国际/美国政治/IB 历史/AP 美国政治
数学	数学	数学	2 学期或 1 学年课程 自选
科学 生物	科学 化学	2 学期或 1 学年课程 自选	2 学期或 1 学年课程 自选
体育	体育卫生	2 学期或 1 学年课程 自选	2 学期或 1 学年课程 自选
2 学期或 1 学年课程 自选	2 学期或 1 学年课程 自选	2 学期或 1 学年课程 自选	2 学期或 1 学年课程 自选
2 学期或 1 学年课程 自选	2 学期或 1 学年课程 自选	2 学期或 1 学年课程 自选	2 学期或 1 学年课程 自选

三、课程管理与课堂环境

美国联邦教育部既不直接管理全美的语文课程,也无统一的规定和要求。只是通过地区政策,主要是州的语文课程政策来影响学校和学生的语文学习。

(一) 语文课程管理

美国课程管理在体现教育管理地方分权特色的同时,又表现出联邦教育部"中央集权"的潜质。其权限分配大致如下。

1. 联邦层面

联邦政府确定国家语文教育的基本培养目标、语文课程计划框架和课程标准等宏观的课

---

① 赵章靖.美国基础教育[M].上海:同济大学出版社,2015:127.

程政策；向地方和学校提供指导和经费，监督贯彻执行这些政策。20 世纪 80 年代以来，联邦政府对教育愈来愈重视，颁布的课程政策也具有一定的连贯性。

1991 年老布什（Geoge Herbert Walker Bush）总统签发《2000 年美国：教育计划》（America 2000）提出六项目标。其中第三条提到：K—12 阶段教育中，美国四年级、八年级、十二年级的结业生要在语文、数学、科学、历史、地理等学科测试中达标。第五条提出：每个美国成年人都必须具备相应的读写能力与知识技能，以适应全球化时代的生活需要。1994 年克林顿（Bill Clinton）总统颁布《2000 年目标：美国教育法》（Goals 2000：Educate America Act），追加了两项目标。该文件第一次明确提出了"编订自愿采用的国家标准……这样我们才能对什么是学生在基础学科领域必须掌握的东西，有共同的认识"。编制全国性的教育标准是重中之重。2002 年小布什（Geoge Walker Bush）总统颁布《不让一个孩子掉队法》（No Child Left Behind，简称"NCLB"），其中和语文课程相关的内容有三条：

（1）通过提高学业标准和办学责任，缩小处境不利群体学生与其他学生（主流社会儿童）的学业差距。

各州每年对三年级和八年级学生的阅读和数学做一次评估，保证每年度每个孩子都达到学业标准。未取得基本进步的学校应得到联邦政府的特殊支持。各受助学校也应相应地针对基本技能和核心知识确立明确的、可量化的目标。任何学校不得以保持本校学生学业合格率为目的，而拒收弱势群体儿童入学。弱势儿童和他们的同龄人一样有择校权。

（2）通过阅读领先改善读写——阅读先行计划

政府将保证每一个孩子到三年级末时学会阅读。为了实现这一目标，政府将启动一项名为"阅读领先"（reading first）的行动计划。阅读领先计划负责向各个州提供解决阅读困难所需的资金和策略，以及近几年来有关阅读问题研究的新成果，并且负责把该方面的研究成果应用到全美所有学校的课堂教学中，使之变为现实。保证更多的孩子接受有效的阅读教学，意味着更多的孩子能够得到他们所需要的帮助以防掉队。

（3）帮助英语为非母语的学生达到英语流利水平

优化双语教育计划，各州要确保这类学生在三年内英语达到流利水平，并在核心课程的学习上达到标准；允许各学区自由选择教学法；联邦政府将对成效差的州采取措施。[①]

2010 年 3 月，奥巴马（Barack Hussein Obama）向国会提交了《改革蓝图——初等和中等教育法案的重新授权》。该法案提出要提升所有学生的成绩标准，完善评估，实施全面教育，并号召各州加快制定语文、数学课程的学习标准。到了六月，《共同核心州立标准》出台，对 K—12 年级学生应该掌握的语言知识和技能做了明确、细致的规定，旨在为学生在将来的学业、就业和后续国际竞争中的成功做准备。

---

① 强海燕. 中、美、加、英四国基础教育研究［M］. 北京：人民教育出版社，2005：149—150.

2. 州层面

各州教育行政部门负责本州语文课程设置。其职责是根据联邦教育部对课程的总体设置，制定州内语文课程框架，包括课程目标、标准、实施方案等，指导学校实施地方课程、编制课程计划；制定本州辖区内学校的语文测验，语文学科的成就标准；向地方学区提供各项必要的资源；定期评价本州确定的语文课程框架。随着《共同核心州立标准》的实施，越来越多的州支持并采用这个标准。长此以往，各州的课程框架必将日益趋同。

3. 学区层面

各学区有着很大的课程设置自主权。其职责是制定和执行与课程相关的政策；制定高质量的语文课程规划；以州政府规定的语文教育目的为依据拟定课程目的；确定各阶段语文课程的内容，制定必修学科以及课时分配；设定核心课程，包括范围、序列以及课程指导等等；选用语文教学材料，包括教科书；编拟本学区的测验和其他可资利用的实际操作评价工具，弥补州际标准化测验的不足；为学校层面提供财力、人力、物力等资源和帮助；定期评估学区制定的语文课程。

4. 学校层面

学校以学区的课程规划为依据，拟定高质量的学校语文课程计划；弥补学区制定的课程目标的不足；拟订语文校本课程；拟订以学习为本的课程表；确定课程统整的策略和统整的程度；定期协助检测语文课程实施情况。

5. 教师、学生和家长、社会团体

教师和学生、社会对语文课程的管理也有相当的权限。教师可以通过各级英语教师联合会在大范围内影响对课程的管理。

学生对语文课程的影响作用有正式和非正式两种。正式影响主要是学生干部被选举或委派担任语文课程决策委员会成员，由此在一定程度上决定课程的设置和标准等；非正式影响是以拒绝选读由学术专家设计的语文教材、课程等形式表现出来，或以自办报纸、教学评议会等途径对课程管理提出建议和要求。

家长则借助"家长和教师国家议会"等组织对语文课程设置产生影响。

各种社会团体如一些基金会可通过资助一些语文课程研究政策，对课程现状进行调查等方式间接影响管理政策。

自克林顿政府试图建立"全国统一考试"至今，尽管各州和地方学区等各方均出现过抵制和反对的声音，但因为是否参加"全国统一考试"、是否达到"全国课程标准"，和能否获得联邦政府的某些教育经费资助休戚相关。因此，各州、各学区在逐步加强监督与评价语文课程的同时，也越来越接受联邦政府逐步加大对各级教育的管理控制权这个事实。

（二）语文课堂环境

美国小学实行的是包班制，所有科目的教学活动都在同一个教室内进行，由一位教师执教除艺术类之外的所有科目。中学实行的是走班制，即学生不同科目的学习，需要在不同的专门教室中进行。这种特殊的形式使得教师成为教室的"主人"，也使得教室环境带有强烈的学科特色。

美国小学教室里，课桌椅通常都按小组摆放，以促进学生间的交流和合作学习。教室空间有用于班会的开放空间，设置有学习中心，例如图书中心、写作中心、听力中心、计算机中心、信息中心、资料参考中心、戏剧中心等。美国课堂的教学活动很多都是在学习中心进行的。在学习中心里，学生独立或通过小组参与有意义的、有效的、真正的语言活动。在图书中心，学生挑选独立阅读的书本；在听力中心听故事；在写作中心写作并且装订成书；在其他中心，学生们练习微课上老师讲过的语言艺术策略和技巧，或者通过观看视频了解作者。详见图1-2和图1-3。

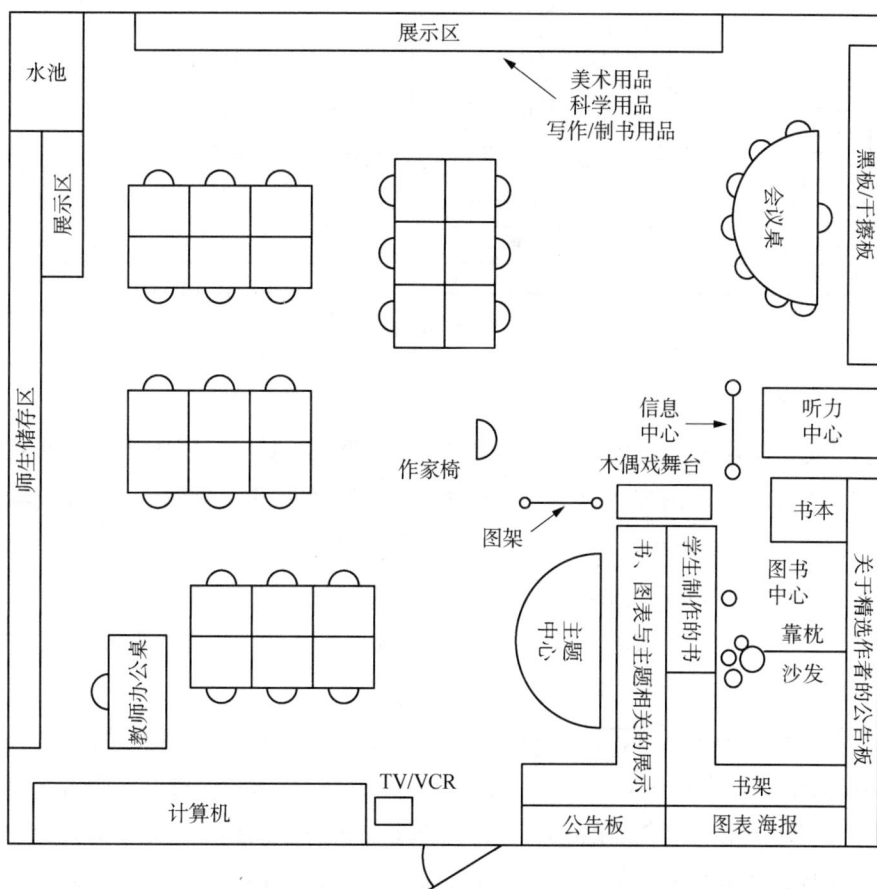

图1-2 三年级英语语言艺术教室

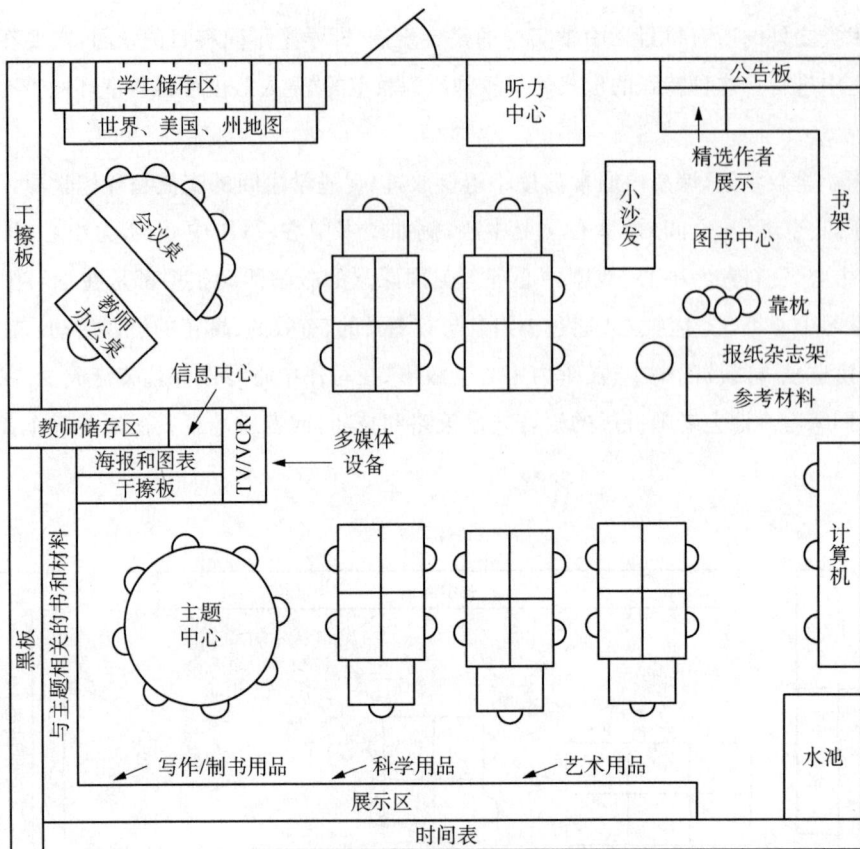

图 1-3　六年级英语语言艺术教室

1. 图书中心

该空间放有各类书籍,包括小说、信息类读本和诗歌,也包括多元文化的书和其他阅读材料,如报纸、杂志、海报和图册,有关作者和插图画家的信息等,供学生使用并研读。学生独立阅读的书本也放在图书中心。与文学聚焦单元和主题周有关的书被标上记号。该空间展示的这些书本可能来自教师自己的收藏,也可能是教师从学校或公共图书馆借来的。大多数书本应该与学习单元相关,应该定期更换。用至少是班级人数四倍的书籍量来充实图书中心。中心也有学生写的书,并由学生监管。

图书中心用架子、地毯、长凳、沙发或其他隔离物来隔断空间。用枕头、豆袋椅或舒适的家具装饰这个区域。中心要能够轻松容纳五到六个学生。图书中心的书一般用两种不同的书架,大多数书本应该书脊朝外摆放,但是一些书籍应该朝上摆放,以展示书的封面。一般按照类别摆放书本,并且按照类型为书本做色彩标记。相同作者的书籍放在一起,与正在学习的主题相关的书籍也放在一起,定期更换书本。

2. 写作中心

写作时,写作中心为学生提供写作所需的材料:

（1）不同种类的水笔、铅笔、蜡笔、马克笔和其他写和画的工具。

（2）不同尺寸和颜色的、有横线和没有横线的纸。

（3）制作和装订书本的材料。

（4）有文字处理系统和图形程序的计算机、调制解调器、网络接口和打印机。

（5）一个照相机和胶片，用以拍摄插图照片和"关于作者的一切"栏目的学生照片。

（6）插图和封面要用到的小块儿艺术材料。

3．听力中心

听力中心配有播放器和耳机。学生在这里听故事、诗歌，以及信息类读本的录音带。

4．计算机/多媒体中心

计算机中心通常置于教室的中心区域，以便学生来往计算机中心和其他学习中心。中心会放置一台以上的计算机，一个打印机和一个扫描仪、VR 设备、播放系统，以及其他相关的可用技术。配置多种软件，包括文字处理系统、图形程序，例如 KidPix、光盘图书和游戏。还可以放数码相机和摄像机。张贴使用提示：用简单的图标解释计算机的操作。通过计算机生成的教师和学生作品。

5．信息中心

教室里的信息中心会张贴当天的日程表和通知。这些通知可以由教师发起，也可以由学生发起。学生可以使用邮箱或者留言板给其他学生写留言条或发邮件。

6．资料参考中心

在中心的单词墙上列出与文学聚焦单元和主题周有关的重要单词。提供列表、图片、图表、书本、模型以及其他可用的相关材料。标记、放置与主题周相关的手工艺品或其他项目。以及学生用的字典和词典。

7．戏剧中心

戏剧中心需要在教室中搭建一个木偶戏舞台，配置制作木偶或制作其他道具可用的艺术材料。设置剧本表演和讲故事的区域、摆放道具的空间。

除了上述学习中心外，教室里还有一些区域和设备。

（1）学生作品展示区

所有学生的作业、作品都在教室中专门的区域展示和陈列，其他的作业储存在档案袋内。

（2）作者之椅

教室中的一把椅子被指定为作者之椅，上面有专门的标志。学生分享自己的作文时会坐在上面。

（3）指示牌、标签和语录

在教室的设备或其他物品上贴有标签，其中一些指示牌、标签和语录是学生写的。教室中张贴了单词、短语和句子。

（4）指南

教室中提供学习指南，以指导学生独立学习和工作。一些指南是由学生写的。

（三）语文课堂环境实例

滕斯特尔老师(Mrs. Tunstall)按组排列的桌椅，方便小学生合作学习，见图1-4。

图1-4　教室的桌椅摆放①

教室中集体教学的区域地上铺有毛毯，学生在听教师授课时通常席地而坐，有助于创设轻松愉悦的课堂氛围。在此区域的正前方，就是教师的授课区域，配备有白板，座椅，见图1-5。

图1-5　集中教学区域②

---

① Tunstall. Classroom tour: 2014 - 2015 ［EB/OL］. ［2018 - 01 - 29］(2023 - 01 - 08). https://www.tunstallsteachingtidbits.com/2014/08/classroom-tour-2014-2015.html.

② Tunstall. Classroom tour: 2014 - 2015 ［EB/OL］. ［2018 - 01 - 29］(2023 - 01 - 08). https://www.tunstallsteachingtidbits.com/2014/08/classroom-tour-2014-2015.html.

教室左侧放置有橱柜,被滕斯特尔老师设计成了字母墙。紧挨着橱柜字母墙的是一个柜台,斯滕特尔老师用它来放置一些学生们需要的物品,如马克笔、铅笔、剪刀等,见图1-6。

图1-6　字母墙

写作中心紧挨着写作材料,方便学生在写作过程中随时使用材料,见图1-7、图1-8。

图1-7　写作中心　　　　图1-8　写作材料

写作中心旁边就是教师进行小组教学的区域。在这个区域内,有一张半圆形的桌子和六张椅子,可容纳五名学生。方便教师随时指导某一位同学。而且教师的椅子面向教室中其他的学生,方便教师随时关注其他学生,见图1-9。

图 1-9　小组教学区域

计算机中心被安置在教室后方的百叶窗前，这里光线充足，有助于保护学生的视力。计算机中心可容纳六名学生同时进行操作，见图 1-10。

图 1-10　计算机中心①

计算机中心右侧的拐角处，就是滕斯特尔老师花了很多心思的图书中心，见图 1-11。除了书架和书以外，最引人注意的就是两个放有靠枕的小沙发和一块毛茸茸的绿色地毯，让人迫不及待地想要坐在软软的沙发上或者毛茸茸的地毯上，享受安静的阅读时光。滕斯特尔老师将书本按照作者和体裁进行分类，这样可以帮助学生快速找到自己需要的书。

①　Tunstall. Classroom tour: 2014-2015 [EB/OL]. [2018-01-29] (2023-01-08). https://www. tunstallsteachingtidbits. com/2014/08/classroom-tour-2014-2015. html.

图 1-11　图书中心

滕斯特尔老师依靠空间划分,为教室搭载了多种功能,并且不同功能、不同空间之间的转换自然流畅,学生可以自如、便捷地走动。

第三节　美国语文核心素养

美国社会认为,在工业时代向信息时代转变的过程中,迅猛发展的信息技术对生活的影响是难以想象的。学生需要拥有一套能力,以应对复杂多变的社会。因此,面对经济、环境和社会的挑战,教育显得尤为重要。如果今天的孩子们有机会为自己未来的公民、员工、经理、父母、志愿者和企业家的角色作好准备,那么,他们就可以应对未来的挑战。为了充分发挥成年后的潜力,年轻一代需要学习一系列的技能和知识,以促进掌握和应用英语、数学和其他科目知识。

有关"核心素养",美国诸多组织都提出了自己的研究成果。如美国国家科学院的国家研究委员会(the National Research Council of National Academies,简称 NRCNA)、全美英语教师联合会(the National Council of Teachers of English,简称 NCTE)、21 世纪学习联盟(Partnership for 21st Century Skills,下文简称 P21)等都各自发布了研究报告。

一、21 世纪学习框架

2002 年,在联邦教育部的领导下,联合如苹果、微软、全美教育协会等有影响力的私有企业和民间研究机构,美国 21 世纪学习联盟(P21)成立。加入这个全国性组织的有政府部门、商业机构、民间组织、高校等相关人员。P21 组织开发了"21 世纪学习框架"(Framework for 21st Century Learning),是美国权威的核心素养框架。这个框架已经被成千上万的美国教育工作者和海外数百所学校所应用。① 该框架包括 21 世纪培养目标和 21 世纪支持系统。2007 年 P21 又发布了《21 世纪 P21 学习框架——21 世纪学习成果和支持系统》（*P21 Framework for 21st Century Learning — 21st Century Student Outcomes and Support Systems*）的新版本。

（一）学习成果系统

该框架的上半部分描述了 21 世纪培养目标——学生学习的成果系统，由外圈和内圈两部分内容构成。见图 1-12。

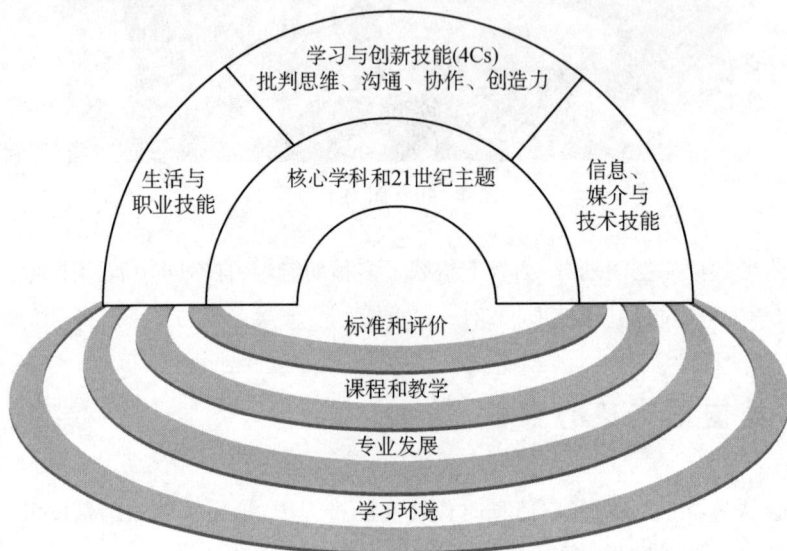

图 1-12　21 世纪学习框架

1. 外圈

该系统的外圈为 21 世纪最需要的技能，由三个部分组成：生活与职业技能（life & career skills），学习与创新技能（learning & innovation skills），信息、媒介与技术技能（information，media & technology skills），见图 1-12。这些构成要素对确保每个学生为立足未来做准备至关重要。

（1）生活与职业技能是 21 世纪学习、工作与生活的必备技能。学生只有掌握充分、有效的生活与职业技能，才能灵活应对复杂工作与生活环境中的各种挑战。具体包括灵活性与适应性技能（flexibility & adaptability），主动性与自我指导技能（initiative & self-direction），社交与跨文化交际能力（social & cross-cultural skills），产出能力与问责技能（productivity & accountability），领导能力与责任感（leadership & responsibility）五项技能。

（2）学习与创新技能是开展创造性工作和终身学习的钥匙。具体包括批判性思维与问

---

① 刘畅，王书林. 美国 21 世纪核心素养框架要素的探析与启示［J］. 教育评论，2018（9）：155.

题解决能力（critical thinking and problem solving）、创造力与创新能力（creativity and innovation）、沟通能力（communication）和协作能力（collaboration）四个方面，简称为"4Cs"。

（3）信息、媒介与技术技能是为了满足随着数字技术发展，处理大量信息、媒体和技术的需求。具体包括信息素养（information literacy），媒介素养（media literacy），信息、通信与技术素养（information, communications & technology literacy，简称 ICT）三个方面。

框架强调上述"21世纪最需要的技能"，教师不应强加到教学计划中，增加教学内容的量；而是要将其融入语文教学之中，实现既有课程内容又有学习手段的进阶。例如，在阅读教学中，组织学生阅读来自互联网、手机 APP 的信息材料，用电脑、Pad 直接写作文。这就是将21世纪信息技术与计算机技术素养融入语文学科教学中。

2. 内圈

该系统的内圈为"核心学科和21世纪主题"（Key Subjects & 21st Century Themes）。

核心学科，即英语、阅读或语言艺术（母语）、世界语（第二或第三语言）、艺术、数学、经济学、科学、社会、历史、地理。21世纪主题，即跨学科主题，包括全球意识（global awareness），金融、经济、商业和创业素养（financial、economic、business and entrepreneurship literacy），公民素养（civic literacy），健康素养（health literacy），环境素养（environment literacy）五个方面。

（1）全球意识

运用21世纪技能，理解和解决全球问题。能在相互尊重、开放对话的个人、工作和社会背景下，与持有不同文化、宗教和生活方式的人共同学习，并与之合作；理解其他国家的人和文化，包括使用非英语语言的国家。

（2）金融、经济、商业和创业素养

知道如何做出合适的经济方面的选择；理解经济在社会中的作用；选择职业、运用企业技能提高工作效率；拥有创业知识与技能。

（3）公民素养

涉及公民参与、社区服务、伦理观、社会公平等方面。了解如何保持知情、了解政府运作程序，有效地参与公民生活；在地方、州、国家和全球，行使和履行公民权利和义务；了解公民决策对当地和国际事务所产生的影响。

（4）健康素养

涉及卫生保健、营养学、预防医学等方面。获取和了解基本的健康信息和服务，并善于使用这些信息和服务；了解预防身心健康的措施，包括适当的饮食、营养、运动、规避风险和减轻压力；利用现有信息学会制定个人和家庭健康目标，并进行监控；同时了解国家和国际公共卫生与安全问题。

（5）环境素养

具备生态意识和对能源、资源可持续发展的正确理解，了解和学习有关环境及其影响因素的知识,特别是与空气、气候、土地、粮食、能源、水和生态系统有关的内容;了解和学习社会影响自然环境的知识(如人口增长、人口发展、资源消耗率等);调查和分析环境问题,对有效的解决方案作出准确的评价;应对环境挑战,积极采取个人和集体行动(如参与全球行动,设计解决方案)。

(二) 支持系统

21世纪学习目标需要有与之相适应的学校支持系统,该框架的下半部分构成了支撑上述目标达成的支持系统,包括标准与评价、课程与教学、教师专业发展和学习环境四个方面。这四个方面、六种传统的教育支持系统,都需要重塑以培养学生获得21世纪所需的能力。

1. 标准与评估

课程标准设计旨在回答:学生应当学什么? 21世纪的课程标准要强调的是,学生掌握了这些内容知识能够做什么? 如何将其应用到学科领域对应的工作中去? 首先,课程标准应当聚焦真实世界的问题。其次,课程标准要采用随着年级升高逐渐增加深度的螺旋上升的方式,从各个不同方面细化理解"基本问题"。

评估方面,21世纪的评估目的在于提供一个完整的、学生所需具备的能力图景,形成系统的实时学习评估模式,便于衡量学生在认知、情感、身体、社会、伦理等各方面的掌握情况。首先,学校要完善"总结性评估"与"形成性评估",使之更为合理。其次,将各种评估嵌入到学习活动中,提供及时的反馈。再次,评估要有所侧重,而非面面俱到。最后,要重视并善用21世纪技术进行评估。倡导采用多样的方法来评估学生基于标准的表现,尤其是21世纪技能的表现。评估方法包括项目化学习的档案袋评估、课堂观察与表现评估准则、在线测试与基于模拟(仿真)的评估、对当前项目工作与中期项目回顾的档案袋评估、对进行中的实习与社区服务工作的专家评估等。

2. 课程与教学

在课程与教学方面,21世纪技能联盟建议50%的时间用于探究、设计与合作的项目学习,另外50%的时间用于传统的直接教学方法。学生在掌握事实性学习内容时,传统课堂教学方法较项目学习效果更好些;但涉及21世纪高层次技能时,后者明显优于前者。在教学中,教师可利用在线图书馆、知识库中大量有效的学习项目内容或基于单元的课程项目,通过在线观看或下载视频、资料等方式进行观摩学习与交流。此外,在线远程学习课程也能补充学校课程,尤其是在当地教师不能胜任某些课程的地区。

项目学习包含了完整、复杂的任务,要设计学生感兴趣的学习项目,并合理安排次序,以便随着学习者年龄的增长而不断提高学习标准,加深理解,培养21世纪技能。

3. 教师专业发展

无论是新教师还是在职教师,都面临着一系列的时代挑战。需提供教师必要的学习经验,帮助他们吸收"探究、设计与合作项目教学法",能够在日常课堂教学工作中有效运用符合

21世纪技能的教学技术与评估手段。

4. 学习环境

21世纪的学习环境包括许多重要因素。为了满足每个学生独特的学习需求，以及创造符合21世纪学习发生的条件，必须创建新的学习结构、工具及其关系。具体包括在学习空间、时间、技术、学习共同体与领导力等各方面的改变。打造灵活的、必要时可以改造的"学习工作室"，是实现21世纪学习蓝图的一个重要组成部分。灵活运用时间也将是设计学校运行模式的一大挑战。21世纪学校倡导技术支持学习。一个能够运作各类数字学习工具与互联网络的基础设施，和水、电、光一样重要。在21世纪的学习中，学生和教师（包括家长、同伴和其他社区成员）的工作更像一个团队，大家共同找出最佳的学习方式和学习工具，使每个学生参与到学习项目中。

可见，具有国际影响的21世纪学习框架从多个维度、立体纵深地架构了美国教育新体系。

（三）21世纪发展可迁移的知识和技能

2012年美国国家研究委员会（NRC）发布了更新版《为了生活和工作的教育：21世纪发展可迁移的知识和技能（2012）》（*Education for Life and Work：Developing Transferable Knowledge and Skills in the 21st Century（2012）*）[①]，见图1-13。

商业领袖、教育组织和研究人员都呼吁制定新的教育政策，旨在发展广泛的、可迁移的技能和知识——"21世纪技能"。在21世纪要发展的可迁移的关键知识和技能，被描述为可以更深入地学习，为大学和职业准备，以学生为中心的学习和高阶思维。关键技能包括认知和非认知技能，例如批判性思维、解决问题、协作、有效沟通（effective communication）、动机（motivation）、毅力（persistence）和学会学习（learning to learn）。21世纪的关键技能还包括创造力（creativity）、创新（innovation）和道德（ethics）。这些技能对以后的成功，以及在正式或非正式的学习环境中获得发展是很重要的。

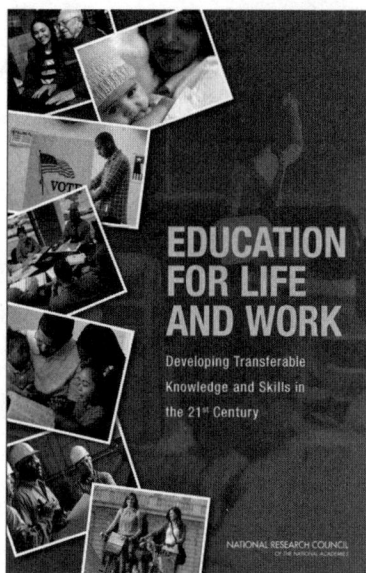

图1-13 《为了生活和工作的教育：21世纪发展可迁移的知识和技能（2012）》报告

[①] James W. Pellegrino and Margaret L. Hilton. Education for Life and Work: Developing Transferable Knowledge and Skills in the 21st century [EB/OL]. [2012 - 10 - 01]（2023 - 01 - 08）https://www.nap.edu/read/13398/chapter/3♯b1.

为了厘清各种团体提出的、与 21 世纪技能有关的概念和术语,美国国家研究委员会(NRC)做了专门的综合研究,确定了三个广泛的能力领域:认知领域(cognitive domain)、自我领域(intrapersonal domain)和人际领域(interpersonal domain)。认知领域涉及推理和记忆;自我领域涉及管理一个人的行为和情绪以实现目标(包括学习目标)的能力;人际领域涉及表达想法,解释和回应他人的信息,是个人在与他人互动时运用的广泛技能和能力。然后,委员会进行了内容分析,将不同团体和个人提出的 21 世纪技能要素列了一个表格,并与认知、自我、人际领域技能分类保持一致。委员会认为这些分类法中包含的技能是属于可塑造范畴的人类行为,不是固定不变的行为,它们可以随着教育干预和生活经历而改变。

1. 认知领域技能包括三组能力:认知过程与认知策略,知识,创造力。该领域技能群包括批判性思维、信息素养、推理和论证以及创新等能力。

2. 自我领域技能包括三组能力:思维的开放性、职业道德和责任心,以及积极的自我评价。该领域技能群包括以下能力,如灵活性、主动性、对艺术和文化的欣赏、元认知(反思自己的学习并做出相应调整的能力)。

3. 人际领域技能包括两组能力:团队合作和协作、领导力。团队合作和协作包括沟通、协作、团队合作、人际交往能力和同理心等技能。领导力包括领导能力和责任感、自信沟通、自我展示和社会影响力等技能。

二、核心素养与课标、教学

2010 年美国《共同核心州立标准》(CCSS,下简称"国家课标")发布,到 2011 年已有 40 多个州开始在英语语言艺术(ELA)和数学学科协调、整合实施国家课标。随着国家课标纳入学校系统,21 世纪学习联盟敦促学校在实施国家课标时,要融合核心素养 3Rs(核心学术内容掌握)和 4Cs(批判性思维和解决问题、协作、沟通以及创造力和创新)。为此,21 世纪学习联盟提供了各种工具和资源帮助教师在教学中融入 3Rs 和 4Cs。其中,《P21 共同核心工具包》(P21 Common Core Toolkit)(以下简称《工具包》)就是其领先于同行的丰富、完备的支持系统之一。

下面结合 P21 公布的工具包(Toolkit)和实施地图(Map),具体考察核心素养在美国语文课程中的落实。

(一)《P21 共同核心工具包》

发布于 2011 年的《工具包》,旨在帮助州、学区和学校实施 21 世纪技能教育。该《工具包》包括:

(1)一致性概述:对 21 世纪学习框架和国家课标相互关联的高度总结;

(2)国家课标/21 世纪学习框架示例:以教学实践示例说明国家课标与核心素养如何结合;

（3）国家课标资源：为实施国家课标提供有用的链接；

（4）评估资源：关于评估问题和4Cs背景阅读汇编；

（5）附录：包括P21框架定义和23个资源。

1. 21世纪技能与语文课程标准

虽然2007年颁布的21世纪技能框架与2010年颁布的国家课标是由不同的组织研制的，但研制者关注不同标准的彼此对接。语文学科国家课标《共同核心州立标准·英语语言艺术和历史/社会、科学和技术学科中的读写标准》（下文简称"语文课标"）与21世纪技能框架的对接，主要表现在两个方面。

（1）对学习者的愿景

语文课标中融入了许多21世纪技能。尤其是对学生升入大学或将来就业时所需的相关技能，如批判性思维、沟通能力、信息素养和协作技能，与P21学习框架要素（P21 Framework Element）高度一致。详见表1-7。

表1-7　P21学习框架与语文课标对应关系列举[①]

P21学习框架素养要素	语文课标中大学和职业预备所需素养
核心学科	形成扎实的内容知识
批判性思维和问题解决	能应对不同观众、任务、目的和学科的需求
沟通	理解与批判
信息素养	评估证据
自我指导	展现独立性
全球意识	理解其他观点和文化
信息、媒介和技术技能	有效使用技术和数字媒体

上表左列是P21学习框架素养要素，右列是语文课标中对大学和职业预备所需素养的界定。不难看出，后者结合语文学科特点，进行了更具体的表述。如P21框架素养元素中的"全球意识"，在语文课标中，研制者提出通过在语言学习过程中培养"理解其他观点和文化"的能力，从而逐步形成"全球意识"。

（2）技能的整合与落实

语文课标基于学科特性对P21学习框架中的技能进行了整合。如在阅读领域，融合P21

---

① Partnership for 21st century skills. P21 Common Core Toolkit: A Guide to Aligning the Common Core State Standards with the Framework for 21st Century Skills [EB/OL]. [2018 - 02 - 01] (2023 - 01 - 10) http://www. P21. org/storage/documents/P21CommonCoreToolkit. pdf.

学习框架"信息、媒介与技术技能"提出"知识与观点的整合"（integration of knowledge and ideas），要求学生形成对数字信息文本和媒介信息文本等各种类型文本的解释和分析能力。在写作领域，融合 P21 学习框架中批判性思维与问题解决能力，要求开展"为构建和呈现知识而研究"（research to build and present knowledge）的学习活动，即注重培养学生基于调查的研究技能（inquiry based research skills）。在说和听（speaking and listening）领域，P21 学习框架"学习和创新技能"中的沟通能力、写作能力，以及"生活与职业技能"中的"社交和跨文化交际能力"，提出了"理解和合作"（comprehension and collaboration）的要求。此外，语文课标把在历史、社会、科学和技术学科中培养读写能力，作为课标的一个组成部分，是落实 21 世纪社会发展对人才的需求。学生在"跨领域地使用统整式的语言时，对语言的了解会增强"。而当学生们"可以统整来自不同领域的讯息及知识，将这些不同的对话文本类型及实物运用于自主的研究活动时，开始感受到现在或未来研究中不同领域的卓越贡献，也更能决定哪些文本类型适合用来分享他们研究的成果"。① 学生在自然、真实、复杂的具体问题情境中，进行读写活动和解决相关问题，是培育学科素养的一种途径。

2.《工具包》示例

《工具包》在简要阐述语文课标对 21 世纪技能框架整合和落实的设想后，以案例形式展示了四年级、八年级和十二年级的语文课堂教学实践。

【案例一】　　四年级案例②

一、学习目标

为了解决问题和回答问题，分析和综合一系列文本信息。

二、案例

学生在创业小额贷款网站（如 www. kiva. org）上查看资料后，分组研究多个提案的经济和社会影响。每个小组选择一个提案，并写一个陈述（creates a presentation）来说服同学选择本组的提案。全班投票选出最有说服力提案，并制定一个适宜的筹款活动以支持选出的提案。本案例所体现的语文课标和 21 世纪技能，见表 1－8。

---

① ［美］Christine C. Pappas 等. 统整式语文教学的理论与实务：行动研究取向［M］. 林佩蓉，蔡慧姿，译. 台北：心理出版社，2003：62.

② Partnership for 21st century skills. P21 Common Core Toolkit: A Guide to Aligning the Common Core State Standards with the Framework for 21st Century Skills ［EB/OL］. ［2018－02－01］（2023－01－12）http://www. P21. org/storage/documents/P21CommonCoreToolkit. pdf.

表1-8　四年级案例所体现的语文课标和21世纪技能

语文课标	P21技能的体现
信息类文本阅读标准第三条：根据文本中的具体信息，解释历史、科学或技术文本中的事件、程序、观点或概念，包括事件的发生及发生的原因 写作标准第九条：从文学或信息类文本中提取证据来支持分析、反思和研究 听和说标准第一条：就四年级的话题和文本，与不同的伙伴开展有效的合作性讨论（一对一、小组、教师引领），基于他人的观点，清楚地表达自己的观点	● 金融知识 ● 批判性思维 ● 协作 ● 沟通 ● 信息素养 ● 创造力 ● 全球意识

三、学生的作业

学生完成的作业见图1-14。

图1-14　四年级学生作品

(二)《21世纪技能英语地图》

1. 概述

《21世纪技能英语地图》(*21st Century Skills Map English*)（下文简称《英语地图》）由P21和全美英语教师联合会联合发布。《英语地图》包括将多媒体材料纳入课程，培养学生的创造力、研究技能和协作能力等内容。[①]《英语地图》明确界定了各项技能；阐述在四、八和十

---

① Kathleen Kennedy Manzo. English Curriculum：21st Century Skills and English Map［EB/OL］.［2018-02-01］(2023-01-10)https：//search. proquest. com/docview/202754192？accountid=10659.

二年级三个关键阶段,培育 21 世纪技能的不同侧重点;以丰富多样的案例展现 21 世纪技能在语文课程中的实施路径和方法。

2. 内容

21 世纪技能框架包括学习和创新技能,信息、媒介与技术技能,生活与职业技能三个部分。各部分构成要素如何在语文课程与教学中实施,《英语地图》以三个年级为例,给出了详实的案例,见表 1-9。

表 1-9 《21 世纪技能英语地图》内容简表

项目	内　　容
学习和创新技能	
一、创造力与创新能力	1. 在工作中表现出独创性和创造性 2. 形成并向他人传达新的观点 3. 对新的、不同的观点持开放态度或作出回应 4. 根据创新理念对创新领域作出切实有益的贡献
四年级	1. 学生在阅读《土狼的故事》或《高约翰的故事》等几个关于骗子的民间故事,观看了两三部卡通片之后,写当代骗子的故事,并用定格动画(stopmotion)或动画电影(claymation films)的方式呈现 2. 学生就社会或环境问题收集各类报纸和杂志上的文章。在小组中,决定一首诗的题目、主题和风格,并运用所收集的文章中的单词和短语,拼凑成一首"发现的诗"(a found poem①) 3. 学生写一首自传体的诗歌或系列诗歌。在互联网上选择几张能代表自己个性的照片或图片,并制成幻灯片,配上背景音乐。在课上,学生们讨论这些图片和音乐如何改变他们对这首诗的理解
八年级	1. 在一个幻想或新闻调查单元,学生创作同人小说(fanfic)②。每一篇小说都引入一个现实问题,比如缺水、治安问题、基因工程。他们可将作品发布在学校网站上,或者在老师批准的网站上发布 2. 学生通过乔治·艾拉·里昂(George Ella Lyons)的《我来自何处》(Where I'm From)和《可理解的星球》(Digable Planets)中,同名的当代歌曲的部分内容,结合自己的背景写诗。学生制作诗歌的网页,并把这首诗中的关键字与照片、插图、解释或其他可以增强或解释其含义的文本联系起来。选择三个其他同学的网页并进行链接。每个链接都有一个简短的链接评论,解释为什么要链接该页面 3. 学生选择如繁荣、公正、正直、和平或安全等概念进行分组学习。每个组员都向一个在线幻灯片放映网站(如 ed. voicethread. com)提供一个图像,以反映概念或者质量方面存在的问题。小组成员和其他同学做出音频或书面回应,评论图像对概念的重要性

---

① 译者注:一种把文字重新编排而成的改编诗,挑选和裁剪别人文中语言的过程,就是一个"发现"的过程。
② 译者注:指由粉丝撰写的、经常在互联网上发布的利用原有的漫画、动画、小说、影视作品中的人物角色、故事情节或背景设定等元素进行二次创作的小说等作品。

项目	内　　容
十二年级	学生通过团队合作研究全球社会问题,制定一个问题场景,并创建一个网络游戏,向低一级的学生讲授这个问题。如,参见卡特里娜飓风:新月城的暴风雨(www. tempestincrescentcity. org)
二、批判性思维与问题解决能力	1. 在理解的基础上进行合理的推理 2. 做出复杂的选择和决定 3. 了解系统之间的相互关系 4. 确定并提出明确的问题,澄清各种观点,并提出更好的解决方案 5. 组织、分析和综合信息,以解决问题和回答问题
四年级	学生在创业小额贷款网站(如 www. kiva. org)上查看资料后,分组研究多个提案的经济和社会影响。每个小组选择一个提案,并写一个陈述(creates a presentation)来说服同学选择本组的提案。全班投票选出最有说服力的提案,并制定一个适宜的筹款活动以支持选出的提案
八年级	1. 学生通过研究回答:你需要接受多少教育才能得到自己想要的工作?在研究了各种可能从事的职业薪水、就业前景和教育/培训需求之后,创建一个图表,比较前三至前五项选择,并撰写短文,解释这些选择如何符合自己的目标 2. 在一个短篇小说单元教学后,组织学生对短篇小说展开头脑风暴。使用视觉排名工具(如英特尔在线视觉排名思维工具),每个学生都回忆在单元中所读的短篇小说,并对其进行排名,使用工具的评论功能添加解释。该工具的比较功能可以用来对比学生之间的评分。学生们可以讨论排名差异的原因
十二年级	使用在线视觉搜索工具,如多眼(Many Eye)的单词树(Word Tree)或 http://services. alphaworks. ibm. com/manyeyes/home,粘贴一段文字,如包含重复等修辞手段的诗或演讲。选择一个词或短语,单词或短语的所有上下文将以树状分支显示。以视觉为基础,分析文本中经常出现的主题和变化
三、沟通能力	通过口头和书面形式清晰、有效地表达思想观念
四年级	每个学生选择一张班级照片,写一篇记叙文,展示一年中最难忘的记忆。将这篇文章的插图和录音(auditory recording)发表在一个安全的教育网站上。同学们对文章或插图进行评论
八年级	观看查理·卓别林电影剪辑,学生讨论无声电影的传统,如用简短的标题和夸张的面部表情传播信息。然后,学生制作一个无声电影版的悬疑小说,如埃德加·艾伦·坡(Edgar Allen Poe)或雷·布莱德伯里(Ray Bradbury)的小说
十二年级	作为一个诗歌单元的教学高潮部分,学生筹办一个咖啡馆之夜或一个诗会。每首诗歌的主题或元素都可以用适当的视觉或音乐来放大
四、协作能力	1. 展示与不同团队有效合作的能力 2. 锻炼灵活性和养成乐于助人的品质,做出必要的妥协实现共同的目标 3. 承担共同的协作工作责任

项目	内　　容
四年级	学生两两合作(pairs of students)，使用 Google 文档或班级维基(a class wiki)，撰写、修改和发表神秘的短篇小说。每个合作伙伴都要回顾创作的过程，并就自己写的作品中的角色做简短的反思
八年级	作为一个团队，学生围绕一个重要的环境问题，如节水、能源消耗、全球变暖或森林砍伐展开研究。这个跨学科的团队项目，要求用视频展示信息和团队解决问题的行动。视频中，团队要反思他们的合作和妥协。学生可选择视觉图像和背景音乐来增强表达效果
十二年级	学生在数字小说讲习班上与老年人合作，撰写和创建视频。小说素材来自一位资深的历史人物，录制旁白、选择图像和音乐。完成的视频可在社区电影节上映。每个团队都设计评估标准，评估视频和合作工作
信息、媒介与技术技能	
一、信息素养	1. 高效获取信息，严谨、有效地评估信息，为解决问题准确地、创造性地使用信息 2. 基本了解有关获取和使用信息方面的道德/法律问题
四年级	1. 给学生一个列表，上面有教师生成的合法网站和骗局网站。学生运用 RADCAB(www. radcab. com)等网站的评估框架，判断列表上的每个网站是否可信 2. 学生研究"食物里程"——食物在生产点和消费点之间的距离。利用这些信息，算出一顿标准晚餐的食物里程，创建班级图表(a class graph)，调查菜单上哪些地方可以改进。给编辑写一封信，分享缩短社区"食物里程"的建议
八年级	1. 收集印刷版本、在线资源和作者赞助网站的自传信息，然后创建一个图表。图表要把作家作品的主题、背景、情节、人物或其他特征与作者的生活联系起来 2. 学生在维基空间创建一个在线手册，解释他们必须遵循的版权、合理使用和共享知识指南。该指南包括音乐，图像，视频或摘自《学校年鉴》多媒体 CD 版的一篇已发表的文章。(维基空间上有常见问题、在线资源、具体的例子、指导方针等，易于修改。)
十二年级	学生们制作有关当地退伍军人的纪录片。使用印刷版本和互联网资源获取背景信息，为采访做准备，并用视频收集图片。学生回顾采访片段时，能引用片中的一段视频来阐述纪录片的主题。学生要遵循纪录片的所有版权，合理使用、遵循共享知识指南中的图像和音乐。纪录片可以在本地有线电视频道上播放
二、媒介素养	1. 理解媒介信息的构建方式、用途、使用工具、特性和惯例 2. 研究个人如何以不同方式解读信息，如何包含或排除价值观和观念，媒体如何影响信仰和行为 3. 基本了解有关获取和使用信息方面的道德/法律问题
四年级	去掉多本杂志的名称，让学生通过分析图像和文字，猜测杂志的目标受众，并推测是什么杂志。学生还可以在确定目标受众后设计一个能吸引他们的原创杂志

项目	内　　容
八年级	青春期女孩的身体形象问题备受关注,青春期男孩也有自己的担忧。学生研究每种性别的身体形象,以及媒体如何影响大众对身体形象的感知。利用来自研究的信息,小组学生为六或七年级的学生创建一个原创视频,以促进他们形成健康的身体形象态度
十二年级	在小组中研究奥斯卡最佳外国电影奖和其他国际电影奖。选择和预览获奖的国际电影。通过电子邮件、博客、社交网络或视频会议,与电影所在国的学生进行交流,讨论对影片的看法
三、信息、通信与技术素养	1. 使用数字技术、通信工具和/或网络,访问、管理、整合、评估和创造信息 2. 利用技术作为研究、组织、评估和交流信息的工具。基本了解有关获取信息和使用方面的伦理/法律问题
四年级	与另一个地区的学生合作,研究并分享全国时事对本地社区的影响,并将发现和评论发布到博客或维基上。学生可以通过视频会议或网络通讯软件(如 skype)进行联系,分享两个社区的相似和不同点
八年级	使用 Google Earth 的工具,创建一个本地作者的数字地图。创建一个整合信息,如作者位置、传记信息、文学资料、权威作品评论,相关图像和个人意见。学生需遵循所有的指导原则,以合理使用、知识共享,并为信息、声音和图像提供来源出处
十二年级	作为全美阅读日(Read Across America Day)中"阅读整个星球"的活动,学生们通过视频会议,与他校学生一起阅读。(信息可以在 www. twice. cc/read 上找到)

生活与职业技能

项目	内容
一、灵活性和适应性	1. 适应不同的角色和责任 2. 在非清晰的环境中确定工作重点,有效开展工作
四年级	学生与同学合作写一首"两种声音的诗",来描述一个问题的两个方面。即历史事件、时事、科学或社会问题的争论,或是经典小说中的主角和对手
八年级	将教育活动与社交网络相结合,让学生在适龄的网络环境中进行互动。在 Whyville. net 这样的网站上,合作参与学习游戏(solve learning games),通过创业、为报纸撰稿或参与政府活动来参与社区生活。还可以通过有监管的聊天,与来自世界各地的参与者建立社会关系
十二年级	模拟全国范围内举办的"每日电影"比赛,学生需在 24 小时内做出一个完整的视频。事先,学生会得到写作体裁要求:剧本,几个随机的组成部分,如一个对象、一个词组、一个名称、一个产品、一个声音效果等。所提供的随机组成部分内容,必须在剧本、音频、或视觉表达中有所体现。上述写作、拍摄和编辑任务应在 24 小时内完成
二、积极性与自主性	1. 监测自己的理解和学习需求 2. 超越对技能和/或课程的基本掌握,以探索和扩大自己的学习机会,以获得专业知识 3. 展示提高专业水平的主动性

项 目	内　　容
	4. 在没有监督的情况下,确定需优先安排的任务并完成任务 5. 有效利用时间并管理工作量 6. 表现出对终身学习的承诺
四年级	学生定期在安全的、学校批准的博客上发帖,以回应教师发起的写作提示或自选主题。评论同学的博客作为反馈
八年级	1. 为班级同学拟订一个个人多媒体写作项目的标题。学生们用这些标题,进行包括评论工作质量和过程的自我评估 2. 每个学生设计一个自己感兴趣的项目。该项目需要在线环境中开展工作,用于收集和组织信息,并和特定的受众分享自己创建的一个数字产品。学生需把项目分成各个子项目,并制定一个在最后期限内完成的时间安排表(课程支持材料可在www.genyes.org上找到)
十二年级	1. 每个学生完成一个巅峰项目,包括一篇论文、一个产品、一个投资组合,和一个关于自我选择的主题的介绍 2. 运用在线文档分享工具,创建一个电子档案袋。展示自己的目标、项目、作文、多媒体制作、学习经验,并反思学习进展和成就
三、社交与跨文化交际能力	1. 与他人合作、高效地工作 2. 发挥小组的集体智慧 3. 弥合文化差异,借鉴不同的观点来创新和提高工作质量
四年级	学生通过教师监管的电子邮件、视频会议,安全的协作网站(如 think.org),与其他国家或社区的同龄人进行交流。他们基于不同的文化背景,比较每个国家或社区某一个环境问题。学生们拍摄并分享纪录片
八年级	学生使用共享的维基百科,博客或学习管理系统,与其他地区或国家的班级学生进行交流,分享他们日常的学校生活,讨论正在阅读的书籍,并发表创意写作
十二年级	1. 学生们采访所在城市或城镇的,不同宗教团体的领导人和成员。制作简短的视频介绍他们的个人身份、地位和与不同信仰的人交谈的过程,以及他们在采访中所学到的东西。但不做比较 2. 与国际同行或来自美国其他团体(社团)的同学合作。他们彼此并不熟悉,且有着不同的文化背景。学生探寻并研究在交流方面的全球发展趋势,以及这些趋势对他们区域和个人的影响。学生们使用在线交流工具,例如 IP 语音或者网播等工具(如播客,视频和维基),用于收集信息,合作制作产品以及研究项目/课题
四、产出能力与问责技能	1. 为按时交付制定高质量的工作标准和目标,并达成高质量的目标 2. 展示勤奋和积极的职业道德(如守时和可靠)
四年级	学生完成有关"新世界"的三位探险家的网络探索,判断他们中的哪一位将进入未知水域。每项任务都提供脚手架以撰写最终的论文。每完成一项任务后,学生们回到"母港"(home port)做检查以继续前进

项目	内　容
八年级	和老师一起了解相关国家语言艺术标准后,学生合作运用青少年能理解的语言,翻译相关标准。再根据所翻译的标准,制定学年时间表,创建自己选择的电子产品组合。电子产品可能包括音频剪辑、视频剪辑、数码照片、各种类型的写作样本、适当的社交网络的帖子以及来自多用户虚拟环境的工具等工作。学生在文章中回顾过去一年的进步,评估自己在翻译标准方面取得的成就
十二年级	学生读了本地作者的一本书之后,形成采访的问题。教师安排他们与作者进行电话或视频会议访谈,目的是收集自传体信息,洞察作者的工作,学生将在作品的文学分析中加以引用
五、领导能力与责任感	1. 运用人际关系和解决问题的能力,影响和引导他人达成目标 2. 利用他人的优势实现共同目标 3. 展示诚信和有道德的行为 4. 负责任地以社区利益为出发点
四年级	学生通过团队合作,完成研究和组装生存工具,以适应当地恶劣天气条件的任务。开发一个多媒体广告活动来推销这些工具包
八年级	学生们设计表演、制作图画书、公共服务视频或播客,与低年级学生分享,作为展示网络安全的最佳实践
十二年级	学生自愿领导一个课后读书俱乐部、创意写作俱乐部,或为低年级学生提供技术的俱乐部

美国州自治的教育体制赋予各州极大的教育自主权。一些州在州课程标准中渗透并体现了 21 世纪学习框架提出的核心素养要素。如在加利福尼亚州,该州编制的《英语语言艺术标准》和《英语语言发展标准》中,培养 21 世纪技能是与"为大学、职业和公民生活做准备""具备读写能力的个人(capacities of literate individuals)""广泛的读写能力(broadly literate)"并列的四大目标之一。

综上所述,美国关于"21 世纪技能""核心素养"虽然有不同的主张和框架,但有共识以及共享的能力要素。由于高度分权的教育体系,导致美国语文课程改革不可能在联邦教育部统筹之下,遵循自上而下的核心素养—课程标准—教科书—教学—评价的理想路径。但是,基于对"核心素养"能力要素的共识,"核心素养"已然成为美国语文课程改革的灵魂。类似《21世纪技能英语地图》的指导性文本,已铺设了一条由核心素养出发,走进美国中小学语文课堂的创新实践之路。

第二章
美国语文课程标准

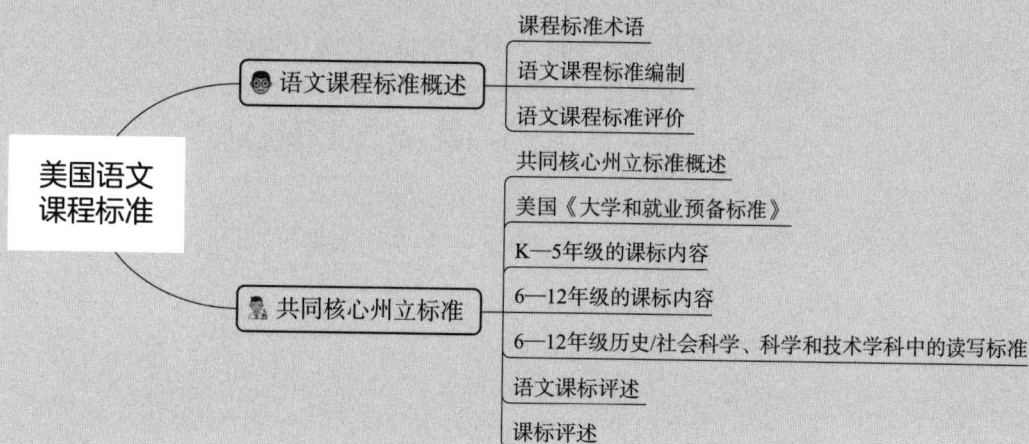

美国语文课程标准

- 语文课程标准概述
  - 课程标准术语
  - 语文课程标准编制
  - 语文课程标准评价
- 共同核心州立标准
  - 共同核心州立标准概述
  - 美国《大学和就业预备标准》
  - K—5年级的课标内容
  - 6—12年级的课标内容
  - 6—12年级历史/社会科学、科学和技术学科中的读写标准
  - 语文课标评述
  - 课标评述

长期以来，由于分权自治的教育体制，美国没有国家层面的语文课程标准。随着 20 世纪 90 年代"基于标准的改革"运动，2000 年前后各州开始逐步建立州级教育标准包括语文课程标准。2010 年 6 月，由《共同核心州立数学标准》和《共同核心州立英语语言艺术和历史/社会、科学和技术学科读写能力标准》组成的《共同核心州立标准》即国家课程标准出台，旨在统一全美各州课程标准。就质而言，《共同核心州立英语语言艺术和历史/社会、科学和技术学科读写能力标准》就是一份美国国家性质的语文课程标准（简称"语文课标"）。该课标现已被 45 个州、2 个地区和哥伦比亚特区所采用。①

① National Academies of Sciences, Engineering, and Medicine. Education for Life and Work: Developing Transferable Knowledge and Skills in the 21st Century. Washington, DC: The National Academies Press [EB/OL]. [2012 - 10 - 01] (2023 - 01 - 10)https://doi.org/10.17226/13398.

第一节　语文课程标准概述

美国制订全国性的课程标准始于布什政府，并在克林顿政府期间得以继续。如今，美国的语文课程标准已形成了一个多层级的系统。

一、课程标准术语

在各级语文课程标准中常出现如下术语：

（一）内容标准（content standards）

内容标准是对学生应该知道和能够掌握的内容、技能及其掌握的熟练程度所做的规定。它规定了课程的性质、目标和内容框架等，但并不规定具体教学内容顺序和教学方法，是管理和评价课程的基础。

（二）表现标准（performance standards）

表现标准表达了为实现各项内容标准而期望学生展示出的熟练程度或任务完成的质量。它回答了关于程度和质量的问题，即怎样"好"才算"好"。相关的提法还有：基准（benchmark）。

若内容标准提出"学生理解并对一系列媒体、图像和各种目的的文本做出反应"，表现标准就可能是"幼儿园到四年级的学生应该每年至少阅读25本书，文本可从古典和现代儿童文学中，以及公开演讲或同类的儿童杂志、报纸、教科书和媒体中选择优质的材料"。

（三）学习机会标准（learning chance standards）

学习机会标准指用来衡量教育体系的各级机构（学校、地方和州教育机构），为所有学生达到内容标准要求，所提供的资源、实践和条件是否充分，质量是否合格的基本标准。

不管是哪个层级颁布的标准，一般都包括内容标准、表现标准和学习机会标准三个部分，在美国又称为学术标准（academic standards）或课程框架（framework），我国则习惯称为课程标准。

二、语文课程标准编制

在纵向上，美国语文课程标准系统可以划分为全国性的标准、州一级的标准和学区一级的标准。各级别的语文课程标准从英语语言知识、实践能力和学习与运用策略几个层面，为学生的语言素养勾勒了蓝图。

（一）全国性语文课标

1994年，美国国家教育标准和改革委员会（National Education Standards and Improvement Council，简称"NESIC"）成立。作为制定和实施中小学全国课程标准、审核州一级课程标准的职能部门，会同有关机构编制课程标准总"准则"（criteria）。该准则作为各州自愿采用的"质量基准"（benchmark of quality），并用于编定本州的标准。所谓的"自愿"，意味着各州可以采纳或部分采纳质量基准,甚至置之不理。20世纪80年代开始,一些教师专业协会或著名研究机构或基金会,相继组织专家学者编制相关学科的全国性自愿采用标准(voluntary standards)。2000年中小学主要学科都有了这类自愿采用的全国性课程标准。全国性课标的作用是从整体上评定教育系统的质量;作为培训教师的依据;作为评价教科书的依据;作为编制语文试卷的重要参考。

专栏 2-1	美国第一份语文课程标准

1996年,国际阅读协会(IRA)和全美英语教师联合会(NCTE)携手出版了美国《英语语言艺术标准》。这份被公认为"官方意见"的课标,像一份提纲,共有12项内容要求,其对各州2002年、2007年公布的语文课标影响较大。

在前言中编制者写道:编制英语语言艺术标准的目的在于确保所有的学生成为知识丰富的、熟练的语言运用者,从而在学校生活中获得成功;确保所有的学生成为一个有知识的市民,分享美国民主,找到富有挑战性的、有价值的工作;确保所有的学生成为欣赏美国文化,并为此做出贡献;确保所有的学生成为一个独立的学习者,终生追寻自己的目标和兴趣。

编制者在整个编制过程始终恪守三个理念:首先,标准是为了满足学生应对未来和现在的读写能力需求。其次,标准能够整合并分享语文教师、读写研究者、教师教育者、家长,以及其他社会人士切实可行的观点。第三,标准是提升面向全体学生的高质量教育所必不可少的。它有助于保证均等的受教育的机会,有助于让所有的学生成为合格的公民,并全身心地融入社会。

这份《英语语言艺术标准》像一份提纲,共有12项内容要求。

1. 学生阅读大量的印刷和非印刷文本,建构属于自己的文本理解,对美国文化、对世界的理解;获取信息,回应社会和工作场所的需求;实现自我。这些文本包括虚构类(如小说)和非虚构类(如历史事件),古典和当代的作品。

2. 学生广泛阅读各个时期不同类型的文学作品,多角度(比如哲学的,伦理的,美学等)来了解人类经验。

3. 使学生学会利用已有的经验与作者和其他读者互动,借助词汇知识和其他文本知识、词汇识别策略,以及对文本特征的理解(比如发音——字母的一致性,句子结构,语境,图表)等各种策略方法,来理解、阐释、评价和欣赏文本。

4. 培养学生具有为了达到交流目的,为了与不同的读者(听众)进行有效交流,选择合适的口语、书面语以及视像语言(如语言惯例、风格、词汇)的能力。

5. 为达到不同目的,为了与不同的读者进行交流,学生写作时会利用不同的策略和写作过程要素。

6. 培养学生运用语言结构知识、语言惯例(拼写和标点)、逻辑语言、形象化语言,各种文体、媒体技术进行印刷和非印刷文本的创作和评论。

7. 培养学生借助自己的想法、疑问,提出问题并加以研究。他们能收集、评估、综合不同渠道的数据(例如,印刷和非印刷文本、文物,人群),按不同的目的,选择适合读者的方式,交流他们的发现。

8. 培养学生利用各种技术和信息资源(如图书馆,数据库,计算机网络,音像资料),收集和综合信息,进行创作和知识交流。

9. 培养学生理解和尊重语言运用中的差异,如语言表达方式,跨文化、族群、地域的方言。

10. 母语非英语的学生可以运用母语来发展英语语言艺术能力,发展跨学科的理解力。

11. 学生积极参加各种读写社团,成为有知识、能反思、会创造,思维敏捷且严谨的社团成员。

12. 学生使用口语、书面语、视像语言来达成各自的交流目的(如,学习、研究、欣赏、说服、交换信息等)。

从内容看,整份标准涵盖了语文课程的终极目标、教学内容、教科书编制、教学方法,以及移民学生英语学习的途径和策略:12项内容中第一至六条分别从阅读、写作和口语交际分项提出语言能力要求;第七条则针对学科探究能力要求;第八条针对信息技术与学科整合要求;第九条涉及多元文化意识;第10条关照移民学生学习英语的策略;第11、12条明确了英语语言艺术课程目标和教学任务。

通过12项内容标题,细细琢磨标题下的阐释(略),我们可以发现课标整合并分享了当时美国英语教师、读写研究者、教师教育者、家长,以及其他期望学生掌握英语语言能力人士的观点。如语言能力范畴的拓展:听(listening)、说(talking)、读(reading)、写(writing)向来是美国英语语言能力的四个组成部分,但在此份标准中,数次出现"视像语言"一词,其含义是观看(viewing)和视觉表达(visually representing),即视觉读写(visual literacy)能力。这个语言能力范畴的新词,反映了社会和技术变革导致的运用语言进行交流和思考的途径的更新,凸现了当今社会随着多媒体和网络技术的发展,学生视觉资料读写能力的重要性与日俱增。此外,以多元文化观导向和引领教科书出版和选用。美国没有全国统一的教科书制度:20个州实施教科书选用制度、30个州实施教科书自主制度。这份课标有关文学教育的课程文化观,凸现了多元文化气息,是对教科书供应商和各州教育委员会的导向。而第九条要求学生在阅读、表达中能"理解和尊重语言运用中的差异",则是面向学生的多元文化意识转化为行为的标示。

(摘编自董蓓菲.全景搜索美国语文课程、教材、教法、评价[M].上海:华东师范大学出版社,2009:21—29.)

（二）州级标准

在全美"基于标准"的改革中，各州教育主管部门做的最重要的事就是制定州一级的课程标准，最大限度地统一和规范本州中小学核心课程的设置和要求。到 2000 年全美 50 个州大都颁布了英语/语言艺术课程标准，且有四分之一的州明确列出学生应该阅读的名家名篇。

2002 年加利福尼亚州颁布了语文课程标准，名为《加利福尼亚公立学校阅读/英语语言艺术课程框架（幼儿园至 12 年级）》（*Reading/Language Arts Framework for California Public Schools Kindergarten Through Grade Twelve*）。课程框架是以内容标准为课程平台，贯通课程、评价、教学和组织，为教和学提供一个综合、有序的架构。美国太平洋研究所经比较认为，加利福尼亚州的语文课程框架是当时最好的课程标准之一，是细致、具体、全面的典范。

1. 课程框架结构

加州课程框架在序言部分明确课程目标，培养学生：(1)对阅读的终身的热爱；(2)熟练地运用语言交流并享受其乐趣；(3)深入欣赏文学和信息类课文，以及借助印刷文字扩大对人类以及历史和人性的理解。正文部分共有九个章节。

第 1 章/关于课程框架

第 2 章/教学目标和组成要素

第 3—5 章/内容标准和教学实践

第 6 章/语言艺术修养评价

第 7—8 章/责任和支持

第 9 章/教学材料的发展与评估

2. 内容标准

加州课程框架的内容标准，具体描述了每个年级的学生在阅读、写作、书面和口头英语语言惯例、听与说四个领域的要求。每个学习领域都从策略、体裁两个层面展开。下面以八年级的内容标准为例加以介绍。

八年级内容标准

阅读

1.0 语词分析、流利、系统词汇发展

了解单词的词源、词与词之间的关系及词的历史线索和文学语境线索，并运用这些知识确定词汇的意义，准确理解八年级需掌握的词语意思。

词汇和概念发展

1.1 通过分析习语、类比、隐喻、明喻，推断短语的字面意义和比喻意义。

1.2 了解英语语言发展史知识，通过常用单词的词源确定历史对英语词缀意义的影响。

1.3 在合适的语境中运用词语，并能通过定义、重述、举例、比较及对比等方法校验词义。

2.0 阅读理解（主要为信息类材料）

学生能够阅读并理解与年级水平相当的材料，并运用文本结构、组织形式、文本目的等知识，描述文本的基本思想和观点。《推荐阅读的文学作品（从幼儿园至八年级）》（*Recommended Readings in Literature*, *Kindergarten Through Grade Eight*）中的选篇，描述了学生阅读材料的特点及难度。此外，学生每年独立阅读 100 万字，包括优秀的记叙文和说明文。（如：经典文学及现代文学、杂志、报纸和网上的资讯）。

信息材料的结构特征

2.1 对比并比较商业材料的特点及要素，以获取信息（如：保证书、合约、产品信息、指导手册）。

2.2 用命题与论证模式分析文本。

理解并分析与年级水平相当的文本

2.3 从内容的处理、范围及组织方面，寻找文本间的相同点或不同点。

2.4 比较原文与摘要，确定摘要是否准确地抓住了原文的主旨（包括重要细节），是否表达了深层意义。

2.5 参照技术说明书，理解并解释复杂机械设备的使用，并对其做出解释。

2.6 运用来自多方面的信息，如消费者、车间、公共文件等，解释一种状况或决定并解决一个问题。

说明性评论

2.7 评价文本的整体性、连贯性、逻辑性、内在一致性及其结构形式。

3.0 文学反应及分析

学生阅读历史或文化领域具重要地位的文学作品，并做出反应，以反映学生已有的历史和社会科学知识，并通过学习获得提高。阅读时要理清思路并联系其他文学作品。《推荐阅读的文学作品》书中的选文，举例说明了学生阅读材料的特点及难度。

文学结构特征

3.1 确定并说出不同类型诗歌的特点（如：民歌、抒情诗、对联、史诗、挽歌、颂歌、十四行诗）。

叙述性分析与年级水平相当的文本

3.2 评价情节的结构要素（如：衬托情节、平行篇章、高潮部分）、情节的发展、陈述冲突的方式及解决冲突的方式。

3.3 对比、比较相似的状况或冲突中，不同历史时期文学人物的动机与反应。

3.4 分析场景（如：地点、时间、习俗）文本的语态、语调及意义之间的相关性。

3.5 确定并分析在传统作品中出现过，又在当代作品中重现的主题（如：善与恶的对决）。

3.6 确定标志作者写作风格的文学表达形式（如：隐喻、象征、方言、反讽等），并运用这些要素阐释文学作品。

文学批评

3.7 分析文学作品并说明作品如何反映作者的思想传承、传统、态度及信仰（传记）。

--------- **写作** ---------

1.0 写作策略

学生写的议论文清晰、连贯、重点突出。作品能体现学生的读者意识和目的意识。议论文包含引言、论证、论据和结论。学生能根据需要完成写作过程的各个阶段的任务，如预写、打草稿、修改、编辑。

组织和中心

1.1 写一篇能给读者留下深刻印象的文章，全文连贯且有清晰的、令人信服的结论。

1.2 通过连接词、并列结构及类似的写作技巧，在各段落之间建立有效的联系。

1.3 运用类比、重述、引用、权威观点、比较等手法，支撑自己的论题和结论。

检索技术

1.4 运用电脑网络，设计并进行多步骤的信息检索。

1.5 检索到的信息能为文章的观点服务。

评价与修改

1.6 修改文章的措辞，使组织合理、观点一致，小节之间、段落之间、意群之间过渡自然。

2.0 写作应用（类型和特征）

学生写记叙文、说明文、议论文、描写文，每篇500—700字。学生作文能反映其对标准美语的掌握程度，对检索、组织策略、打草稿方法的掌握，从而检验学生是否已达到写作标准1.0的要求。运用写作标准1.0中概述的八年级写作策略，学生能：

2.1 写传记、自传、短篇小说或记叙文

2.1.1 运用精心挑选的细节，叙述一个清楚连贯的小事件、经历或某种情况。

2.1.2 揭示文章主题的重要性，或阐明作者对该主题的态度。

2.1.3 运用叙述和描述策略（如：相关对话、特定的动作、背景描述、角色间的比较）。

2.2 写文学评论

2.2.1 学生在解读过程中表现出对作品的仔细阅读和洞察力。

2.2.2 把作家的写作技巧、特定的文本内容，同自己的反应联系起来。

2.2.3 凭借客观依据推断一部文学作品对观众所产生的影响。

2.2.4 根据文本内容、作家的其他作品、其他作家或学生自己的知识，支持上述判断。

2.3 写研究报告

2.3.1 确定论题。

2.3.2 记录重要的观点、概念和对重要信息来源的直接引用,复述并总结关于主题的所有观点。

2.3.3 运用多种原始资料和二手资料,区分不同来源资料的特点和价值。

2.3.4 通过图表、测绘和统计曲线,组织并展示相关信息。

2.4 写劝说文

2.4.1 论点明确(如:作出明确而有见地的判断)。

2.4.2 区分事实与观点,并通过具体的证据、事例和论说来支持论点。

2.4.3 对读者的思考与反驳作出预测和回应,提供细节、推论和例子,并有效安排。

2.5 写与职业发展相关的文章,包括简单的商务信函和求职申请

2.5.1 信息表达简洁明了,目的明确,满足预期读者的需要。

2.5.2 按照公文的常规格式写作(如:题名,以及为了便于理解而变换字体)。

2.6 写技术类文章

2.6.1 确定为达成目标所需采取的一系列行动,如设计某种系统、操作某种工具,或解释某组织的规章。

2.6.2 纳入所有需考虑的因素和变量。

2.6.3 使用格式技巧(如:小标题、变换字体等手段),帮助读者理解。

书面和口头英语语言惯例

书面和口头英语语言惯例的标准,分为书写和听说两方面。

1.0 书面和口头英语语言惯例

学生运用与年级水平相当的标准英语语言惯例进行写与说。

句子结构

1.1 正确应用不同句型和句子开头,体现生动、有影响力的个人风格。

1.2 在各类书面文体中识别并使用对仗句(包括有相似语法形式的句子),表达一系列事件以及并列的事件,起强调的作用。

1.3 运用从句、并列句、同位语和其他手法,明确表达不同观点间的联系。

语法

1.4 编辑草稿,正确使用语法。

标点和大写

1.5 正确使用标点符号和大写。

拼写

1.6 正确使用拼写规则。

1.0 听和说策略

学生作主题明确、内容连贯的陈述,清楚地表达观点,而且内容与听众的背景、兴趣相适应。学生能评判口头交流的内容。

理解

1.1 分析对文学作品的口头解读,包括语言选择与使用,以及解读对听众产生的效果。

1.2 复述演讲者的目的和观点,针对演讲者的讲话内容、表述和目的进行提问。

组织并传递口头信息

1.3 针对不同听众和不同目的,编排信息、选择词汇、调整声音、变换表情和语调,以组织演讲信息、达成特定目的。

1.4 按照选好的组织样式准备演讲提纲,主要包括介绍、过渡、预演和总结,思路清晰的正文,以及有效的结论。

1.5 使用准确的行为动词、描述感觉细节的词、恰当而丰富的修饰语,用主动语态而不是被动语态,使口头陈述生动活泼。

1.6 在正式演讲时,语法、选词、发音、语速都恰到好处。

1.7 利用听众的反馈信息(如:语言及非语言信息)

1.7.1 重新考虑并调整组织结构或演讲计划。

1.7.2 重新安排词序和句序,以阐明语义。

分析和评价口头、媒介交流

1.8 评价演讲者的可信度(如:隐含的目的、偏颇或带偏见的材料)。

1.9 视觉图像制作者(如:图形美术师、插画家、新闻摄影师)为表达信息、影响观众的看法,会采用不同的表达方式,能解读并评价他们所使用的多种方式。

2.0 说话(类型和特点)

学生运用传统修辞技巧(如:叙述、解说、描述),作结构严谨的正式演讲。通过演讲,显示出对标准美国英语的掌握能力,以及在"听说标准1.0"中概述的组织和表达策略的掌握程度。

运用"听说标准1.0"中概述的八年级的演讲策略,学生将:

2.1 进行叙述性的演讲(如:传记或自传等)

2.1.1 运用精心挑选的细节,讲述一个清楚连贯的小事件、经历或某种情况。

2.1.2 揭示该事件、经历或某种情况的重要性,或陈述者的态度。

2.1.3 运用叙述和描述策略(如:相关对话、特定的动作、背景描述、角色间的比较)。

2.2 进行口头文学评论

2.2.1 解读一篇读物并提供线索,展示其洞察力。

2.2.2 把作家的写作技巧、特定的文本内容,同自己的反应联系起来。

2.2.3 凭借客观依据,推断一部文学作品对读者所产生的影响。

2.2.4 根据文本内容、该作家的其他作品、其他作家或学生自己的知识,支持上述判断。

2.3 作研究性演讲

2.3.1 确定论题。

2.3.2 记录重要的观点、概念和对重要信息来源的直接引用,复述并总结关于此主题的所有观点。

2.3.3 运用各种原始资料和二手资料,区分不同资料来源的特点和价值。

2.3.4 通过图表、测绘和统计曲线,组织并展示相关信息。

2.4 作劝说性演讲

2.4.1 论点明确(如:作出明确而有见地的判断)。

2.4.2 区分事实与观点,并通过具体的证据、事例和论说来支持论点。

2.4.3 对读者的思考与反驳作出有效的预测和回应,提供细节、理由、例子及其他元素,并作有效安排。

2.4.4 运用恰当的语调。

2.5 背诵

背诵诗歌(四到六节)、演讲节选或戏剧独白。声音抑扬顿挫,语调和动作自如,以此烘托所背内容的含义。

近300页的加州课标反映了内容标准的持续性和递进性,即前一个年级教学要为后续年级学习打下坚实的基础。在体现系统、完善的同时,渗透了先进的教育、教学心理研究成果。它既是语文教师工作成效的蓝图、不同教学阶段的路标和工作手册,也是教科书编制者的编写指标,更是教学成效评价的依据。

国内现行2022年颁布的语文新课标中,以学段目标的形式描述学习内容。如第四学段(7—9年级)分识字与写字、阅读与鉴赏、表达与交流、梳理与探究四个领域阐述三个年级、一个学段的要求,这样就无法清晰阐述七年级学生的阅读与鉴赏具体要求是什么,以及和八、九年级学生的要求有何差异。可见,我国语文课程标准的"内容标准"具有现实关注的迫切性。它是语文课程宏观理念更新和微观教学实践的依托,在一定程度上能规范教材编制、教学创新和评价依据,并因此而消减因理念解读差异所带来的上述范围的各种变异行为。

(三)学区标准

学区一级的标准一般是对州标准的二次开发,以期能够更好地适应学区的实际情况。

三、语文课程标准评价

如何评价各层级编制的课程标准?美国不同组织机构都提出衡量准则或尺度——课程

标准之标准。如美国教师联盟（AFT）教育议题部自 1995 年起每年在《使标准有效》年度报告中，发表其对各州课程标准及其实施情况的全面评价结果，曾提出优质课程标准的 10 条尺度。1996 年成立的美国成就公司（Achieve）是一个标准、考试、绩效责任的资源中心，其使命是帮助各州建立优秀的标准、评价体系以及相关的政策。而美国基础教育委员会（简称 CBE）则是一个非营利性组织，其使命是促进中小学基础学科的教与学。两者在与州进行长期合作的过程中也提出了优质课程标准的特征，具体到各学科标准时，还运用九条评价尺度。托马斯·B. 福海姆基金会（Thomas B. Fordham Foundation）还发表了英语/语言艺术标准评价尺度。综合上述机构衡量标准之标准，其共性如下：

- 课程标准要规定共同的学术核心知识；
- 课程标准要在知识与技能之间达到平衡；
- 课程标准要严格；
- 课程标准要具体；
- 课程标准要清晰；
- 课程标准要可管理。[①]

第二节　共同核心州立标准

2010 年 6 月，美国州长协会中心（National Governors Association Center，简称"NGA Center"）和州首席教育官理事会（Council of Chief State School Officers，简称"CCSSO"）共同发布了《共同核心州立标准》（*Common Core State Standards*，简称"CCSS"），结束了美国各州课程标准不统一的局面，标志着美国统一全国课程标准的教育改革有了突破性的进展。

一、共同核心州立标准概述

2009 年 6 月 1 日，美国教育委员会（American Council on Education）发起建立国家共同核心州立标准的计划，试图将各州立课程规整为统一课程。此计划得到了美国州长协会（NGA）、州首席教育官理事会（CCSSO）和社会各界的大力支持。2010 年 3 月 10 日，共同核心州立标准草案公布，6 月 2 日正式颁布《共同核心州立标准》。

（一）标准构成

《共同核心州立标准》包括《共同核心州立英语语言艺术和历史/社会、科学和技术学科中的读写标准》（*Common Core State Standards for English Language Arts & Literacy in History/Social Studies，Science，and Technical Subjects*）（简称"CCSS"，下简称"语文课标"）

---

① 赵中建. 美国课程标准之标准研究[J]. 全球教育展望，2005(5).

和《共同核心州立数学标准》(*Common Core State Standards for Mathematics*)两份文件。

语文课标,以阅读能力培养为核心,通过文学类文本、信息类文本的学习,以及新技术能力的学习,造就具有核心素养的国家公民。标准参照美国各州以及其他学生学业成就优异国家的经验,明确规定了K—12年级学生在每个学年结束时应该掌握的知识和技能。正如标准前言部分所言:"只有充分证明这条标准有利于学生应对激烈的竞争与挑战,这条标准才会被采纳。"如在一至五年级有关文学类文本与信息类文本阅读量的比例,就是依据2009年美国全国教育进步评价项目(NAEP)研究报告中的数字而定的。

语文课标由三部分内容组成。①

> 第一部分:导论
>
> 第二部分:内容标准 ⎰ K—5年级英语语言艺术标准和跨学科的读写标准
> 　　　　　　　　　 6—12年级英语语言艺术标准
> 　　　　　　　　　 6—12年级跨学科的读写标准
>
> 第三部分:附录A、B、C

(二)三个部分的内容

导论(introduction)部分介绍了标准编制的背景、过程,考虑的因素以及对学生的要求和期望,是对标准进行整体描述,也是对标准的阅读指导。内容标准分三个方面展开:一是K—5年级英语语言艺术标准和跨学科的读写标准;二是6—12年级英语语言艺术标准;三是6—12年级跨学科的读写标准。标准共有三个附录,附录A先阐述听和说、读、写、语言四大领域的地位和价值,再说明标准研制依据的相关研究及主要参考文献,并附有一份术语表。附录B列出文本样例(sample texts)以阐释与年级水平相当的文本难度、质量和范围,同时附有任务表现示例。附录C提供了有评注的写作样本,以说明不同年级学生应该达到的最低写作要求。这些样本选自各州、学区学生的课堂作业、课后作业、考试的题目和研究项目中的案例,起示范作用。三个附录共有300多页,承担着课标的解读任务。

(三)标准实施

2010年6月发布的语文课标,2013年起在签署协约的46个州开始推广使用。到2018年2月,全美已有42个州、联邦直辖的哥伦比亚特区以及四个海外属地:关岛、北马里亚纳群岛、美属维尔京群岛和萨摩亚群岛使用该课标。② 得克萨斯州、弗吉尼亚州、阿拉斯加州、内布拉

---

① Common Core State Standards Initiative. English Language Arts & Literacy in History/Social Studies, Science, and Technical Subjects [EB/OL]. [2010-10-02](2023-01-11) https://learning.ccsso.org/wp-content/uploads/2022/11/ELA_Standards1.pdf.

② Standards in Your State [EB/OL]. [2018-02-14](2023-01-10) http://www.corestandards.org/standards-in-your-state.

斯加州在州内部分地区推行标准,明尼苏达州只接受语文课标,不接受数学标准。

　　语文课标在实施中,各州具有15％的修订权限,即州政府可以根据本州基础教育现状,保留85％的内容,增删15％的内容。因此,各州现行的语文课标内容并不是完全一致的。本节有关语文课标的内容标准是以纽约州的语文课标为例加以阐释的。

二、美国《大学和就业预备标准》

　　语文课标在研制过程中,先由美国大学委员会、美国大学考试协会和成就公司编制出《大学和就业预备标准》(*College and Career Readiness Standards*,简称"CCRS")——明确高中毕业生应该知道和掌握的知识与技能。然后,多个组织和协会共同依据《大学和就业预备标准》逐级细化、形成K—12年级具体的学习进阶(learning progression)标准。这个特点反映在英语课标的第二部分——内容标准:先呈现各学习领域总的目标——《大学和就业预备标准》,而后是该领域各年级学生的预期学习结果——学习进阶标准。

(一)《大学和就业预备标准》的结构

　　《大学和就业预备标准》按"领域＋模块"的方式呈现,共分为阅读、写作、听和说和语言四个领域,每个领域下面又分不同的模块。

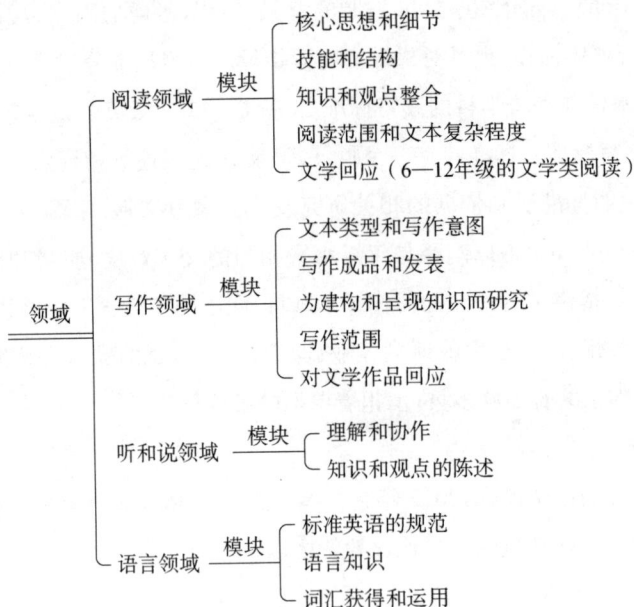

图2-1 《大学和就业预备标准》结构图

　　阅读领域下设"核心思想和细节""技能和结构""知识和观点整合""阅读范围和文本复杂程度""文学回应"五个模块(信息文本体裁无"文学回应")。写作领域下设"文本类型和写作意图""写作成品及发表""为建构和呈现知识而研究""写作范围""文学作品回应"五个模块。

听和说领域下设"理解和协作""知识和观点的陈述"两个模块。语言领域下设"标准英语的规范""语言知识""词汇获得和运用"三个模块。

比较《大学和就业预备标准》和各年级学习进阶具体标准，前者宏观、宽泛，后者可操作、细化。下面是《大学和就业预备标准》阅读领域"核心思想和细节"模块的三条标准及其与之对应的 K—5 年级的具体细化标准，见表 2-1。

表 2-1　阅读领域"核心思想和细节模块"的比较

大学和就业预备标准	年级具体标准	
1. 阅读能明确文本说什么，并能根据文本得出符合逻辑的推论；引用原文具体证据支持推论。	学前班（K）	1. 在提示和帮助的基础上，回答文本中的主要细节
	一年级	1. 回答或提问一些有关文本主要细节的问题
	二年级	1. 能够用"5W"和"How"来提问或回答问题，展现对文本主要细节的理解
	三年级	1. 通过提问和回答来展现对文本的理解，并能明确地引用文本的内容作为问答的基础
	四年级	1. 运用文本中的细节和例子来解释文本所明确表达的以及从文本中引出推论
	五年级	1. 能够准确地引用文本中的内容来解释文本所明确表达的以及从文本中引出推论
2. 确定文本的中心思想或主题，分析其发展；概括关键性的细节和观点	学前班（K）	2. 在提示和帮助的基础上，复述故事，包括主要细节
	一年级	2. 复述故事，包括主要细节，展现对故事的中心思想或道理的理解
	二年级	2. 详述故事，包括来自不同文化的寓言和民间故事，并能够确定它们的中心思想、道理和寓意
	三年级	2. 详述故事，包括来自不同文化的寓言、民间故事和神话，能够确定它们的中心思想、道理和寓意，并解释这些寓意在文本中怎样通过主要细节来表达
	四年级	2. 从文本中的细节确定一个故事、戏剧或诗歌的主题；概括文本
	五年级	2. 从文本中的细节确定一个故事、戏剧或诗歌的主题，包括故事或戏剧中的人物如何对挑战作出反应，或者作者在诗歌中怎么表现一个主题；概括文本
3. 分析人物、事件和观点随着文本进程如何发展、为什么发展，以及它们如何相互影响？	学前班（K）	3. 在提示和帮助的基础上，明确一个故事的人物、背景和主要事件
	一年级	3. 用文本中主要细节描述故事中的人物、背景和主要事件

大学和就业预备标准	年级具体标准	
	二年级	3. 描述故事中的人物如何对主要事件和挑战作出反应
	三年级	3. 描述故事中的人物（例如他们的特点、动机和感情），解释他们的行为如何作用于一系列的事件
	四年级	3. 运用文本中的具体细节深度描述故事或戏剧中的一个人物、背景和事件（例如，人物的思想、语言和行为）
	五年级	3. 运用文本中的具体细节比较一个故事或戏剧中的两个或多个人物、背景或事件（例如，人物之间是如何互相影响的）

(二)《大学和就业预备标准》的内容

《大学和就业预备标准》四大领域及领域模块的具体内容见下。

1. 阅读领域

【模块一】核心思想和细节

(1) 阅读能明确文本说什么，并能根据文本得出符合逻辑的推论；引用原文具体证据支持推论。

(2) 确定文本的中心思想或主题，分析其发展；概括关键性的细节和观点。

(3) 分析人物、事件和观点随着文本进程如何发展、为什么发展，以及它们如何相互影响。

【模块二】技能和结构

(4) 解释单词和词组的意思，确定术语、含蓄和比喻的意思，分析单词选用如何影响含义或语调。

(5) 分析文本框架，包括具体的句子、句群和段落（例如，一节、一章、一场或诗歌的一节）如何互相关联并与全文关联。

(6) 评估观点或主旨如何影响文本内容和风格。

【模块三】知识和观点整合

(7) 理解和评价不同形式和媒体呈现的内容，包括视觉的、量化的和语言表达的信息。

(8) 描述和评价文本中的议论和具体的主张，包括推理的合理性，佐证的相关和充分性（K—5 年级文学类阅读不适用此条）。

(9) 分析两个或更多相似主题或议题的文本，从而建立知识联系或比较写作方法。

【模块四】阅读范围和文本复杂水平

(10) 深入、独立阅读和理解复杂的文学和纪实性作品。

【模块五】文学作品回应

(11) 运用文学语言、文本特征和形式对文学作品作出回应，阅读理解，思考和解释各种体裁、美国及世界上其他国家的文学文本。

2. 写作领域

【模块一】文本类型和写作意图

（1）写议论文能针对议题或文本分析，使用有效的推理、相关和充分的证据支撑自己的主张。

（2）写信息类/说明类文章，能有效选择、组织和分析内容，清楚、准确地剖析和表达观点、观念和信息。

（3）写记叙文能运用技巧，合理安排细节、结构、事件的序列，发展真实、虚构的经历或事件。

【模块二】写作成品及发表

（4）作品表达清晰、条理分明，作品内容的推进、组织和类型与写作任务、意图和受众匹配。

（5）根据需要，通过计划、修订、编辑、改写或尝试新的方法，改进作品。

（6）运用技术，包括互联网创作和发表作品，和他人互动与协作。

【模块三】为建构和呈现知识而研究

（7）基于聚焦的问题，根据调查理解问题，设计短期和持续的研究方案。

（8）从多种印刷和数字资源中汇总、整合相关信息，评估每种来源信息的可信度和准确度，避免抄袭。

（9）从文学和信息类文本中摘选证据来支持分析、思考和研究。

【模块四】写作范围

（10）根据常规的时间框架（研究、思考和修订的时间）写作，根据写作任务、意图和受众缩短时间框架（一次写完或写一二天）。

【模块五】文学作品回应

（11）运用各种媒介和写作类型，通过书面、视觉和口头表达形式回应文本。展示自己对生活和文学作品之间联系的认识和理解，表达对社会与文化、文本与主题之间联系的领悟。

3. 听和说领域

【模块一】理解和协作

（1）有效准备、参与伙伴的一系列合作讨论。能以他人的观点为基础，清楚、有说服力地表达他们自己的观点。

（2）整合和评价不同媒介和形式的信息，包括视觉的，量化的和口头的信息。

（3）评价说话者的观点、理由和证据，运用的修辞。

【模块二】知识和观点的陈述

（4）根据任务、意图和受众，组织、推进内容、选择风格来呈现信息、发现和支持性证据，使听者能跟上讲者的推理线。

(5) 策略性地运用数码媒介和数据的视觉呈现方式,表达信息、帮助听众对陈述的理解。

(6) 根据各种语境和交流任务发言,能展现规范英语。

4. 语言

【模块一】标准英语的规范

(1) 写作或说话时,展现标准英语语法和语用规范。

(2) 写作时,展现英语大写、标点和拼写规范。

【模块二】语言知识

(3) 运用语言知识,理解不同语境中语言的功能,如何根据表意、风格做出有效的选择,有助于读者和听众更充分地理解。

【模块三】词汇获得和运用

(4) 通过运用内容线索,分析已知单词意思,借助一般和专门的参考资料,确定不认识的、多重含义的单词和词组的意思。

(5) 展示对象征性语言、单词关系、有细微意思差别的单词的理解。

(6) 能在大学和就业水平进行充分的听、说、读、写活动,准确地学习和使用一系列一般学术和专业领域的单词和词组。在认为单词或词组有助于理解和表达时,能独立积累词汇知识。

《大学和就业预备标准》明确阐述了高中毕业生进入大学深造或走上社会就业前,必须具备的知识和能力。这也为设置 K—12 年级学习进阶标准和学习路径(learning path)指明了终极目标、奠定了设计基石。

三、K—5 年级的课标内容

K—5 年级对语文课程目标的描述是:通过阅读,锻炼学生阅读思维,并逐步学会在多样化的情境中运用知识解决问题。对语言应用能力训练目标,则明确规定必须广泛而深入阅读高质量和具有挑战性的文学类文本和信息类文本;要求通过阅读大量多种文化背景和不同时代的小说、戏剧、诗歌和神话,熟悉和掌握各种诸如文本结构和基本原理的文学和文化知识;通过阅读历史/社会研究,科学及其他诸种文本,掌握这些领域的基础知识和文化知识,为阅读所有领域的内容提供背景知识。有关运用媒介与技术能力的要求则贯穿标准的始终。

由于美国幼儿园最后一年是安排在小学学习的,语文课标对幼儿园孩子(kindergartners)的听和说、读、写、语言也有相应的标准,要求会低于一年级学生水平。比如文学类阅读标准中,一年级模块一第一条是“能就文本主要细节提问或回答问题”。幼儿园孩子的要求则是添加了一个前提条件“在适当的提示和帮助下……”。写作标准中一年级模块一的第一条是“写片段表达自己的看法,要介绍主题或书名。要陈述一个观点,并提供一个理由,要有结尾”。

幼儿园孩子的要求则是"综合绘画、口述和写作手段,表达自己的看法。要介绍话题或书名,要陈述一个观点或者对话题和书的喜好(如我最喜欢的一本书是……)"。

鉴于篇幅及我国语文课程领域划分特点,在此仅介绍1—5年级学生阅读、写作、听和说三大领域的标准。有关幼儿园孩子以及英语语言领域标准从略。

(一)1—5年级阅读标准[①]

1. 文学类阅读标准

表2-2 1—5年级文学类阅读标准[②]

一年级	二年级	三年级	四年级	五年级
模块一:核心思想和细节				
1. 能就文本主要细节提问或回答问题	1. 能用谁、什么、哪里、什么时候、为什么和怎么就文本主要细节提问或回答问题,以展示对文本的理解	1. 提出问题,并以文本为依据寻找问题答案	1. 用文中的细节、例子解释文本所明确表达的意思,并能从文中得出推论	1. 能准确引用文中知识,解释文本所明确表达的意思,并能从文中得出推论
2. 复述故事,包括主要细节,以证明对故事的中心思想或主题的理解	2. 详述故事,包括不同文化的寓言和民间故事,确定故事的中心思想、主题和寓意	2. 详述故事,包括不同文化的寓言、民间故事、神话,确定中心思想、主题及寓意。并解释文本如何通过主要细节来表达寓意	2. 通过文本细节确定故事、戏剧或诗歌的主题,概括文本	2. 通过文本细节确定故事、戏剧或诗歌的主题,包括故事或戏剧中的人物如何对挑战做出反应,或者诗歌中演讲者怎么表现一个主题;概括文本
3. 通过主要细节描述故事中的人物、背景和主要事件	3. 描述故事中的人物是如何对主要事件和挑战做出反应的	3. 描述故事中的人物(如特点、动机、感情),解释人物行为导致的结果	3. 用文中具体细节描述故事或戏剧中的一个人物、背景和事件(如人物的思想、语言和行为)	3. 用文本中的具体细节比较或对比一个故事或戏剧中的两个或多个人物、背景和事件(如人物是如何互动的)

---

① Common Core State Standards Initiative. English Language Arts & Literacy in History/Social Studies, Science, and Technical Subjects [EB/OL]. [2010 - 10 - 02](2023 - 01 - 11)https://learning. ccsso. org/wp-content/uploads/2022/11/ELA_Standards1. pdf.
② 参考王强. 美国共同核心州立英语标准(小学阶段)研究及启示[D].重庆师范大学硕士论文,2016:44—46.

一年级	二年级	三年级	四年级	五年级
colspan 模块二：技能和结构				
4. 识别故事或诗歌中表达感情或感官感受的单词和短语	4. 描述故事、诗歌或歌曲中的单词和短语（如有规律的节奏、头韵、韵文、重复行）如何体现韵律、表达意思	4. 确定单词和短语在文中的意思，区别字面意思和非字面意思	4. 确定单词和短语在文中的意思，包括暗指神话中的重要人物的单词或短语	4. 确定单词和短语在文中的意思，包括比喻隐喻或明喻
5. 阅读一系列不同体裁类型的文本，解释故事与信息类文本的主要区别	5. 描述故事结构，包括开头是怎么引入，结尾怎么得出结果的	5. 在写作或演讲时能运用故事、戏剧和诗歌里的内容，使用章、幕、场这样的术语。描述文本前后的关系	5. 解释诗歌、戏剧、散文的主要区别，在写作或演讲时能参考诗歌和戏剧的结构元素（如诗歌中的诗节、节奏、韵律，戏剧中的人物角色、背景、描述、对白、舞台设计）	5. 解释一系列的章、幕、场是怎么组合在一起形成特定的故事、戏剧或诗歌的完整结构
6. 识别作者在文本中从不同角度讲述故事	6. 识别人物的不同观点、立场，包括在朗读对话时能用不同的声音来表达不同的人物	6. 注意区分叙述者和故事中人物的观点、立场	6. 比较和对比故事叙述的不同观点，包括第一人称叙述和第三人称叙述的不同之处	6. 描述叙述者和说话者的观点如何影响事件的叙述
模块三：知识和观点整合				
7. 用故事中的插图和细节描述人物、背景和事件	7. 从印刷文本或电子文本中的插图、文字信息来证明对人物、背景和情节的理解	7. 解释文章插图如何有助于文字表达（如，制造情绪、强调故事中的人物、背景的某些方面）	7. 把故事或戏剧文本同视觉性或口述性的文本联系起来，确定每种文本在何处反映具体描述和角度	7. 分析视觉形式或多媒体因素对文章意思、语气或美感的作用（如小说、多媒体呈现的小说、民间故事、神话和诗歌）
8. 描述和评价文本中的议论和具体的主张，包括推理的合理性，佐证的相关和充分性（K—5年级文学类阅读不适用此条）				
9. 比较和对比不同故事中人物的经历	8. 比较和对比两个或多个，不同的作者写的或来自不同文化的同一故事的不同版本（如灰姑娘的故事）	8. 比较和对比同一作者写的、相同或者相近人物文章的主题、背景和故事情节（如一套系列书）	8. 比较和对比不同文化的故事、神话、传统文学对相似主题的处理（如善与恶的对立）和事件模式（如探索）	8. 比较和对比同一类故事（如侦探小说和冒险小说），表达相同主题所用的方法

一年级	二年级	三年级	四年级	五年级
模块四:阅读范围和文本复杂程度				
10. 借助提示和帮助,阅读一年级难度的散文和诗歌	10. 期末能熟练阅读和理解适合2—3年级难度的故事、诗歌等文学作品,对高难度的文本可以根据需要提供帮助	10. 期末能够独立地、熟练地阅读和理解适合2—3年级难度后期的故事、戏剧和诗歌	10. 期末能够熟练地阅读和理解适合4—5年级难度的故事、戏剧和诗歌,对高难度的文本可以根据需要提供帮助	10. 期末能够独立地、熟练地阅读和理解适合4—5年级难度后期的故事、戏剧和诗歌

2. 信息类阅读标准

表2-3 1—5年级信息类阅读标准

一年级	二年级	三年级	四年级	五年级
模块一:核心思想和细节				
1. 提问并回答课文中关键细节的问题	1. 提问并回答诸如谁、什么、何地、何时、为什么,以及如何论证对文本中关键细节的理解等问题	1. 提出并回答问题,表明对文本的理解,确定哪些文本内容可以作为答案	1. 参考文本细节和案例,正确解读文本,以及从中得出的推论	1. 正确引用文本信息,阐释文本内容,以及从文本中得出的推论
2. 确定主题并复述课文的关键细节	2. 识别由多个段落组成的文本的主题,以及文本某个重点段落	2. 确定文本的主要内容,并解释关键细节是如何支撑主题思想的	2. 确定文本的主要观点,并解释关键细节是如何支持观点的。能总结文本大意	2. 确定文本中两个或多个主要观点,并解释关键细节是如何支持观点的。能总结文本大意
3. 描述一个文本中两个个体、事件、想法或信息片段之间的联系	3. 描述一系列历史事件、科学思想或概念之间的联系。或在一个文本中有关技术程序的步骤	3. 运用与时间、顺序和因果关系相关的语言,描述一系列历史事件、科学思想或概念之间的联系,或文本中关于技术程序的步骤	3. 基于文本中的特定信息,解释历史、科学或技术文本中的事件、程序、观点或概念,包括事件的发生及发生的原因	3. 基于文本中的特定信息,解释历史、科学或技术文本中,两个或多个人物、事件、观点、概念之间的关系或相互作用

一年级	二年级	三年级	四年级	五年级
模块二:技能和结构				
4. 提问并回答问题,以确定或阐明文本中单词和短语的意思	4. 确定与二年级主题或学科领域相关的文本中,单词和短语的意思	4. 确定与三年级主题或学科领域相关的文本中出现的,一般学术用语、领域特定的词汇和短语的意思	4. 确定与四年级主题或学科领域相关的文本中出现的,一般学术用语和领域特定词汇和短语的意思	4. 确定与五年级主题或学科领域相关的文本中出现的,一般学术用语和领域特定词汇和短语的意思
5. 了解并利用各种文本特征(例如标题、目录、词汇表、电子菜单、图标),以便查找关键事实或信息	5. 了解并利用各种文本特征(例如标题、粗体字、小标题、词汇表、索引、电子菜单、图标),以便有效定位文本中的关键事实或信息	5. 利用文本功能和搜索工具(如关键字、栏目、超链接)有效地查找与给定主题相关的信息	5. 能描述整个文本结构,或与事件、观点、概念或信息相关的文本结构(例如年代表,比较关系,原因/影响,问题/解决措施)	5. 对比和对照两个或多个文本中的事件、观点、概念或信息的结构(例如,年代,对比,原因/结果,问题/解决方案)
6. 区分图片、插图提供的信息,以及文字提供的信息	6. 确定文本的写作目的,包括作者想要回答、解释或描述的内容	6. 区别自己的观点和文章作者的观点	6. 比较、对比对同一事件或话题的直接描述和间接描述,以及描述所提供的资料在焦点和信息上的差异	6. 分析同一事件或话题的多种解释,能在所呈现的观点中,注意到重要的相同点和不同点
模块三:知识和观点整合				
7. 借助文中插图和细节,描述文本的主要思想	7. 解释特定图像(例如显示机器如何工作的图表)对文本表达所起的作用,以及它是如何起作用的	7. 利用从插图(如地图、照片)中获得的信息,以及文本中的文字,说明对文本的理解(例如,在何处、何时、为何以及如何发生重大事件)	7. 能解释用视觉、口头或定量的方式所呈现的信息(例如用统计图表、曲线图、框架图、时间线、动画、网页上的交互元素),并能解释文本中的这些信息是怎样帮助读者理解文本的	7. 从多样的纸质或电子资源中汲取信息,形成快速定位问题答案或有效率地解决问题的能力
8. 确定作者为支持观点而提供的理据	8. 描述论据是如何支持作者的具体论点的	8. 能描述文章中特定句子和段落之间的逻辑关系(例如,比较、因果、先后顺序中的第一/第二/第三段)	8. 能解释作者怎样使用理由或证据来支持独特的观点	8. 解释作者是如何在文本中用理由和证据来支持独特的观点的,并明确观点和证据间的对应关系

一年级	二年级	三年级	四年级	五年级
9. 识别同主题的两个文本的相同和差异之处。例如，插图、说明或程序	9. 比较和对比同主题的两个文本所表达的核心观点	9. 比较和对比同主题的两个文本提出的核心的观点和关键细节	9. 能整合同主题的两个文本中的信息，用以充分地写作或谈论主题	9. 能整合同话题的不同文本中的信息，充分地围绕某一话题展开写作或演讲
模块四:阅读范围和文本复杂程度				
10. 借助提示和帮助，阅读文本难度与一年级水平相当的信息类文本	10. 到学年末，能依靠支架熟练地阅读和理解 2—3 年级文本复杂程度范围内的信息类文本，包括历史/社会类研究及科学和技术文本	10. 到学年末，能独立、熟练地阅读和理解 2—3 年级文本复杂程度范围内的信息类文本，包括历史/社会类研究及科学和技术类文本	10. 到学年末，能依靠支架熟练地阅读和理解 4—5 年级文本复杂程度范围内的信息类文本，包括历史/社会类研究及科学和技术类文本	10. 到学年末，能独立、熟练地阅读和理解 4—5 年级文本复杂程度范围内的信息类文本，包括历史/社会类研究及科学和技术类文本

(二) 1—5 年级写作标准①

表 2-4 1—5 年级写作标准

一年级	二年级	三年级	四年级	五年级
模块一:文本类型和写作意图				
1. 写片段表达自己的看法，要介绍主题或书名。要陈述一个观点，并提供一个理由，要有结尾	1. 写片段表达自己的看法，要介绍主题或书名。要陈述一个观点，并提供支撑观点的多个理由。用连词(如:因为、和、并且)连接观点和理由，要有结尾的陈述或结尾	1. 写片段表达对有关话题或文本的看法，用理由支持一个观点。(1)介绍主题或文本，陈述一个观点，一个有组织的结构罗列理由。(2)提供理由支持观点。(3)使用连词和短语(如:因为、因此、	1. 写片段表达对有关话题或文本的看法，用理由和资料支持观点。(1)清楚地介绍话题或文本，陈述一个看法，用一个有组织的结构陈述一组看法支持作者的写作意图。(2)用事实和细节	1. 写片段表达对有关话题或文本的看法，用理由和资料支持观点。(1)清楚地介绍话题或文本，陈述一个看法，用一个有组织的结构陈述一组有逻辑的看法支持作者的写作

---

① Common Core State Standards Initiative. English Language Arts & Literacy in History/Social Studies, Science, and Technical Subjects [EB/OL]. [2010 - 10 - 02] (2023 - 01 - 11) https://learning. ccsso. org/wp-content/uploads/2022/11/ELA_Standards1. pdf.

一年级	二年级	三年级	四年级	五年级
		自从、例如)连接观点和理由。(4)要有结尾的陈述或结尾	作为支持的理由。(3)用词语和短语(如:例如、为了、另外)连接看法和理由。(4)要有结尾的陈述或结尾部分呈现看法	意图。(2)用事实和细节作为支持,提供有逻辑、有序的理由。(3)用词语、短语和从句(如:因此、尤其)连接看法和理由。(4)要有结尾的陈述或结尾部分呈现看法
2. 写信息或说明类的文章,要定话题、提供有关话题的事实,要有结尾	2. 写信息或说明类的文章,介绍一个主题、提供事实和定义形成观点,要有总结陈述或结尾部分	2. 写信息或说明类的文章来研究主题并清晰地传达想法、信息。(1)介绍一个话题并把相关信息归在一起;如果有助于理解,可用插图。(2)用事实、定义和细节展开话题。(3)用连词和短语(如:而且、另一个、和、另外、但是)连接一类信息中的观点。(4)要有总结陈述或结尾部分	2. 写信息或说明类的文章研究主题并清晰地传达想法、信息。(1)介绍一个话题并把相关信息归在一个段落和部分;如果有助于理解,可以使用格式(如:标题),插图和多媒体。(2)用事实、定义、具体细节、引用或其他相关信息、例子来发展话题。(3)用单词和短语(如:另一个、例如、而且、因为)连接一类信息的观点。(4)用准确的语言和特殊领域的词汇来表达或解释某话题。(5)有总结陈述或结尾部分用以陈述信息和解释相关的呈现	2. 写信息或说明类的文章来研究主题,并清晰地传达想法、信息。(1)清晰介绍一个话题,提供一个观察报告和焦点,对相关信息进行逻辑归类。如果有助于理解,可使用格式(如:标题),插图和多媒体。(2)用事实、定义、具体细节、引用或其他相关信息、例子来发展话题。(3)用单词、短语和从句(如:反之、尤其)连接一类信息的观点,或不同类别信息的观点。(4)用准确的语言和特殊领域的词汇来表达或解释某话题。(5)有总结陈述或结尾部分用以陈述信息和解释相关的呈现

一年级	二年级	三年级	四年级	五年级
3. 写记叙文叙述两个或多个有序事件,包括写细节,使用时间词反映事件的顺序,并提供结局	3. 写记叙文叙述一个详细阐述的事件或短小的系列事件,包括用描述行为、思想和情感的细节,使用时间词来反映事件的顺序,并提供结局	3. 写真实的经历或想象的事件,运用有效的技术、描述细节和清晰的事件发展顺序。(1)创建一种情景,介绍一个叙述者或人物;组织一个自然展开的事件。(2)描写对话、行为、想法和情感展开经历和事件或显示人物对情景的反应。(3)使用时间词和短语来组织一系列的事件。(4)有结尾	3. 写真实的经历或想象的事件,运用有效的技术、描述细节和清晰的事件发展顺序。(1)面向读者创建一种情景,介绍一个叙述者或人物;组织一个自然展开的事件。(2)描写对话、描述经历和事件或者显示人物对情景的反应。(3)使用各种过渡性的词和短语来组织一系列的事件。(4)用具体的词、短语和感官细节准确地表达经历和事件。(5)随着叙述的经历或事件给出结局	3. 写真实的经历或想象的事件,运用有效的技术、描述细节和清晰的事件发展顺序。(1)面向读者创建一种情景,介绍一个叙述者或人物;组织一个自然展开的事件。(2)使用叙述技巧,如对话、描述和节奏推进经历和事件,或显示人物对情景的反应。(3)使用各种过渡性的词、短语、从句来组织一系列的事件。(4)用具体的词、短语和感官细节准确地表达经历和事件。(5)随着叙述的经历或事件给出结局
模块二:写作成品和发表				
4. /	4. /	4. 在成人指导和帮助下,写出在发展和组织方面与写作任务、目的相符的作品	4. 写出清晰、连贯的作品,作品的发展和组织与写作任务、目的、读者相符	4. 写出清晰、连贯的作品,作品的发展和组织与写作任务、目的、读者相符
5. 在成人的指导和帮助下,聚焦话题,对同伴的问题和建议作出回应。根据需要补充细节来强化作品	5. 在成人的指导和同伴的帮助下,聚焦话题,根据需要,通过修改和编辑来强化作品	5. 在成人的指导和同伴的帮助下,根据需要,通过计划、修改和编辑来发展和加强作品	5. 在成人的指导和同伴的帮助下,根据需要,通过计划、修改和编辑来发展和加强作品	5. 在成人的指导和同伴的帮助下,根据需要,通过计划、修改、编辑、重写或换新的思路来发展和加强作品

一年级	二年级	三年级	四年级	五年级
6. 在成人指导和帮助下,用各种数字化的工具制作和发表作品,包括与同伴合作的作品	6. 在成人指导和帮助下,用技术制作和发表作品(用键盘输入),与他人互动和合作	6. 有成人的一些指导和帮助,用包括网络的技术制作和发表作品,与他人互动、合作。展示有键盘输入技能,在短时间内能输入至少一页内容	6. 有成人的一些指导和帮助,用包括网络的技术制作和发表作品,与他人互动、合作。展示有键盘输入技能,在短时间内能输入至少两页内容
模块三:为建构和呈现知识而研究				
7. 参与共同的研究和写作项目(如,根据话题,去研究一些如何做的书,写一个操作指南)	7. 参与共同的研究和写作项目(如,阅读某个话题一系列的书,写一篇报告、记录科学观察)	7. 做短期研究,建立某个话题的知识	7. 做短期研究,通过对某个话题多方面的调查,建立知识	7. 用各种资源进行短期研究,通过对某个话题多方面的调查,建立知识
8. 在成人的指导和帮助下,通过回忆自己的经历或从所提供的原始资料收集信息回答问题	8. 通过回忆自己的经历或从提供的资源中收集信息回答问题	8. 通过回忆自己的经历或从各种印刷的、数字的原始资料中收集信息;做简要记录,并根据所提供的种类进行分类	8. 通过回忆自己的经历或从各种印刷的、数字的原始资料中收集信息;做好记录和信息分类,并列一张资源清单	8. 通过回忆自己的经历或从各种印刷的、数字的原始资料中收集信息;在笔记和完成的作品中概括、解释信息,并列一张资源清单
9.	9.	9.	9. 从文学或信息文本中提取证据来支持分析,反思和研究。(1)运用四年级文学类阅读标准(如用文中具体细节深入描述故事或戏剧中的一个人物、背景和事件,如人物的思想、语言和行为)(2)运用四年级的信息类阅读标准(如解释作者是怎	9. 从文学或信息文本中提取证据来支持分析,反思和研究。(1)运用五年级文学类阅读标准(如比较或对比一个故事或戏剧中的两个或多个人物、背景和事件,如人物是如何互动的)(2)运用五年级的信息类阅读标准(如解释作者是

一年级	二年级	三年级	四年级	五年级
			么使用理由和论据来支持文中特殊观点)	怎么使用理由和论据来支持文中特殊观点。区分理由和论据分别对应的观点)
模块四:写作范围				
10. ／	10. ／	10. 用较长的时间常规写作(用于研究、反思和修改),以及为一些学科特定的任务、目的和读者在较短的时间内定期写作(写一次或写一两天)		
模块五:对文学作品的回应				
*11. 创作和呈现一首诗、故事、游戏、艺术作品,或者自己对一个特殊的作者或主题进行研究后的反应				*11. 创作和呈现一首诗、故事、游戏、艺术作品,或者自己对一个特殊的作者或主题进行研究后的反应。在介绍阅读文本时能识别和举例说明其中的社会、历史和文化特点

带＊的条目是为了说明课标模块五的内容,选用纽约州自己添加的条款,译自 New York State P－12 Common Core Learning Standards for English Language Arts & Literacy(2011)。

(三) 1—5 年级听和说标准[①]

表 2－5　1—5 年级听和说标准

一年级	二年级	三年级	四年级	五年级
模块一:理解和协作				
1. 就一年级学生与同侪、成人的话题和文本,在小组	1. 就二年级学生与同侪、成人的话题和文本,在小组	1. 就三年级的话题和文本,与不同伙伴开展有效的	1. 就四年级的话题和文本,与不同伙伴开展有效的	1. 就五年级的话题和文本,与不同伙伴开展有效

① Common Core State Standards Initiative. English Language Arts & Literacy in History/Social Studies, Science, and Technical Subjects［EB/OL］.［2010－10－02］(2023－01－11)https://learning.ccsso.org/wp-content/uploads/2022/11/ELA_Standards1.pdf.

一年级	二年级	三年级	四年级	五年级
和大组中和不同的同伴进行合作性的交谈 (1) 遵循商定的规则(如,认真倾听,每次发言只针对一个话题和文本) (2) 通过多次交流对他人的发言作出反应 (3) 讨论中,通过提问澄清对话题和文本的疑惑	和大组中和不同的同伴进行合作性的交谈 (1) 遵循商定的规则(如以尊重他人的方式获得发言权,认真倾听,每次发言只针对一个话题和文本) (2) 基于他人的发言,在评论中联系他们说的话 (3) 根据需要可提出对话题和文本的说明和进一步的解释	合作性的讨论(一对一、小组、教师引领),基于他人的观点,清楚地表达自己的观点 (1) 有准备地参加讨论。阅读和研究要求学习的资料,准确提取所准备和其他所知的信息探索观点 (2) 遵循商定的规则(如以尊重他人的方式获得发言权,认真倾听,每次发言只针对一个话题和文本) (3) 通过提问来检测对所呈现信息的理解,联系他人的发言做评论 (4) 根据讨论解释和理解他人的观点	合作性的讨论(一对一、小组、教师引领),基于他人的观点,清楚地表达自己的观点 (1) 有准备地参加讨论。阅读和研究要求学习的资料,准确提取所准备和其他所知的信息探索观点 (2) 遵循商定的规则并行使分配的角色义务 (3) 对具体问题发问和作出澄清以跟上听到的信息,联系他人的评论做评论,有助于开展讨论 (4) 根据讨论回顾核心的观点,解释和理解他人的观点	的合作性的讨论(一对一、小组、教师引领),基于他人的观点,清楚地表达自己的观点 (1) 有准备地参加讨论。阅读和学习要求的资料,准确提取所准备和其他所知的信息探索观点 (2) 遵循商定的规则并行使分配的角色义务 (3) 发问并通过评论对具体问题作出回应,以有助于讨论的开展。详细阐述他人的评论 (4) 回顾核心观点并依据讨论中获得的信息和知识做总结
2. 就主要信息提问并回答,这些信息来自大声朗读的文本、口头或其他媒介呈现的信息	2. 复述或描述主要信息,这些信息来自大声朗读的文本、口头或其他媒介呈现的信息	2. 确定文本的主要观点和支撑的细节,这些文本是借助大声朗读或用不同的媒体和形式呈现,包括直观的、量化的、口头的	2. 解释文本部分内容,这些文本是借助大声朗读或用不同的媒体和形式呈现,包括直观的、量化的、口头的	2. 概括书面语文本内容,这些文本是借助大声朗读或用不同的媒体和形式呈现,包括直观的、量化的、口头的
3. 就说话者所言提问和回答,以收集额外的信息或澄清一些不理解的地方	3. 就说话者所言提问和回答,以澄清理解、收集额外信息或加深对话题或问题的理解	3. 就说话者所言提问和回答,以提供适当的阐述和细节	3. 识别说话者用来支持具体观点的理由和证据	3. 概括说话者的观点,解释怎么用理由和证据支持每个主张

一年级	二年级	三年级	四年级	五年级
模块二:知识和观点的陈述				
4. 用恰当的细节描述人物、地点、事物和事件,清楚地表达想法和感受	4. 用合适的事实和恰当的、描述性的细节讲一个故事或复述一次经历,讲述时用连贯的句子	4. 就一个话题或文本讲一个故事或复述一段经历,讲的时候用合适的事实和恰当的、描述性的细节,用听者能理解的速度清楚地说出来	4. 用有组织的方式就一个话题或文本讲一个故事或复述一段经历,讲的时候用合适的事实和恰当的、描述性的细节来支持主要观点或主题,用听者能理解的速度清楚地说出来	4. 就一个话题、文本或提出一个观点,将观点进行逻辑排序,用合适的事实和恰当的、描述性的细节来支持主要观点或主题;用听者能理解的速度清楚地说出来
5. 当需要澄清观点、思想和感受时,在描述中加入绘画或其他视觉呈现	5. 制作有声的故事或诗歌,当需要澄清观点、思想和感受时,在描述故事或复述经历时加入绘画或其他视觉呈现	5. 制作吸引人的有声故事或诗歌,并用可理解的速度流畅地读出来;为了强调或加强事实或细节可加入视觉呈现	5. 为了强化主要观点或主题的发展,在陈述中加入音频和视觉呈现	5. 为了强化主要观点或主题的发展,在陈述中运用多媒体要素(如,图片、声音)和视觉呈现
6. 说适合任务和情况的完整句子	6. 根据所要求的细节或说明,说适合任务和情况的完整句子	6. 根据提供的所要求的细节或说明,说适合任务和情况的完整句子	6. 区分需用规范英语的语境(如陈述观点)和适用非规范的交谈情境(如小组讨论);能配合任务和语境运用正规英语	6. 在各种语境和任务中做演讲,能配合任务和语境运用正规英语

四、6—12 年级的课标内容

6—12 年级语文课标明确提出要为大学学习和职业做准备,培养学生具备应有的英语能力。和 K—5 年级小学标准一样,6—12 年级课标在语文学科范畴也分四大领域:阅读、写作、听和说、语言。有关媒介与技术教学的要求则贯穿标准的始终。鉴于篇幅下面介绍 6—12年级阅读标准、写作标准、听和说的标准。①

---

① Common Core State Standards Initiative. English Language Arts & Literacy in History/Social Studies, Science, and Technical Subjects [EB/OL]. [2010 - 10 - 02] (2023 - 01 - 11) https://learning. ccsso. org/wp-content/uploads. /2022/11/ELA_Standards1. pdf.

（一）6—12 年级阅读标准

1. 文学类阅读标准

表 2-6　6—12 年级文学类阅读标准

6 年级	7 年级	8 年级	9—10 年级	11—12 年级
模块一：核心思想和细节				
1. 引用文本证据来支持以下分析：文本明确表达了什么，从文本中得出什么推论	1. 引用几条来自文本的证据以支持以下分析：文本明确表达了什么，从文本中得出什么推论	1. 引用来自文本的、强有力的证据，以支持以下分析：文本明确表达了什么，从文本中得出什么推论	1. 引用来自文本的、充分且强有力的证据，以支持以下分析：文本明确表达了什么，从文本中得出什么推论	1. 引用来自文本的、充分且强有力的证据，以支持以下分析：文本明确表达了什么，从文本中得出什么推论。文本哪里存在问题
2. 确定文本主题或中心思想，它是如何通过具体事件来表达的。提供一份不同于个人观点和判断的文本摘要	2. 确定文本主题或中心思想，并分析其在文本中的发展。提供一份客观的文本摘要	2. 确定文本主题或中心思想，并分析其在文本中的发展。包括人物、背景和情节发展。提供一份客观的文本摘要	2. 确定文本主题或中心思想，并具体分析其在文本中的发展，包括如何显露，如何通过具体细节体现和提炼。提供一份客观的文本摘要	2. 确定文本两个或以上的主题或中心思想，并具体分析其在文本中的发展，包括他们如何相互作用、相互依赖，形成一个复杂的整体。提供一份客观的文本摘要
3. 描述一个特定的小说或戏剧情节是如何展开的，随着情节推进到最终结局，人物是如何做出反应和改变的	3. 分析小说或戏剧的特定元素是如何相互作用的（例如背景如何塑造角色或推动情节）	3. 分析小说或戏剧的某个对话或事件，是如何推动人物行动，解释人物某方面的特点或做出一个决定的	3. 分析人物性格是如何随着文本逐步展开的（如，具有多重或相互冲突动机的角色），如何与其他角色互动，如何推进情节或主题发展	3. 分析作者的选择，是如何发展和联系小说或戏剧元素的产生影响的（故事发生在何地，人物活动怎么安排，角色如何引入和发展）
模块二：技能和结构				
4. 确定文本使用的单词和短语的含义，包括比喻义和内涵。分析特定词语的选用，对意思和语气的影响	4. 确定文本使用的单词和短语的含义，包括比喻义和内涵。分析韵脚和其他重复音调（如头韵），对诗的一句或一节，小	4. 确定文本使用的单词和短语的含义，包括比喻义和内涵。分析特定词语的选用对意义和语气的影响，包括由此类推	4. 确定文本使用的单词和短语的含义，包括比喻义和内涵。分析特定词语的选用对意义和语气的累积影响（如语言如	4. 确定文本使用的单词和短语的含义，包括比喻义和内涵。分析特定词语的选用对意义和语气的影响，包括具有

6 年级	7 年级	8 年级	9—10 年级	11—12 年级
	说或戏剧的某个部分的影响	或间接提及的其他文本	何唤起时空感,如何确定正式或非正式的语气)	多重含义的词语,或特别新鲜、引人入胜、漂亮的词汇(包括莎士比亚和其他作家)
5. 分析某一个句子、章节、场景或诗歌段落是如何融入文本整体结构的,并为主题、背景或情节的发展服务	5. 分析戏剧或诗歌的形式或结构(如对白、十四行诗)是如何为主题表达服务的	5. 比较和对比两个或多个文本的结构,并分析文本结构是如何为主题表达和风格服务的	5. 分析作者是如何选择文本的结构、事件的顺序(如双线情节)和时间的安排(如节奏、闪回),来创造神秘、紧张或惊喜的效果的	5. 分析作者是如何选择建构文本的特定部分(如小说开始和结束的地方,选择喜剧或悲剧的结局),这样的选择是如何为整体结构、文本意义以及美学价值服务的
6. 解释作者是如何表达叙述者或说话者的观点的	6. 分析作者是如何表达和比较,文本中不同人物或叙述者的观点	6. 分析作者如何运用人物、观众或读者因视角不同,(如运用戏剧反讽)而产生诸如悬念或幽默的效果	6. 通过广泛阅读世界文学作品,分析外国文学作品反映的观点和文化经验	6. 分析一个案例中,把握观点需要区分文本中直接陈述的内容和真正表达的意思(如讽刺、讥讽、轻描淡写)
		模块三:知识和观点整合		
7. 比较两种阅读体验:阅读小说、戏剧或诗歌,和听音频、看视频或现场表演。比较阅读文本时"看到"和"听到"的内容与真正的听或看时的感知	7. 比较和对比:文本小说戏剧或诗歌与音频、电影、舞台剧或多媒体版本,分析每种媒体所特有的技术效果(如灯光、音效、色彩或摄影机焦点和角度)	7. 分析电影或现场制作的小说或戏剧,忠实于或背离文本或剧本的程度,评价导演或演员所作出的选择	7. 分析两种不同的艺术形式,对同一主题或关键场景的表现,包括两种形式在处理过程中强调或省略的内容(如奥登的诗歌《美术馆》和勃鲁盖尔的名画《伊卡鲁斯的坠落》)	7. 分析一篇小说、戏剧或诗歌的多种呈现(如一部剧的录制版和现场版,或小说、诗歌的录音版),评价每个版本是如何诠释文本的(至少包括一部莎士比亚的戏剧和一部美国剧作家的戏剧)
8. 不适用文学				

6 年级	7 年级	8 年级	9—10 年级	11—12 年级
9. 比较和对比主题或话题相似,但形式或体裁不同的文本(如小说和诗歌,历史小说和奇幻故事)	9. 比较和对比小说中描述的时间、地点或人物与同一时期的历史记录,以了解小说作者如何使用或更改历史	9. 分析一部现代小说是如何从神话、传统故事或宗教作品(如《圣经》)中汲取主题、事件模式或人物类型,描述这些材料是如何翻新的	9. 分析作者如何在一个特定的作品中,利用和转换原始材料(如莎士比亚如何处理罗马诗人奥维德或圣经中的主题、话题。或者后来的作者如何利用莎士比亚的戏剧。)	9. 展示 18、19、20 世纪早期,美国文学作品的知识。包括同一时期两个或多个文本,如何处理相似的主题或话题
		模块四:阅读范围和文本复杂程度		
10. 到 6 年级末,熟练阅读和理解 6—8 年级文本复杂程度的文学作品,包括小说、戏剧和诗歌。在掌握 6—8 年级文本复杂程度中高水平的作品时,可以使用辅助工具	10. 到 7 年级末,熟练阅读和理解 6—8 年级文本复杂程度的文学作品,包括小说、戏剧和诗歌。在掌握 6—8 年级文本复杂程度中高水平的作品时,可以使用辅助工具	10. 到 8 年级末,能够独立、熟练地阅读、理解 6—8 年级文本复杂程度中高水平的文学作品,包括小说、戏剧和诗歌	10. 到 9 年级末,能够阅读、理解 9—10 年级文本复杂程度范围内的文学作品,包括小说、戏剧和诗歌,在需要时可以使用辅助工具 到 10 年级末,能够独立、深入阅读、理解 9—10 年级文本复杂程度中高水平的文学作品,包括小说、戏剧和诗歌	10. 到 11 年级末,能够熟练阅读、理解 11—CCR 年级文本复杂程度范围内的文学作品,包括小说、戏剧和诗歌,在需要时可以使用辅助工具 到 12 年级末,能够独立、深入阅读、理解 11—CCR 年级文本复杂程度中高水平的文学作品,包括小说、戏剧和诗歌
		模块五:文学作品回应		
11. 从伦理和艺术的角度,识别、阐释小说、诗歌、戏剧与其他文本、观念、文化视角、时代背景、个人事件、社会环境之间的关联 (1) 依据个人喜好自我选择文本	11. 从伦理和艺术的角度,识别、阐释小说、诗歌、戏剧与其他文本、观念、文化视角、时代背景、个人事件、社会环境之间的关联 (1) 依据个人喜好	11. 从伦理和艺术的角度,阐释、分析和评价小说、诗歌、戏剧与其他文本、观念、文化视角、时代背景、个人事件、社会环境之间的关联 (1) 自我选择文本,	11. 从伦理和艺术的角度,阐释、分析和评价小说、诗歌、戏剧与其他文本、观念、文化视角、时代背景、个人事件、社会环境之间的关联 (1) 自我选择文本,	11. 从伦理和艺术的角度,阐释、分析和评价小说、诗歌、戏剧与其他文本、观念、文化视角、时代背景、个人事件、社会环境之间的关联

6 年级	7 年级	8 年级	9—10 年级	11—12 年级
（2）依据已建立的评价标准,对文本进行分类、选择和评价,对作品质量做出有理据的判断	自我选择文本（2）依据已建立的评价标准,对文本进行分类、选择和评价,对作品质量做出有理据的判断	发展个人喜好（2）建立和使用评价标准,对文本进行分类、选择和评价,对作品质量做出有理据的判断	回应或形成新的观点（2）建立和使用评价标准,对文本进行分类、选择和评价,对作品质量做出有理据的判断	（1）自我选择文本,回应或形成新的观点（2）建立和使用评价标准,对文本进行分类、选择和评价,对作品质量做出有理据的判断

2. 信息类阅读标准

表 2-7　6—12 年级信息类阅读标准

6 年级	7 年级	8 年级	9—10 年级	11—12 年级
模块一:核心思想和细节				
1. 引用文本证据,支撑对文本内容的分析,以及从文本中得出的推论	1. 引用几段文本证据,支撑对文本内容的分析,以及从文本中得出的推论	1. 引用最有力的文本证据,支撑对文本内容的分析,以及从文本中得出的推论	1. 引用强有力和全面详尽的文本证据,支撑对文本内容的分析以及从文本中得出的推论	1. 引用强有力和全面详尽的证据,支撑对文本内容的分析,以及从文本中得出的推论,包括确定文本在哪些地方存疑
2. 确定文本的中心思想,明确它是如何通过特定的细节表达的。提供不同于个人意见或判断的文本摘要	2. 确定文本两个或多个中心思想,并分析其在文中是如何推进的。客观总结文本大意	2. 确定文本的中心思想,并分析其在文中是如何推进的,包括与反映中心思想的内容的关系。客观总结文本大意	2. 确定文本的中心思想,并分析其在文中推进过程,包括如何形成的,以及如何通过具体细节塑造和完善。客观总结文本大意	2. 为文本确定两个或两个以上的核心思想,并结合文本,分析其推进过程,包括它们如何相互作用、相互构建。客观总结文本大意
3. 详细分析一个关键的人物、事件或观点是如何在文本中被引入、说明和阐述的（例如,通过例子或轶事）	3. 分析文本中人物、事件和观点之间的相互作用（例如,观点如何影响人物或事件,或人物如何影响观点或事件）	3. 分析文本是如何在人物、事件或观点之间建立联系和区别的（例如,通过比较、类比或分类）	3. 分析作者如何展开分析或展开一系列的想法或事件,包括提出论点的顺序、介绍和发展的方式,以及两者之间的联系	3. 分析一组复杂的观点或事件序列,并解释具体的人物、观点或事件是怎样在文本中相互作用和发展的

6 年级	7 年级	8 年级	9—10 年级	11—12 年级
模块二：技能和结构				
4. 确定文本中单词和短语的意思，包括修辞含义，内涵含义和技术含义	4. 确定文本中单词和短语的意思，包括具象、内涵和技术含义。分析特定单词的选择对表达意义和语气的影响	4. 确定文本中单词和短语的意思，包括比喻、内涵和技术含义。分析特定单词的选择对表达意义和语气的影响，包括对其他文本的类比或暗示	4. 确定文本中单词和短语的意思，包括象征、内涵和技术含义。分析特定单词的选择对表达意义和语气的累积影响（例如，表达法院意见的语言与报纸的语言有何不同）	4. 确定文本中单词和短语的意思，包括具体含义、内涵和技术含义。分析作者如何使用和改进文本中关键词语的含义（例如麦迪逊在《联邦主义者第10号》中是如何定义派别的）
5. 分析特定的句子、段落、章节或部分是如何匹配文本的整体结构和发展思路的	5. 分析文本结构，包括主要部分如何为整体和表达中心思想服务的	5. 详细分析文本结构中一个特殊的段落，包括特定的句子在发展和完善关键概念所起的作用	5. 详细分析，作者的想法或主张是如何通过特殊的句子、段落或章节发展和完善的	5. 分析和评估作者在论述或论证部分的结构的有效性，包括结构是否使得论点清晰、有说服力和有吸引力
6. 确定作者的观点或写作目的，并解释它在文本中是如何传达的	6. 确定作者的观点或写作目的，并分析作者如何将自己与他人的立场加以区分的	6. 确定作者的观点或写作目的，并分析作者如何承接和回应冲突的证据或观点的	6. 确定作者的观点或写作目的，并分析作者是如何运用修辞来推进观点或写作目的的表达的	6. 确定作者在文中使用有效修辞所表达的观点和目的，分析文章内容和风格对文本的影响力、说服力和美感所起的作用
模块三：知识和观点整合				
7. 整合不同媒体或格式（例如视觉、定量）、文字形式所呈现的信息，形成对某个主题或问题的一致性理解	7. 将文本与文本的音频、视频或多媒体版本进行对比和比照，分析每种媒介对主题的描述（例如，演讲如何影响语言的表达力）	7. 评估使用不同媒介（如印刷或数字文本，视频，多媒体）来呈现特定主题或想法的优点和缺点	7. 分析各种叙述主体在不同的媒体中对同一主题的叙述（例如在印刷和多媒体中一个人的生活故事），确定在每个叙述主体中强调了哪些细节	7. 整合和评估不同媒体或格式（例如，视觉上、数量上）以及词语的多种来源，以处理问题或解决问题

6 年级	7 年级	8 年级	9—10 年级	11—12 年级
8. 追踪和评估文本的论点和具体的主张,区分有理由、证据支持的主张与没有理由、证据支持的主张	8. 追踪和评估文本中的论点和具体的主张,评估推理是否合理,证据是否相关,以及是否足以支持这些主张	8. 追踪和评估文本中的论点和具体主张,评估推理是否合理,证据是否相关且充分。识别何时引入相关证据	8. 描述和评估文本中的论据和具体的主张,评价推理是否有效,证据是否相关且充分。识别虚假的陈述和错误的推理	8. 描述并评估美国开创性文本中的推理,包括宪法原则的运用和法律推理的运用(例如,在美国最高法院的多数意见和异议),以及在公共宣传工作中的契约、目的和论点(例如,联邦、总统演讲)
9. 对比和比照不同作者对事件的描述(例如,写同一人的回忆录和传记)	9. 分析两个或多个撰写同一主题的作者,如何通过强调不同的证据或推进对事实的不同解释来呈现关键信息	9. 分析一个案例,同主题的两个或两个以上的文本,提供相互矛盾的信息,并确定文本在事实或解释上的分歧所在	9. 分析具有历史意义和文学意义的重要的美国文件(例如华盛顿的告别演说,葛底斯堡的演说,罗斯福四大自由演说,国王的来自伯明翰监狱的信),包括他们如何处理相关主题和概念	9. 分析 17、18、19 世纪美国具有历史和文学意义的基础性文献(包括《独立宣言》《宪法序言》《权利法案》和林肯的第二次就职演说)的主题、目的和修辞特点
		模块四:阅读范围和文本复杂程度		
10. 到学年末,能熟练地阅读和理解 6—8 年级文本复杂程度范围内的非虚构类文学作品。能依靠辅助工具阅读文本复杂程度范围内高级别的作品	10. 到学年末,能熟练地阅读和理解 6—8 年级文本复杂程度范围内的非虚构类文学作品。能依靠辅助工具阅读文本复杂程度范围内高级别的作品	10. 到学年末,能独立、熟练地阅读和理解 6—8 年级文本复杂程度范围内,高级别的非虚构类文学作品	10. 到九年级末,熟练地阅读并理解 9—10 年级文本复杂程度范围内的非虚构文学作品。能依靠辅助工具阅读文本复杂程度高的作品 到 10 年级末,能独立、熟练地阅读理解 9—10 年级文本复杂程度范围内高级别的非虚构文学	10. 在 11 年级结束时,熟练地阅读并理解 11—CCR 文本复杂度范围内的非虚构类文学作品。能依靠辅助工具阅读文本复杂程度范围内高级别的作品 到 12 年级末,独立、熟练地阅读并理解 11—CCR 文本复杂程度范围内高级别的非虚构类文学作品

（二）写作标准*

6 年级	7 年级	8 年级	9—10 年级	11—12 年级
模块一：文本类型和写作意图				
1. 用明确的理由、相关的证据支持自己的主张 （1）提出主张，并有序组织理由和证据 （2）引用可靠的来源或文本，用明确的理由、相关的证据支持主张 （3）用词语、短语和从句阐明主张和理由之间的关系 （4）建立并保持一种正式的风格 （5）论证之后提供结论性陈述或段落	1. 用明确的理由、相关的证据支持自己的主张 （1）提出主张，承认可选择的或相反的主张，并有逻辑地组织理由和证据 （2）引用可靠、准确的来源，用逻辑推理和相关证据支持主张，并展示对主题或文本的理解 （3）用词语、短语和从句建立衔接，并清晰呈现主张和理由之间的关系 （4）建立并保持正式的风格 （5）论证之后提供结论性陈述或段落以支持论点	1. 用明确的理由、相关的证据支持自己的主张 （1）提出主张，承认并区分可选择的或相反的主张，并有逻辑地组织理由和证据 （2）引用可靠、准确的来源，用逻辑推理和相关证据支持主张，并展示对主题或文本的理解 （3）用词语、短语和从句建立衔接，并清晰呈现主张和相反的主张，理由和证据之间的关系 （4）建立并保持正式的风格 （5）论证之后提供结论性陈述或段落以支持论点	1. 用有效的推理、相关且充分的证据，分析议题或文本，以支持论点 （1）提出明确的主张，区分该主张与可替代的或相反主张。有逻辑地在主张要求、反诉要求、理由和证据之间建立明确的关系 （2）公平地提出主张和相反的主张，根据预期受众的知识水平和关注点，指出两者的优势和局限性，并为此提供证据 （3）用单词、短语和从句，衔接文章的主要部分，阐明主张与理由、理由与证据、主张与相反主张之间的关系 （4）建立并保持正式的风格、客观的语气，并遵循写作规范和惯例 （5）论证之后提供结论性陈述或段落以支持论点	1. 用有效的推理、相关且充分的证据，分析议题或文本，以支持论点 （1）提出明确的、有见识的主张，并确立该主张的重要性。区分该主张与可替代的或相反主张 有逻辑地在主张要求、反诉要求、理由和证据之间建立明确的关系 （2）公平地提出主张和相反的主张，根据预期受众的知识水平和关注点，指出两者的优势和局限性。并为此提供证据 （3）用单词、短语和从句，以及不同的句法，衔接文章的主要部分，阐明主张与理由、理由与证据、主张与相反主张之间的关系 （4）建立并保持正式的风格、客观的语气，并遵循写作规范和惯例 （5）论证之后提供结论性陈述或段落以支持论点

6 年级	7 年级	8 年级	9—10 年级	11—12 年级
2. 写信息/说明类的文章,通过对相关内容的选择、组织和分析,来剖析一个议题、表达观点、观念和信息 (1) 引入一个议题,组织观点、观念和信息,运用定义、分类、比较/对比、原因/结果等策略,包括有助于理解的格式(如标题)、图形(如图表、表格)、多媒体 (2) 用相关的事实、定义,具体的细节、引文或其他信息、例子来展开议题 (3) 用适当的过渡来阐明观点和观念之间的关系 (4) 用精确的语言和专业的术语来告知和解释议题 (5) 建立和保持正式的风格 (6) 呈现信息或说明后,提供一个总结性陈述或段落	2. 写信息/说明类的文章,通过对相关内容的选择、组织和分析,来剖析一个议题、表达观点、观念和信息 (1) 明确地引入一个议题,同时预想接下来写什么。组织观点、观念和信息,运用定义、分类、比较/对比、原因/结果等策略,包括有助于理解的格式(如标题)、图形(如图表、表格)、多媒体 (2) 用相关的事实、定义,具体的细节、引文或其他信息、例子来展开议题 (3) 用适当的过渡来建立衔接,以明晰观点和观念之间的关系 (4) 用精确的语言和专业的术语来告知和解释议题 (5) 建立和保持正式的风格 (6) 提供一个总结性的陈述或段落,以支持所提供的信息或解释	2. 写信息/说明类的文章,通过对相关内容的选择、组织和分析,来剖析一个议题、表达观点、观念和信息 (1) 明确地引入一个议题,同时预想接下来写什么。在更宽泛的类别中组织观点、观念和信息,运用有助于理解的格式(如标题)、图形(如图表、表格)、多媒体 (2) 用相关的事实、定义,具体的细节、引文或其他信息、例子来展开议题 (3) 用适当的、不同的过渡来建立衔接,以明晰观点和观念之间的关系 (4) 用精确的语言和专业的术语来告知和解释议题 (5) 建立和保持正式的风格 (6) 提供一个总结性的陈述或段落,以支持所提供的信息或解释	2. 写信息/说明类的文章,通过对相关内容的有效选择、组织和分析,清楚、准确地剖析和表达复杂的观点、观念和信息 (1) 引入一个议题,组织复杂的观点、观念和信息,并阐述其联系和区别。运用有助于理解的格式(如标题)、图形(如图表、表格)、多媒体 (2) 精选相关、充分的事实、定义,具体的细节、引文或与读者了解议题相适应的信息、例子来展开议题 (3) 用适当的、不同的过渡来连接文章主要部分,阐复杂观点和观念之间的关系 (4) 用精确的语言和专业的术语处理复杂的议题 (5) 建立和保持正式的风格,遵守写作规范和惯例 (6) 提供一个总结性的陈述或段落,以支持所呈现的信息或解释(如阐明该议题的含义或重要性)	2. 写信息/说明类的文章,通过对相关内容的有效选择、组织和分析,清楚、准确地剖析和表达复杂的观点、观念和信息 (1) 引入一个议题,组织复杂的观点、观念和信息,形成新的、统一的整体。运用有助于理解的格式(如标题)、图形(如图表、表格)、多媒体 (2) 选择最重要、最相关的事实、定义,具体的细节、引文或与读者了解议题相适应的信息、例子来深入展开议题 (3) 用适当的、多种不同的过渡、句法来连接文章主要部分,阐复杂观点和观念之间的关系 (4) 用精确的语言、专业的术语,以及写作手法(如隐喻、明喻和类比),处理复杂的议题 (5) 建立和保持正式的风格、客观的语气,遵守写作规范和惯例

6 年级	7 年级	8 年级	9—10 年级	11—12 年级
				(6) 提供一个总结性的陈述或段落,以支持所呈现的信息或解释(如阐明该议题的含义或重要性)
3. 写真实的经历或想象的事件,运用有效的技术、描述细节和清晰的事件发展顺序 (1) 面向读者创建一种情景,介绍一个叙述者/人物;组织一个自然展开的事件 (2) 使用叙事技巧,如对话、描述和节奏,推进经历和事件或人物 (3) 使用各种过渡性的词、短语、从句,表达从一个时间框架或情节到另一个时间框架或情节的转换 (4) 用准确的词、短语、描述性细节和感官语言,捕捉动作,表达经历和事件 (5) 从所叙述的经历或事件中得出结论	3. 写真实的经历或想象的事件,运用有效的技术、描述细节和清晰的事件发展顺序 (1) 面向读者创建一种情景、观点,介绍一个叙述者/人物;组织一个自然展开的事件 (2) 使用叙事技巧,如对话、描述和节奏推进经历和事件或人物 (3) 使用各种过渡性的词、短语、从句,表达从一个时间框架或情节到另一个时间框架或情节的转换 (4) 用准确的词、短语、描述性细节和感官语言,捕捉动作,表达经历和事件 (5) 根据叙述的经历或事件得出一个结论	3. 写真实的经历或想象的事件,运用有效的技术、描述细节和清晰的事件发展顺序 (1) 面向读者创建一种情景,介绍一个叙述者/人物;组织一个自然展开的事件 (2) 使用叙事技巧,如对话、描述和反思,推进经历和事件或人物 (3) 使用各种过渡性的词、短语、从句,表达顺序,从一个时间框架或情节到另一个时间框架或情节的转换,并展示经历和事件之间的关系 (4) 用准确的词、短语、描述性细节和感官语言,捕捉动作,表达经历和事件 (5) 根据叙述的经历或事件得出一个结论	3. 写真实的经历或想象的事件,运用有效的技术、描述细节和清晰的事件发展顺序 (1) 面向读者创建一种情景、一个或多个观点,介绍一个叙述者/人物;组织一个自然展开的事件 (2) 使用叙事技巧,如对话、节奏、描述、反思和多条情节线,推进经历、事件或人物 (3) 运用各种技巧对事件进行排序,使其相互关联形成一个连贯的整体 (4) 用准确的词、短语、描述性细节和感官语言,生动描述经历、事件、场景或人物 (5) 在叙述经历、观察,或解决问题后,能从中得出结论	3. 写真实的经历或想象的事件,运用有效的技术、描述细节和清晰的事件发展顺序 (1) 面向读者创建一种情景、一个或多个观点,及其重要性,介绍一个叙述者/人物,来吸引和引导读者;组织一个自然展开的事件 (2) 使用叙事技巧,如对话、节奏、描述、反思和多条情节线,推进经历、事件或人物 (3) 运用各种技巧对事件进行排序,使其相互依存形成一个连贯的整体,朝着特定的基调和结果发展(如神秘、悬疑、发展或解决) (4) 用准确的词、短语、描述性细节和感官语言,生动描述经历、事件、场景或人物

6 年级	7 年级	8 年级	9—10 年级	11—12 年级
				（5）在叙述经历、观察，或解决问题后，能从中得出结论

模块二:写作成品和发表

4. 写清晰、连贯的文章,作品的发展、组织和风格都与写作任务、目的和读者相适应

| 5. 在成人的指导和同伴的帮助下,根据需要通过计划、修改、编辑、重写或换新的思路来发展和加强作品 | 5. 在成人的指导和同伴的帮助下,根据需要,通过计划、修改、编辑、重写或换新的思路来发展和加强作品,关注写作目的和读者 | 5. 在成人的指导和同伴的帮助下,根据需要,通过计划、修改、编辑、重写或换新的思路来发展和加强作品,关注写作目的和读者 | 5. 针对特定的目的、对读者而言最重要的内容,通过计划、修改、编辑、重写或换新的思路,来发展和加强作品 | 5. 针对特定的目的、对读者而言最重要的内容,通过计划、修改、编辑、重写或换新的思路,来发展和加强作品 |
| 6. 利用包括互联网在内的技术进行写作 | | | 6. 利用包括互联网在内的技术来创作、发表、更新个人或共享的作品。利用技术链接其他信息,并且灵活、动态显示信息 | 6. 利用包括互联网在内的技术来创作、发表、更新个人或共享的作品,以回应持续的反馈,包括新的评论或信息 |

模块三:为建构和呈现知识而研究

| 7. 做短期研究项目来回答一个问题,利用一些资源,并在适当的时候集中调查 | 7. 做短期研究项目来回答一个问题,利用一些资源,并引出相关的其他问题。针对重点问题进一步开展研究和调查 | 7. 做一些短期研究项目来回答一个问题(包括自创的问题)。利用一些资源,并引出相关的其他问题。聚焦问题,开展多种途径的探索 | 7. 做一些短期和持久的研究项目,来回答一个问题(包括自创的问题)或解决一个问题。在适当的时候,缩小或扩大调查范围,综合有关主题的多种信息源,展示对所调查主题的认识 | 7. 做一些短期和持久的研究项目,来回答一个问题(包括自创的问题)或解决一个问题。在适当的时候,缩小或扩大调查范围,综合有关主题的多种信息源,展示对所调查主题的认识 |

6 年级	7 年级	8 年级	9—10 年级	11—12 年级
8. 有效地运用搜索词,从多个印刷和数字资源中,收集相关信息。评估每一种信息源的可信度和准确性。引用或转述他人的数据和结论时,要遵循标准的引用格式,避免抄袭	8. 有效地运用搜索词,从多个印刷和数字资源中,收集相关信息。评估每一种信息源的可信度和准确性。引用或转述他人的数据和结论时,要遵循标准的引用格式,避免抄袭	8. 有效地运用搜索词,从多个印刷和数字资源中,收集相关信息。评估每一种信息源的可信度和准确性。引用或转述他人的数据和结论时,要遵循标准的引用格式,避免抄袭	8. 有效地运用高级搜索,从多种权威的印刷和数字资源中,收集相关信息。评估每一种信息源在回答研究时的有效性。根据主旨,有选择地将信息整合到文本中。避免抄袭,并遵循标准的引用格式	8. 有效地运用高级搜索,从多种权威的印刷和数字资源中,收集相关信息。评估每一种信息源在任务、目的和读者方面的优势和局限性。根据主旨,有选择地将信息整合到文本中。避免抄袭,避免过度依赖任何一个来源,并遵循标准的引用格式
9. 从文学或信息文本中提取证据来支持分析,反思和研究 (1) 将六年级阅读标准应用于文学作品中(如鉴于相似的主题和议题,"比较和对比不同形式或体裁的文本[如小说和诗歌、历史小说和奇幻故事]") (2) 将六年级阅读标准应用于非虚构类作品中(如"追踪和评估文本中的论点和具体主张,区分有理由、证据支持的主张和没有理由和证据支持的主张")	9. 从文学或信息文本中提取证据来支持分析,反思和研究 (1) 将七年级阅读标准应用于文学作品中(如"比较和对比对一个时间、地点或人物的虚构描述,和对同一时期的历史描述,作为理解小说作者如何使用或改变历史的一种手段") (2) 将七年级阅读标准应用于非虚构类作品中(如"追踪和评估文本中的论点和具体主张,评估推理是否合理,证据是否相关、且足以支持这些主张")	9. 从文学或信息文本中提取证据来支持分析,反思和研究 (1) 将八年级阅读标准应用于文学作品中(如"分析现代小说如何借鉴神话、传统故事或宗教作品如《圣经》中的主题、事件模式或人物类型,包括描述材料是如何翻新呈现的") (2) 将八年级阅读标准应用于非虚构类作品中(如"描述和评估文本中的论点和具体主张,评估推理是否合理,证据是否相关和充分;识别引入的不相关证据")	9. 从文学或信息文本中提取证据来支持分析,反思和研究 (1) 将 9—10 年级的阅读标准应用于文学作品中(如"分析作者如何在一个特定的作品中,利用和转换原始材料[如莎士比亚如何处理罗马诗人奥维德或圣经中的主题、话题。或者后来的作者如何利用莎士比亚的戏剧]") (2) 将 9—10 年级的阅读标准应用于非虚构类作品中(如"描述和评估文本中的论点和具体主张,评估推理是否合理,证据是否相关和充	9. 从文学或信息文本中提取证据来支持分析,反思和研究 (1) 将 11—12 年级的阅读标准应用于文学作品中(如"展示 18、19、20 世纪早期,美国文学作品的知识。包括同一时期两个或多个文本,如何处理相似的主题或话题") (2) 将 11—12 年级的阅读标准应用于非虚构类作品中(如"描述并评估美国开创性文本中的推理,包括宪法原则的运用和法律推理的运用[例如,在美国最高法院的

6 年级	7 年级	8 年级	9—10 年级	11—12 年级
			分;识别虚假陈述和错误推理")	多数意见和异议],以及在公共宣传工作中的契约、目的和论点[如联邦、总统演讲]")

模块 4:写作范围

6 年级	7 年级	8 年级	9—10 年级	11—12 年级
10. 用较长的时间常规写作(用于研究、反思和修改),以及为一些学科特定的任务、目的和读者在较短的时间内定期写作(写一次或写一两天)			10. 用较长的时间常规写作(用于研究、反思和修改),以及为一些任务、目的和读者在较短的时间内定期写作(写一次或写一两天)	

* 相关文体翻译:记叙文(narratives)、议论文(arguments)、信息/说明类的文本(informative/explanatory texts)、奇幻故事(fantasy stories)。

(三) 听和说标准

听和说标准提供了每学年的教学指导重点,该年级的优秀学生达到年级具体标准,并且保持或者进一步发展后续年级所需掌握的技能和知识。

表2-8 6—12年级听和说的标准

6 年级	7 年级	8 年级	9—10 年级	11—12 年级
模块一:理解和协作				
1. 就 6 年级的话题、文本和问题,与不同伙伴开展有效的合作性的讨论(一对一、小组、教师引领),基于他人的观点,清楚地表达自己的观点 (1) 有准备地参加讨论。事先阅读和学习要求的资料,准确提取所提交的关于议题、文本或问题的佐证,	1. 就 7 年级的话题、文本和问题,与不同伙伴开展有效的合作性的讨论(一对一、小组、教师引领),基于他人的观点,清楚地表达自己的观点 (1) 有准备地参加讨论。事先阅读和研究要求学习的资料,准确提取所提交的关于议题、文本或问题的	1. 就 8 年级的话题、文本和问题,与不同伙伴开展有效的合作性的讨论(一对一、小组、教师引领),基于他人的观点,清楚地表达自己的观点 (1) 有准备地参加讨论。事先阅读和研究要求学习的资料,准确提取所提交的关于议题、文本或问题的	1. 就 9—10 年级的议题、文本和问题,发起和参加与不同伙伴进行一系列有效的合作性的讨论(一对一、小组以及老师引领),基于他人的观点,清楚且有说服力地表达自己的观点 (1) 有准备地参加讨论,事先阅读和研究要求学习的资料;准确提取所	1. 11—12 年级的议题、文本和问题,发起和参加与不同伙伴进行一系列有效的合作性的讨论(一对一、小组以及老师引领),基于他人的观点,清楚且有说服力地表达自己的观点 (1) 有准备地参加讨论,事先阅读和研究要求学

6 年级	7 年级	8 年级	9—10 年级	11—12 年级
为讨论时的调查和思考做好准备 (2) 遵循大学讨论的规则,设定具体目标和截止期限,需要时明确个人角色 (3) 讨论中,针对议题、文本或问题所作的详细阐述和细节,提出并回应具体的问题 (4) 回顾所表达的关键思想,通过反馈和阐释展示多视角的理解 (5) 寻求对不同视角和文化背景的个人的理解,并与之沟通	佐证,为讨论时的调查和思考做好准备 (2) 遵循大学讨论的规则,朝着具体目标和截止期限不断进步,需要时明确个人角色 (3) 提出能引出详细阐述的问题,回应别人的问题和有关观察和看法的陈述。需要时能将讨论引回议题 (4) 认知别人表达的新信息,一旦确定,修订自己的观点 (5) 寻求理解他人的视角和文化,寻求与来自各种背景的受众或个人有效地沟通	佐证,为讨论时的调查和思考做好准备 (2) 遵循大学讨论和决定的规则,朝着具体目标和截止期限不断进步,需要时明确个人角色 (3) 针对几位说话者的观点提出问题,并对他人的问题和有关证据、观察和观点的陈述作出回应 (4) 认知别人表达的新信息,一旦确定,根据呈现的证据限定或证明自己的观点 (5) 寻求理解他人的视角和文化,寻求与来自各种背景的受众或个人有效地沟通	准备的、从文本和其他研究中查找到的关于议题、文本或问题的佐证,为交换一个深思熟虑的、符合逻辑的观点做好准备 (2) 和同伴合作制定大学讨论和决策的规则(例如,非正式的统一、关键问题投票、轮流呈现意见),设定明确目标和截止期限,需要时明确个人角色 (3) 通过提出和回应与当下讨论相关的问题来拓宽主题或扩充观点,从而推进会话;积极吸收他人加入讨论;阐明、核实或挑战观点和结论 (4) 深思熟虑地回应不同的观点,总结共识与分歧,必要时,证明或为自己的观点和理解辩护,根据呈现的理据和证据发现新的联系 (5) 寻求理解他人的视角和文化,寻求与受众或各种背景的个人的有效沟通	习的资料;准确提取所准备的、从文本和其他研究中查找到的关于议题、文本或问题的佐证,为交换一个深思熟虑的、符合逻辑的观点做好准备 (2) 和同伴合作,促进文明、民主的讨论和决议,设定明确目标和截止期限,需要时建立个人角色 (3) 通过提出和回应探究理据和证据的问题来推进会话;确保就一个议题或事件全方位地听取意见;阐明、核实或挑战观点和结论;促进发散性、创造性的观点 (4) 深思熟虑地回应不同的观点;综合就事件各方面作出的评论、主张以及证据;可能的话消解矛盾;确定需要哪些额外的信息或研究来加深调查或完成任务 (5) 寻求理解他人的视角和文化,寻求与受众或各种背景的个人的有效沟通

6 年级	7 年级	8 年级	9—10 年级	11—12 年级
2. 理解以不同的媒介或形式（如视觉地、量化地、口头地）呈现的信息，并解释其如何为议题、文本或问题服务 运用语言、逻辑和文化的经验和知识，分析性地思考、创造性地解决问题、令人信服地发出倡议	2. 分析不同的媒介或形式（如视觉地、量化地、口头地）呈现的主要观点和支持性细节，在学习中解释观点如何使议题、文本或问题清晰 运用语言、逻辑和文化的经验和知识分析性地思考、创造性地解决问题、令人信服地发出倡议	2. 分析不同的媒介或形式（如视觉地、量化地、口头地）呈现的信息意图，评估这一呈现背后的动机（例如，社会、经济、政治的） 运用语言、逻辑和文化的经验和知识，分析性地思考、创造性地解决问题、令人信服地发出倡议	2. 整合不同媒介或形式（如视觉地、量化地、口头地）呈现的多种来源的信息，同时评估每种来源的可信度与准确性	2. 为了做出明智的决定和解决问题，整合以不同媒介和形式（如视觉地、量化地、口头地）呈现的多种来源的信息，同时评估每种来源的可信度与准确性，标注数据中存在的差异
3. 描述说话者的论点和具体主张，区分有理据或佐证支持和没有支持的主张	3. 描述说话者的论点和具体主张，评估理据的可靠性和证据的相关性及充分性	3. 描述话者的论点和具体主张，评估理据的可靠性、证据的相关性和充分性，当相关证据被引入时能够确认	3. 评价一位说话者的观点、理据，使用的证据和修辞，识别任何错误的理据、夸大或曲解的证据	3. 评价一位说话者的观点、理据和使用的证据和修辞，评估立场、前提、观点的联系、单词选择、重点和使用的语调
		模块二：知识和观点的陈述		
4. 逻辑性地呈现主张、发现和先后有序的观点，使用切题的描述、事实和细节来强调主要观点和主题；使用恰当的眼神交流，足够的音量和清楚的发音	4. 呈现主张和发现，同时以一种聚焦的、条理分明的方式，用恰当的描述、事实、细节和例子强调要点；使用恰当的眼神交流，足够的音量和清楚的发音	4. 呈现主张和发现，同时以一种聚焦的、条理分明的方式，用相关证据、充分有效的理据和精挑细选的细节强调要点；使用恰当的眼神交流，足够的音量和清楚的发音	4. 清楚、简明、逻辑性地呈现信息、发现和支持性的证据，使听众能跟上推理线索；组织、推进、主旨和风格要适合目的、受众和任务	4. 呈现信息、发现和支持性的证据，表达清晰明了的观点，使听众能跟上推理线索；陈述选择性的或相反的观点；组织、推进、主旨和风格要适合目的、受众和一系列正式、非正式的任务
5. 陈述中包含多媒体（例如，图表、影像、音乐和声音）和视觉展示，以阐明信息	5. 陈述中包含多媒体和视觉展示，使得主张、发现和强调的要点清晰	5. 陈述中整合多媒体和视觉展示，使信息清晰，强化主张和证据，以及增加兴趣	5. 在陈述中策略性地使用数字媒介（例如，文本、图表、音频和交互视频的元素），加强对发现、理据和证据的理解，并且增加兴趣	
6. 在各种语境和任务中发言，在指明或适当的时候，展现正规英语				

五、6—12年级历史/社会学科、科学和技术学科中的读写标准

历史/社会、科学和技术学科中的读写标准包括阅读和写作两个领域。两个领域分三个学段:6—8年级、9—10年级、11—12年级,阐述学段标准。[①]

(一)阅读标准

阅读领域标准又细分为历史/社会学科的阅读标准、科学和技术学科的阅读标准。这两个标准因其学科关系而不含有"文学回应"模块。

1. 历史/社会学科阅读标准

表2-9 6—12年级历史/社会学科阅读标准

6—8年级	9—10年级	11—12年级
模块一:核心思想和细节		
1. 引用具体的文本证据以支持对主要和次要资源的分析	1. 引用具体的文本证据以支持对主要和次要资源的分析。同时注意信息的特征,例如,信息的数据、源头	1. 引用具体的文本证据以支持主要和次要资源的分析。同时将从具体细节中获得的见解与对整个文本的理解连接起来
2. 确定主要或次要信息资源的中心思想或信息;准确概括资源内容,以有别于先前的知识或观点	2. 确定主要或次要信息资源的中心思想或信息;准确概括核心事件和思想如何随着文本进程发展	2. 确定主要或次要信息资源的中心思想或信息;提供一个准确的概括,以清楚地说明关键细节和思想之间的关系
3. 明确文本描述的、与历史/社会学科研究过程有关的关键步骤(例如,一个议案如何成为法律,利润率如何提高和降低)	3. 详细分析文本中描述的一系列事件;判定是早期事件导致了后续的事件,还是前者仅仅早于后者发生而已	3. 评估行为或事件的各种解释,判定哪种解释与文本证据最为一致,同时认识到文本在哪里留下了不确定事件
模块二:技能和结构		
4. 确定文本中所用单词和词组的意思,包括与历史/社会领域相关的具体词汇		4. 确定文本中所用单词和词组的意思,包括分析随着文本进程,作者如何使用和提炼核心术语的意思(例如,麦迪逊在《联邦党人第10号文件》中如何定义派系斗争)

---

① Common Core State Standards Initiative. English Language Arts & Literacy in History/Social Studies, Science, and Technical Subjects[EB/OL].[2010-10-02](2023-01-11)https://learning.ccsso.org/wp-content/uploads.

6—8 年级	9—10 年级	11—12 年级
5. 描述文本如何呈现信息（例如，有序地，对比地，因果地）	5. 分析文本如何运用框架来强调关键点或是提出一个解释或分析	5. 详细分析一个复杂的主要信息资源是如何架构的，包括文本中的关键句子、段落和部分是如何为整体服务的
6. 识别文本中揭示作者观点或意图的部分（例如，又隐含意义的语言，囊括或省略具体部分）	6. 针对两位或者更多的作者如何对待相同或者类似的议题，比较他们的观点，包括各自的描述中加入和强调了哪些细节	6. 通过评定作者的主张、理据和证据，评估作者针对同一历史事件或问题所持不同的观点
模块三：知识和观点的整合		
7. 整合视觉信息（例如，表格、图表、图片、视频或地图中的信息）和印刷和数字文本中的信息	7. 整合印刷或数字文本中的定量或是学术分析（例如，图表、研究数据）和定性分析	7. 整合和评估不同形式和媒介（例如，视觉地，量化地以及用言语表达地）呈现的多种信息来源，从而处理和解决问题
8. 区分文本中的事实、观点和有理有据的判断	8. 评定文本中的理据和证据对作者主张的支持程度	8. 通过用其他信息支持或挑战的方式，评估作者的前提、主张和证据
9. 就同一议题，分析主要和次要信息资源的关系	9. 比较和对比一些主要和次要信息资源中对同一议题的处理	9. 在对一个观点或事件的一致性理解中，整合不同来源的主要和次要信息，且信息没有矛盾差异
模块四：阅读的范围和文本的复杂程度		
10. 到 8 年级末，独立并准确阅读和理解 6—8 年级文本复杂范围内的历史/社会类学科文本	10. 到 10 年级末，独立并准确阅读和理解 9—10 年级文本复杂范围内的历史/社会类学科文本	10. 到 12 年级末，独立并准确阅读和理解 11—12 年级文本复杂范围内的历史/社会类学科文本

2. 科学和技术学科阅读标准

表 2－10　6—12 年级科学和技术学科阅读标准

6—8 年级	9—10 年级	11—12 年级
模块一：核心思想和细节		
1. 引用具体的文本证据来支持科学和技术文本的分析	1. 引用具体文本证据来支持科学和技术文本的分析，同时注意解释或报告部分精确的细节	1. 引用具体文本证据来支持科学和技术文本的分析，同时注意作者做的重要区分和描述中的分歧或矛盾

6—8 年级	9—10 年级	11—12 年级
2. 确定主要或次要信息资源的中心思想或信息；准确概括资源内容，以有别于先前的知识或观点	2. 确定主要或次要信息资源的中心思想或信息；查找文本中有关一个复杂工序、现象或概念的解释或叙述，并作出准确的概括	2. 确定主要或次要信息资源的中心思想或信息；通过用更简练但仍精准的术语，概括文本中呈现的复杂概念、工序或信息
3. 做实验、测量或完成技术任务时，精确地跟随多个步骤的程序进行操作	3. 做实验、测量或完成技术任务时，精确地跟随多个步骤的复杂程序进行操作；同时注意文本中规定的特例或例外	3. 做实验、测量或完成技术任务时，精确地跟随多个步骤的复杂程序进行操作；能基于文本中的解释分析具体结果
模块二：技能和结构		
4. 当符号、关键术语和其他具体领域单词和词组被用在有关6—8年级议题的具体科学和技术文本中时，能确定其含义	4. 当符号、关键术语和其他具体领域单词和词组被用在有关9—10年级议题的具体科学和技术文本中，能确定其含义	4. 当符号、关键术语和其他具体领域单词和词组被用在有关11—12年级议题的具体科学和技术文本中，确定其意思
5. 分析作者用于组织文本的结构，包括主要部分如何为理解全文和议题服务	5. 分析文本中有关概念间关系的结构，包括核心术语的关系（例如，推力、摩擦力、反作用力、能量）	5. 分析文本如何在种类和层次上安排信息或观点，展示对信息或观点的理解
6. 分析作者在文本中的解释、对工序的描述或对实验的讨论的意图	6. 分析作者在文本中的解释、对工序的描述或对实验的讨论的意图，明确作者寻求解决的问题	6. 分析作者在文本中的解释、对工序的描述或对实验的讨论的意图，识别未解决的重要问题
模块三：知识和观点的整合		
7. 整合文本中用文字表达的量化或技术的信息，以及该信息的视觉性表达版本（如流程图、图表、模型、曲线图或表格）	7. 把文本中用文字表达的量化或技术的信息转换为视觉形式（如表格或图表），把视觉或算数形式表达（如方程式）的信息转换成文字	7. 整合和评估以不同形式和媒介呈现的多种信息资源（如量化的数据、视频、多媒体）用于处理和解决问题
8. 区分文本中的事实，基于研究发现的有理据的判断、推断	8. 评定文本中理据和证据能支持作者主张或解决科学或技术问题的程度	8. 评定科学或技术文本中的假设、数据、分析和结论，可能的话核实数据，以及用其他的信息资源证实或挑战结论
9. 比较和对比从实验、模拟、视频或多媒体资源中和从相同议题的文本阅读中获得的信息	9. 比较和对比文本和其他信息资源中的发现（包括他们自己的实验），当发现支持或反驳早先的解释或报告时，能做注释	9. 从一系列信息资源中综合信息（如文本、实验、模拟），使对工序、现象或概念的理解保持一致性，可能的话处理有矛盾的信息

6—8 年级	9—10 年级	11—12 年级
模块四:阅读的范围和文本的复杂程度		
10. 到 8 年级末,独立并准确阅读和理解 6—8 年级文本复杂范围内的科学/技术文本	10. 到 10 年级末,独立并准确阅读和理解 9—10 年级文本复杂范围内的科学/技术文本	10. 到 12 年级末,独立并准确阅读和理解 11—12 年级文本复杂范围内的科学/技术文本

(二)写作标准

表 2-11　6—12 年级历史/社会、科学和技术学科写作标准

6—8 年级	9—10 年级	11—12 年级
模块一:文本类型和写作意图		
1. 写具体学科内容的议论文 (1)提出针对主题或问题的主张,识别选择性的或互相矛盾的主张,并逻辑性地组织理由和证据 (2)运用准确、可信的来源,论证对议题和文本的理解,以支持符合逻辑的理由和相关证据的主张 (3)运用单词、词组和从句做衔接并阐明主张、相反的主张、理由和证据之间的关系 (4)形成并保持一种正式的风格 (5)呈现议论之后,提出一个总结性陈述或部分以支持所呈现的议论	1. 写具体学科内容的议论文 (1)提出明确的主张,识别选择性的或互相矛盾的主张。有组织地表达以明确这些主张的关系,陈述主张的理由和证据 (2)公平地推进主张和相反的主张,预想读者的知识水平和关注点的方式,用适合学科的形式,指出两方面主张各自的优点和不足时要提供数据和证据 (3)使用单词、词组和从句连接文本的主要部分。使主张与理由,理由与证据,主张与相反的主张之间彼此衔接并且关系清晰 (4)当写到学科的准则和惯例时,建立和保持一个正式的风格和客观的基调 (5)呈现议论之后,提出一个总结性陈述或部分以支持所呈现的议论	1. 写具体学科内容的议论文 (1)提出明确的、有见识的主张,并建构该主张的意义。识别选择性的或互相矛盾的主张。有组织地表达以明确这些主张的关系,陈述主张的理由和证据 (2)公平、彻底地推进主张和相反的主张,预想读者的知识水平、关注点、价值观和可能的倾向,指出两方面主张各自的优点和不足时要提供最有关联的证据 (3)使用单词、词组、从句和各种句法连接文本的主要部分。使主张与理由,理由与证据,主张与相反的主张之间彼此衔接并且关系清晰 (4)当写到学科的准则和惯例时,建立和保持一个正式的风格和客观的基调 (5)呈现议论之后,提出一个总结性陈述或部分以支持所呈现的议论
2. 写信息类/说明性文本,包括叙述历史事件,科学程序/实验或是技术工序	2. 写信息类/说明性文本,包括叙述历史事件,科学程序/实验或是技术工序	2. 写信息类/说明性文本,包括叙述历史事件,科学程序/实验或是技术工序

6—8 年级	9—10 年级	11—12 年级
(1) 在预知后文的情况下清晰地介绍一个主题；为达成目的在更大的类别中组织观点、概念和信息；运用包括格式（如标题），图表（如曲线图、表格）和多媒体以有助于理解 (2) 用相关的、精选的事实、定义、具体细节、引用和其他信息及例子，推进议题 (3) 使用适当和不同的过渡来形成衔接，使观点和观念清晰 (4) 用清晰的语言和专业领域词汇来告知或解释该议题 (5) 建立和保持一个正式的风格和客观的基调 (6) 在呈现信息或解释之后，提出一个总结陈述或部分，以支持信息或解释	(1) 介绍一个主题；组织观点、概念和信息以说明重要的区别和联系；运用包括格式（如标题），图表（如曲线图、表格）和多媒体以有助于理解 (2) 用相关的、精选的、充分的事实、扩充的定义、具体的细节、引用和其他信息以及有助于观众了解主题的适当的例子，推进议题 (3) 运用不同的过渡和句子结构连接文本的主要部分，并彼此衔接阐明观点和概念之间的关系 (4) 使用清晰的语言和专业领域词汇来处理议题的复杂性，传递一种与学科、情境以及可能的读者的专门知识相适应的风格 (5) 当写到学科的准则和惯例时，建立和保持一种正式的风格和客观的基调 (6) 在呈现信息或解释之后，提出一个总结陈述或部分，支持信息或解释	(1) 介绍一个主题；组织复杂的观点、概念和信息，使每种新元素建立在已创立的统一体之上；运用包括格式（如标题），图表（如曲线图、表格）和多媒体以有助于理解 (2) 通过选取最有意义及相关性的事实、扩充的定义、具体的细节、引用和其他信息以及有助于观众了解主题的适当的例子，推进议题 (3) 运用不同的过渡和句子结构连接文本的主要部分，并彼此衔接阐明复杂的观点和概念之间的关系 (4) 使用清晰的语言、专业领域词汇和技巧（例如，隐喻、明喻和比拟）来处理议题的复杂性，传递一种知识立场的风格，该风格与学科、情境以及可能的读者的专门知识相适应的 (5) 在呈现信息或解释之后，提出一个支持上述内容的总结性陈述或部分（例如，表达含义或议题的意义）

3. 作为一个单独的要求不适用，见注释

注释：在这些年级，学生的叙述技能继续提高。标准要求学生能将叙述元素有效地融入议论文和信息类/说明类文本中。在历史/社会学科，学生必须能将叙述融入对重要的个人或历史事件的分析之中。在科学和技术学科，学生必须能非常精确地描述一步一步的程序，这些程序是他们在调查和技术工作使用的，别人能按照他们的描述复制并（有可能）得到同样的结果

模块二：写作成品和发表

4. 创作清晰和连贯的作品，其推进、组织和风格与写作任务、意图和受众相符

5. 在一些同侪、成人的指导和支持下，通过计划、修订、编辑、改写或换一种新的方法，聚焦如何写得更好和受众，推进和加强写作	5. 对具体目的和受众来说什么是最有意义的，聚焦问题答案进行计划、修订、编辑、改写或换一种新的方法，来推进和加强写作

6—8 年级	9—10 年级	11—12 年级
6. 运用技术,包括互联网,来创作和发表作品,以及清晰、有效地呈现信息和观点之间的关系	6. 运用技术,包括互联网,来创作、发表以及更新个人或共有的作品,利用技术的优势来连接其他信息和灵活且动态地展现信息	6. 运用技术,包括互联网,来创作、发表以及更新个人或共有的作品,回应不断的反馈,包括新的评论或信息
模块三:为建构和呈现知识而研究		
7. 安排一些短期的研究方案来回答问题(包括自我生成的问题)。利用一些资料,产生另外相关、聚焦的问题,且这些问题是允许多途径探究的	7. 安排一些短期且持续的研究方案来回答问题(包括自我生成的问题)或解决一个问题;适当地缩小或拓宽调查;综合关于主题的多种信息源,展示对调查研究中的主题的认识	
8. 有效地使用搜索术语,从多种印刷和数字资源中收集相关信息;评估每个信息源的可信度和精确度;引用和解释数据,总结他人的数据要避免抄袭并遵守引用的规范格式	8. 有效地使用高级搜索,从多种权威的印刷和数字资源中收集相关信息;在回答研究问题时评估每种信息源的效能;在避免抄袭,符合引述标准的情况下,通过有选择地整合文本信息来保持观点流畅	8. 有效地使用高级搜索,从多种权威的印刷和数码资源中收集相关信息;根据写作任务、意图和受众,评估每种信息源的优缺点;在避免抄袭,过度依赖某一信息源,符合引述标准情况下,通过有选择地整合文本信息来保持观点流畅
9. 从信息文本中摘取证据来支持分析、思考和研究		
模块四:写作范围		
10. 根据时间框架(研究、思考和修订的时间)常规地写作,根据一系列的写作任务、意图和受众缩短时间框架(一次坐下来或一天或两天)		

六、语文课标评述

早在 20 世纪 80 年代初,美国已经成为信息化、知识密集型的国家。《为成功而标准化:保证美国学生能够接受世界先进的教育》报告指出,"美国学生应具备与全球学生竞争的能力,要具备这种能力,教育质量是关键。提升教育质量的关键是要在数学和语文学科建立全国统一的课程标准,通过严格的、高质量的课程标准,使美国各州的学生都具备适应社会和时代发展的综合素质能力"[①]。当代美国语文课程研究把课程置于广泛的社会场景中,从政治、经济、文化等视角理解课程,建构课程的意义。语文课标是美国社会需求与语文课程本体研

---

① Washington D C: CCSSO & National Governors Association. Common Core State Standards Initiative. Common Core State Standards for English Language Arts & Literacy in History/Social Studies, Science, and Technical Subjects [S]. Washington D C, 2010:2.

究的结晶。

（一）结构和内容特色

1. 结构的纵横贯通

在第一部分"K—12 年级的英语语言艺术标准"，语文课标摒弃了过去 K—12 年级一贯制划分方法，将 12 年学习分为 K—5 和 6—12 两个阶段，体现学生学习心理发展的阶段性特征。每个阶段按"领域＋年级/学段"的格式编排。语文课程分为阅读、写作、听和说、语言知识四大领域，每一领域又各自细分出不同的模块，再按年级/学段逐级展开细则，即"领域——模块——具体细则"表格式描述。这样的设计既易于定位阅读，又为同一学段相近年级的横向比较阅读带来便捷。

同时，在 K—5 和 6—12 两个阶段的每一领域，都前置升学和就业的预备标准，以明示每一个阶段的阶段目标要求。在整体设计上体现了阶段——领域——模块——年级有序的纵向细分特色。

2. 内容的科学性

依据"领域＋年级/学段"的双向结构，课标逐级设计内容。在内容设计上充分体现前后贯通的连续性与阶段性，体系清晰明了、难度逐年递进，操作性极强。这样的层级化内容设计、直观的真实样例附录，有助于教师在教学过程中的精准定位与实施参照。

写入语文课标的内容，以研究和实证为依据。正如语文课标前言所写：只有当最可靠的证据表明，某条标准对在 21 世纪国际竞争中，做好升学或就业准备非常重要，这条标准才会被写进文件。诸如：信息类阅读体裁、批判性阅读思维能力；一对一的同侪学习、小组合作学习形式；关注研究设计和研究成果的表达能力，写研究报告、小论文、文学阅读回应，评估信息来源的信度和效度，整合信息进行分析、思考和研究；学生适应、体会并运用信息技术的表达力，学习并运用文字、图片、影像、超链接、视频、音频等不同组合方式，视觉表达，量化的、语言的呈现手段……标准的内容要求吸纳了前沿理论和实践研究成果，既符合学生语言认知的发展，又引领各州语文课标、教材、教学的学理提升。

（二）学科统整教学观

如同名称：《共同核心州立英语语言艺术和历史/社会、科学和技术学科中的读写标准》，语文课标由两大部分组成，一是 K—12 年级的英语语言艺术标准，二是历史/社会、科学和技术学科中的读写标准。语文课标的第二部分，补充了跨学科的语言教学目标：在社会、历史、科学和技术课程中明确各年级学生的阅读、写作要求，使非英语课程的语言实践活动：学科术语、知识的理解和表达目标明确，操作有方。在课标顶层设计中搭建了学科统整框架，从而为融入各学科的读写能力教学奠定了基础。

（三）多元文化意识

国家课标指出：学生需体会到 21 世纪的教室和工作场所，有来自不同文化的人，他们必须和有着不同经历和思维方式的人一起学习和工作。学生通过阅读和倾听,积极地寻求理解他人思维方式和文化,并且能够和来自不同文化背景的人有效沟通。他们要批判性和建构性地评价他人观点。通过阅读不同时期、文化和世界观的经典文学和当代文学,学生能够间接地感受世界、获得不同的经历。语文课标在各领域预设了理解、探究多元文化和世界观,考虑读者不同的文化背景并与之沟通等相关内容。

在《大学和就业预备标准》阅读领域、模块五"文学回应"中提出:运用各种媒介和写作类型,通过书面、视觉和口头表达形式回应文本。展示自己对生活和文学作品之间联系的认识和理解,表达对社会和文化的联系、文本和主题的联系的领悟。在语文课标的阅读领域"核心思想和细节"模块,则明确要求二年级学生详述故事,故事内容包括不同文化的寓言、民间故事、神话。在"知识和观点整合"模块,要求二年级学生:比较和对比两个或多个,不同的作者写的或来自不同文化的同一故事的不同版本(如灰姑娘的故事)。在听和说领域"理解和协作"模块,要求 6—12 年级学生:寻求对不同视角和文化背景的个人理解,并与之沟通;运用语言、逻辑和文化的经验和知识,分析性地思考、创造性地解决问题、令人信服地发出倡议。写作领域要求 9—12 年级学生在写记叙文时能"为适应各种文化内容而调整自己的发言和所用的语言文字"。语文课标对多元文化意识和理解能力的培育,是美国作为移民国家多民族国情的需求,更是个人主义和自由主义——美国主流文化的体现。同时也顺应了文化交流、全球化竞争的国际发展趋势。

(四) 受众的公共性

整份语文课标从内容到呈现,始终考虑受众群体的需求,以尽可能多地获得教育内部、外部的各种可资利用的资源,达成课程目标。课标的陈述方式、目标前置和样例后置等结构、形式,都更有效地表达了编制者的意图和课标内容,并辅助不同层次的读者对象准确理解课标,更无需专家解读。这样的实用性、公共性设计,为社会人士、教师、家长、甚至学生读懂课标带来便捷。

值得一提的是,在网页上并列呈现的语文课标有两份,区别在于第二份语文课标后多了这样一个标注"ADA compliant",即符合美国残疾人法案无障碍设计标准,意味着网站上第二份语文课标是专供残疾人士访问用的。如有视力障碍的人,可以听课标音频了解整份课标的内容。这种基于公平、公共原则和人文关怀的设计,体现了对特殊群体的尊重和友善。

中美两国的教育制度和社会现实,决定了两国语文课标政策和地位的不尽相同。但是,美国语文课标成功收集并传播先进的教育思想和实证研究成果,从而提升课标本体的科学性和前瞻性,无疑对我国语文课标的编制和修订有启迪。

第三章

美国语文教科书

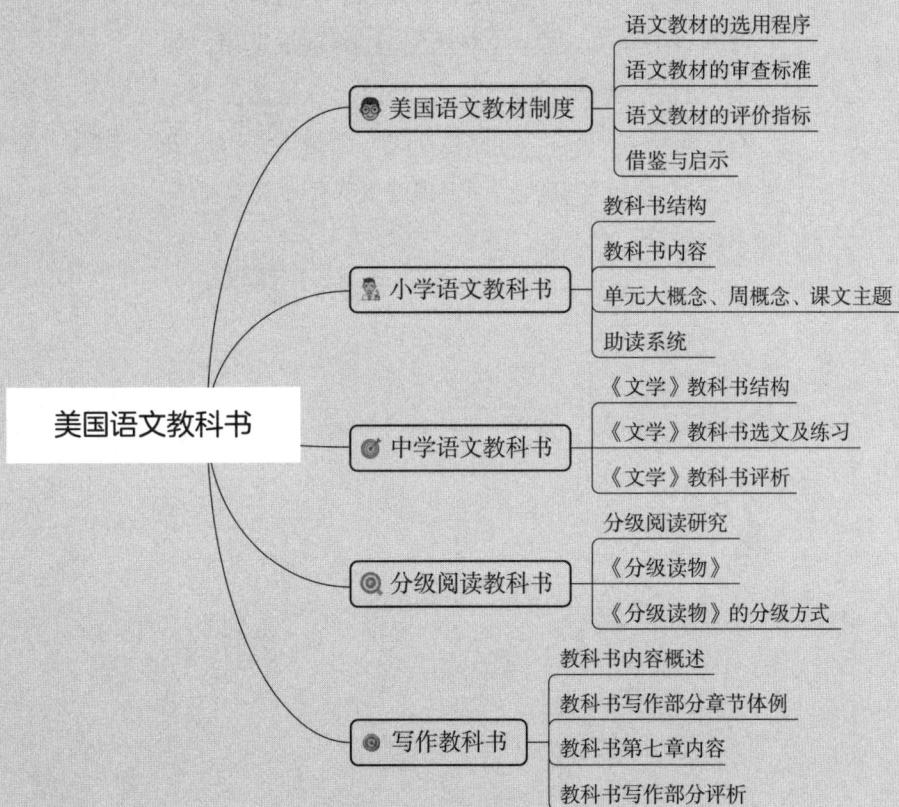

- 美国语文教材制度
  - 语文教材的选用程序
  - 语文教材的审查标准
  - 语文教材的评价指标
  - 借鉴与启示

- 小学语文教科书
  - 教科书结构
  - 教科书内容
  - 单元大概念、周概念、课文主题
  - 助读系统

美国语文教科书

- 中学语文教科书
  - 《文学》教科书结构
  - 《文学》教科书选文及练习
  - 《文学》教科书评析

- 分级阅读教科书
  - 分级阅读研究
  - 《分级读物》
  - 《分级读物》的分级方式

- 写作教科书
  - 教科书内容概述
  - 教科书写作部分章节体例
  - 教科书第七章内容
  - 教科书写作部分评析

国际上教科书制度有四种：一是国定制（统编制），政府统一组织教科书的编写、出版和发行，有的甚至由国家专门机构负责编写，用政府名义出版。如新加坡、菲律宾、马来西亚、文莱、泰国。二是审定制，由出版公司组织编写、出版、发行，需经政府组织审定。如俄罗斯、德国、挪威、日本。三是认定制，教科书出版发行后提交审查，通过后政府予以推荐。如法国、美国、加拿大。四是自由选用制，出版公司组织人员按照课程标准或考试大纲编写教科书并出版发行，由学校、教师自主选用。如澳大利亚、英国、瑞典、芬兰、新西兰。虽然美国没有全国统一的教科书，但是州级层面全面、公开、公平的教材选用制度，在一定程度上保障了语文教科书的质量。

第一节　美国语文教材制度

美国教育行政管理施行地方分权制,各州在教科书选用制度上也有高度的自治权。全美约有 30 个州的地方机构(local agencies)或学校拥有教材的选择权,如阿拉斯加州、科罗拉多州、印第安那州、爱荷华州。另外一些州,如爱达荷州、佛罗里达州、新墨西哥州、德克萨斯州,则是州政府负责教材的选用。华盛顿特区、全美人口最多的加利福尼亚州(下简称"加州")等40 多个州,规定向困难学生提供免费教科书。华盛顿特区的公立学校还为学生提供免费教科书。[①]

国家宪法、各州法令和州课程标准是教材编写的根本依据。前两者是对教材涉及的政治、种族、信仰、宗教等问题的宏观规定;后者是教材编写的基准。语文教材的编写、出版一般由实力雄厚的出版商组织、完成。如加州教育部门发布的《2015 英语语言艺术/英语语言发展教材采用报告》中,审核通过的出版商就有霍顿·米夫林·哈考特出版社(Houghton Mifflin Harcourt)、麦格劳·希尔教育出版公司(McGraw-Hill Education)和培生教育有限公司(Pearson Education, Inc)出版三巨头。全美超过 40% 的中小学采用了这三家出版社的教材。

一、语文教材的选用程序

下面以加州为例,阐述美国州层面的语文教材选用程序。加州采用"州审核、学区决定"的教材管理制度。加州教育委员会(SBE)组织有经验的人员和利益相关者,对各出版社送交的教材进行规范、严格的审查,并最终公布选用名单。一般每个年级、每门学科会提供至少五种教材供选用。"学区决定"指的是,以学区和学校为代表的"当地教育机构"(LEAs),既可以从州教育委员会公布的教材名单中选用教材,也可以选择州教育委员会"未审核通过"(Not Adopted)的教材。只要当地教育机构认定该教材符合《教育法》60605 条所规定的国家学术内容标准或符合课程标准即可。

(一)"州审核"的基本流程

通常州教学质量委员会(IQC)负责"州审核"的具体工作,组织语言艺术和读写专家、教师、教学管理人员、家长和大学教授等组成审查小组,具体负责:(1)开发和推荐课程框架;(2)制定推荐标准用于评估提交的教材;(3)评估教材并提出采纳/拒绝的建议。

教材内容审查具体包括社会内容审查、公众意见和评论、教育内容审查。"教材社会内容审查"旨在评估教材在促进学生态度、信仰等方面的质量。"公众评论和意见"旨在保证民众

---

① Vincent Scudella. State Textbook Adoption [EB/OL]. [2013 – 09 – 05] (2023 – 01 – 11) http://www.ecs.org/clearinghouse/01/09/23/10923.pdf.

最大限度地参与教材的选择;"教育内容审查"是基于语文学科的课程框架、内容标准、评估标准等对出版商提交的教材的审查。

1. 社会内容审查

社会内容审查是以《加州法典》第 60040—60044、60048 和 60200 条的规定和《教材社会内容评价标准(2013 年)》等几项文件为依据,审查指标包括男女性别角色、种族和文化群体、性取向和性别认同、老人和老龄化、残障人士、企业家与劳动力、宗教、生态和环境、危险物质、节约、防火、善待动物和人;《独立宣言》和《美国宪法》;品牌名称与企业商标;营养和身体活动等诸多方面。针对每一个方面,加州的《教材社会内容评价标准(2013 年)》都从目的、方法、标准的适用性三个角度做界定并阐述评价指标。

2. 公众评论和意见

出版商提交的教材样本会在州内多个地区的学习资源展示中心(LRCCs)展出,供公众翻阅、审查。公众的评论和意见对教材选用有重要影响。如美国佐治亚州和北卡罗来纳州曾因当地保守派组织、州内众多家长反对,导致州教材咨询委员会认定一套系列阅读教科书不予使用。①

3. 教育内容审查

这一审查过程由教材审查委员组(IMRs)和内容审查专家组(CREs),依据州《评价标准地图》(*Evaluation Criteria Map*),分别负责审查。

(1)教材审查委员组

教材审查委员需拥有专业资格证书,且是学前—12 年级任教的优质教师,具备基于标准的教学实践经验。该组成员中至少有一人拥有英语学习者的教学经验;一人有残疾学生的教学经验。其余成员身份包括行政人员、家长、学校董事会成员,以及没有上述资格的教师和公众人士。教材审查委员组负责评估教材与课程标准中的,内容标准的一致性、项目组织、评价、广泛可接受性、教学计划、教学支持等方面的质量。

(2)内容审查专家组

内容审查专家需拥有硕士或以上学历、五年以上基于标准的教学和实践经验;或具有博士学位、从事阅读技能的相关学术研究。内容审查专家基于课程标准中的内容标准,审查教材的准确性、学科领域内容的全面性,以及体现已被验证的教育教学研究成果。

州教学质量委员根据两组独立审查报告、出版商的回应、以及公众的书面和口头评论等,最终形成一份推荐报告,提交州教育委员会。州教育委员会最后向社会公布本州教材推荐选用名单,供各地方教育机构选用。综上所述,加州"州审核"程序清单如下。

---

① Chambliss M J, Calfee R C, Westbury I. Textbooks for Learning: Nurturing Children's Minds [J]. American Journal of Education, 1999(4):176.

1. 出版商提交教材(ITS, Invitation to Submit Meeting);州教育委员会任命教材审查委员和内容审查专家;

2. 教材审查委员和内容审查专家培训,出版社提交项目;

3. 教材样本提交教材审查委员/内容审查专家进行评估;

4. 教材审查委员/内容审查专家独立审查教材;

5. 教材审查委员/内容审查专家审议会议,出版商回应教材审查委员/内容审查专家提出的问题;

6. 教材审查委员/内容审查专家研制调查结果报告;

7. 教学质量委员会举行公开听证会并作出最终推荐;

8. 在学习资源展示中心进行为期30天的公开展示;

9. 州教育委员会举行公开听证;

10. 州教育委员会决定采用的教材。

(二)"学区决定"的基本流程

虽然加州教育委员会公布了教材推荐选用名单,但各学区可以另选。学区决定选用教材的程序清单如下:

1. 建立评估委员会。包括各年级教师,相关项目领导,管理人员和家长;

2. 审查区域控制和问责计划(LCAP)[①]与教材选用关系;

3. 确定当地学生的优势和不足;

4. 审查州教育委员会通过的教材推荐选用名单上的教材是否适合本地区学生(如果适合,直接选用;如果不适合,则进行以下环节);

5. 当地是否批准选购和试用州教育委员会未审核通过的教材;

6. 回顾课程框架;

7. 根据内容标准、框架标准和指导、成就评价工具包(Achieve Evaluation Toolkit)、加利福尼亚郡(县)教育督导协会采用工具包(CCSESA Adoption Toolkit),开发评估工具评估教材;

8. 依据威廉姆斯标准审查教材;

9. 选用教材。

---

① 每个学区都必须让家长、教育工作者和社区成员参与制定这项计划。该计划将描述学区对学生的总体愿景、年度目标以及该学区将采取的具体行动。详见 http://downloads.capta.org/edu/e-school-finance/LCAP.pdf

二、语文教材的审查标准

2010年《共同核心州立标准》公布后，美国"基于标准"的课程改革运动进入一个新的阶段——聚焦一致性。按照"一致性"的假设：资深专家制定严格、普遍接受的课程标准，严格按照课程标准编制教材，教师实施基于课程标准的教学，运用课程标准监测学生学业进展，就有望提高学生的学业成绩。[①]

（一）非地方性标准和地方性标准

美国教材审查标准大致分为非地方性标准和地方性标准两类。地方性标准往往参考非地方性标准的结构、原则，再结合本州课程政策、实际情况制定的教材评价标准。如加州、犹他州等均发布了州一级语文教材评价标准供教材审查使用。非地方性标准主要是由一些非营利性教育组织、机构或出版行业协会召集相关人员研发的。如由美国州首席教育官理事会、美国州长协会发布的《共同核心州立标准·英语语言艺术和读写素养的出版商标准》（2012）（*Publishers' Criteria for the Common Core State Standards in English Language Arts and Literacy*）[②]（下文简称《出版商标准》）；由学生成就合作伙伴（Student Achievement Partners）发布的《教材评价工具·英语语言艺术》（2013）（*Instructional Materials Evaluation Tool ELA*，简称 IMET）[③]（下文简称《教材评价工具》）和由教育报告组织（EdReports. org）发布的《高品质教材工具·英语语言艺术》（2017）（*Quality Instructional Materials Tool ELA*）[④]（下文简称《高品质教材工具》）。《出版商标准》是由《共同核心州立标准》的两位主要参与者大卫·科尔曼（David Coleman）和苏珊·皮门特尔（Susan Pimentel）负责研发、且较早发布的一套教材评价工具。《教材评价工具》《高品质教材工具》等是在《出版商标准》基础上进一步以《共同核心州立标准》提出的"关键转变"为依据而研发的评价标准。[⑤]

（二）行业协会的通用标准

教科书规范咨询委员会（Advisory Commission on Textbook Specifications, ACTS）由三个机构组成：国家教材审查协会（State Instructional Materials Review Association, SIMRA）、图书制造商协会（Book Manufacturers' Institute, BMI）、美国出版商协会（Association of American Publishers, AAP）。该委员会通过开展项目研究和测试，以决定小学和中学教科书的使用年限（durability），以及其他相关表现因素；对教科书编制过程和标准提出建议，以确保

---

① 刘春香. 美国基于共同标准的课程改革：策略与启发[D]. 上海：华东师范大学，2014：22—23.

② Corestandards. org. Revised Publishers' Criteria for ELA/Literacy [EB/OL]. [2013 – 08 – 23]（2023 – 01 – 12）https://achievethecore. org/page/227/revised-publishers-criteria-for-ela-literacy.

③ Student, Achievement, Partners. Instructional Materials Evaluation Tool [EB/OL]. [2013 – 08 – 21]（2023 – 01 – 12）https://achievethecore. org/page/1946/instructional-materials-evaluation-tool.

④ Edreports. org. Tools and Evidence Guides [EB/OL]. [2018 – 05 – 01]（2023 – 01 – 12）https://www. edreports. org/resources/tools-and-evidence-guides/index. html.

⑤ Corestandards. org. High School ELA [EB/OL]. [2018 – 05 – 01]（2023 – 01 – 12）https://www. edreports. org/about/our-approach/high-school-ela. html.

质量。该标准作为行业内部标准，有重要的影响力。

由国家教材管理协会（NASTA）出版的《教材审查通用标准》（*Common Criteria for Vetting Instructional Materials*）从内容、公平和可达成性、评价、组织和呈现、教学设计和支持四个方面提出了具参考价值的教材审查标准。

三、语文教材的评价指标

"学生成就合作伙伴"（Student Achievement Partners）是《共同核心州立标准》起草者创建的组织，以达成共同核心目标为宗旨，提供共享免费资源。该组织在"达成核心"（Achieve the Core）网站发布了《教材评价标准·英语语言艺术》（下文简称《语文教材评价标准》）。该标准由学生成就合作伙伴、州首席教育官理事会、大城市学校理事会（the Council of Great City Schools, CGCS）基于国家英语课标合作开发。

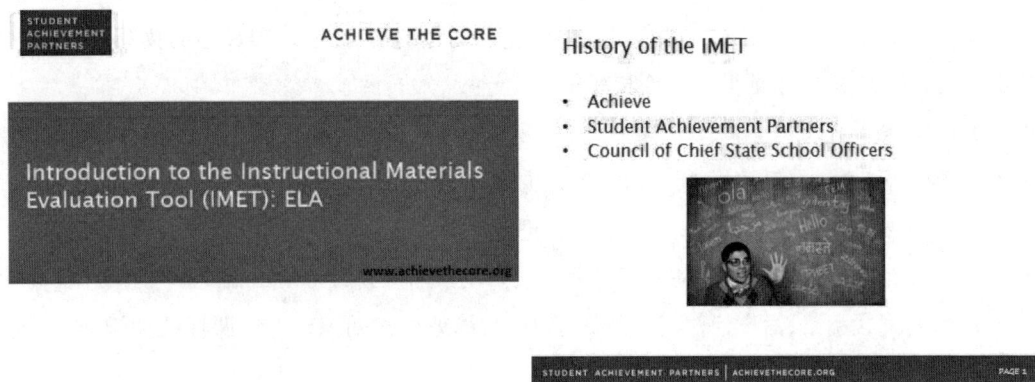

图 3-1 《教材评价标准·英语语言艺术》

《语文教材评价标准》由幼儿园到二年级、3—12 年级两份文件构成。每份文件由前辅文、评价要项、评价总结三部分组成。正文评价要项包括不可协商标准（Non-Negotiable Alignment Criteria）和一致性标准（Alignment Criteria）。[①]

（一）不可协商标准

"不可协商标准"对应国家课标的"关键转变"要求，是对教材质量的刚性指标。该标准从文本质量、基于证据的学习、知识构建三方面提出一个或多个一级指标、若干二级指标。评判结果有"达标""不达标/没有充分证据"两个选项。凡被判定为"不达标/没有充分证据"，即不合格，也就终止了评估程序。"不可协商标准"是评价教材的第一道关卡，故有"守门人标准"（gatekeeper criteria）之称。

---

① 内容介绍参见 Introduction to the Instructional Materials Evaluation Tool（IMET）：ELA.［EB/OL］.［2018-05-01］（2023-01-12），https://achievethecore.org/file/2677. 文本详见 https://achievethecore.org/file/all/1946.

《语文教材评价标准》3—12 年级评价要项中,"不可协商标准"具体指标如下。

不可协商标准中每一具体评价指标的判定只有"达标"和"不达标/没有充分证据"两项。按规定,若其中有一项被判定为"不达标",即可判定总评"不达标",意味着该套教材审查不合格。

1. 锚定文本(anchor text)[①]是值得学生用时间给予关注的:文本质量严谨,包含丰富的学术语言,满足各年级的文本复杂性要求。对应课标的关键转变:高质量文本。

1.1 根据定量和定性分析,在教材中锚定教材的复杂程度与标准所定义的等级相当。(作为系列的一部分,或者是为独立的学生阅读而选择的文本应该在复杂程度上有所不同。)

1.2 教材中的锚定文本具有发表的质量,且具有仔细阅读的价值;它们包括信息类文本和文学类文本。

2. 教材提供了丰富、严格的基于证据的讨论和写作的机会,以培养较强的读写能力。对应课标的关键转变:基于证据的讨论和写作。

2.1 在教材提出的问题、任务和安排中,至少有 80% 是与所读文本相关的,要求学生利用文本证据来支持文本中明确的、有效的推论。绝大多数的问题和任务都应基于特定的文本。

2.2 教材提供经常性的、基于证据的讨论和写作的机会,提供仔细的分析、辩论的主张和关于文本的明确信息,以满足每一级标准所要求的分析性思维活动的需要。

3. 教材通过阅读、写作、听和说、语言学习,系统地构建知识。对应课标的关键转变:建构知识。

3.1 教材提供了一系列的文本,通过阅读、写作、听和说,系统地构建知识和词汇。这些文本围绕着各个年级的各种主题进行组织。

3.2 教材提供了有关清晰的设计和轻量级的学生问责制,可以指导教师如何确定阅读量,即教师参与指定(与文本篇目有关)或学生自己选择的在课内外阅读的文本量。

(二)一致性标准

一致性标准是评估教材与国家课标的相符程度。一级指标有三个选项:达标、部分达标、未达标,并依次记为 2 分、1 分和 0 分。统计各项指标得分后算出总分,再依据总分对教材做出"达到要求"或"未达到要求"的判定。三个等级的评分方法赋予教材评估以区分度,也为各套教材预留了多元和创新的空间。

---

① 锚定文本是学生阅读的核心内容,是所有学生形成内容知识和读写技能所必须阅读的关键文本。Berger R, Rugen L, Plaut S N, et al. Transformational Literacy: Making the Common Core Shift With Work That Matters [M]. JOSSEY-BASS A Wiley Brand, 2014:38.

一致性标准指标的判定有达标(2分)、部分达标(1分)和不达标(0分)三个选项。评价者基于证据对教材进行等级判定和赋分。

4. 教材体现了标准要求的文本类型和作品流派,并且对于年级、学生和任务而言,文本复杂程度适当。对应课标的关键转变:文本的范围和质量。

4.1 在3—5年级,教材将均衡文本类型和教学时间,安排50%的文学类优质文本和50%的信息类优质文本。在6—12年级,教材应关注大量、优质的非虚构类文本。

4.2 在教材中绝大多数文本反映了标准要求的文本特征和作品流派。

4.3 锚定文本为学生提供了,按照《基本技能标准》的要求,阅读一定范围和系列的作品,从而达到流利阅读一定复杂程度的文本的要求。

5. 教材支持学生建立阅读理解,发现和形成文本证据以支持自己的阅读反应,发展年级水平的学术语言。对应课标的关键转变:问题、任务和作业。

5.1 教材中频繁出现与文本相关的高质量的序列问题,并要求深入理解文本知识和中心思想。

5.2 教材设计的问题和任务,支持学生理解复杂文本中的普通的学术语言(词汇和句法)。

5.3 教材安排一定比例的论证和信息写作。也有相似比例的混合形式(例如,说明性和说服力)。

5.4 教材支持学生在学年内发展写作技巧。包括明显的和多样的写作机会。

5.5 教材在课程、问题和任务中,整合听和说的活动,并为合作讨论提供多次机会。

5.6 教材包括明确的语法教学和分年级标准中规定的日益复杂的语境,以及在上下文中加以应用的机会。

5.7 教材通过提供教学和诊断来支持读音、识字,通过基于研究和显而易见的逐级提升,来促进读者流利、熟练的阅读,以提高基础技能的等级标准。

6. 教材在不同主题和内容领域培养学生的知识。对应课标的关键转变:用文本,词汇和任务构建知识。

6.1 教材经常要求学生完成最终任务,在这些任务中展示学生对某个主题的知识。

6.2 教材要求学生每年参加众多短期、重点突出的研究项目,以培养学生各领域知识,发展学生进行独立研究所需的专业知识。

6.3 教材中包含了一项有凝聚力的、长达一年的计划,让学生与学生互动,建立学术词汇和日益复杂的句法。

7. 教材旨在提供经深思熟虑设计的支架,帮助所有学生达到《共同核心州立标准》。对应课标的关键转变:使所有学生达到标准。

7.1 教师和学生可以在学年内合理地完成核心学习内容,最大限度地提升学习效果。

7.2 教材定期向所有学生,包括阅读、写作、说和听低于年级水平的学生,或母语非英语的学生,为他们提供大量的、符合年级标准的学习机会。

7.3 教材定期向在阅读、写作、听和说方面超越年级水平的学生,提供大量和/或者高于年级水平的教材。

7.4 教材定期、系统地提供教学所需的进度,资源和建议(如,教学节奏、交互教学方法、讲授教学选项、对学生普遍存在的学习困难的建议、补救策略),使教师能够引导所有学生达到年级标准。

7.5 教材定期和系统地提供评估机会,真实评估学生阅读理解和写作能力的进步、年级标准的达成情况。这一进展包括逐步撤去脚手架,衡量学生独立能力。

以美国第一套基于国家课标编写的语文教材《奇观·阅读/写作工作坊》(*Wonders · Reading/Writing Workshop*)六年级分册为例,该册教材的得分和等级判定见表3-1。

表3-1 《奇观·阅读/写作工作坊》六年级分册

指标	文本质量	构建知识
得分/总分	33/36	22/32
解读	满足标准	部分满足标准

从表3-1可见,该册教材的"文本质量"指标得分较高:33分,说明教材中选文质量高;但在"构建知识"指标得分22分,该册教材被判定为"部分满足标准"。原因之一是"一些主题/话题内容确实能促进学生增长知识,但是教材没有预设足够的时间让学生消化这些知识,以及在后续学习中熟练地运用这些知识。"教材审查人员发现,虽然教材设计了详细的每周教学计划,但缺乏对需要弹性安排教学或改变教学进度(timeline)的教师的支持。例如,在五单元第二周的教学计划中,教师教学《自由之旅》(*Journey to Freedom*)一课时,每天还要抽出十分钟时间分别教授"理解策略——关于预测(making predictions)""理解技巧——起因和影响""词汇策略——格言和谚语"等内容。虽然教材将上述策略的学习与课文内容的学习相融合,但在教材评审者看来,这样的教材预设并没有为学生建立知识或提升独立、熟练的理解复杂文本的能力提供足够的课堂学习和讨论的机会。[①]

---

① Corestandards.org. McGraw-Hill Education Reading Wonders Sixth Grade [EB/OL]. [2018-05-01](2023-01-12)https://www.edreports.org/ela/reading-wonders/sixth-grade.html.

四、借鉴与启示

美国教材审查标准建设积淀丰厚,其研究和实施经验值得学习和借鉴。

1. 基于课程标准的教材评价标准

以编制国家课标为起点,本轮美国教育领域变革是一场全新的、基于标准的课程改革。基于标准的教材评价是其重要的组成部分。《语文教材评价工具》既帮助教育工作者客观评判教材是否与国家课标相一致,又为教师、课程开发人员和出版商建设优质教材,提供针对性、策略性的指导,从而为课标、教材的一致性提供有效保障。尤其是不可协商标准和一致性标准,降低了规范的课程与领悟的课程乃至实践的课程之间的落差。

2. 基于证据的教材审查过程

自 2002 年美国布什总统签署《不让一个孩子掉队法案》后,为了论证有效的教育实践对学生学习与发展的长效影响,美国政府鼓励并大力推动"基于证据"的教育研究。"基于证据"也成为美国语文教材评价标准的一个重要特征。

《语文教材评价工具》等教材评价文本采用审核表评价法,要求审查人员结合所审教材的具体内容,证明其评分的合理性,并要求将证据所在页码、课程名称、单元主题等具体信息记录在案。除了启动相关的培训工作,《语文教材评价工具》在每一项指标的工作纸上还为审查人员提供了"需要找什么"(what to look for)、"在哪里寻找"(where to look)的循证方法的标识。整个评价过程确实做到,判定的每一分值,都提供教材中对应的"证据"。

3. 公开、公平的选用制度

美国语文学科建立了全面、公开、公平的教材选用制度。所组建的审查人员队伍中既有理论工作者,也有教学实践者。公众充分参与教材审查:可以在学习资源展示中心接触到备选教材、参与听证。教材出版机构在研发、出版过程中有明确的依据。落选教材在学区层面仍有候选和被选的几率。这些措施有利于教材编制的优质循环和教材出版的良性竞争。

我国现有的《中小学教材编写审定管理暂行办法》《全国中小学教材审定委员会工作章程》等文件,虽对教材编写和评价做出了一些规定,但因需要兼顾中小学各科教材,语文学科特性难以兼顾。2017 年以来,我国陆续成立了国家教材委员会、教材局、国家教材建设重点研究基地,以制定并规范我国中小学教材管理制度,完善教材体系的整体规划;健全编制、评审、使用机制;加强教材基础性研究。科学设计语文教材评价量规、检核表,实施基于证据的教材评审,尤其是设计有关优秀传统文化、革命文化、社会主义先进文化内容、多元文化内容的评估指标,是富有中国特色的优质教材制作的保障。

第二节　小学语文教科书

美国各州小学语文教科书大都采用综合型编制形式,融合语言技能训练与文学阅读于一本教科书中;六年级至高中大都采用分编型,一般分为语言(Language)/语言艺术(Language Arts)、文学(Literature)两套。教科书体系即整册教科书的编制序列,一般有四种:按历史发展线索、按体裁线索、按能力发展线索、按主题线索。教科书结构一般由前辅文、正文和后辅文三部分组成。前辅文包括封皮、版权页、前言和目录;正文一般是按单元(Unit)编制的,每个单元包括助读、课文、练习及知识等;后辅文包括附录和后记等。

《奇观》(*Wonders*)是 2014 年美国教科书出版巨头麦格劳·希尔教育出版公司(MacGraw-Hill),依据 2013 年实施的美国语文课标(CCSS)研发的语文系列教材,也是美国国内最早依据语文课标编制的教科书。其中《阅读/写作工坊》(*Reading/Writing Workshop*)是该系列教材中最主要的教科书。该套教科书包含识字、阅读技巧、语法、写作等语文课程基本学习内容。下面以四年级《奇迹》为例介绍此套教科书,见图 3-2。

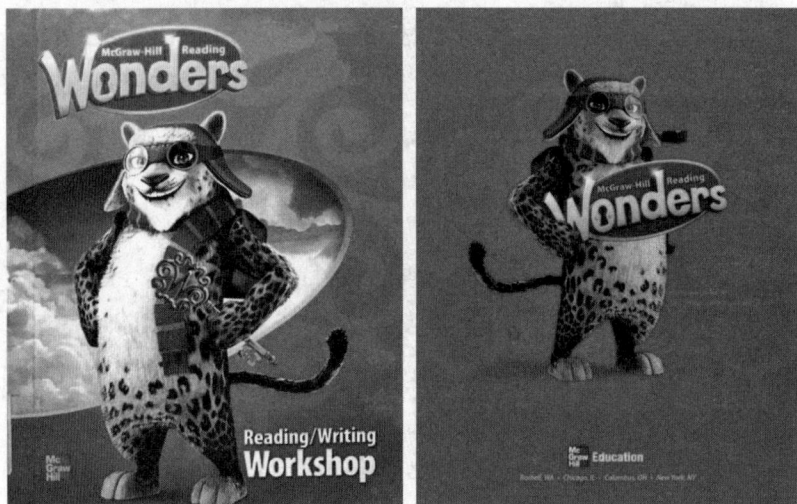

图 3-2　《奇观》四年级分册封面和封底

一、教科书结构

小学教科书《奇观》共有九册,其中一年级有四册,2—6 年级各一册。每册包括前辅文、正文和后辅文三大部分。前辅文包括封面、前言、版权页和目录。正文部分按照主题单元编制,每册都安排六个主题单元。四年级的单元主题——大概念(The Big Idea)分别是:想一想、神奇的动物、这就是精神、事实或虚构、弄明白、过去、现在和未来。后辅文编有语法手册,详见图 3-3。

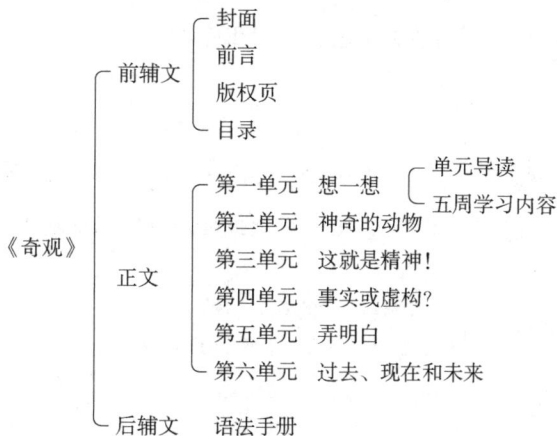

図 3-3　四年级《奇观》教科书结构

　　每一个单元都由单元导读和五周(week)学习内容构成。每一周各有一个周概念(Weekly Concept)。五个周概念聚焦所属单元大概念展开设计。如四年级第三单元第一至五周概念分别是:友情、帮助社区、自由和正义、强有力的语言、让全世界人都吃饱。五个周概念与单元大概念"这就是精神"相呼应,见图 3-4。

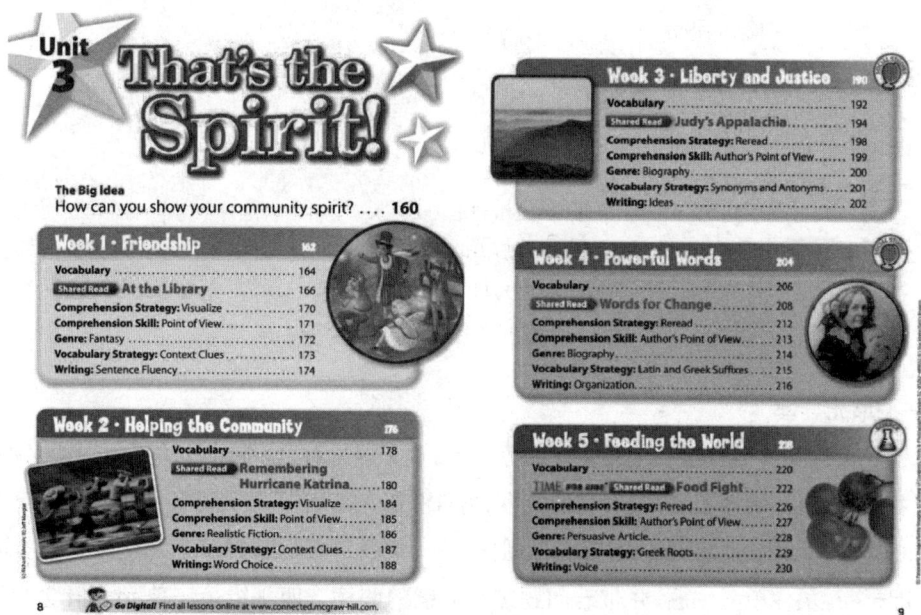

図 3-4　四年级《奇观》第三单元五周的目录

　　教科书按照绿色-紫色-橙色-蓝色-红色的色序,结构化展开。在目录中,每一周的目录框架及背景颜色,分别对应这五种颜色:第一周绿色、第二周紫色、第三周橙色,见图 3-4,以此类推。在正文中,也是如此:第一周内容各板块标题色、边框、背景色都为绿色。这种结构化的色彩编排,像是指南针,便于学生按色彩查询和检索。

二、教科书内容

正文部分以主题为线索建立教科书体系,共有 447 页。每个主题单元由单元导读和周学习内容两部分构成。下面以四年级第三单元为例,加以阐释,详见图 3-5。

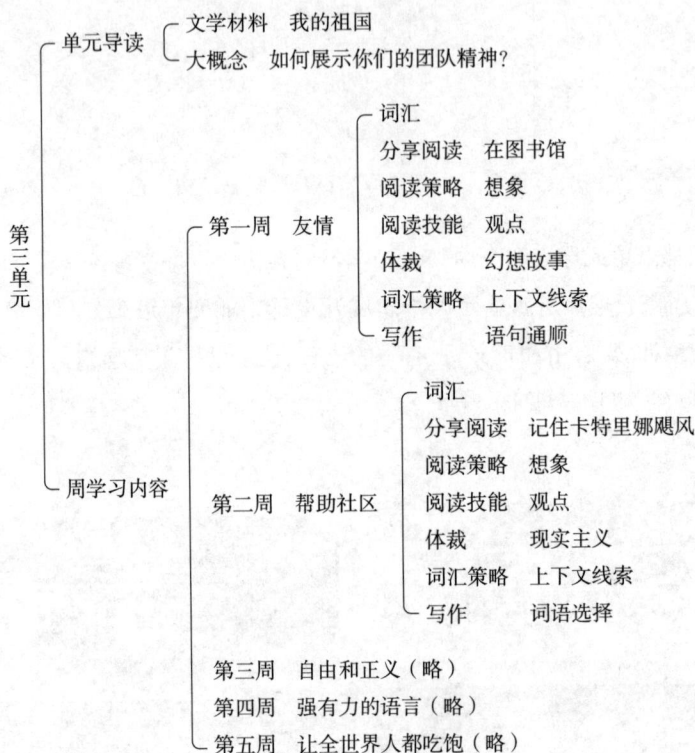

图 3-5 《奇观》四年级第三单元结构

(一) 单元导读

单元导读包括文学材料和大概念两部分内容。"文学材料"旨在激发学生的阅读兴趣,编选了紧扣大概念、篇幅短小、内容有趣的诗歌、寓言和名人名言等文学资料。如四年级第三单元(Unit3)的文学材料是塞缪尔的诗《我的祖国》——颂扬自由的精神。"大概念"是用提问的形式,引导学生关注单元主题,并带着问题进行后续的阅读。四年级第三单元大概念的问题是:如何展现你们的国家精神?

(二) 周学习内容

每一周的学习内容可分为词汇、分享阅读、阅读策略、阅读技巧、课文体裁、词汇策略和写作七个板块。

1. 词汇（Vocabulary）

以图片和例句的形式呈现"分享阅读"中出现的新词，并引导学生讨论理解词义。

2. 分享阅读（Shared Read）

选编各种体裁的文学类和信息类文本，文本前附有"关键问题"，见图3－6左。文本后设计"建立联系"的练习——要求学生联系自己的生活经验理解主题。

3. 理解策略（Comprehension Strategy）

介绍一种阅读理解策略并结合"分享阅读"的文本，说明如何运用该策略。并要求学生练习策略运用。见图3－7右。

4. 理解技能（Comprehension Skill）

介绍一种阅读理解技能，并结合"分享阅读"的文本，说明如何运用该技能。并要求学生练习运用该技能。

5. 体裁（Genre）

介绍"分享阅读"文本所属体裁及该体裁特点，要求学生回到文本验证所属体裁的特点。

6. 词汇策略（Vocabulary Strategy）

介绍一种词汇策略，并举例说明如何运用该策略，要求学生练习使用该策略。见图3－7左。

7. 写作（Writing）

结合"分享阅读"文本介绍一种写作方法和技能，并通过样例引导学生运用该方法、技能。

（三）四年级第三单元第一周内容①

第三单元　这就是精神！

单元导读

我的祖国

———————————　　我的祖国　　———————————

我的祖国，那就是你，

自由的乐土，

我为你歌唱。

这片我父亲去世的土地，

这片朝圣者骄傲的土地，

让每一座山脉，

都响起自由之声吧！

—— 塞缪尔·弗朗西斯·史密斯

【大概念】如何展示你们的团队精神？

————————————

① Diane August, Jan Hasbrouck. Wonders ［M］. New York: Mc Graw-Hill Education, 2014:160－177.

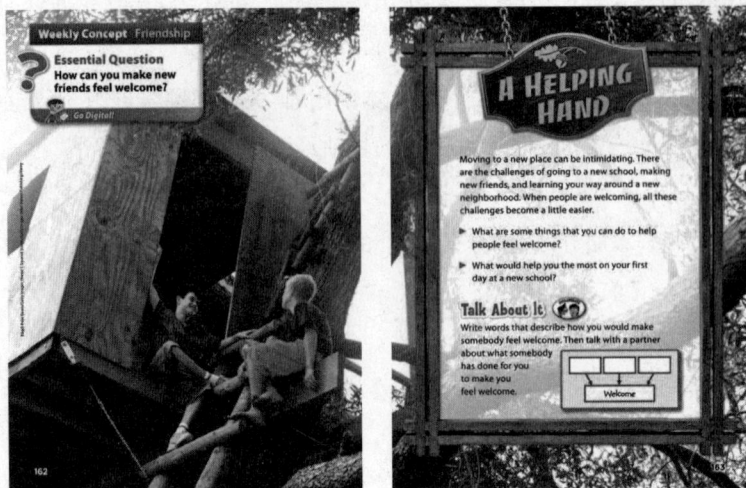

图 3-6 左:关键问题;右:援助之手、说一说

【关键问题】(Essential Question):如何让新朋友觉得自己是受大家欢迎的?

【援助之手】搬到一个新的地方可能是令人生畏的。要去到一所新的学校,结交新朋友,在新社区里学习。这些都是一种挑战。如果那里的人欢迎你,这些挑战就变得简单了。

1. 你能做些什么来帮助他人,让他觉得自己是受欢迎的?

2. 在新学校的第一天,你最需要什么帮助?

【说一说】(Talk About It):写几个词,描述你是如何让别人感到受欢迎的。然后和你的同伴说一说:谁为你做了什么,让你感到受大家欢迎。

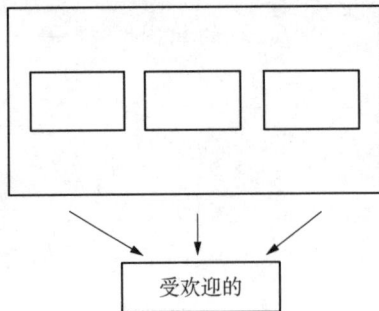

词汇

借助图片和例句,与同伴讨论每一个单词。

1. 相识:乔伊和他的新相识聊着天,乔伊希望能更了解他。

"相识"和"朋友"之间有什么不同?

2. 小心地:埃里克轻轻地、小心地摸着猫头鹰的羽毛。

哪个单词是"小心地"的近义词？

3. 补充性的：花生酱和果冻很好吃，因为它们是补充性的食物。

你觉得还有哪两种食物也是补充性的？

4. 杂乱的：船舱底下有一堆杂乱的面罩和潜水管纠缠在一起。

在杂乱的衣柜下层，你有可能找到什么东西呢？

5. 合理的：在多选题测试中，女孩试着推测最合理的那个答案。

用什么方法整理图书馆里的书是最合理的？

6. 轻蔑地：妈妈轻蔑地责备他不良的学习习惯。

什么时候你会轻蔑地和人说话？

7. 翻找：蒂娜看到一只猫在堆满垃圾的垃圾桶里翻找着。

请描述一下一个人翻找背包时是什么样子。

8. 可信赖的：当你爬山的时候，有个可信赖的伙伴帮你登上峭壁是最好不过的了。

哪个词是"可信赖的"的反义词？

【轮到你了】（Your Turn）：从上面的词语中选三个单词写成三句问句，并向你的伙伴提问。

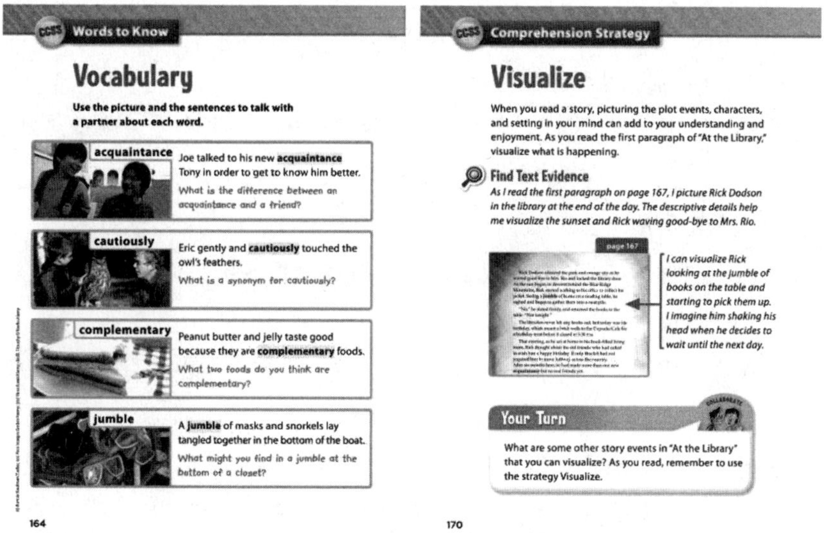

图 3-7　左：词汇；右：阅读策略"想象"、轮到你了

分享阅读　体裁·奇幻故事

在图书馆

【关键问题】

你如何使新朋友感到他是受欢迎的？

阅读了解一个新来的图书管理员和一个不可能存在的家族是如何成为好朋友的。

雷克·多德森一边赞美着粉色和橙色相辉映的天空,一边向里约夫人挥手告别,并且锁上了图书馆的门准备闭馆整理。伴随太阳逐渐降落到蓝岭山脉,雷克打算去办公室取他的夹克衫。但看着阅览桌上那一堆杂乱的书本,他叹了口气又开始整理起来。

"不!"他坚定地说,"今天不行。"他把书又放回桌上。

雷克·多德森从来没有把书散落在桌子上过。但今天是他的生日,他要赶在 5:30 前,到纸杯蛋糕咖啡馆去吃一顿生日大餐,迟了咖啡馆就要关门了。

在这个夜晚,雷克坐在塞满书本的卧室里,想着刚刚打电话祝他生日快乐的老朋友。要是这份工作不需要他搬到横跨半个家乡那么远的地方来就好了……他在这里已经待了六个月了,结交了不少新相识,但还没有交到一个真正的朋友。

"书本就是我的朋友。"他想。这使他想起了刚才散在图书馆桌子上的那些书。"今天晚上我最好还是回去把书放回书架吧",他做出决定。

雷克返回图书馆,打开了电灯开关。他看到一本书——《小小世界》——正面朝下地躺在地上。"发生了什么?"他嘟囔着,弯腰小心地捡起了这本书。"啊——!"他忽然尖叫着扔掉了那本书。

随着书本砰地一声着地,四个微型小人儿从书里面爬了出来。

"雷克先生!"传来一个气喘吁吁但却响亮的声音,"我们被施了魔法来做你的相识。"

"什么……谁……"雷克结结巴巴地问。

"我们是书人!我叫威廉,这是艾米丽和我们的孩子——哈利和克莱蒙蒂。对啦,祝你生日快乐!"

"你怎么知道今天是我的生日?"

"当然知道,六个月前你到这里时,我们已经读过你的档案了。这是我们想要了解一个新图书管理员唯一合理的办法。"

"你们找了我的档案?"雷克说着瘫倒在最近的一把椅子上。他揉了揉自己的眼睛,但那几个小人还在那里——满脸期待地抬头望着他。

忽然,聪明的书人开始摇晃着爬上桌子。"我们绝对值得信赖!"艾米丽向雷克保证。

"你从来没听说过书人吗?"威廉问,"每个图书馆里都有书人!"

"我们会确保所有的事进展顺利,"艾米丽说,"你在这里看到过老鼠吗?它们喜欢啃咬一切东西。"

雷克慢慢地摇了摇头。

"我会在晚上进行'啮齿动物巡逻',"哈利骄傲地说,"那些老鼠都在我眼皮子底下逃窜。"他轻蔑地补充道。

"你的椅子曾经吱吱响过吗?"克莱蒙蒂问,"没有!这是因为我为它们加了油润滑!"

雷克仔细地回想了过去的六个月,他从来没有看到过一只老鼠,他的椅子从不吱吱响,他的铅笔从来不钝。

"那我的铅笔是?"他问道。

"我们每天晚上都会把它们削尖。"威廉回答。

"但这是为什么呢?"雷克问。

"看看这周围的一切!"威廉大声说,"我们工作、阅读,书人和图书管理员是互补的,我们组成一个整体。"

"老实说,雷克先生,"艾米丽说,"我们想要见见你,是因为我们觉得我们可以成为朋友。"

雷克·多德森咧嘴笑了。"叫我雷克就可以了,而且我很愿意和你们成为朋友。"他说。

后来,雷克还交到了别的新朋友,但他依旧经常会在晚上和书人们在一起。他为哈利的"啮齿动物巡逻"买了一辆玩具车,为克莱蒙蒂读恐怖小说。每年生日的时候,他会买纸杯蛋糕和他的朋友们分享。

【建立联系】(Make Connections)

1. 说一说书人们是怎样使雷克·多德森感到他是受欢迎的。(关键问题)

2. 你怎样使你们学校新来的同学感到自己是受欢迎的?(联系自身)

阅读策略
想象

读小说时,你在脑海中描绘情节、任务和场景,将有助于对小说的理解和感受。当你阅读《在图书馆》第一自然段时,想象一下正在发生的事情。

【找到文本证据】(Find Text Evidence)

当我读到第 167 页第一段时,我描绘出了雷克·多德森傍晚在图书馆的场景。细节描述能帮助我想象日落和里克向里奥夫人挥手告别的场景。

Rick Dodson admired the pink and orange sky as he waved good-bye to Mrs. Rio and locked the library door. As the sun began its descent behind the Blue Ridge Mountains, Rick started walking to his office to collect his jacket. Seeing a **jumble** of books on a reading table, he sighed and began to gather them into a neat pile.

"No," he stated firmly, and returned the books to the table. "Not tonight."

The librarian never left any books out, but today was his birthday, which meant a brisk walk to the Cupcake Café for a birthday treat before it closed at 5:30 P.M.

That evening, as he sat at home in his book-filled living room, Rick thought about the old friends who had called to wish him a happy birthday. If only this job had not required him to move halfway across the country . . . After six months here, he had made more than one new **acquaintance** but no real friends yet.

我想象着雷克看着桌子上杂乱的书,开始捡起来。我也能想象,当他决定等到第二天再整理时,他在摇头。

【轮到你了】

阅读《在图书馆》时,你还能想象哪些其他的小说情节? 当你阅读时,记得要使用想象的策略。

阅读技能
观点

每篇小说都有一个叙述者或者一个讲故事的人。叙述者的观点告诉我们,他对小说中的人物或事件的感觉和思考。当叙述者使用"他,她,他们"这样的代词时,这个故事就是从第三人称的角度来讲述的。

【找到文本证据】

当我重读第167页《在图书馆》的文本时,我看到作者使用代词"他,他的"来描述雷克。这个故事有一个第三人称的叙述者。我可以利用这些细节来弄清楚作者的观点。这些线索告诉我这个故事是从什么视角来讲述的。

细节
雷克独自一人去庆祝自己的生日。
雷克想起了曾打电话祝他生日快乐的老朋友。

像"他"这样的代词是指向观点的线索

↓

观点
作者使用第三人称进行叙述,直接表现了雷克想念老朋友以及渴望交新朋友的心情。

【轮到你了】

重读《在图书馆》,找到能让你了解作者观点的线索。

体裁 文学
奇幻故事

《在图书馆》这篇选文是一篇幻想小说。

一个奇幻故事:

● 包括虚构的人物和背景;

● 有一些在现实生活中不可能存在的元素;

● 经常有插图。

【找到文本证据】

《在图书馆》是一篇奇幻故事。故事发生在一个图书馆里,这是一个现实的场景,但是插图显示了在现实生活中不存在的小矮人。

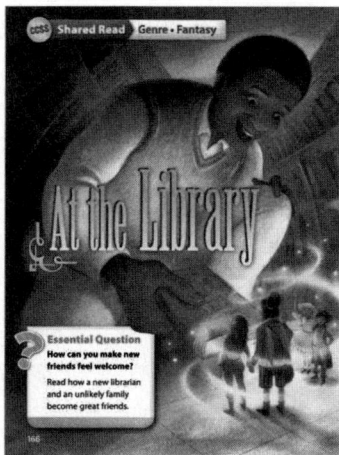

图 3-8 《在图书馆》的插图

使用插图

插图给读者提供了故事的人物、背景和事件的可视化的线索。这幅插图展示了书中人物的高矮大小。

【轮到你了】

在文本中找到并列出两个能让你理解《在图书馆》是一篇奇幻故事的具体例子。

词汇策略

上下文线索

当你读《在图书馆》遇到不认识的单词，可以通过上下文寻找线索，来确定词义。

【找到文本证据】

当我重读第 167 页的《在图书馆》第一自然段时，“粉色和橙色的天空”和“蓝岭山脉”后面的短语帮助我理解“降落”的含义。

Vocabulary Strategy CCSS

Context Clues

As you read "At the Library," you may come across words you don't know. To figure out the meaning of an unfamiliar word, look for clues in nearby phrases and sentences.

Find Text Evidence

When I reread the first paragraph on page 167 of "At the Library," the phrases pink and orange sky *and* behind the Blue Ridge Mountains *help me figure out what* descent *means.*

Rick Dodson admired the pink and orange sky as he waved good-bye to Mrs. Rio and locked the library door. As the sun began its descent behind the Blue Ridge Mountains, Rick started walking to his office to collect his jacket.

Your Turn

Use context clues to find the meanings of the following words in "At the Library." Write an example sentence for each word.

scrambled, *page 167*
gnaw, *page 168*
rodent, *page 168*

173

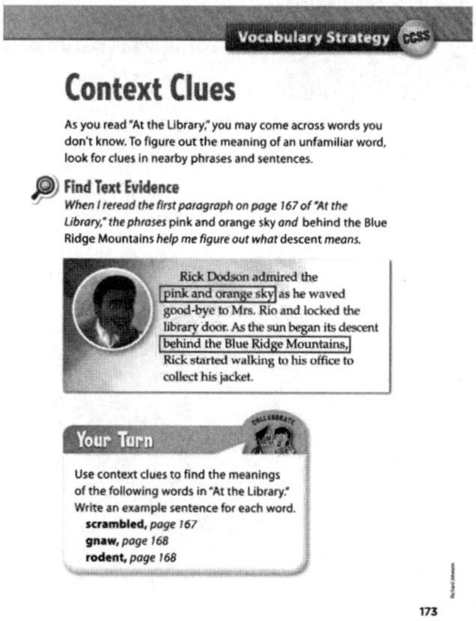

图 3-9 举《在图书馆》例子讲解词汇策略

【轮到你了】

使用上下文线索,在《在图书馆》中找到下列单词的含义,并且为每个单词写一个例句。

(1) 攀爬,第 167 页

(2) 咬,第 168 页

(3) 啮齿类,第 168 页

写作　语句通顺

──────────── 小读者 ────────────

作者使用过渡词或短语使一系列的事件更加清晰,或者从一个想法变到另一个想法。再次阅读《在图书馆》中的段落。

过渡

找出文中的过渡词或短语,思考它们是如何组织起一系列事件的?

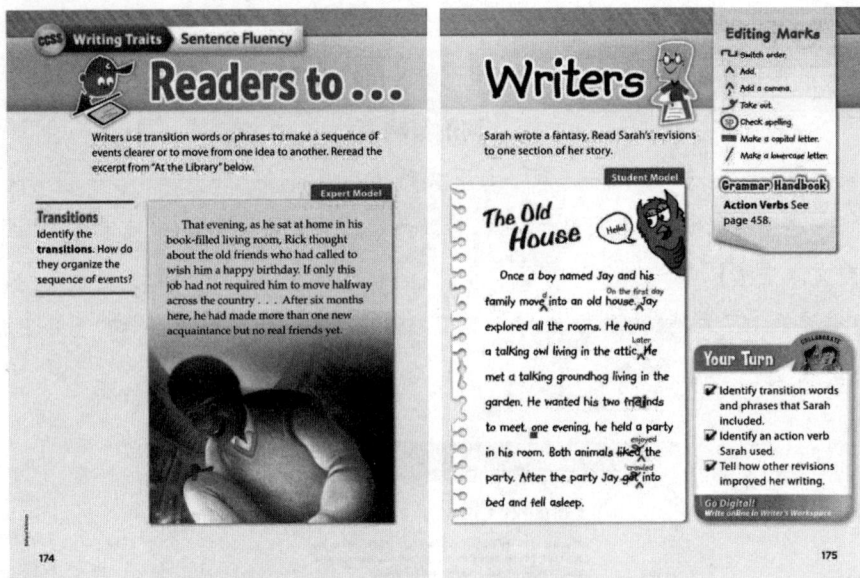

图 3-10　左:专家模式;右:小作家、学生模式、轮到你了

【专家模式】

在这个夜晚,雷克坐在塞满书本的卧室里,想着刚刚打电话来祝他生日快乐的老朋友。要是这份工作不需要他搬到横跨半个家乡那么远的地方来就好了……他在这里已经待了六个月了,结交到了不少新相识,但还没有交到一个真正的朋友。

──────────── 小作家 ────────────

莎拉写了一篇奇幻故事。读一读莎拉的修改部分。

修改符号

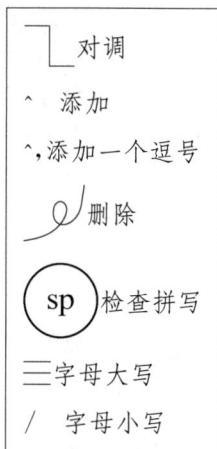

「 对调

^ 添加

^, 添加一个逗号

删除

(sp) 检查拼写

字母大写

/ 字母小写

【学生模式】

─────────── 老房子 ───────────

　　从前有一个叫杰的男孩和他的家人一起搬^了一个 ^进 _{后来}老房子。^{第一天,}^杰就走遍了老房子中的所有房间。他在阁楼上发现了一只会讲话的猫头鹰。^他又在花园遇见了一只会讲话的土拨鼠。他想让他的两个~~友~~朋相互认识一下。一天晚上,他在他的房间举办了一个聚会,猫头鹰和土拨鼠都很~~喜欢~~^这个聚会。聚会结束后,杰就~~走~~上床睡着了。

_{享受} _爬

【轮到你了】

(1) 找出莎拉使用的过渡词和短语

(2) 找出莎拉使用的一个行为动词

(3) 说一说其他的修改是如何改进她的故事的

三、单元大概念、周概念、课文主题

　　《奇观》四年级六个单元共有 30 篇课文,详见表 3 - 2。课文主题、周概念、单元大概念自成系统,选文内容丰富多样、贴近学生生活、突出科普和道德教育。

表 3 - 2　四年级六个单元大概念、周概念、课文主题

单元大概念	周概念	课文题目	课文主题
1. 想一想 (Think it through)	聪明的想法 (Clever ideas)	1. 恶龙难题 (The dragon problem)	智谋
	为他人考虑 (Think of others)	2. 才艺表演 (The talent show)	童年成长

单元大概念	周概念	课文题目	课文主题
	采取行动 (Take action)	3. 变化的世界 (A world of change)	自然科学
	想法在变 (Ideas in motion)	4. 赛车比赛 (The big race)	自然科学
	将想法付诸行动 (Putting ideas to work)	5. 金钱与理智 (Dollars and sence)	互助
2. 神奇的动物 (Amazing animals)	文学课 (Literary lessons)	6. 渔夫与神鸟 (The fisherman and the kaha bird)	感恩
	小说中的动物 (Animals in fiction)	7. 蚂蚁和蚱蜢 (The ant and the grasshopper)	勤劳
	天然的联系 (Natural connections)	8. 拯救珊瑚礁 (Rescuing our reefs)	环保
	适应性 (Adaptation)	9. 动物的适应性 (Animal adaptation)	自然科学
	我们周围的动物 (Animals all around)	10. 四首关于动物的诗歌 (Dog、The eagle、Chimpanzee、Rat)	文学知识
3. 这就是精神 (That's the spirit!)	友情 (Friendship)	11. 在图书馆 (At the library)	友情
	帮助社区 (Helping the community)	12. 记住卡特里娜飓风 (Remembering hurricane Katrina)	互助
	自由和正义 (Liberty and Justice)	13. 朱迪的阿巴拉契亚 (Judy's Appalachia)	环保
	强有力的语言 (Powerful words)	14. 改变世界的话 (Words for change)	斗争
	让全世界人都吃饱 (Feeding the world)	15. 食物大战(Food Fight)	高新技术 (转基因)
4. 事实或虚构 (Fact or Fiction)	我们的政府 (Our government)	16. 没有规则的世界 (A world without rules)	政府运作
	领导力 (Leadership)	17. 时间格局3000 (The timespecs 3000)	领导力
	新突破 (Break troughs)	18. 打错的电话(A telephone mix-up)	发明
	天空中的奇观 (Wonders in the sky)	19. 夜空奇观 (Wonders of the night sky)	自然科学

单元大概念	周概念	课文题目	课文主题
	成就 (Achievements)	20. 诗歌两首 (Sing to me、The Climb)	成功
5. 弄明白 (Figure it out)	实现它 (Making it happen)	21. 莎蒂的比赛 (Sadie's game)	关心
	四处奔波 (On the move)	22. 我的哥哥约翰尼·谷(My big brother, Johnny Kaw)	坚毅
	发明 (Inventions)	23. 发明家:史蒂芬妮·克沃勒克 (Stephanie Kwolek:inventor)	杰出人物
	放大 (Zoom in)	24. 近距离看世界 (Your world up close)	自然科学
	发掘过去 (Digging up the past)	25. 一切开始的地方(Where it all began)	历史
6. 过去,现在和未来 (Past, present, and future)	旧与新 (Old and New)	26. 意外的重逢 (A surprise Reunion)	传统习俗
	来自过去的笔记 (Notes from the past)	27. 摩西堡垒中的自由 (Freedom at Fort Mose)	历史
	资源 (Resources)	28. 能源大辩论 (The great energy debate)	环保
	金钱很重要 (Money Matters)	29. 金钱的历史 (The history of money)	经济
	找到自己的位置 (Finding my place)	30. 诗歌三首 (Climbing blue hill、My name is Ivy、Collage)	成长

(一) 主题系统

从上表中可以发现,《奇观》每篇课文主题与周概念一致。周概念聚焦单元大概念,又有拓展和延伸。课文主题、周概念、单元大概念三级结构,使主题单元的编制线索清晰,贯通又有层次性。这也为选文系统内容的丰富多样提供了可能。

如四年级第一单元的单元大概念"想一想",周概念"聪明的想法"、"为他人考虑"、"采取行动"、"想法在变"和"将想法付诸行动"都聚焦大概念"想一想"。但从第三周起,周概念走出思考的层面"想",延伸到采取行动并加以实现的层面。与之呼应的课文:第一篇课文题目是《恶龙难题》,我们依据课文内容将课文主题归为"智谋"。显而易见该文与周概念"聪明的想法"、单元大概念"想一想"有高相关。其他几篇课文内容也与"想一想"有关,如《变化的世界》叙述人类如何发挥聪明才智,应对自然灾害,主题涉及自然科学领域。纵观该周五篇课文,课文主题由学生生活走向更宽广的社会和自然界。

（二）主题范畴

四年级 30 篇课文共涉及 22 个主题范畴,涵盖了文学、历史、自然科学、政治、经济等多个领域。如第三课《变化的世界》,讲述了地球地质构造运动等自然地理知识;第 16 课《没有规则的世界》,讲述了政府存在的重要性;第 29 课《金钱的历史》,讲述了货币的发展史。学生通过阅读,接触到丰富、鲜活的人类社会和自然世界。在学生带着强烈的好奇心阅读的同时,潜移默化中接触到社会科学和自然科学领域的多种文化现象和人类智慧。

（三）学生生活

《奇观》的选文与学生的日常生活联系紧密。课文中的主人公多为少年儿童,内容也多是发生在学校、家庭、社区中的日常故事,为学生提供了丰富的生活经验参照。如第 2 课《才艺表演》讲述了学校要组织才艺表演,小女孩马拉想一个人表演杂耍。但她的好朋友蒂娜不由分说地要和她一起表演歌舞,马拉心里不愿意但又不好意思拒绝,因此很难过。马拉的奶奶知道后,鼓励她坦率地向蒂娜说出自己的想法。最后,马拉说出了自己的真实想法,并得到了理解。从此,她学会了勇敢地表达自己的内心想法。这个发生在两个小学生之间的小矛盾,却事关人际交往的大问题。选文在叙述故事、引发共鸣的同时,传播了一种文化观念:勇敢、真实地表达自我的意义。如第 12 课《记住卡特里娜飓风》,讲述了赫克特在卡特里娜飓风侵袭新奥尔良市后,组织同学一起为受灾儿童募捐玩具,抚慰儿童受伤心灵的故事。这个故事鼓励学生积极参与社区事务、帮助关心他人,彰显了个人力量的作用和重要性,潜移默化之中传播了人际交往能力和社会责任感的价值观。一种符合美国主流社会文化的道德熏陶,就这样渗透于小学生教科书阅读文本之中。

在 30 篇选文中,五篇课文介绍了物理、生物、地理、天文等自然科学知识;五篇涉及环保、高新技术、发明创造主题。故整册有三分之一的课文,关注科学知识教育和科学精神培养。典型的课文如第 15 课《食物大战》,课文介绍了新兴转基因技术:列举了转基因食物利于抵御害虫、增加营养等优点;也谈及了大众因担心转基因食物会破坏环境、损害人体健康而拒绝食用的现象。课文客观地告诉读者转基因食物的利与弊,结尾也没有对两方的争论做出评判,只是强调对转基因食物有待深入研究和循证。"转基因"是近几年全球性的热词,也已经悄无声息地走进小学生的日常生活。课文深入浅出的介绍,有助于学生科学、客观地认识转基因技术。上述富有时代感的选文和主题筛选,为学生营造了一个真实、亲近的阅读世界,贯通了文本阅读与现实生活。

语文学科大概念是以语言文字学家为代表的共同体,在认识和研究语言文字时逐渐积淀和凝练形成的,关于语文学科本质特征、学科发展规律以及解决语言文字问题的思想观点。通常可以从语文知识和能力、学习过程和方法、情感态度价值观三个维度来认识其内涵。《奇观》的三级主题设计——单元大概念、周概念和课文主题,显现了指向学科核心素养的、以大概念理念编制教科书的操作路径。同时,也为我国语文教科书从主题单元到大概念单元的提升设计,做了具体示范。

四、助读系统

助读系统指的是教科书为了帮助学生阅读、理解课文,提高学生自学能力所提供的一系列学习材料。这也是《奇观》的一大特色。

(一)助读系统内容

《奇观》作为一套以阅读和写作为主的综合型教科书,从栏目设置看,倾向于实践"以读促写,读写贯通"的理念:提供阅读策略、语言知识、文学、文化等方面的指导,培养学生写作能力。表3-3是四年级第三单元第一周教科书呈现的助读系统内容。

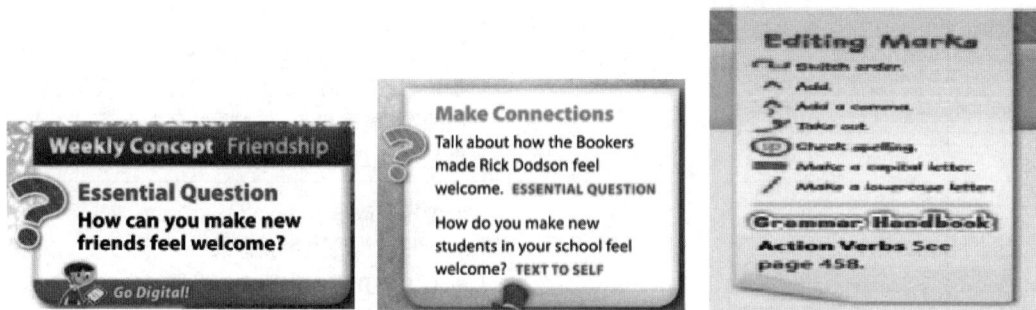

图3-11 助读栏目左:关键问题;中:建立联系;右:修改符号

表3-3 第三单元助读系统内容举例

领域	助读栏目	功能	内容举例
阅读	单元导语	用诗歌引出单元主题	塞缪尔的诗《我的祖国》 **大概念**:如何展示你们的团队精神?
	课文导读	创设生活情境,鼓励学生思考、合作交流	【关键问题】如何让新朋友觉得自己是受大家欢迎的? 【援助之手】搬到一个新的地方可能是令人生畏的。要去到一所新的学校,结交新朋友,在新社区里学习。这些都是一种挑战。如果那里的人欢迎你,这些挑战就变得简单了
	需知词汇	1. 导语提出学习词汇的方法 2. 用图片、例句和联系学生实际的问题呈现词义	导语:借助图片和例句,与同伴讨论每个单词

领域	助读栏目	功能	内容举例
	关键问题（篇首）	提示带着问题阅读	阅读了解一个新来的图书管理员和一个不可能存在的家庭，是如何成为好朋友的
	建立联系（篇末）	联系文本内容和自身生活实际阅读、思考	你如何使新朋友觉得他是受欢迎的？
	阅读策略	介绍复读、想象、提出并回答问题等策略及其如何运用	**想象** 读故事时，你在脑海中描绘情节、任务和场景，将有助于对故事的理解和感受。当你阅读《在图书馆》第一自然段时，想象一下正在发生的事情
	阅读技能	讲解阅读技能，如人称与叙述视角、阅读顺序、主要观点和关键细节，因果关系、比较和对比等	**第三人称视角** 当作者使用"他，她，他们"这样的代词时，这个故事是从第三人称的角度来讲述的 【找到文本证据】当我重读第 167 页的《在图书馆》的文本时，我看到叙述者使用代词"他，他的"来描述里克。这些线索告诉我这个故事是从什么视角来讲述的
	体裁	讲解文学体裁知识及其体裁特征	**一个奇幻故事** ● 包括虚构的人物和背景 ● 有一些在现实生活中不可能存在的元素 ● 经常有插图 【找到文本证据】《在图书馆》是一个奇幻故事。故事发生在一个图书馆里，这是一个现实的场景，但是插图显示了在现实生活中不存在的非常矮小的人
	词汇策略	讲解运用词源、同义词、反义词，上下文线索、前缀、后缀、成语等方法理解词义	**上下文线索** 当你读《在图书馆》遇到不认识的单词，可以通过上下文寻找线索，来确定词义 【找到文本证据】 当我重读第 167 页的《在图书馆》第一自然段时，"粉色和橙色的天空"和"蓝岭山脉"后面的短语帮助我理解"降落"的含义
写作	写作特点	结合所读文本讲解写作知识并指导运用	**过渡** 找出文中的过渡词或短语，思考它们是如何组织起一系列事件的？ 【专家模式】 在这个夜晚，雷克坐在塞满书本的卧室里，想着刚刚打电话来祝他生日快乐的老朋友…… 但还没有交到一个真正的朋友 【修改符号】

领域	助读栏目	功能	内容举例
	小作家	呈现一篇已修改好的文段,帮助学生学会如何改进写作	

(二) 助读系统分析

《奇观》助读系统运用最广的助读类型是图像和提示。图像类集中用于单元的"需知词汇"栏目和课文插图、题图。提示类侧重阅读策略、语修逻文知识的讲解和结合文本的分析。具体的知识、有序的讲解、浅显易懂的语词,既提示周学习的重难点,又辅助学生经历阅读和理解的过程。

1. 图文并茂

《奇观》运用思维可视化原理,重视视觉化的呈现,且图像种类繁多。地图、漫画作品、风景画、简笔画、广告、海报、摄影作品、表格、流程图……这些直观、形象的图像不仅刺激学生多感官获取信息,而且由于图像与教科书文本的相互照应,促进学生有效建构文本意义。其图表既有最基础的装饰功能,又有理解和引导功能。

2. 图文交互

教科书中的阅读策略以截图＋批注的形式呈现(见图3-7右、图3-8),清晰、便捷;教科书中的阅读技巧利用图形组织者(graphic organizer)(见图3-6右),引导学生组织思维活动,强化逻辑性和操作性。教科书在讲解阅读策略和技巧、方法的时候,往往将课文文字与背景插图一并截图,再以缩略图的形式呈现在讲解页面的左侧;页面的右侧呈现对应的策略知识和批注。这样的举例说明(见图3-9)、结构性图示,使抽象的理论和具象的实践互补、互文。高度匹配的图文,为学生语文学习策略由陈述性知识的理解,向程序性知识的转化,做了精细的铺垫设计。

3. 图文比较

在"写作特点"栏目,助读系统借助"专家模式""小作家"和"修改符号"三种形式,说明写作知识、策略的运用。对比呈现课文(专家模式)和学生作文:左侧呈现课文截图,配以说明性的批注,右侧呈现学生带有红色修改符号的作文批阅版(见图3-10)。为学生示例范文的同时,拆分整体、分部讲解,以便模仿。

4. 与课标对接

为便于教师明晰教材内容与课程标准要求之间的内在联系,《奇观》在板块、栏目页的最上方用"CCSS"标示了该部分学习内容所指向的课程标准要求。这样的表示共有 7 处：词汇与课标的词汇认知（Words to Know），见图 3-7 左、图 3-9；阅读文本《在图书馆》与课标的分享阅读·体裁·奇幻故事（Shared read·Genre·Fantasy），见图 3-8；可视化（Visualize）与课标的理解策略（Comprehension Strategy），见图 3-7 右；观点（Point of View）与课标的理解技能（Comprehension skill）；奇幻故事与课标的体裁·文学；上下文线索与课标的词汇学习策略；读者（Reader to）与课标写作特点·句子通顺（Writing Traits·Sentence Fluency），见图 3-10。这样的设计，加上置顶的彩条，极富观赏性和提示性，为基于课标的教学实施，课标-教材-教学-评估的一致性，提供了导航。

《奇观》助读系统的编制，透视学生语文学习的心理，体现了教科书关注师生对教科书理解和使用的动态编制理念，教科书呈现技术和手段的精致和完善。凡此皆凸显实效、实用的美国教育文化。

第三节　中学英语教科书

美国六年级至高中英语教科书大都采用分编型。普兰蒂斯·霍尔（Prentice Hall）公司出版有六至十二年级的语言类《写作和语法》（Writing and Grammar）、企鹅版（Penguin edition）文学类《文学》（Literature）。麦克米兰（Macmillan）公司的"文学"教科书则每一年级名称不同：《文学入门》（七年级）、《享受文学》（八年级）、《理解文学》（九年级）、《欣赏文学》（十年级）、《美国文学》（十一年级）、《英国和西方文学》（十二年级）。斯尔沃·波德特和吉恩（Silver Burdett & Ginn）公司文学类编有《文学世界》系列。

图 3-12　普兰蒂斯·霍尔的《文学》教科书

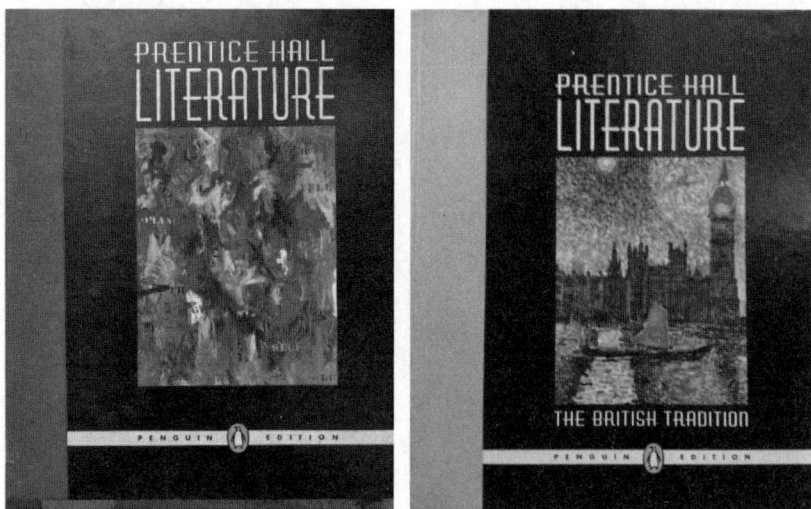

图 3 - 13　普兰蒂斯·霍尔出版的八年级(左)、十二年级(右)《文学》封面①

一、《文学》教科书结构

2007 年培生教育有限公司旗下的普兰蒂斯·霍尔公司出版了企鹅版《文学》(Prentice Hall Literature)教科书,共八册:初中三册,高中五册,每学年一册,见图 3 - 12。其中 11 年级编制了《美国经历》(The American Experience),12 年级编制了《英国传统》(The British Tradition)见图 3 - 13,以及《世界名著》(World Masterpieces)。编委中四名教育学、心理学专家是教科书的顾问,其职责是站在专业的、与时俱进的高度,给教科书的编写提供建议;六名作家是教科书各单元的编者,也是文学领域不同体裁的专家,每个单元内的选文皆为作家各自的作品;45 位中学和高校教师组成了教科书审阅队伍。下面以八年级《文学》为例。

《文学》教科书是按体裁线索建构整套体系的,见下文。文学体裁包括散文、小说、诗歌、戏剧、民间传说、神话故事等,每册有六个主题单元,初中三册单元主题一致且一一对应。

内容简介

单元一　小说与非虚构类作品

　　　　单元作者:Patricia C. Mckissack

　　　　第一部分:预测

　　　　第二部分:作者的目的

单元二　短篇小说

　　　　单元作者:Judith Ortiz Cofer

　　　　第一部分:比较和对比

　　　　第二部分:推理

---

① Penguin Edition. Prentice Hall Literature [M]. Pearson Education, Inc., 2007.

单元三　非虚构类:记叙文、说明文和议论文

　　　　　单元作者:Andrew Mishikn

　　　　　第一部分:主旨

　　　　　第二部分:事实与观点

单元四　诗歌

　　　　　单元作者:Jacqueline Woodson

　　　　　第一部分:上下文线索

　　　　　第二部分:释义

单元五　戏剧

　　　　　单元作者:Cherie Bennett

　　　　　第一部分:得出结论

　　　　　第二部分:原因和结果

单元六　美国故事的主题

　　　　　单元作者:Lan Samantha Chang

　　　　　第一部分:总结

　　　　　第二部分:阅读目的

资源

阅读和词汇手册

文学术语手册

写作手册

语法手册

　　每册《文学》教科书由三大部分组成:前辅文、正文、后辅文,单正文部分有1059页。具体结构框架见图3-14。

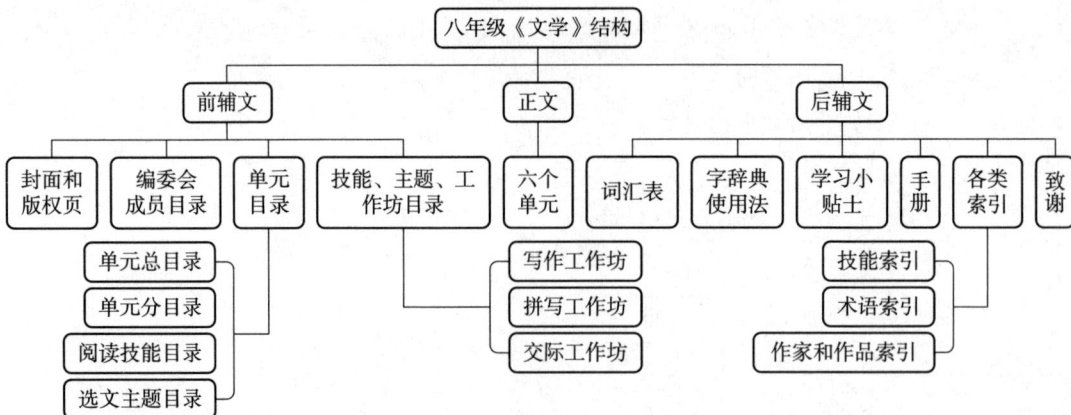

图3-14　八年级《文学》教科书结构

（一）前辅文

前辅文包括封面、版权页、编委会成员介绍目录、单元目录、工作坊目录。其中单元目录又分为单元总目录、单元分目录、按阅读技能划分的单元目录、按文选主题划分的单元目录；工作坊目录包括写作工作坊（writing workshop）、拼写工作坊（spelling workshop）、交际工作坊（communications workshop）。这样的目录设计，便于学生根据需要快速查找。

（二）正文

正文按文学体裁组元，每册共有六个单元。六位作家作为单元编者分别负责六个单元的编制工作。每个单元由导入（introduction）、部分（part）、拓展阅读（for further reading）三个板块组成，详见图 3-15。

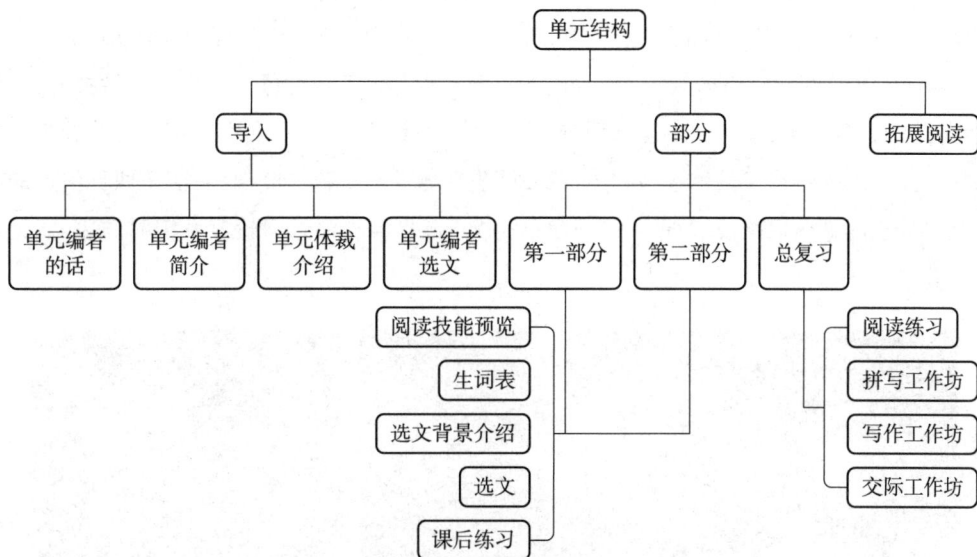

图 3-15　单元结构

1. 导入

在导入板块，编者会解读本单元的文学体裁以及自己的文学写作经历，需掌握的文学策略和选文，起到引出单元学习内容和导读的作用。

2. 部分

部分板块根据文学阅读策略又细分为两个模块：第一部分和第二部分、总复习。两个部分共编有选文 12 篇，文后都设计了结合选文内容的阅读和写作练习，如做预测、推断，辨析事实与观点，揣测作者意图，改写等。"总复习"以练习的形式，内容涉及阅读、写作、听和说、语言知识领域。

3. 拓展阅读

拓展阅读板块会推荐课外阅读篇目或提供自读课文。

（三）后辅文

后辅文包括词汇表、学习使用字典、辞典、学习小贴士、手册、各类索引、致谢。其中，"学习小贴士"提供学习方法和注意事项，如使用网络、量表使用、文学分析等，对学生进行具体的学习策略指导。"各类索引"包括技能索引、作者索引、作家作品题目索引，方便学生查阅。

二、《文学》教科书选文及练习

下面以八年级《文学》第一单元"小说和非虚构类作品"的选文为例，做介绍。在单元页面左侧上方呈现了单元主题——以体裁类别作单元标题，"第一单元　小说和非虚构类作品（Unit 1 Fiction and nonfiction）"。右侧上方提示"第一单元　概览（Unit 1 Overview）"，显示本单元三个学习重点。介绍（Introduction）：探索小说与非虚构类作品；第一部分（Part 1）：预测；第 2 部分（Part 2）：作者的目的。见图 3 - 16 左。在第一部分首页附有这部分学习技能（Skills You Will Learn）和选文（Literature You Will Read）篇目的目录。列有三种技能：预测和支持预测、阅读开头确认或更正预测、运用文本助手和功能；三种文学分析：情节、冲突及解决、比较叙事结构。选文具体包括欧·亨利的《重新做人》、马克·吐温的《密西西比河上的见习领航员》在内的六篇小说（节选）、一篇信息类文本《北卡罗莱纳州轮渡系统时间表》。见图 3 - 16 右。

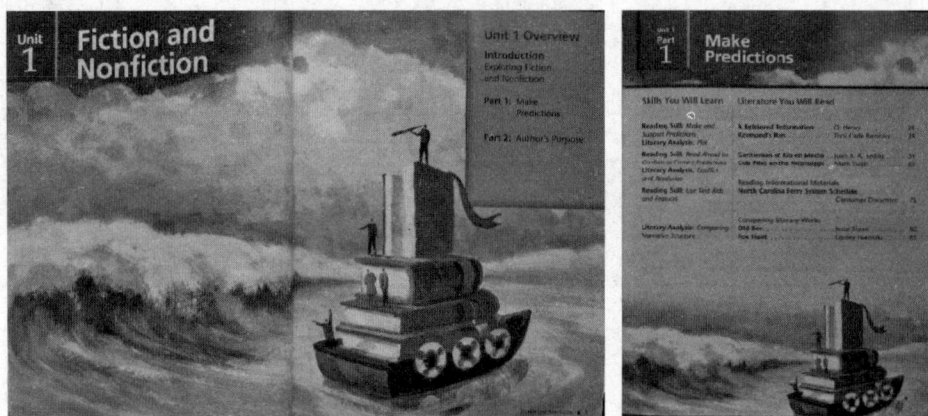

图 3 - 16　左：第一单元小说和非虚构类作品概览；右：第一部分"预测"目录

下面是课文：欧·亨利的《重新做人》

第一部分

———————————————　技能预习：阅读和词汇　———————————————

阅读　预测

界定什么是"预测"、在这部分将学到的预测技能和策略，并举例说明。（见图 3 - 18 左图）。

学术词汇　用于讨论预测的词汇

Predict、anticipate、formulate、modify、revise 五个近义词的含义和例句。

词汇

前缀的含义、列出在这部分将学到的前缀。

第二部分

建立技能：阅读和词汇

阅读技能

结合二篇选文《重新做人》《雷蒙德的逃亡》，说明根据故事细节、自己的经验，按照如下顺序做预测：我的预测——文本支持观点——实际发生了什么。

文学分析　情节是故事中的一系列相关事件。在阅读时，你辨识以下故事情节的各部分：

- 阐述：有关人物和环境的基本信息。
- 冲突：故事中两个对立因素的对抗。
- 起因：事件发生的原因。
- 高潮：故事发展的最高点，通常在这之后，故事的结局将被揭晓。
- 结局：故事最后的结果。

词汇建构者　注释二篇选文中的六个重点词汇

第三部分

建立理解

背景　这个故事的主人公是一个小偷，他突破了那个年代的安全防范。小偷发明了特殊工具进行偷盗。今天，人们已经发明了很多防盗工具和设备，小偷很难得逞。

文学链接　读/写链接　吉米·瓦伦特是小说的主人公，他一直想改过自新、过更好的生活。每人列出三条理由证明"浪子回头金不换"的道理，至少使用所列词汇中的三个：alter，establish，evaluate，impress，modify。

遇见作者　提供了作者欧·亨利的生平简介、作品特点、成就，以及了解作者的更多链接网址。

第四部分

《重新做人》

短篇小说主要讲主人公吉米·瓦伦特是一个惯偷，行窃手段高明，警察一直都想抓他。一次，吉米行窃后逃往一个小镇。在那里，他爱上一个姑娘，并改名换姓定居了下来。本·普莱斯警官一直在调查吉米，并追踪而来。可是，故事的结局却是警官假装不认识吉米，放过了他。原来本·普赖斯警官发现吉米已经蜕变成一个好人、善良的人。所以警官假装不认识他，希望吉米能够继续幸福地生活下去。

第五部分

有关选择的思考

1. 回答:你做过本·普莱斯做过的事吗?解释一下。

2. 回答

(1) 回忆:吉米在爱尔摩下火车时看见了谁?

(2) 推断:这个事件是如何引起吉米内心的改变的?

(3) 支持:在文中找出至少两个细节描写,以证明吉米内心确实有了改变。

3. 分析:做一个三栏表分析故事的结局。

● 第一栏:写出本·普莱斯对吉米说的话。

● 第二栏:解释本·普莱斯的话的意思。

● 第三栏:你认为本·普莱斯的决定正确吗?并作解释。

4. 做判断:人们会像吉米一样改过自新吗?为什么?

阅读技能

5. (1) 列出你在阅读时的两个预测。

(2) 每一个预测你所依据的是文中的哪些内容?

6. (1) 若要做出普莱斯警官要逮捕吉米的预测,在故事中你可以找到哪些支持性的内容?

(2) 为什么作者给出了出人意料的结局?

文学分析

7. 吉米和普莱特之间的冲突是什么?

8. 完成故事情节发展表。

9. 本·普莱斯在故事发展中扮演一个怎样的角色?

词汇建构者

使用第 26 页词汇表中的单词,每个单词写一句话。

写作

● 给故事写一个新结局:假设普莱斯警官没有放走吉米,接下来会发生什么?

● 写一个新结局,假设你就是这个故事的讲述者,并且知道所有人物的思想和感情。

● 确保你故事中的语言和对话符合人物的口吻和个性。

拓展学习

<u>听与说</u>   写一段关于吉米从保险柜中救出阿加莎的广播稿并表演。

● 使用准确的动词,如大喊、哭泣,描述出当时保险柜的环境氛围。

● 发表你的广播稿,要变换语气和节奏来表现情绪的变化:紧张、惊讶、宽慰、开心。

<u>调查</u>研究和技术   做一个关于欧·亨利的作品及生平的口头报告。描述欧·亨利的生

活对作品背景、人物的影响;解释他作为作家为何如此成功。使用搜索引擎检索你需要的信息,并用引号标注。若找到作者,还可以检索链接到新的网站。

三、《文学》教科书评析

1. 经典文本

《文学》教科书的篇目较多选自名著,如本单元欧·亨利的《重新做人》;作家的原创作品,如每个单元的单元作者(Unit Author)的作品。在学生阅读选文前,编者已经提供了有关作品、作家的丰富的背景资料。阅读过程中,还有编者/作者的旁批和导读。

2. 文本阅读

选文设计了多种批注,这类批注在文学语境中引导学生开展批判性阅读、讲解阅读策略、注释词汇、例析文学和阅读理解知识点。这一切为学生营造了文学阅读的氛围,使读者与作者突破时空隔阂,有了近距离的对话感,边读边思考,形成文学反应。

3. 阅读策略

第一至第三部分的读前指导紧扣作家作品、阅读理解策略,双线并进。读前阅读策略的讲解,都是以概念作为逻辑起点,辅以简洁明了的程序步骤,再以阅读的文学作品为例,做例析。

第四部分则以旁批的形式,用问题引导学生在文学语境中、结合具体的作品理解策略知识、品味文学表达手法。

第五部分练习中的"阅读技能",是紧扣本单元"预测"技能设计的针对性的练习。这样"预测"这一技能,就从预习阶段的陈述性知识,变为学生阅读选文时理解、运用预测的程序性知识。再辅以选文后的思考练习,书本上的知识就转化为学生的技能了。阅读技能的有序设计符合学生认知转换的心理过程。

4. 学习活动

选文后的练习设计题型多样:开放型的思考题引导学生结合自己的生活经验、社会伦理做文学反应。封闭型的思考题则要求学生运用预测,每一个预测结论要求有严谨的、来自文本的理据支撑。选文后的练习设计角度各异:"关于选择的思考"栏目练习,是针对文本内容的理解,有识记,理解层次的举例、推断,评价,难度各异。"文学分析"栏目的练习,则是从文学表达的角度,如依据小说要素人物、情节、结局等设计的思考练习。

5. 读写贯通

《文学》教科书中的选文,既是学生阅读理解的对象,又成为学生听和说,以及写作的素材,用于培养表达能力。"写作"栏目是将课文内容作为素材设计的一个写作活动,如续写、转换人称和视角;"拓展学习"栏目是基于课文内容的听、说训练。这样将语文课程听和说、阅读、写作、语言知识四领域的学习活动混合设计、有序贯通了。

第四节　分级阅读教科书

美国是一个多种族、移民国家，一方面大量移民进入美国，学校中母语非英语的学生越来越多；另一方面家庭经济收入悬殊，造成来自富裕家庭的学生与贫困学生之间的阅读成绩的差距，英语教学面临挑战。作为阅读分级的发源地，美国在英语语言教学实践中，形成了比较科学的分级标准和分级方式。这在提升学生群体阅读技能的同时，缩小个体阅读成就差距，以及提高教师阅读教学专业水准，起着重要作用。

一、分级阅读研究

（一）基础研究

1. 眼动模式

眼动模式即人们在阅读文字时，眼睛的转动方式。19 世纪，休伊（Huey Emmerich）发明了第一个能够持续记录读者眼动的装置，并且发现人们阅读时眼睛有时会发生跳视，有时对某个单词又会持续注视。该研究成果为后续阅读眼动追踪奠定了基础。人们发现阅读材料的形式、难易度和读者年龄与眼动模式相关：同一年级学生对不同难度课文的阅读理解成绩存在显著差异，其眼动模式也存在一定差异，且材料难度对低年级学生的影响更为显著。

2. 可读性

可读性是受众多因素影响下的读者对文章的理解度。美国学者对可读性及决定文本可读性因素的认知和研究不断深化。早期关注影响文本可读性的客观因素，如单词量、单词的长短、句子复杂程度、有无插画、印刷风格等等。1836 年，威廉·霍姆斯·麦加菲（William Holmes McGuffey）开发了第一个被广泛使用的"分级"读本。目前大家普遍接受的关于可读性的定义，即卡赞勒克（Zakaluk, Beverly L.）和塞缪尔斯（Samuels, S. Jay）认为，文本的可读性是一种文本特征与读者资源（单词辨认能力和相关主题的先前知识）之间的交互功能，开始了可读性的文本——读者模式。[①]

研究发现影响可读性的因素有：

（1）文本因素

包括文本形式、字体、内容、文体和风格、字词难度、句子复杂程度、概念的密度、一致性，有无插画、印刷风格、字间距、行间距等等，都会影响到读者的阅读速度和对文本的理解。

（2）读者因素

指读者在阅读时带入阅读环境的，影响对文本理解度的兴趣、动机、先前知识、阅读技巧、

---

① 李欣. 美国中小学生阅读分级研究［D］. 华东师范大学，2016：23.

能力,读者所处的社会文化环境等。

(二) 核心概念

1. 分级阅读

所谓的分级阅读(leveled reading)是指选择与读者或作者能力匹配的书本。① 也称读物分级。

2. 分级读物

分级读物(leveled readers)是分级阅读理念的产物。如下文将介绍的美国麦格劳·希尔教育(McGraw-Hill Education)出版公司的配套阅读丛书《分级阅读》(leveled readers)就是一种分级读物。

(三) 蓝思阅读测评体系

发展性阅读评估(developmental reading assessment,简称 DRA)、蓝思阅读框架(The Lexie framework for reading)和指导性阅读分级体系(Guided Reading Level,简称 GRL),是美国较有影响力的三种阅读标准体系。其中,蓝思阅读框架测评体系(下简称"蓝思")是一套衡量学生阅读水平和标识文章难易程度的标准,衡量读者阅读能力(reader ability)与文章难易度(text readability)的科学方法。由受美国国家卫生研究院(National Institute of Health)资助的梅塔测量(Meta Metircs)教育公司研发。在美国,蓝思的使用率大约覆盖了全美学生人数的 50%。

蓝思使用同一个度量标尺:数字＋L,衡量读物难度和读者阅读能力两个指标。读物难度范围为 0 L～1 700 L,数字越小表示读物难度越低或读者阅读能力越弱。反之,则读物难度越高或读者阅读能力越强。因此,读者可以根据自己的阅读能力,选择适合自己难度水平的读物。

1. 读物难度

蓝思主要从语义难度(Semantic Difficulty)和句法难度(Syntactic Complexity)两个维度来衡量读物难度。

(1) 语义难度

一个词语在读物中出现频率越高,即越常见,读者就越熟悉,阅读难度就低。相反,词语越少见,读者就越陌生,阅读难度就越高。蓝思使用词汇频率并不单指一个词语出现在某一篇文章中的频率,而是通过大型语料库计算得出的频率。因此,读物中的词语频率越高,蓝思等级越低,即读物越浅;词汇频率越低,蓝思等级越高,即读物越难。

(2) 句法难度

研究表明句子越长,往往包含从句较多,阅读时读者既要接收更多的信息,又要处理复杂

---

① Harris T L, Hodges R E. The literacy dictionary: The vocabulary of reading and writing [M]. Order Department, International Reading Association, 1995,7.

的句子关系,同时还要有短时记忆能力。因此,句子越长,蓝思等级越高;相反,句子越短,蓝思等级越低。

2. 读者阅读能力

蓝思在评测读物蓝思等级后,根据读者对不同等级阅读题目的作答,综合分析读者的阅读能力。具体包括:题目的理论难度、题目的实际难度、题目的质量、平均作答正确率、学生年级、参加测试学生总数、题目每个选项选择的具体人数。最后运用相关软件分析所获数据,得出读者阅读能力水平。

蓝思分级阅读读物难度与对应年级参考数据如表3-4。

表3-4　不同年级与蓝思难度①

年级	蓝思难度范围(L)
幼儿园	450 以下
一年级	80～500
二年级	450～650
三年级	550～770
四年级	770～860
五年级	830～980
六年级	980～1 030
七年级	1 030～1 070
八年级	1 070～1 155

二、《分级读物》

《奇观》是美国第一套根据国家课标编写的中小学英语教科书,由麦格劳-希尔公司出版。《分级读物》(*Leveled Readers*)是该公司《奇观》系列中,配套的分级阅读教科书,见图3-17。

(一)《分级读物》的结构

《分级读物》为K—6年级的学生提供差异阅读内容,每个年级共有六个主题单元。每个单元围绕单元主题编选五周的阅读内容。为便于小学生阅读,每周的学习内容独立成册,且按照不同难度分出英语语言学习者(English Language Learner)即母语非英语的学习者、接近水平(Approaching Level)、正常水平(On-Level)、超常水平(Beyond Level)四个难度级别的教科书。辅以不同色彩封页为标识。如,三年级第一单元第四课,橘色代表接近水平级、紫色代

---

① [美]珍妮佛·塞拉瓦洛. 美国学生阅读技能训练[M]. 刘静等译. 北京科学技术出版社,2018:Ⅱ.

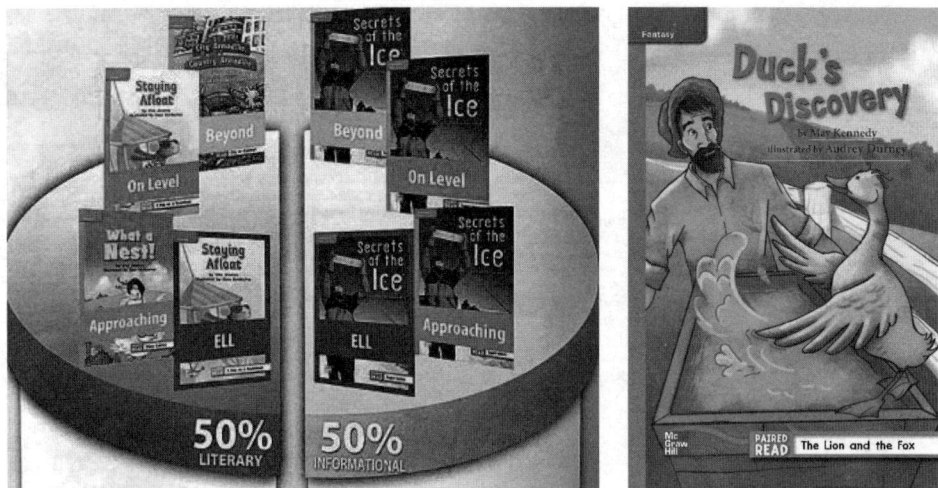

图 3-17　左：《分级读物》系列　右：三年级正常水平《鸭子的发现》

表母语为非英语的学习者级别、蓝色代表正常水平级、绿色代表超常水平级。这四个难度级别的教科书有相似的结构。详见图 3-18。

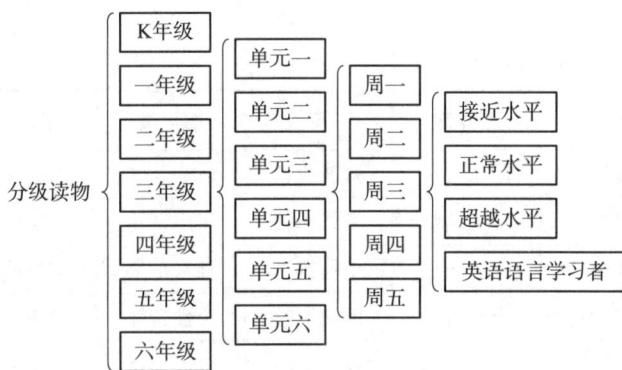

图 3-18　《分级读物》系列结构①

　　单册教科书也由前辅文、正文和后辅文三部分组成。正文部分共有五个模块。模块一是一篇课文，模块二是联系课文内容的阅读反应（Respond to Reading）练习。模块三是配对阅读（Compare Texts）：呈现同体裁的另一篇文章。模块四是第二次练习：建立联系（Make Connections），一种比较阅读训练。模块五设置了名为"聚焦（Focus on）"的拓展活动，是语言知识训练和跨学科的语言活动，如图 3-19。

---

① 李倩云. 美国小学语文教科书中分级读物编制研究——以《分级读物》(Leveled Readers) 为例[D]. 华东师范大学硕士学位论文, 2018：43.

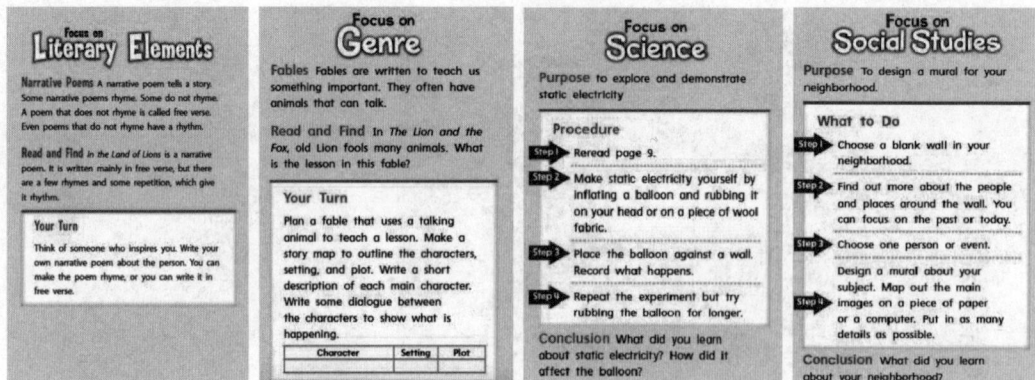

图 3-19　三年级第一课"聚焦"栏目

（二）《分级读物》的内容

1. 主题单元内容

1—6 年级的单元主题内容宽泛。有关注个体的"个性特征"、"自我成长"；有关注人与社会的"社区生活"、"团队合作"；有关注人与自然、环境的"了解动物"、"人与环境"。以及关于历史和现实的"回顾历史"、"解决问题"，见表 3-5。

表 3-5　《分级读物》六个年级的单元主题①

年级	一年级	二年级	三年级	四年级	五年级	六年级
第一单元	个性特征	团队合作	自我成长	解决问题	解决问题	改变
第二单元	社区生活	了解动物	合作精神	了解动物	解决问题	回顾历史
第三单元	改变	人与环境	个性特征	社区生活	解决问题	解决问题
第四单元	了解动物	个性特征	问题解决	个性特征	解决问题	解决问题
第五单元	人与环境	社区生活	社区生活	人与环境	改变	解决问题
第六单元	团队合作	改变	问题解决	回顾历史	团队合作	解决问题

2. "聚焦"模块内容

"聚焦"模块的语言实践活动是依据美国国家课标编制的。内容涉及英语学科范畴的知识，如聚焦体裁（Focus on Genre）、聚焦文学要素（Focus on Literary Elements）栏目内容，也包括跨学科的历史、社会、科学和技术学科领域的语言读写活动，如聚焦科学（Focus on Science）、聚焦社会研究（Focus on Social Studies）栏目内容。

---

① 李倩云. 美国小学语文教科书中分级读物编制研究——以《分级读物》（Leveled Readers）为例［D］. 华东师范大学硕士学位论文,2018:54.

表 3-6　三年级"聚焦"模块频数统计与实例①

英语课标	频数%	次数	实　例
聚焦体裁	36.7	11	**寓言**　写寓言是为了教会我们一些重要的道理。寓言里的动物是可以说话的 **阅读与寻找**　在《狮子和狐狸》这篇文章中,老狮子骗了很多的动物。这篇寓言的教训是什么呢? **轮到你了**　设计一个故事,让一个会说话的动物来教我们一个道理。列一个故事地图写出人物、背景和情节。为每个人物写一段简短的描述。写两个人物之间的对话,来说明正在发生什么事情? | 人物 | 背景 | 情节 | (选自:三年级第一单元第一周)
聚焦文学要素	10.0	3	**韵脚和头韵**　诗歌经常使用的文学要素是韵脚和头韵。韵脚是两个或者两个以上单词的结尾重复相同的声音。比如说:We'll meet you, at the zoo。头韵是指两个或者两个以上单词开头的辅音相同或相似。比如说:a wet, windy, and wild day **阅读与寻找**　读第一首诗,找到有韵脚的词语。读第二首诗,你能找到一个有头韵的例子吗? **轮到你了**　选择一个问题。写一首诗来表明如何解决这个问题。尝试着在你的诗歌中加入韵脚和头韵 (选自:三年级第二单元第五周)
聚焦社会研究	23.3	7	**目的:**了解一个地方的传统文化 **步骤:** 1. 调查印度某个地方关于"排灯节"的文化 2. 把你了解到的传统文化写一段话 3. 在班上分享你学到的内容 4. 根据大家搜集的资料,讨论:不同地方的"排灯节"有何相同和不同。 **结论**　通过这样的调查,你对"排灯节"有了哪些了解? (选自:三年级第一单元第二周)
聚焦科学	30	9	**目的:**找出两个星球相似之处和不同之处 **过程:**如何做 1. 选择一个你感兴趣的星球(除了土星)

① 参考李倩云.美国小学语文教科书中分级读物编制研究——以《分级读物》(Leveled Readers)为例[D].华东师范大学硕士学位论文,2018;61—63.

英语课标	频数%	次数	实　　例
			2. 尽可能找出关于这个星球的资料。比如它在太阳系的哪个位置？它有多大？它有什么有趣的特征？ 3. 做一个维恩图，比较土星和你找到的星球 Different Alike 结论：通过比较和对比两个星球，你学到了什么？ （选自：三年级第三单元第三周）

"聚焦体裁"和"聚焦文学要素"栏目的语言活动一般分三个层次进行设计。一是介绍一种体裁或者一种文学要素；二是要求学生结合所读文本辨识体裁或要素；三是提供一个新的语境，让学生围绕体裁知识或文学要素特征进行写作，从而实现所学知识由陈述性知识向程序性知识的转化。"聚焦科学"、"聚焦社会研究"栏目涉及的跨学科的综合实践活动，也分三个层次：一是提出明确的任务即活动"目的"；二是提供活动过程的具体操作"步骤"；三是引导学生总结、提炼学习收获，即问题的结论。是一种超越语文课程，与社会、科学学科内容紧密相连的研究型学习活动，而活动过程和结果主要以听和说为主要形式。

由上表三年级频数统计分析可知，最高频活动是"聚焦体裁"，占36.7%，全年共11次；其次是"聚焦科学"，占30%，全年共9次；再次是"聚焦社会研究"，占23.3%，全年共7次；最少是"聚焦文学要素"，占10%，共3次。

三、《分级读物》的分级方式

《分级读物》四个级别的难度级差在400 L左右，即同一年级学生阅读最高级别：超越水平的读物和阅读最低级别：英语语言学习者的读物，两者的读物难度级差约为400 L。这种差异主要通过选文内容、课后练习和助读系统三个方面的分级设计来实现。

（一）选文编制

从一学年的时长看，《分级读物》四个级别的读物难度都呈现缓慢上升的整体趋势。但同级别前后课文的难度却非绝对递增，而是难易交叉。往往前一篇难一点，后一篇就适当降低难度，或者正相反。详见图3-20。

四个水平级读物的蓝思指数对比

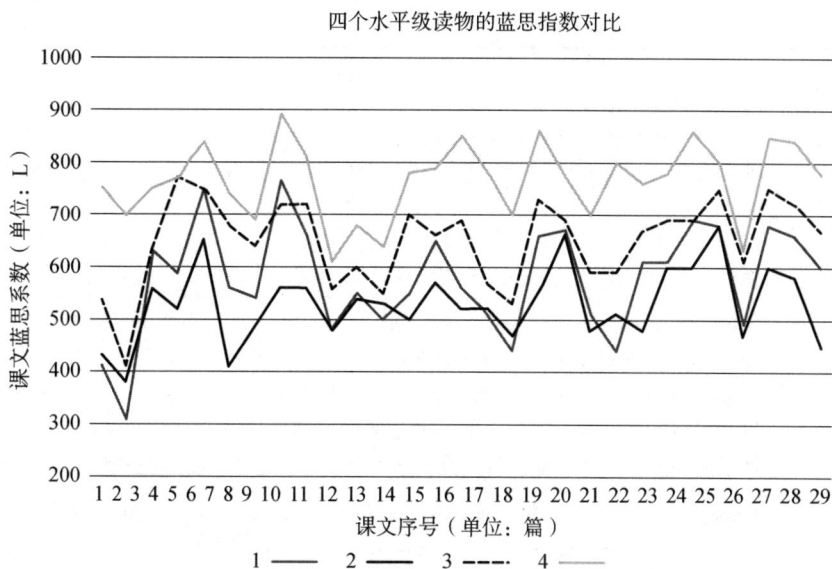

图 3-20　三年级《分级读物》四个级别难度指数[①]

上图是以三年级为例的一个课文蓝思系数统计。三年级《分级读物》共有六个单元,每个单元设计了 30 篇课文,五周的阅读量。30 篇课文中,剔除一篇诗歌体裁(蓝思阅读测评体系无法测量诗歌类的文本难度),共选取 29 篇课文。对四个级别的 29 篇读物分别进行蓝思系数统计:横坐标表示课文序号,纵坐标代表课文的蓝思级数,图中 1 表示"英语语言学习者",2 表示"接近水平",3 表示"正常水平",4 表示"超常水平"。从图中可以看出,三年级《分级读物》四个级别的读物难度存在循序渐进中的进退踱步现象。

就同内容的单篇课文看,《分级读物》主要从语义难度和句法难度两个层面进行分级。下面截取三年级第一单元第四周的课文内容片段(见表 3-7),加以分析。

表 3-7　四个级别内容片段比较[②]

难度级别	内　容　片　段
英语语言 学习者	Ben Franklin had lots of ideas. He used his ideas to solve problems. Ben's ideas improved the quality of life for many people. There are no substitutes for some of his inventions. 富兰克林·本有很多想法。他的想法解决了问题。本的想法提高了很多人的生活质量。他的一些发明没有替代物。

①　改编自李倩云. 美国小学语文教科书中分级读物编制研究——以《分级读物》(Leveled Readers)为例[D]. 华东师范大学硕士学位论文,2018:77.

②　改编自李倩云. 美国小学语文教科书中分级读物编制研究——以《分级读物》(Leveled Readers)为例[D]. 华东师范大学硕士学位论文,2018:78—79.

难度级别	内 容 片 段
接近水平	Ben Franklin worked to help people all his life. There are still no substitutes for some of his inventions. Ben Franklin was never short of ideas. He used his ideas to solve many problems. 富兰克林·本一生不断工作来帮助他人。他的一些发明目前仍然没有替代物。富兰克林从不缺少想法。他的想法解决了很多问题。
正常水平	Ben Franklin worked to help people his whole life. Although he lived over 200 years ago, there are still no substitutes for some of his inventions. Ben Franklin was never short of ideas, and he used his ideas to solve many problems. 富兰克林·本一生不断工作来帮助他人。虽然他生活在 200 年前,但是他的一些发明目前仍然没有替代物。富兰克林·本从不缺少想法,他的想法解决了很多问题。
超越水平	Benjamin Franklin worked to help people his whole life. Although he lived over 200 years ago, there are still no substitutes for some of his inventions. He made newspapers more readable with pictures and cartoons. Ben Franklin was given many honors in his lifetime in recognition of his talents. He always remained dedicated to helping others. Ben Franklin was never short of ideas, and he used his ideas to solve many problems. 富兰克林·本杰明一生都不断工作帮助他人。虽然他生活在 200 多年前,但是他的一些发明目前仍然没有替代物。他插入图片和卡通,增强了报纸的可读性。因公认的天赋,富兰克林一生中被授予很多荣誉。他总是专注于帮助他人。富兰克林·本从不缺少想法,他的想法解决了很多问题。

　　就篇幅看,从最低级别的 3 行字到最高级别的 6 行字,信息量不断扩充,四个级别容量一目了然。从语意难度看,逐级添加了复杂的词汇,如副词"仍然(still)"、书面语"专注(dedicated)"、短语"200 多年前(over 200 years ago)";同时,还运用了领域内的专业词汇,如媒体术语"可读性(readable)",逐级减少口语化的词汇。从句法难度看,英语语言学习者级句式简单,修饰成分少。到了超常水平级出现了带有从句的复合句子、特殊句型。如为了表达"他的一些发明没有替代物"这个基本语意,用了"虽然(Although)"引出表示转折的从句"虽然他生活在 200 多年前,但是他的一些发明目前仍然没有替代物"。

(二) 练习设计

　　下面我们从语文课程的阅读理解练习——阅读反应的设计,以及跨学科的综合拓展活动练习——聚焦的设计加以剖析。

　　表 3-8 是三年级第二单元第三周的前缀(prefixe)练习,随着级别的递增,练习提示逐级减少,作为英语语言学习者的学生有提示:"看看前缀有助于你弄清意思",要求只有一个:弄清"re-elected"的意思。到了最后两个级别,添加了练习的要求、提高了难度:既要弄清"re-elected"的意思,还要总结归类已有知识:"想一些你知道也带有相同前缀的单词。"前者对"前

缀"的学习要求是一个单词"re-elected"的识记;后者是对已有词汇的辨识和理解。提高了知识掌握的难度。

表3-8 四个等级有关"前缀"知识的练习

难度级别	"阅读反应"练习
英语语言学习者	What does the word re-elected on page 14 mean? Look at the prefix to help you figure out the meaning. 第14页的单词"re-elected"是什么意思? 看看前缀有助于你弄清意思。
接近水平	What does the word re-elected on page 14 mean? 第14页的单词"re-elected"是什么意思?
正常水平	What is the meaning of the word re-elected on page 14? Look at the prefix to help you figure out the meaning. Think of other words you know with the same prefix.
超越水平	第14页的单词"re-elected"是什么意思? 看看前缀有助于你弄清意思。想一些你知道也带有相同前缀的单词。

表3-9是三年级第一单元第四周"聚焦科学"栏目的四个等级练习。练习内容都属于科学学科范畴的摩擦现象;练习设计都关注实验全程,有大致的操作步骤;练习结果都要求以书面语言形式呈现。

表3-9 四个等级"聚焦科学"栏目练习

难度级别	"聚焦科学"练习
英语语言学习者	**步骤一**:找一个同伴,重新阅读第九页 **步骤二**:制作静电。吹一个气球。把它和一块羊毛织物摩擦30秒后,放在你的头上 **步骤三**:把气球放在墙上,记录发生了什么 **步骤四**:重复步骤二和步骤三,摩擦气球的时间要超过比30秒
接近水平	**步骤一**:吹一个气球 **步骤二**:把它和一块羊毛织物摩擦30秒后,放在你的头上。这将会产生静电 **步骤三**:将气球贴近墙面。记录发生了什么 **步骤四**:重复步骤二步骤三,尝试将气球摩擦久一些
正常水平	**步骤一**:重读第九页 **步骤二**:自己制作静电。通过吹一个气球,把它和一块羊毛织物摩擦,放在你的头上 **步骤三**:将气球贴近墙面,记录发生的事情
超越水平	**步骤一**:吹一个气球 **步骤二**:把气球和一块羊毛织物摩擦约30秒后,放在你的头上。然后把气球贴近墙面,观察发生了什么 **步骤三**:重复步骤二和步骤三,摩擦时间持续一分钟。然后,摩擦时间持续两分钟,看看有什么不同? 换一块棉织物试试,摩擦棉织物和羊毛织物,两者有什么不同? 记录发生的事情

从活动方法看,"英语语言学习者"级别是同侪合作学习,其余三个级别都是独立探究学习。从活动要求看,最低级别是两次操作并观察单一的实验现象;最高级别是四次操作,观察并比较实验现象。先比较实验时间不同,产生的不同现象;再比较不同实验物品,产生的不同实验现象。

做实验时精确地跟随多个步骤的程序进行操作,比较和对比从实验中获得的信息。这是美国语文课标对科学课程中学习阅读和表达的要求。上述练习设计正是课标的真实解读。

差异教学(differentiated instruction)是一种教学过程,指教师为了满足每一个学生的需求和发展,设计不同的学习经历(experience),开发(develop)个别化的学习目标,规定课程内容,组织学习活动,实施多样化的评估。所有这些都可供学生选择以达成学习目标。麦格劳-希尔公司的《分级读物》无疑为美国英语教师的差异阅读教学,提供了有效凭借,使个性化的阅读教学成为可能。

第五节 写作教科书

2008 年,培生教育有限公司旗下的普兰蒂斯·霍尔公司出版了六至十二年级的语言类教科书《写作和语法》(*Prentice Hall Writing and Grammar*),共七册:初中三册,高中四册,每学年一册,见图 3-21。并配置了丰富的网上数字学习资源 PHSchool.com,诸如电子课本、交互式写作教程、写作工具,评分规则及学生作文评估样本。下面以现行八年级分册为例,做介绍。

图 3-21 《写作和语法》系列(左);八年级《写作和语法》(右)

一、教科书内容概述

教科书正文分三个部分,共安排了 31 章,占 793 页。具体包括:第一部分即第 1—13 章,"写作"(Writing);第二部分即第 14—27 章,"语法、用法和方法"(Grammar、Usage, and Mechanics);第三部分即第 28—31 章,"学术技能和工作场所技能"(Academic and Workplace

Skills）。第三部分先介绍了工作场所当中的与人交谈、演讲技巧，视觉阅读和表达（viewing and representing）的运用方法和工具；再介绍了阅读渠道、方法和工具，文学类阅读、批判性阅读非虚构类作品的方法。教科书的后辅文部分编制了"备考手册"（Preparation handbook）和资源（Resources）。后者提供了丰富的学习资源，便于学生写作过程中，随时翻阅、查找。如商务和私人信函的风格、互联网研究手册、常用词汇、缩写指南、校对符号参考、术语表等。

写作部分用第二人称、谈话的方式呈现：第一章阐述了写作的意义及与生活、工作的密切关系；第二章系统讲解了过程写作法；第三章概述句子、段落和篇章的结构与风格；第4—13章则依次讲授九种不同的文体写作。

（一）写作过程（Writing Process）

1. 写作过程的含义

教科书的第二章详细讲解了美国从幼儿园到大学盛行的"过程写作法"（Process Writing）及写作过程：

写作过程（writing process）是一种系统的写作方法，可以帮你实现写作目标。从构思到出版和发表，写作过程的各个步骤，可助你成为一名更好的作者。

2. 写作过程的五个步骤

教科书先概述写作过程的五个步骤（Stage）：构思（Prewriting）、起草（Drafting）、修改（Revising）、编辑和校对（Editing and Proofreading）、出版和发表（Publishing and presenting）。再用思维导图具体呈现每个阶段的具体操作方法，见图3-22，还辅以学生作文样例，这部分内容占了10页。

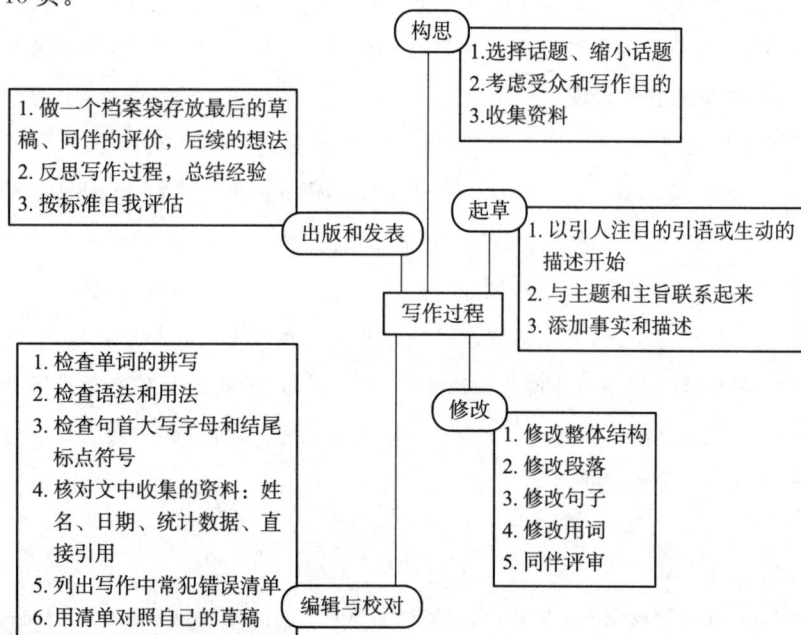

图 3-22 每个步骤的操作方法

（1）构思是写作前，自由探索观点、选择主题、收集和组织材料、数据。

（2）起草是把自己的想法按照想用的格式在纸上写下来。

（3）修改是纠正错误，改进写作形式和内容。

（4）编辑/校对可以润色作文，修正语法、拼写和方法上的错误。

（5）出版和发表是分享你的文章。

3. 非线性的五个步骤

教科书强调：这五个步骤看上去是有序的阶段进程，但作家们往往在写作过程中，写着写着会回到前面的一个步骤。比如，当你在打草稿的时候，发现对这个主题需要做一些额外的调查。你就要回到构思阶段，重新做调查。

| 专栏 3-3 | 美国过程写作法 |

早在 1960 年许多美国语文教师发现，专注于纠正学生作文中的写作错误，并不能提升学生的写作水平。诸如贾特·艾米格（Janet Emig, 1971）等研究者开始观察学生与专业作家的写作行为。他们发现优秀的作家首先关注的是思想而不是写正确。若作家在打草稿时注重写正确，那么就会受到干扰。渐渐地，过程写作就从这项研究，以及教师的实践中发展起来。过程写作法（Processes Writing）在美国幼儿园到大学的教育圈中尤其出名。1996 年，国际阅读协会（IRA）和全美英语教师联合会（NCTE）携手出版了美国第一份《英语语言艺术课程标准》，该标准的第五条写道："最近几年许多学生从写作教学著名的'过程写作法'中获利。该法关注不同写作活动都涉及的过程步骤，如为真实的读者构思计划、打草稿、编辑和发表。"

近 20 多年来，在第一语言和英语语言学习中运用过程写作法的研究，有了深入的发展。

一、过程写作法的五个阶段

过程写作法旨在管理学生的写作行为。整个写作过程学生经历五个阶段：预写作（prewriting）、打草稿（drafting）、修改（revising）、校订（editing）和发表（publishing）。[①] 在"预写作阶段"学生借助头脑风暴和讨论活动全力思考，选择一个题目，并针对大脑中的特定的读者形成自己的话题。一旦他们选定了题目并能解释题目，就开始"打草稿"。这时他们会受到鼓励，努力把自己的想法写下来，而无需顾及表达形式或写作水平的好坏。初稿完成后，他们复读自己的文章，并根据老师和同伴的反馈准备修改。"修改"阶段的目的在于尽可能有效地传递自己的想法，如风格、体裁、语意连贯。之后，作者校订标点、拼写和语法。最后每位学生誊写、做版面设计以各种形式发表自己的作文。

---

① 早期，国内把"prewriting"译成"预写作"，"drafting"译成"打草稿"。为方便语文教师理解，本书统一译成"构思""起草"。

二、过程写作法案例

下面是安妮老师的一个教学片段。安妮给二年级学生朗读自传体小说《小时候在山里》(Rylant, 1989)。

安:大家回忆一下你做过的五件事,用"我记得_____"作为开头,把每件事写下来。写完后和你的同伴分享你的想法。(给学生分享的时间)

安:把五件事连起来,并加个名字。(几分钟)

安:你写出了你的五官的感觉吗?

(学生回答:触觉、视觉、嗅觉、听觉和味觉。)

安:从五件事中写下你认为最重要的一种感觉。(几分钟)

安:选择你最想写的"我记得_____",与小组同学分享。(15分钟)

安:接下来写你印象最深的或对你而言最重要的那部分内容。在10分钟内尽你最快的速度写,看看你能写多少。写的时候不必注意标点或拼写。你可以过后再考虑这个问题。写完后与小组同学分享。(等10分钟)

(下面是彼得按照"我记得_____"写的初稿)

老树

这是一个炎热的夏天,后院的空气中充满了丁香花的花香。我穿着短裤来到花园,脱掉衬衫,拿起斧子,面对丁香树,说了声:"再见,老树!我会想你的!"就砍起来。最终,随着撞击声,丁香树倒在地上。我盯着老树看了一会儿,就去喝牛奶了。

安:与小组同学分享你的文章,并请他们就你文中写得不清楚的地方提修改建议。

(彼得听取了小组同学的建议,如:需要说明为什么在大热天去后院砍树?结尾要补充为什么喝牛奶。然后彼得做了修改,见划线处。)

老树

我最愉快的记忆是父亲教我砍树。今天是我第一次尝试砍树。这是一个炎热的夏天,后院的空气中充满了丁香的花香。我穿着短裤来到花园,脱掉衬衫,拿起斧子,面对丁香树,说了声:"再见,老树!我会想你的!"就砍起来。最终,随着撞击声,丁香树倒在地上。我盯着老树看了一会儿,老树也看着我,我回到了屋里。妈妈问我为什么悲伤?"我想念那棵树。"我回答。"不用担心,我给你喝些牛奶和三明治。"

彼得在最后一稿中添加了一些词汇并订正了原稿中的很多错误。安妮要求学生像他们喜欢的作家那样给自己的作文设计一个封面并写上献辞(dedication)。彼得为老树画了一张插图,并把自己的作文献给了自己的宠物鹦鹉。

三、过程写作法的合作环境

过程写作法开启了一种高频率、小组合作互动的写作行为。虽然学生个体最终拥有自己的作品,但在写作过程的各个阶段,他们和同学一起工作:配对、小组合作,头脑风暴、关注主题、确认表达方法,分享文章。因而,过程写作法的每个阶段:预写作、草稿、修改、校订和发表都需要小组合作和支持。尤其是修改、校订和发表阶段。修改阶段的小组一般用同伴反应小组,涉及校订过程的一般称作同伴校订小组。这两种小组学生的学习行为都需要老师的明确指导。如指导学生为了获得组员的帮助该说什么、怎么说。为了有效参与,学生要学习小组活动的交流规则、一篇好作文的标准以及校订的内容。

（一）同伴反应小组

1. 概述

当学生选定主题并写出初稿后就将进入同伴反应小组活动。反应小组的目的在于给学生展示作文、得到读者支持的机会。反应小组一般由3—5人组成,组内每个学生有一次朗读自己作文的机会,并获得反馈以确定自己作文修改情况。基于这个目的,组内讨论应集中于主题思想的表达而不应关注格式、错别字、语法等技术性细节。对他人的作文作出反应是一种高水平的任务,涉及知识和社交,需要仔细倾听作者的表达意图并反思可能存在的问题,再提出建议。显然如何有效、及时做出反应是需要教师教的。反应小组的活动程序如下:

- 对同学的作文内容而不是表达形式作出反应,也不要对写作结构做出反应。
- 找出你欣赏的一两个内容。
- 组织自己的问题,就你不理解的部分提问。
- 依据好作文的标准评判同伴作文。

一篇好作文的标准是:

项目	含　义
要素	对要素的描述
开头	文章开头第一行、第一节或开始几节,要吸引读者或者要陈述写作目的
中心	作者必须选定中心,删除无关信息
语言描写	文中的语言描写可以使你听见或感受到叙述者的真实性,即使他叙述的内容是虚构的。语言描写应贯穿全文
表现而不是讲述	作者要为读者描绘画面而不仅是平铺直叙。举例有助于表现
结尾	好的结尾应呼应写作目的、紧密联系主题,也可以给读者一种意外或意犹未尽的感觉

2. 反应技能教学

在学生开展小组反应活动之前,教师应示范反应技能。具体方法如下。

第一,借助投影仪示范

借助投影仪示范反应技能,可通过展示一篇匿名的作文初稿并加以评论进行。这个示范可以是全班教学,也可以是对一个小组学生进行。

（1）教师从文中找出自己欣赏的一两个地方。

（2）就文中不明白的地方示范提问。可以找出游离主题、序列、组织以及上表中提及的其他因素。

（3）呈现另一篇作文，邀请学生模仿前面的示范对这篇作文作出反应。

（4）教师扮演一位优秀的同伴，再扮演一位差劲的同伴，分别对文章作出高效和无效的反应。

第二，阅读讨论优秀文学作品

当学生阅读分享文学作品后，要求他们找出特别有趣鲜活的内容，画出或举例说明"描写而不是讲述"的句子和句型。

第三，日记的作用

教师对学生作文的反应将直接影响学生对同伴作文做出反应。若教师采用积极的方式，表扬学生写得好，而不是关注语法、拼写、标点的错误，学生也会模仿作出积极的反应。因此，教师与学生的日记交流是最有力的反应示范。

第四，作者圈（author's circle）

在作者圈中，一个学生朗读他（她）的作文并提出希望组员反馈类型、要求，并负责主持小组活动。其他组员倾听并对作者的作文作出反应：先积极地肯定，再提问题和建议。当对一个学生作文反应结束后，另一个人就承担主持人、作者的角色，读自己的作文、引出组员反应，以此类推。下面是帮助作者和组员参与作者圈活动的要求。

作者的要求

● 确定你希望得到哪类帮助，并告诉组员。

● 朗读你的文章，可以要求组员重复你读的文章内容。

● 问组员需细化文中哪些内容，并请他们评析你文中的其他部分。

● 提出你需要帮助的地方，请组员做出反应并提建议。

组员的要求

● 作者在朗读时需仔细倾听。

● 对作者提出的问题做出反应并尽力帮助他（她）。

● 指出句子、描写或其他文中你喜欢的部分。

● 指出文中写得不够清楚的地方。

组员提问样本

● 文中你写_____的时候是什么意思？

● 你能描述那种感觉吗？以便让我们看到或听到？

● 你的故事中最重要的部分是什么？你希望读者读了故事后想些什么？

● 你文中哪部分内容需要我们提供帮助？

● 你自己最喜欢故事的哪部分内容？

● 接下来你打算写什么?

分组后,教师可以在教室里来回走动、提供必要的帮助。但不要插手、控制组内学生的互动。你若放手让学生自己解决问题,他们很快就能自主发挥积极的小组功能。教师可以摄录一个成功的小组活动过程,并在全班分享他们的学习过程。教师也可以定期要求学生自我评价小组活动的优缺点,并提出改进方法。

(二) 同伴校订小组

1. 概述

同伴校订小组的目的是纠正作文中语法、标点和拼写的错误。当学生对自己的作文感到满意之后,就是校订的时间了。纠正作文中语法、标点和拼写以及其他技术性细节错误,是学生在自己的作文中学习作文的最好的语境。学生可以运用计算机纠正拼写错误、可以互相帮助指出错误。

2. 技能教学

教师在微课上分别教语法或标点,然后在校订阶段把这些要素写在黑板上。不时地教一些新的校订要素,逐步帮助学生建立技术性细节知识。也可以用校对清单帮助学生记忆语法、标点或拼写要素。

也可以培训一些特殊的学生做"主题专家",如大写字母专家、标点专家、拼写专家或语法专家。当学生校订时,他们就去找专家而不是找老师。教师最重要的任务是培养学生自主学习。当学生知道自己的作文将在班上发表,他们将把写作的热情一并带入修改和校订活动中。

(三) 发表作文

发展合作性写作的意义在于鼓励学生发表作文。

1. 办班报

一些教师热衷于办班报,并请学生做专栏作家。在特殊的节日出版班级专版。教师鼓励学生写新闻稿描述灾难,诸如飓风、地震或战争。学生在编报纸的过程中学习为文章加标题,区分社论和特写。他们学会写运动会、表演以及其他活动。我们会发现当学生的文章在班级报纸上发表,他们也提高了写作信心。

2. 出集子

发表活动还包括出诗集、小故事集、个人作文集。教师可以设计一个班级图书馆,把学生发表的各种作文集子放在里面。

3. 跨年级分享

还可以让低年级学生分享高年级学生的作文。如三年级学生可以给一年级学生朗读自己写的故事;可以和一年级学生讨论自己的想法,以及怎样把自己的想法写进故事里。这样的分享可以培养学生的写作自信,使他们的作文因有真正的读者而价值倍增。

总之,过程写作法通过每一步的分享和反馈,支持写作成功并鼓励学生获得成就。当学生视自己是作者,他们就变得自豪,并且在写作过程中变得自主。当学生为了一个真正的、实用的目的持续写作,学习为同伴提供有价值的反馈,他们的写作技能变得更熟练。

四、过程写作法评点

1. 一种合理的教学预设

过程写作法基于这样的一个预设:每个学生都带着丰富的个人生活经验来到教室,若给他们机会说出自己的经历并写下来,他们总是有话题可写并能写很多。教师的任务在于运用多种方法,激发每个学生的生活记忆。这是一种源自生活体验的写作,而不是从作文题目出发的苦思冥想。学生也绝不可能因为对作文题目的误读而做无效的写作。

2. 一种过程行为的管理

过程写作法将学生的写作行为分割成可管理的部分:预写作、打草稿、修改、校订和发表。学生明白:他们需要在整个过程的不同阶段都全神贯注于写作活动。首先,他们要形成想法,并为不同的读者和目的写作文;然后,为了发表和分享而修改和校订。教师需明白:在每个阶段应关注每个学生的行为,甚至通过个别辅导使他们完成写作过程。当优秀读物能多次与写作活动结合;当写作策略能为学生提供解决问题的方法;当学生的作品能被分享和发表;学生在写作以及语言的各个方面也就得到了发展。

3. 一种永不枯竭的教学资源

过程写作法的价值在于让学生写自己的经历,并且在小组内分享和发表自己的作品。由于老师和同学的期待,这种人际关系能提供大量的机会——明确地自我表达以及修改的机会。因为作文要发表,所以学生需学习根据特殊的读者和目的做裁剪。合作学习小组不仅提升写作水平,而且提供大量的讨论的机会,以及体验同伴反馈对有效表达思想的价值(Boyle,1982a,1986b)。相互支持、有效反馈有助于学生期待和接受彼此。当学生分享发表作文时,彼此给予大量的鼓励和自信。更重要的是学生渐渐发展成写作团体,他们知道如何用积极的、感性的方式倾听和评价他人的作文。过程写作法依托学生资源——团体动力实施教学,好比为学生写作过程各阶段构建了中途加油站。

4. 一种整合多种学术原理的教学创新

透过过程写作法的操作步骤和环节描述,我们首先可以找到交际语境教学理念的烙印,教学中充分展现教与学、学与学的协商与交流。其次,可以发现自主学习的痕迹,注重"发现""表达"。这里的"发现"是学生通过教师有意识的教学设计活动,自我发现语言内容和使用规则;这里的"表达"是指学生调动头脑中已有的相关知识,运用语言语法进行自由的自我畅抒——用语言做事。再次,凸显了合作学习的课堂特征。

就这样,美国过程写作法最终颠覆了教师无法掌控学生写作过程这一魔咒,显现了目前写作教法中无与伦比的优势。但是,若在实施过程写作教学法时,教师纠缠于几个步骤,就如美国《国家英语语言艺术标准》中的警示所言:"不幸的是有时候这种方法忽视写作任务,变成高度结构化的一系列活动。"该教法的有效性也就消减了。所以,笔者以为,过程写作法的本土化研究,不应拘泥于环节步骤的数量,写作过程的五个阶段是可以合并和重复的;过程写作法理应是一个反复的循环,就像学生写作文一样。

(改编自董蓓菲.美国过程写作法——旨在管理写作行为的作文教学法[J].语文建设,2010(3):71-74)

(二) 写作类型(Types of Writing)

教科书的第二章介绍写作可按文体(modes)[①]、体裁(form)[②]或写作任务的种类(shape)等标准进行分类。一种被大量运用的分类是:反思性写作(write reflexively)和广泛性写作(write extensively)。内容来自自己并为自己而写的,如日记,属于反思性写作;为别人写的、有指导的、大量的写作,如学校布置的论文、报告,属于广泛性写作。并列出了本册教科书中出现的九种写作文体。

> 叙述(Narration)
>
> 描述(Description)
>
> 说服(Persuasion)
>
> 说明(Exposition)
>
> 研究报告(Research report)
>
> 文学回应(Response to literature)
>
> 诗歌与戏剧(Poetry and drama)
>
> 评估写作(Writing for assessment)

1. 研究报告

所谓的研究报告是文章引用来自参考书籍、观察、访谈或其他来源的材料,让读者全面了解研究对象、自主判断事实。如传记小品、科学实验报告、因果关系的文章(cause-and-effect writing)。研究报告包括如下构成要素:陈述观点;各种来源收集的资料;清晰的结构和自然的过渡;用事实和细节支持主要观点;准确、完整的引文并标明出处。

2. 文学回应

所谓的文学回应就是对一本书、短篇小说、散文、诗歌等价值的讨论:为什么这个故事是

---

① "文体"亦称"语体",即语文的体式。它是为了适应社会上不同的交际需要而形成的。文体一般分为四大类,即公文文体、政论文件、科学文体和文艺文体。

② "体裁"亦称"样式",它是指文学作品的类别,如诗、小说、散文、戏剧等。

动人的,指出诗之美或分析其不足之处。如书评、给作者的信、作品的比较分析。一般可以从如下几个方面做出回应:聚焦作品某一个鲜明的特色或感兴趣的方面;清晰的结构;总结作品的构成要素;每个主要观点的支持性细节;评判作品的价值。

3. 评估写作

评估写作是指学生在学校测试中,用书面表达的形式写出自己的想法或所学到的知识,以取得好成绩。如运用有说服力的语词来支持自己的观点;清晰、有条理地呈现资料信息,以比较和对比事物或解释因果关系。这时会需要一些特殊的技巧和技能,包括:针对问题的回答;各类细节以支持观点;清晰而有逻辑地组织材料;语法、拼写、标点符号正确。

(三) 写作风格(Writing Style)

第三章重点讲了句子结构和组合,如复合主语、动词和宾语,复合句、从句;段落中的主题句以及在段落中的位置,段落的类型。写作风格的讲解分为如下三个部分。

1. 写作风格的含义

教科书用打比方的方式,讲解了什么是风格和写作风格的含义。

你的衣着、发型、你喜欢哪一种活动,都是你个人风格的表现。风格也指你在写作中表达自我的方式。

2. 写作风格的构成

教科书用思维导图中的辐射图,形象地表述了写作风格的三个构成要素:句子、用词、语气。见图3-23。

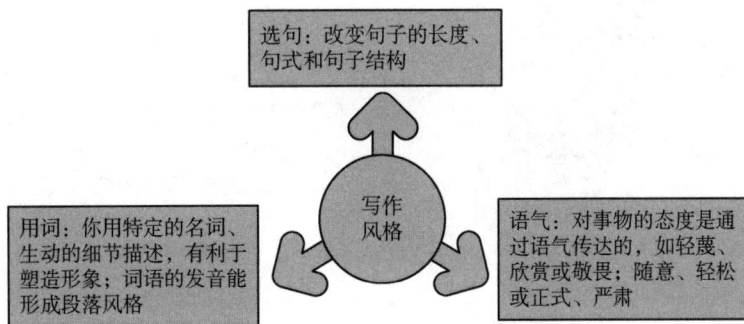

选句:改变句子的长度、句式和句子结构

用词:你用特定的名词、生动的细节描述,有利于塑造形象;词语的发音能形成段落风格

写作风格

语气:对事物的态度是通过语气传达的,如轻蔑、欣赏或敬畏;随意、轻松或正式、严肃

图3-23 写作风格的构成要素

3. 正式或非正式英语

教科书解释了正式和非正式英语的含义,以及使用的惯例。

正式英语是书面交流的标准语言,适用于报告演讲传记,教学手册,文章演示文稿,以及工作和学校申请。你应该遵循以下规则:

● 避免用缩写;

● 不使用俚语;

- 遵循标准英语的用法和语法；

- 使用严肃的语气和深奥的词汇。

非正式的语言就是日常用语。你写幽默短文（humorous essay）、和别人对话、给朋友的信、个人备忘录、日记、事件时，你可以使用非正式英语。可以：

- 使用缩写；

- 使用俚语和流行语；

- 用自然的语音说话。

二、教科书写作部分章节体例

下面以第七章"说服：说服性文章"（Persuasion：Persuasive Essay）为例，介绍教科书写作部分章节的结构体例。第七章大体上是依据写作过程的五个步骤顺序来编制的。只是在第一个步骤"构思"之前，安排了"导读"和"文学范例"（model from literature）——可供学生仿写的一篇文学作品；在所有步骤之后，安排了"作业连接"（connected assignment）——提出一项写作任务、设计了"综合技能"（integrated skills）——整合语法知识（grammar in your writing）、聚焦人文学科（spotlight on the humanities）、媒介和技术技能（media and technology skills）、标准测试准备工作坊运用（standardized test preparation workshop）。见图3-24。

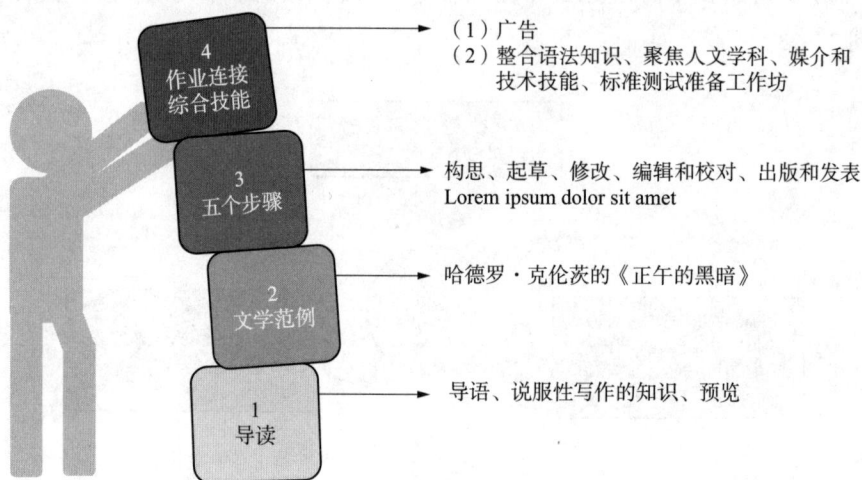

图 3-24　写作部分第七章体例

三、教科书分第七章内容①

第七章第一部分的导读包括三个内容：一幅名画引出的"导语"、阐述"说服性写作的知

---

① Writing And Grammar·Grade Eight ［M］. Person Education, Inc., 2008：134-161.

识"、本章内容的"预览"。

(一) 导读

1. 导语

第七章由一幅《美国制宪会议》的名画导入,见图 3 - 25。画面再现了 1787 年在费城的制宪会议上,代表们纷纷举手、用具有说服力的话语各抒己见,通过宪法草案的场景。图注是[批判性的观察]:正如这幅画所暗示的,有说服力的话语是建立国家的主要力量。

图 3 - 25　插图《美国制宪会议》

随后在[日常生活中的说服]标题下,界定了"说服":当你用言语改变人们的想法或影响他们的行为时,你就是在说服。并举例生活中耳闻目睹的广告,就是一种说服性的话语。强调说服的意义——提高自身说服力的写作技巧,就拥有在他人选择道路上的发言权。

2. 说服性写作的知识

在这部分教科书具体阐述了说服性文章的含义以及它的分类。

(1) 什么是说服性文章

说服性的文章是作者提出支持或反对某一特定观点的书面作品。文中每一个合乎逻辑的论证、强有力的比喻、引人注目的短语,都是读者走向窗户的阶梯。随着读者一步步往上走,他们越来越靠近往外看的窗口——从作者的角度看问题。说服力的文章具有以下的特点:

- 一个涉及多方面的问题;
- 建立一个指向结论的、清晰的组织;
- 作者明确地陈述自己的立场;
- 支持作者立场的论据、论点、统计数据、专家意见和个人观察;
- 强有力的图像和语言。

（2）说服性文章的类型（type）

说服性的文章有以下几种：

● 社论（Editorials）是发表在报纸、杂志或其他媒介上，简短的有说服力的文章。旨在阐述和捍卫对当下存在的问题的看法。

● 政治演讲（Political speeches）是有说服力的演讲，旨在赢得对政策、法律或改革的支持。

● 公益广告（Public-service announcements）是为说服和教育公众而写的广播中或电视上的广告。

3. 预览

教科书引出一个名叫瑞安·卡帕雷拉的学生作者，并提示：

瑞安是佛罗里达州、奥兰多、莲湖中学的一名学生。本章你将跟随瑞安，看他如何运用构思、起草和修改策略，写一篇关于毒品危害性的说服性的文章。并能读到瑞安那篇完整的文章《我将远离毒品》。

（二）文学范例

第二部分先介绍了律师、活动家、盲人作家哈德罗·克伦茨生平及作品，再提供了他的作品《正午的黑暗》全文（内容梗概如下）。

我生来就双目失明，所以无缘看到自己的容貌，对自身的了解一直完全依赖于我在他人心目中创造的形象。而对此形象我至今未曾满意过。在机场登机、餐厅用餐、生病住院，人们总以为我的眼睛看不见，耳朵也自然就听不见。他们和我交谈时常常用大嗓门，每个字都发得清清楚楚。反之，时常也有人低声细语，以为我的眼睛瞎，耳朵也就聋。

人们最顽固的、错误看法是：我看不见自然也就不能工作。虽然我从哈佛法学院获得了学业优等的学位，在班上成绩名列前茅。但仍因我是个盲人，而先后被40多家律师事务所拒之门外。我希望不久的将来会出现类似的情景：厂长在领班的陪同下巡视工作，看见残疾人和非残疾人在一道干活后，厂长会问领班："他们当中哪位是残疾人啊？"

在文本开始和文末处，有标示"读与写的联系"的导读。

开始处：阅读策略——理解作者的写作目的

一个作家的目的——传达、娱乐、形成一个观点，支持或反对一种立场，决定了他或她用什么事实、论点和图像。在阅读过程中理解作者的写作目的，并测试是否有效达成。

文末处：写作应用——确定写作目的

为了帮助读者更好地理解你的文章的要点，在引言中要明确你的写作目的。在文章的主体部分，解释每个要点与写作目的的关联。

（三）五个步骤

第三部分按照写作过程的五个步骤：构思、起草、修改、编辑和校对、出版和发表依次展开。

1. 构思

这部分五个板块。板块一是选择话题（Choosing Your Topic），说了选择话题的重要性、生成话题的三个策略（见图 3 - 26），并附上了瑞安通过看报纸和电视新闻，找到话题的实例。

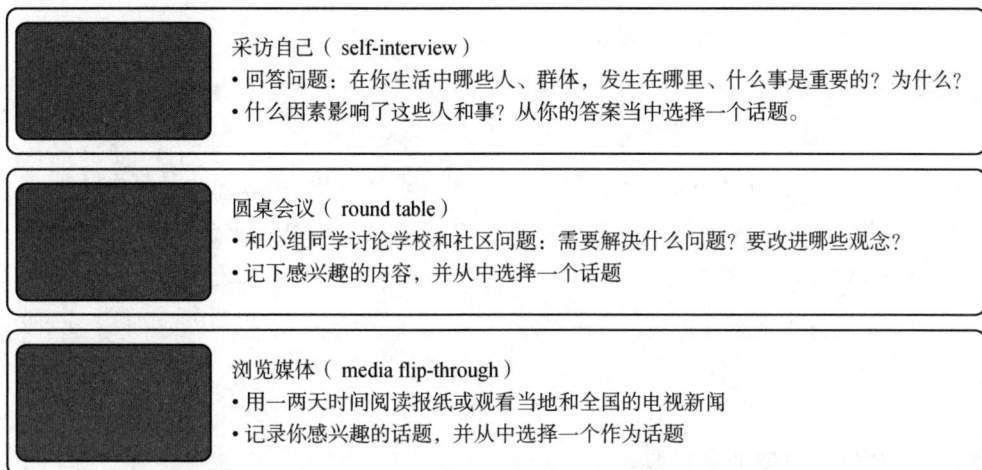

采访自己（self-interview）
- 回答问题：在你生活中哪些人、群体，发生在哪里、什么事是重要的？为什么？
- 什么因素影响了这些人和事？从你的答案当中选择一个话题。

圆桌会议（round table）
- 和小组同学讨论学校和社区问题：需要解决什么问题？要改进哪些观念？
- 记下感兴趣的内容，并从中选择一个话题

浏览媒体（media flip-through）
- 用一两天时间阅读报纸或观看当地和全国的电视新闻
- 记录你感兴趣的话题，并从中选择一个作为话题

图 3 - 26　生成话题的三个策略

板块二是话题银行（Topic Bank），提供了五个可供学生选择的话题（见图 3 - 27）。

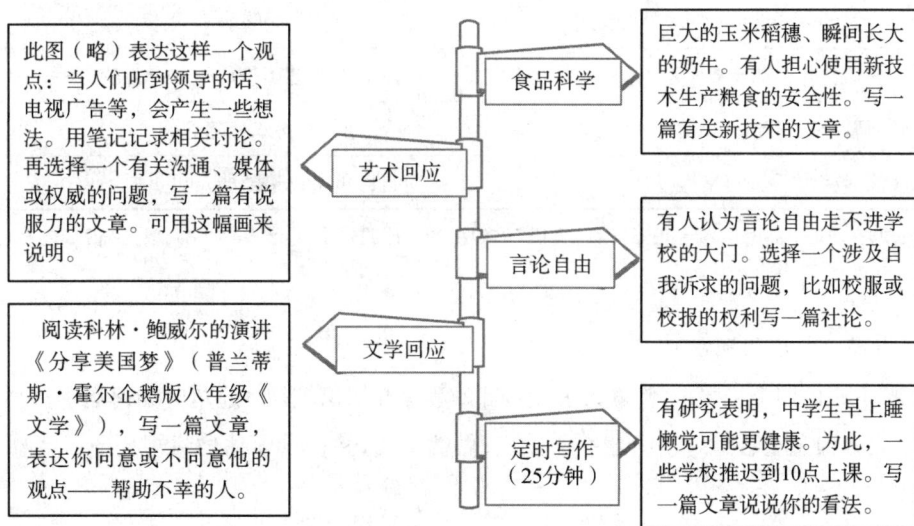

此图（略）表达这样一个观点：当人们听到领导的话、电视广告等，会产生一些想法。用笔记记录相关讨论。再选择一个有关沟通、媒体或权威的问题，写一篇有说服力的文章。可用这幅画来说明。

食品科学

巨大的玉米稻穗、瞬间长大的奶牛。有人担心使用新技术生产粮食的安全性。写一篇有关新技术的文章。

艺术回应

言论自由

有人认为言论自由走不进学校的大门。选择一个涉及自我诉求的问题，比如校服或校报的权利写一篇社论。

阅读科林·鲍威尔的演讲《分享美国梦》（普兰蒂斯·霍尔企鹅版八年级《文学》），写一篇文章，表达你同意或不同意他的观点——帮助不幸的人。

文学回应

定时写作（25分钟）

有研究表明，中学生早上睡懒觉可能更健康。为此，一些学校推迟到10点上课。写一篇文章说说你的看法。

图 3 - 27　话题银行

板块三是缩小话题范围，提供了"记者的问题"（Reporter's Question）的方法：

● 选择一个同伴，用记者提问的方式，互相提问并回答；

● 尽可能具体地回答对方的每一个问题；

- 提问者要把对方的回答记下来,然后互相交换答案笔记;
- 圈出你答案对应的最有趣的问题,并从中选择一个缩小的话题。

板块四是考虑你的受众和目的、板块五是收集资料,提供了需收集的四种资料类型——逻辑推理(logical arguments)、数据(statistics)、专家意见(expert opinions)和个人观察(personal observations),并附上了瑞安做的 T 形图。

- 逻辑推理:电视上用耸人听闻的手段播放的故事新闻,导致观众看到的是扭曲的世界;
- 数据:80%的观众不知道新闻背后战争爆发的原因;
- 专家意见:心理学家约瑟夫·拉康认为,新闻格式会缩短观众注意力持续的时间;
- 个人观察:我在电视上看了一周的战争视频,直到在一本杂志上读到关于战争的文章后,才明白这场战争爆发的原因;
- 做一张 T 形表来收集证据。分两列,左列是"赞成",右列是"反对"。凡支持这个观点的,写在赞成这一列;凡反对的写在另一列。见表 3-10。

表 3-10 "少年吸毒问题"的 T 形表

姓名:瑞安

莲湖中学

奥兰多,佛罗里达

青少年吸毒问题*

借口	实际
保持友情比什么都重要	毒品对你的健康是危险和有害的
你必须看上去很酷	你今天所做,将永伴随着你
你应该活在当下,而不是明天	对自己负责比追随朋友更重要

*瑞安发现,在滥用毒品的问题上是不会有"赞成"的理由的。他调整了 T 形图,把左列改为"借口",右列改为"现实"。

2. 起草——出版和发表

在接下来的四个步骤中,都嵌入了该步骤的程序性知识,诸如:起草时如何运用多种说服的技巧;发表时怎么召集同学组建一个论坛、做档案袋,并提供评估的量规便于学生做自我评价。

3. 定稿

这部分呈现了瑞安的作品《我将远离毒品》。全文有两幅插图,并有旁批。旁批始终围绕本课的知识点进行批注、点评。

(四) 作业连接和综合技能

第四部分的"作业连接"指定设计一个平面或电视广告,共分三个板块。

1. 广告

先提出广告是一种常见的说服性写作形式,它对我们日常生活的影响远比我们想象的要多。再界定广告的概念:广告是由个人或团体,为达到特定的目的(如销售产品或说服人们接受某种观点)而以印刷品或广播形式发出的,具有说服力的信息。后列出广告的六个要素。

● 广告可以使用视觉、音乐或戏剧元素。如图片、广告歌和小品;

● 一个概念或中心主题(健身俱乐部的广告会通过坚持锻炼后苗条的身材,来强调健康意识;展示衣着漂亮的、富有魅力的人,在健身房里的付出和健身房外度过的美好时光,来强调魅力);

● 一个令人难忘的"钩子",如朗朗上口的广告歌、一句口号或者一幅画面;

● 引导人们去关注自己的形象——如他们想要的迷人或有责任感;

● 运用煽动性的语言——这些语词暗示了对产品或问题的某种看法,但实际上并没有为此展示魅力或责任感。

● 重复出现关键元素如文字或音乐,以便广告令人难忘。

2. 模板

出示了一份图文广告《不读书》(见图 3 - 28)。画面呈现了一个男青年坐在沙发上,左右分别坐着年迈的父母。广告正上方写着三个字:不读书,图下印有一句话:你可以和父母住在一起,度过你的余生。最下面写着两个字:读书。其真正含义是:不读书的结果就是一辈子无法离开父母,拥有独立自主的生活。并配有依据广告设计要素如概念、钩子的评析。

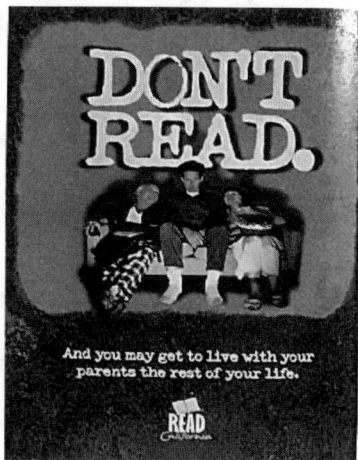

图 3 - 28 广告"不读书"

3. 五个步骤

以"艾迪可食用笔记本"为主题,按照写作的五个步骤,一一列出这份电视广告的创作过程需思考和写作的内容。

第四部分的综合技能共有四个板块:一是整合文章涉及的语法知识、二是聚焦人文学科、三是媒介和技术技能、四是标准测试准备工作坊。

(1)第二板块聚焦人文学科

此次聚焦人文学科活动是进行表现性评估:聚焦戏剧《推销员之死》。板块开始说明,说服是推销员成功推销的关键。介绍了《推销员之死》的作者阿瑟·米勒、1949 年该剧获得普利策戏剧奖等背景资料,以及戏剧内容:

有三十余年推销经历的威利·罗曼,一直被困在成功的梦想、与平凡的生活现实之间,盲目估计自己的能力,幻想通过商品推销得到名望以及并不现实的美好前景。直到临死都以为一定能达到功成名就,而对自身毁灭的原因却浑然不知。罗曼是悲剧英雄,一个必须面对自己的真相,并在对抗中被摧毁的角色。

接着进行文学链接:指出米勒的悲剧和悲剧英雄的思想,受到古希腊剧作家索福克勒斯的启发。随后的"电影链接"提到了好莱坞著名导演弗兰克·卡普拉,1946 年执导的《美好人生》(*It's a wonderful life*)及其故事梗概:小镇青年乔治是好人,但是他的一切却很糟糕。直到他了解到自己所做的好事,为他人带来了重要的改变,这一认识使他免于绝望。最后提出了写作任务:说服性写作活动——戏剧评论(drama review)。

看电影《美好人生》,写一篇评论,分享你的观点、说服读者。解释这部电影表达了有关成功的什么信息,并评估他如何有效表达这一信息的。

(2) 第三板块媒介和技术技能

这个板块一开始就以电视广告为例,分析媒体强化感知的方法:有说服力的语词、传递价值观、幸福感、权力的重要性、品牌意识。然后提出学习任务:

看一个小时电视节目,选择并评估其中三个广告。用表格记录三则广告所传播的信息、价值观,然后写一篇简短的文章,加以比较分析。

(3) 第四板块标准化测试准备工作坊

该板块主要是帮助学生应对标准化考试做准备的。先提出了说服性写作的评估标准;再举例考场上实用性的说服性写作的试题;后按写作的前四个步骤,指导学生完成说服性写作。其中特别强调每个步骤的时间分配:构思(占 1/4 的时间)、起草(占 1/2 的时间),修改、编辑和校对(占 1/4 的时间)。

四、教科书写作部分评析

普兰蒂斯·霍尔公司《写作和语法》教科书写作部分的编制,充分体现了美国过程写作法的教学理念和实践经验。八年级分册体系和章节体例,折射了教育领域先进理念:基于概念的学习,追求理解的设计;认知心理学知识建构的过程观、安德森陈述性、程序性和策略性知识的转化原理。

1. 体现过程写作教学思想

教科书顺应过程写作法的五个步骤:构思、起草、修改、编辑和校对、出版和发表,来设计每一种文体、每一次写作任务。这样的写作教学理念成就了这套教科书,促进学生的理解:他们需要在整个写作过程的不同阶段,全神贯注于写作活动。他们起草阶段可以无视文章的错别字、病句,但构思的时候就要关注读者和写作目的;这样的写作教学理念成就了这套教科书,有利于教师明晰:在每个阶段都应关注每个学生的写作行为,甚至通过个别辅导也要让他们经历完整的写作过程;关注过程而不只是关心学生写出来的文章;关照每个学生自我建构写作的策略,而不限于某一类文体的知识。这样,内隐的写作过程通过五个外显的步骤,予以一步步落实。美国过程写作法体现了认知心理学知识建构的过程观，也为《写作和语法》教科书促进写作教学的知识建构，奠定了基础。

2. 陈述、程序、策略性知识驿站

教科书以陈述性知识的讲解，作为整本教科书和每一章写作学习的逻辑起点，诸如：写作过程、写作风格、写作类型的含义，什么是说服性写作、何为广告等等，为学生基于概念的写作学习提供了准确的陈述性知识基础。在学生理解概念、知识的基础上，教科书提供了具体、直观的程序性知识——操作步骤，诸如：用多种类型的思维导图呈现方法、名家的范文加上批注、小贴士，供学生仿写；在每一个关键知识学习时，呈现一个名叫瑞安·卡帕雷拉的学生的学习结果，如T形表、最后的作品《我将远离毒品》作为参考的样本。在每个写作知识运用前，插入明确的策略性知识，诸如生成话题的三个策略、缩小话题范围用的"记者的问题"法、构思阶段需收集的资料类型。教科书承载着丰富准确的陈述性知识、扎实有序的程序性知识、提升效率的策略性知识，从而成为学生写作知识理解、转化、迁移的学习驿站。

3. 实用至上的教育价值观

教科书在导语引入、概念讲解、知识阐述的过程中，始终以生活实例做解读；即使是供学生参考的"话题银行""作业连接"——写广告"艾迪可食用笔记本"，都源自当下的生活语境，面向写作的真实受众，使学生切身体验写作的意义和用途；甚至直截了当地设计"标准化测试工作坊"板块，提示学生在考场上应预设四个步骤的写作时间，旨在帮助学生赢取高分。综上设计都指向学习、生活的实用性，体现了教科书编制中的美国实用主义价值观：教育应使儿童适应社会实际生活，应与儿童未来的职业生活相联系，有效掌握与个人生存和生活有关的知识和能力。

4. 跨学科培养视觉读写能力

随着信息技术的突飞猛进，读文时代进入读图时代、网文时代。人与人之间的交流、沟通，既可凭借语言文字符号，还可以凭借视觉符号——带有一定形象特征的符号，如手机短信中的"(一ᵕ一)"微笑符号、当下盛行的微信表情包😄。视觉语言——文字与图像融合而成的一种言语形式便应运而生，且经常呈现于纸媒的专栏、电视和电脑、手机屏幕上。美国英语语言能力范畴也随之拓展，在听（listening）、说（talking）、读（reading）、写（writing）四种能力之外，纳入了第五种能力——指向视觉语言的视觉读写能力（visual literacy）。该能力最早出现在1996年美国第一份全国性的语文课标中。所谓的视觉读写能力包括观看（viewing）和视觉表达（visually representing）。[①] 前者包括对生动对话、标志、符号、视觉语言符号元素的认知、理解、阐释、比较和评价能力；后者指运用含有生动对话、标志、符号、视觉语言符号元素的技术和手段，叙述、表达、沟通信息、思想和观点的能力。

---

① Gail E. Tompkins. Language Arts Patterns of Practice [M]. Pearson Education, Inc. 2005:32.

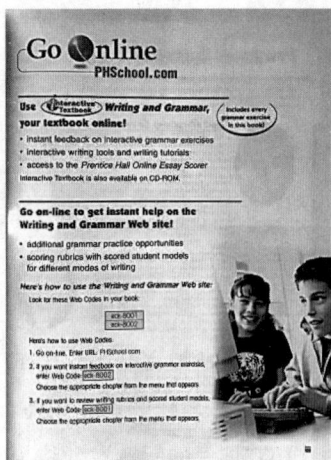

图 3-29 教科书在线资源

整套教科书经常出现"网络小贴士"（Internet Tip），提示学生登录网络可以在线浏览更多的学习资料：写作范文、同等级的作文样本、电子书等，见图3-29。遍及全书的可视化设计：图标、图片、彩色字符，不同底色的标题、栏目，多样化的图表工具等。在写作任务、聚焦人文学科、媒介和技术技能栏目的学习活动设计，已突破单一的语文学科，统整了美术、音乐学科知识和技能，可视为一种跨学科学习设计，也是语文学科视觉读写能力养成的创新实践。此类教科书编制既反映了社会和技术变革导致的语言交流和思维途径的更新，也回应了当今社会随着多媒体和网络技术的发展，视觉读写能力的重要性与日俱增的趋势。

5. 对我国写作教学的启示

近年来，随着语文课程改革向纵深推进，存在着这样一个不争的事实：在识字与写字、阅读、写作、口语交际和综合性学习五大领域中，写作教学的实践经验多而杂，本土研究理论稀缺；学生倾注的学习精力颇多，成功的写作体验匮乏；教师的教学热情不高，学生的畏难情绪泛滥。这种教师、学生倾注的精力和收获的成效不相关的现象急需得到关注。在语文课程范畴和大众媒体中，"作文""创作""写作"常被混用。这三个词虽都有"用语言和文字来表达"的意思，但就本质而言，有很大差别。"作文"的本质是一种学生的写的练习，作文教学旨在让学生在有限的时间里掌握基本的书面语言表达规律。它不同于作家的"创作"，作家可以花时间下基层体验生活，再虚构超越生活的人和事，因为那是一种个性化的事业。它也不同于常人的业余"写作"，写作爱好者可以在工作之余勤于笔耕，写出令人步步惊心的故事，因为那是一种基于兴趣的文字劳作。作文与创作和写作不同，作文教学既受到课堂教学时空的限制，又受到学生写作兴趣、知识储备、能力等诸多差异的羁绊，却必须承担培养每个学生具有基本的书面语言表达能力的任务。所以，作家"创作"或业余爱好者"写作"的个体成功经验，不具有普适性，更不宜混为一谈。中小学写作教科书编制，应基于学生的写作心理过程、基于认知心理学的新近研究成果，提升科学性。

写作教科书编制研究需关注写作心理、社会需求、写作知识三要素。国际写作教学的发展主要经历了关注结果、关注过程、关注语境这样一个发展过程。与之相应形成了文章写作、过程写作、交际语境写作三大写作教学流派。我国写作教学的主流是关注学生的写作结果——文章，并以此作为教学的目的和评价的对象，属于典型的文章写作。近百年来，我们积淀了"放胆文"、"由说到写"、"读写结合"、"例文仿写"、"多读多写"等丰富的中小学写作教学实践经验。但由于教学和研究仅限于结果——一篇合格的文章，而忽视了写作的主体——具有个性差异的学生及其写作行为，因此，该流派的不足和弊端也彰显无遗。文章写作教学流派虽擅长写作知识的传授，但由于依托的学习心理学理论较陈旧，导致写作教学研究禁锢在静态的知识教学中，视野狭窄。从国际写作教学发展趋势来看，文章写作教学向过程写作教学转型是必然的发展趋势。我国教科书写作内容编制理念亟待与时俱进，编制学理急需自我提升。

第四章

基于标准的美国语文教学

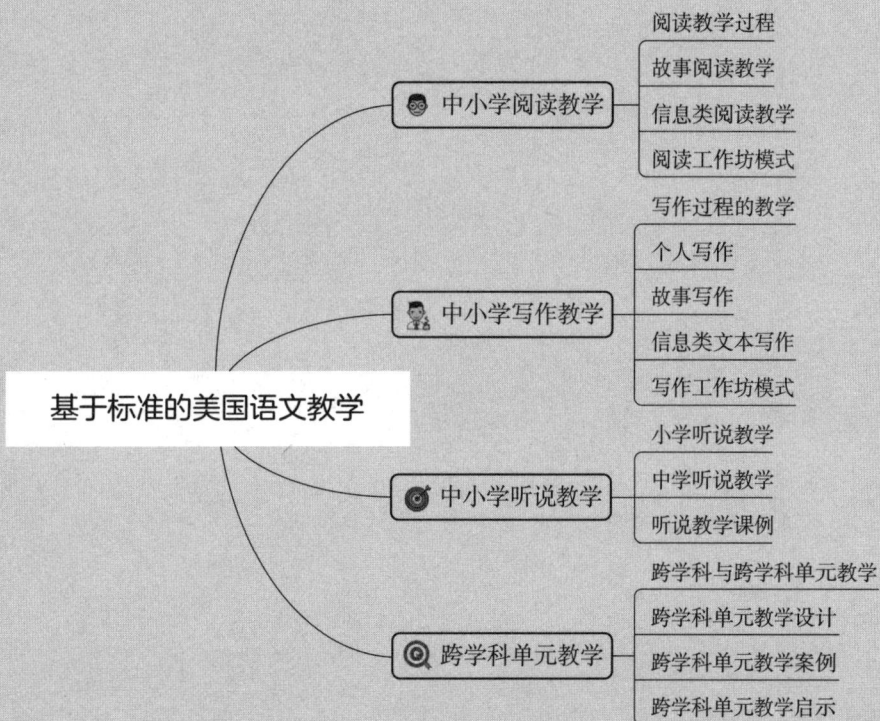

基于标准的美国语文教学

- 中小学阅读教学
  - 阅读教学过程
  - 故事阅读教学
  - 信息类阅读教学
  - 阅读工作坊模式
- 中小学写作教学
  - 写作过程的教学
  - 个人写作
  - 故事写作
  - 信息类文本写作
  - 写作工作坊模式
- 中小学听说教学
  - 小学听说教学
  - 中学听说教学
  - 听说教学课例
- 跨学科单元教学
  - 跨学科与跨学科单元教学
  - 跨学科单元教学设计
  - 跨学科单元教学案例
  - 跨学科单元教学启示

以编制国家课程标准为起点,美国教育领域开始了一场全新的、基于标准的课程改革。在教学层面,倡导走向基于课程标准的教学,即教学目标源于课程标准,评估设计先于教学设计,聚焦与课标的一致性教学。

第一节　中小学阅读教学

阅读是一个交互的过程,通过调整语义(negotiate meaning)来理解或创造一种解释。在阅读过程中,意义不是单向的从页面传递到读者的。相反,阅读涉及文本和读者之间复杂的关系。这种关系是由多种因素决定的:读者对主题的了解、读者的阅读目的、读者所属的语言社区、该语言社区与文本语言的匹配程度、读者基于文化的阅读期待,以及读者已有的阅读经验。

一、阅读教学过程

在美国,根据读者不同的阅读目的,可将阅读活动分为鉴赏阅读(aesthetic reading)和输出阅读(efferent reading)。鉴赏阅读是指学生为了享受乐趣或自我娱乐,用一种鉴赏的态度对待阅读活动,关注阅读的亲身体验:专注于阅读过程中形成的想法、图像、感受和联想,并对这些想法、图像、感受和联想作出回应。输出阅读是指学生为了尽快获取信息,在阅读时会基于输出的立场(efferent stance),专注于文本词汇、符号所表达的公共的、普适性的指称,而不关注自己的阅读体验。①

(一) 阅读过程的五个阶段

无论是鉴赏阅读还是输出阅读,学生都经历五个阶段:预读(prereading),阅读(reading),反应(responding),探索(exploring)和应用(applying)。见图 4-1。

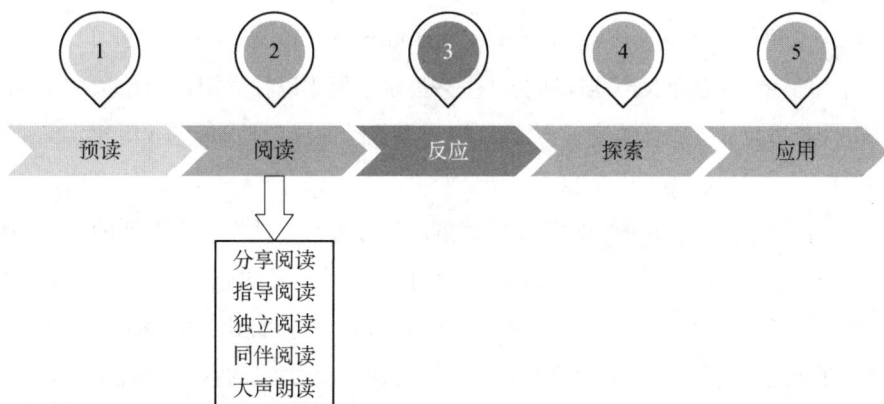

图 4-1　阅读过程的五个阶段

1. 预读

在学生打开一本书开始阅读前,阅读过程就开始了。第一个阶段是预读,读者选择书籍、

---

① Gail E. Tompkins. Language Arts: Patterns of Practice [M]. Pearson Education, Inc. 2005:109.

激活背景知识、设定目标、做阅读计划。

2. 阅读

学生在阅读时,运用文字识别、视觉词汇、阅读策略和技巧,以及词汇等知识。阅读熟练的学生能自动识别大多数单词,必要时运用编码技术、凭借文本结构知识创造意义。当不理解文本意思时,他们就放慢速度,退回去重读,直到他们再次理解文本信息意义。在这个阶段,教师常用五种阅读教学方法。

(1) 分享阅读(shared reading)

在同伴阅读或独立阅读前,教师在文学聚焦单元运用分享阅读的方法介绍一本书或文本。期间,学生跟随教师大声朗读文本。

(2) 指导阅读(guided reading)

教师指导学生运用和发展阅读技巧和策略。通常这类指导是在面对相同阅读水平的学生小组,或运用相似的阅读技巧和策略的小组中进行的。

(3) 独立阅读(independent reading)

学生按自己的速度,独自默读与自己阅读水平相符的文本。通常在文学聚焦单元,他们在老师的帮助下,已经阅读了一两个精选文本。作为单元的一个组成部分,他们独立阅读与文本相关的书籍。

(4) 同伴阅读(buddy reading)

在同伴阅读中,学生与同学一起阅读或重读选集。他们无法单独阅读文章,但通过合作,他们能找出不熟悉的单词,并讨论、理解问题。

(5) 面向全班的大声朗读(reading aloud to students)

在文学聚焦单元,教师大声朗读适合学生兴趣水平但难以独立阅读的精选文本。当他们大声朗读时,老师会示范优秀的读者会做什么,以及优秀的读者是如何使用阅读策略的。

3. 反应

学生对阅读作出反应,并加深对语义的理解。然后进行尝试性和探索性的即时评论。评论的方式有两种:写阅读日记——记录并画出自己在阅读时的想法和感受。参与快乐会话——和同学一起讨论文本,分享自己阅读喜好和阅读反应;提出困惑和自己的阅读发现。比如文本和自己的生活、周围的世界的联系,与已读作品之间的联系,预测下一章会发生什么。

4. 探索

学生更具分析性地探索阅读文本。在探索阶段,学生参与如下活动:重读文本、查看作者的表达手法、关注新词汇、参与微课学习。

5. 应用

学生深化阅读,反思理解,并重视阅读体验。学生以阅读为基础,做出阅读反应,并在创建项目时开展探索性活动。这些项目包括阅读、写作、交谈、戏剧、观看、视觉表达、研究。可采取多种形式，包括壁画（murals）、读者剧场剧本、口头报告、个人书籍和报告，以及阅读同一作者的其他书籍。

（二）阅读五阶段教学案例

六年级学生在阅读《兔古拉：一只兔子的神秘传说》（*Bunnicula：A Rabbit-Tale of Mystery*）。故事讲述了一个家庭及其不寻常的宠物——一只小狗，一只小猫，以及被认为是吸血鬼的兔子。

教师在教学中用了一个书盒，在书盒里放了一只装扮成吸血鬼模样的毛茸茸的兔子、涂成白色的蔬菜，以及一本儿童视角的德古拉故事书。学生们用分享阅读和独立阅读的方法读这篇小说；随后，做出阅读反应，并参与探索活动。教师在微课中教授了同音词（steak-stake）和混成词（bunny + Dracula = Bunnicula；smoke + fog = smog），并且介绍了作者信息。以下是该课例所体现的阅读过程的五个阶段。

预读：教师分享了与书籍相关的一盒物品，学生们对故事进行预测。

阅读：教师交替运用分享阅读和独立阅读方法，带领学生阅读这篇小说。

反应：学生写阅读日记，参与"快乐会话"讨论故事，建立起故事与他们生活之间的联系。

探索：学生在词汇墙上写下重要的词汇，并运用字群中的词汇及其他活动。教师分享作者杰姆斯·豪（James Howe）的信息，并在微课中教授了人物塑造、同音词和混成词。

应用：学生从教室张贴的选择列表中创建项目。一些学生阅读杰姆斯·豪的其他书籍，其他学生则给作者写信，将最喜欢的片段改编成剧本或表演一出话剧，制作书盒（book boxes），以及研究德古拉和吸血鬼。[①]

二、故事阅读教学

故事赋予人类经验以意义，故事阅读是一种强有力的学习方式。学龄前儿童听家人大声讲述或朗读故事，进入学校时，就已经形成故事的概念。学生在小学阶段读写故事时，他们运用并完善这种知识。美国杰罗姆·布鲁纳（Jerome Bruner）在内的许多教育家，都建议将故事作为一种方式运用于读写能力的培养。

（一）故事的结构要素（elements of story structure）

故事结构中最重要的五个要素分别是情节、人物、环境、视角和主题。作者巧妙控制这些要素，使故事变得复杂而有趣。

1. 情节（plot）

情节指在冲突环境下，涉及多个人物的一系列事件。冲突是情节中力量间的紧张或对

---

① Gail E. Tompkins. Language Arts: Patterns of Practice [M]. Pearson Education, Inc. 2005：124 - 128.

立。它吸引读者继续阅读故事。冲突通常发生在：人物与环境之间、人物与社会之间、人物与人物之间、一个人物内部。

2. 人物（characters）

故事中的人物、拟人化的动物，通常是故事结构中最重要的要素。人物的描写方式有四种：外貌、动作、语言和心理独白。作者用上述方式呈现人物，使读者参与故事经历。同样，读者也可以关注这四类信息来理解人物。

3. 环境（setting）

在一些故事中，环境仅仅是简述背景。例如，民间传说仅使用"很久以前……"的惯例来搭建背景。在故事中，一般从四个维度设置环境：地点、天气、时代和时间。

4. 视角（point of view）

故事是从一个特定的角度来写的，很大程度上决定了读者对故事人物和事件的理解。故事的四个视角分别是：第一人称视角（first-person viewpoint）、全知视角（omniscient viewpoint）、有限全知视角（limited omniscient viewpoint）、客观视角（objective viewpoint）。

5. 主题（theme）

故事的基本含义是主题。它通常涉及人物的情感和价值取向。主题可以是外显或隐匿的。故事中外显的主题，作者会公开、明晰地陈述；隐匿的主题，作者在故事中只会加以暗示。当人物试图克服困难、实现目标时，就在推进隐匿的主题。该主题通过人物在寻求解决冲突时的思考、言论和行动得以呈现。

（二）故事阅读微课

学生完善故事概念的最重要的方式是阅读和写作故事。当他们在"快乐会话"中谈论故事时，教师通常将学生的注意力集中到主题及故事结构等要素上。当学生在绘制开放式肖像（open-mind portraits）、开端—过程—结局的全纳图（beginning-middle-end clusters），以及其他图表时，他们就在分析故事结构要素。

在美国，教师通过微课（mini lessons）集中开展故事结构要素以及故事阅读程序、概念、策略和技能的教学。关于故事结构、类型和文学技巧的微课，通常安排在学生阅读、回应故事、分享反馈以后的探索阶段。以下是二则故事主题微课教学案例。

【案例1】　　小学故事主题教学（小学二年级适用）

莱文是小学二年级的阅读教师，下面是她的故事主题教学微课教学流程。

1. 介绍主题

莱文老师的二年级学生刚读了《玛莎说话》（*Martha Speaks*）（Meddaugh,

1992)，故事是关于一只会说话的狗。莱文老师重读了故事的最后一段，这一段落说明了故事的主题。她说道："我认为这就是作者，苏珊·麦道夫想要告诉我们的——有时候我们应该说话，有时候我们要保持安静。你们认为呢？"学生们表示同意，莱文老师解释说："作者的人生启示或教训被称为主题。"

2. 分享样例

莱文老师向学生展示了他们早先读过的《小红帽》(*A Red Riding Hood*)(Galdone，1947)的故事。在简要回顾了故事后，她向学生询问这个故事的主题。一个孩子很快地回应道："我认为作者的意思是你不应该和陌生人说话。"另一个孩子解释说："小红帽的妈妈可能已经教过她不要和陌生人说话，但是小红帽一定已经忘记了。因为她和大灰狼说话了，而大灰狼就像一个陌生人。"这是每个孩子都听过的教训，但是他们也同意自己有时就像小红帽一样会忘记。

3. 提供信息

第二天，莱文老师分享了另外三本孩子们熟悉的书，要求学生确定故事的主题。第一本书是《三只熊》(*The Three Bears*)(Galdone，1972)。学生们很快就确定了故事主题是不要随便闯入别人家。第二本书是《菊花》(*Chrysanthemum*)(Henkes，1991)，故事中的小老鼠叫菊花，同学们取笑她的名字以后，她就不喜欢自己的名字了。学生们确定了两个主题：你应该友好地对待每个人，不要伤害别人的感情；待人不友好的孩子会遇到麻烦的。第三本书是《尼尔森小姐不见了！》(*Miss Nelson Is Missing*)(Allard，1977)，故事中温柔的尼尔森老师，在学生拒绝遵守纪律以后，变成了一个严厉的老师。学生们确定了故事的主题是：当你遵守纪律时，老师是友好的。但当你调皮捣蛋时，他们就会很严厉。

4. 指导实践

莱文老师请学生从已经讨论的五个故事中选择一个，通过画图来表现故事的主题。例如，学生可以描绘玛莎在房中用电话报案家里有窃贼，或者他们自己在朋友家按门铃的画面。莱文老师在学生工作时四处走动，帮他们为图画添加标题，使图画聚焦故事主题。

5. 反思学习

学生分享自己画的图，并解释画面是如何说明故事主题的。①

---

① Gail E. Tompkins. Language Arts: Patterns of Practice [M]. Pearson Education, Inc. 2005:409.

【案例 2】 中学生小说阅读教学设想

贾马尔(Jamal),特蕾西(Tracy)和莉塞特(Lisette)是三名中学教师,分别教六年级、七年级和八年级阅读。他们是学校基于标准的复杂文本(complex text)教学组成员,定期讨论有关年级的锚定文本(anchor texts)教学。

我们每班平均有 30 名学生,他们的阅读水平处于多个层次,我们希望通过搭建脚手架——用注释法标注,实施教学。目前,我们在课程实施方面还有如下设想:

1. 从批判性阅读的角度,教学生深入理解文本——深入阅读,质疑作者和文本,并采取行动。

2. 教学生标记和注释文本(mark up and annotate text),并示例。见图 4-2。

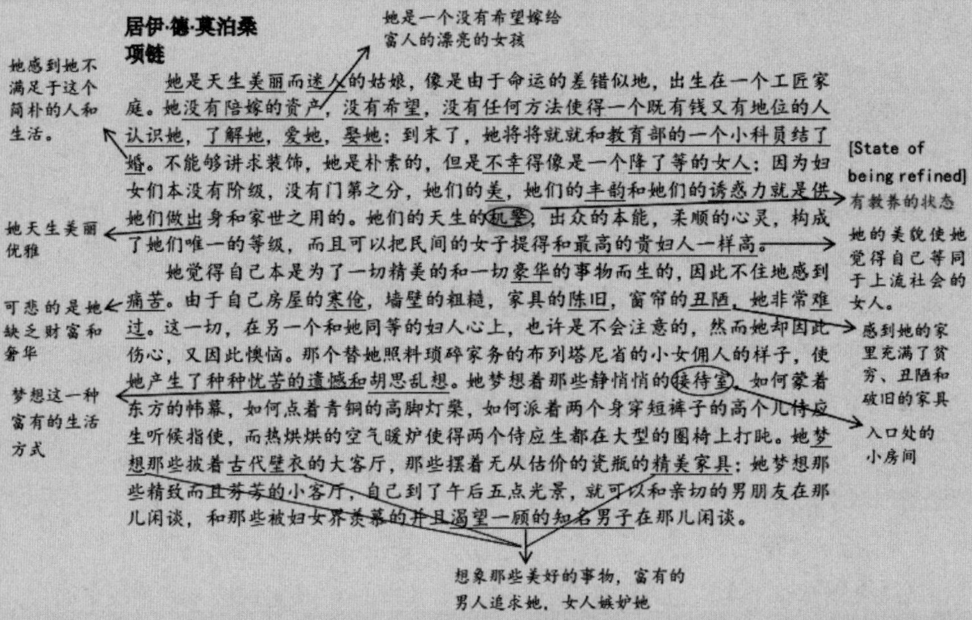

居伊·德·莫泊桑

项链

她是天生美丽而迷人的姑娘,像是由于命运的差错似地,出生在一个工匠家庭。她没有陪嫁的资产,没有希望,没有任何方法使得一个既有钱又有地位的人认识她,了解她,爱她,娶她;到末了,她将将就就和教育部的一个小科员结了婚。不能够讲求装饰,她是朴素的,但是不幸得像是一个降了等的女人;因为妇女们本没有阶级,没有门第之分,她们的美,她们的丰韵和她们的诱惑力就是供她们做出身和家世之用的。她们的天生的机警,出众的本能,柔顺的心灵,构成了她们唯一的等级,而且可以把民间的女子提得和最高的贵妇人一样高。

她觉得自己本是为了一切精美的和一切豪华的事物而生的,因此不住地感到痛苦。由于自己房屋的寒伧,墙壁的粗糙,家具的陈旧,窗帘的丑陋,她非常难过。这一切,在另一个和她同等的妇人心上,也许是不会注意的,然而她却因此伤心,又因此懊恼。那个替她照料琐碎家务的布列塔尼省的小女佣人的样子,使她产生了种种忧苦的遗憾和胡思乱想。她梦想着那些静悄悄的接待室,如何蒙着东方的帏幕,如何点着青铜的高脚灯檠,如何派着两个身穿短裤子的高个儿侍应生听候指使,而热烘烘的空气暖炉使得两个侍应生都在大型的圈椅上打盹。她梦想那些披着古代壁衣的大客厅,那些摆着无从估价的瓷瓶的精美家具;她梦想那些精致而且芬芳的小客厅,自己到了午后五点光景,就可以和亲切的男朋友在那儿闲谈,和那些被妇女界羡慕的并且渴望一顾的知名男子在那儿闲谈。

图 4-2 短篇小说"项链"标记、注释的叙述文本①

3. 鼓励学生运用多种方式表达阅读后的想法,包括用素描(sketching)的方法提高对文本的理解,并推动更深入、更有意义的讨论。

---

① McLaughlin, Maureen. Inside the Common Core Classroom: practical ELA strategies for grades 6-8 [M]. Pearson Education, Inc. 2013:96.

4. 鼓励学生参加学校的"广泛阅读课程",每个学生除了阅读课上的阅读外,还要花十分钟时间阅读具吸引力的文本。学生的兴趣和自我选择是"广泛阅读课程"的关键部分。目标是提高学生的阅读量和阅读耐力。

5. 邀请学生参与维护复杂文本的电子期刊:为"复杂文本阶梯"添加文本标题和简短的内容摘要。并从文本复杂性、阅读数量和耐力几个方面肯定学生的进步。

6. 组织学生参与混龄阅读体验(Cross-Age Reading Experiences,简称 CARE),当他们与高中生或低年级学生合作时,为他们提供成功的阅读体验。[①]

三、信息类阅读教学

学生阅读信息类书籍(informational books),需学习如何运用索引和目录,如何阅读表格(charts)、图表(graphs)、地图和图形(graph),了解信息类书籍的不同组织方式,以及作者是如何在各信息片段之间建立联系的。

(一) 信息类书籍的类型(types of informational books)

信息类书籍有的以图画书的形式出现,有的带有照片、插图、图表和表格。生平故事(life stories)、传记(biographies)、自传(autobiographies)是其三种类别。传记和自传写作常用三种方法。

1. 基于事实:作者关注日期和事件,并按时间顺序呈现。

2. 社会学方法:作者描述某一历史时期的生活,提供关于家庭生活、食物、服装、教育、经济、交通等方面的信息。

3. 心理学方法:作者关注核心人物面临的冲突。冲突可能在人物自身、他人、自然或社会。心理学的方法和故事中要素都有许多相同之处。它通常运用在篇幅较短、围绕人物生活中特定事件或阶段的传记和自传中。

常见的小学生信息类书籍分别是:字母和数字书(alphabet and counting books)、通过歌曲或诗呈现信息的书,以及运用多种体裁呈现信息的多体裁文本或组合文本。

(二) 说明性文本结构及教学

五种常见的信息类文本结构模式是:描述(description)、排序(sequence)、比较(comparison)、因果关系(cause and effect),以及问题与解决方法(problem and solution)(Freedle,1984)。具体见表 4-1。

---

① McLaughlin, Maureen. Inside the Common Core Classroom: practical ELA strategies for grades 6-8 [M]. Pearson Education, Inc. 2013:94-96.

表 4-1　说明性文本结构模式①

模式及定义	组织图
1. 描述:作者通过列出特点、实例来描述一个主题。提示语为:例如、特点是	
2. 排序:作者按照数字和时间顺序列出项目或事件。提示语为:第一,第二,第三;随后,然后,最后	1.____ 2.____ 3.____ 4.____ 5.____
3. 比较:作者解释两个或更多的事物有何相似或不同。提示语为:不同,相反,相似,与……一样,另一方面	
4. 因果关系:作者列出一个或多个原因,以及造成的影响和结果。提示语为:原因是,如果……那么,结果是,因此,因为	原因 → 结果1、结果2、结果3
5. 问题和解决方法:作者陈述一个问题,并列出一个或多个解决问题的方法。这种模式的一个变化是问答格式,即作者提出一个问题,然后回答。提示语为:问题是,困境是,难题是,需解决的问题……回答	问题 ↓ 解决方法

　　教学生识别信息类文本结构,旨在使学生认识文本是如何建构的,从而更好地理解所读的内容。当学生能画出本文结构图时,他们就能借助结构找出文本要点。下面是米勒老师设计的二年级微课。

【案例1】　说明性文本结构：排序

1. 介绍主题

　　米勒老师向二年级学生解释:"排序"是作者组织信息类书籍的一种方式。即作

---

① Gail E. Tompkins. Language Arts: Patterns of Practice [M]. Pearson Education, Inc. 2005:437-438.

者以特定顺序组织信息，如数字一到十，一个星期的七天，学校的成绩，季节，以及一年中的十二个月。

2. 分享样例

米勒老师说，她想让学生们做一回侦探，试着找出《从植物到牛仔裤》(*From Plant to Blue Jeans*)中的排序。她开始大声朗读书籍，学生很快找到了文本中描述制作牛仔裤的步骤的语句，从收获棉花，到缝制棉布制成裤子。

3. 提供信息

米勒老师解释说，作者在文中运用了排序的提示语：开始、然后、最后、终于。这些词形成了全文结构。类似的提示语还有：第一，第二，第三，然后。一位学生还指出标题也让你知道这是关于排序的文本。随后，米勒老师和二年级学生一起制作了一张海报，列出牛仔裤制作过程的步骤，为每一个步骤添加图片并用文字加以说明。

4. 指导实践

第二天，米勒老师把学生分成五组，每组发了一本书：《鸡和蛋》(*Chicken and Egg*)、《从蜡到蜡笔》(*From Wax to Crayon*)、《蜜蜂》(*Honeybee*)、《从冥王星寄来的明信片：太阳系之旅》(*Postcards from Pluto：A Tour of the Solar System*)、《让我们看看冰淇淋》(*Let's Find Out About Ice Cream*)。学生以小组为单位，阅读书籍并指出排序的事物；制作海报，列出排序的步骤；为每个步骤配图加以说明；与全班同学分享并解释自己的海报。

5. 反思学习

学生课外寻找带有排序模式的书，并带给米勒老师看。米勒老师问学生，他们学到了什么？他们回答说，他们学到了一些书籍具有特定的组织方式：排序……①

【案例2】　　中学传记阅读教学

肖恩是一位六年级的中学科学教师，他和同事一起研读语文课标——共同核心州立标准：纵向阅读标准，以了解学生在他们年级所要达到的预期水平；横向阅读标准，以理解标准预设的学生已知内容。他们担心学生不善于在多个层面提问和回答；

---

① Gail E. Tompkins. Language Arts：Patterns of Practice [M]. Pearson Education, Inc. 2005：445.

不知道如何使用高阶思维技巧。这个学年初,学生要参与科学研究项目:每个学生选择一位女科学家,研究她在该领域的贡献,用幻灯片或其他媒介配合报告。肖恩决定将提问教学置于研究项目中。

肖恩要求学生围绕:科学家何时出生? 何时去世? 为人所熟知的科学贡献是什么? 与同伴一起进行头脑风暴并分享答案。肖恩从中发现需要教学生如何用多层次思维来产生和回答问题。他用策略教学五步模型建构了教学框架,教学生在多个思维层面上产生和回答问题,并教学生如何在聚合水平(at the convergent level)层面创造问题。他将聚合型问题(convergent questions)解释为以原因和方式开始的问题。他还指出,这个级别的问题可以用来比较和对比信息。

肖恩依托传记网站(www. biography. com),以爱因斯坦传记中的信号词,以及出声思考(think-aloud),演示如何创建聚合型问题。下面是肖恩提出的一些聚合型问题的例子:

1. 为什么爱因斯坦被当做学校的辍学生(a school dropout)?

2. 这对他进入下一所学校有什么影响?

在与学生讨论了这些问题后,肖恩指导他们与同伴合作,为爱因斯坦传记的其他部分创建两个聚合型问题。这是学生形成的问题:

1. 为什么爱因斯坦开始思考相对论?

2. 为什么1905年被称为爱因斯坦的"奇迹年"?

3. 爱因斯坦是如何在学术界获得尊重的?

肖恩鼓励学生独立创造聚合水平的问题。接着他提供了一本电子传记,转向发散和评价性问题的教学。学生尝试着列出该类型的问题,其中包括:

1. 发散层面(divergent level):想象一下爱因斯坦没有做出为人所熟知的科学发现,我们的世界会有哪些不同?

2. 评价层面(evaluative level):爱因斯坦说:"世界是一个危险的居住地,不仅是因为那些邪恶的人,还因为那些袖手旁观者。"你是否同意这个观点? 请证明你的立场。①

---

① McLaughlin, Maureen. Inside the Common Core Classroom: practical ELA strategies for grades 6 - 8 [M]. Pearson Education, Inc. 2013:51 - 53.

四、阅读工作坊模式

在阅读工作坊中,学生可以自选书籍独立阅读,通过写阅读日记对所读作品作出反映。也可以组成小组,组员都选择读同一本书,小组讨论作出阅读反应。通过参与工作坊活动,学生接触不同风格的作品、作者,逐渐成为一名熟练的阅读者,加深对作品的理解,并养成终身阅读的习惯。最重要的是他们作为一名读者开始自我思考。

(一)阅读工作坊课型

阅读工作坊一般由以下三部分组成。

1. 阅读和反应

学生花30—60分钟独立阅读书籍或资料,然后写阅读日记作为书面的阅读反应,期间可以和老师讨论以加深自己对书籍的理解。

2. 分享阅读

在15分钟里,全班聚集在一起分享书籍,交流自己写的阅读反应作业。

3. 微课教学

教师用大约15分钟时间进行微课教学,内容有阅读工作坊程序、文学概念、阅读策略和技能。[①]

(二)阅读工作坊建设

教师在教室里,为学生独立阅读做准备并提供指导。阅读工作坊建设步骤如下:

1. 收集阅读工作坊书籍

教师收集各种不同阅读水平的书籍供学生阅读,包括故事、信息类书籍、诗歌和其他书籍,并将它们放置在教室图书馆的专用书架上。教师介绍教室图书馆的书籍,介绍书的部分内容,如展示封面或是阅读书的起始部分。

2. 教学操作程序

学生需要学习如何选择书籍、写阅读反应、分享已经读完的书、与教师讨论,以及其他与阅读工作坊有关的程序。其中的一些程序需要在学生开始阅读工作坊之前教授,其他则作为微课程的内容。

3. 确定微课主题

教师基于阅读工作坊中学生表现、学生的疑问、该年级需掌握的阅读策略,来确定微课的主题。教师运用学生所读书中的例子做讲解。微课可以运用全班教学、小组教学,或个别教学来实施。

4. 选择书籍、大声朗读

当教师将"大声朗读"环节加入阅读工作坊时,所选书的难度应超越学生独立阅读的水

---

① 董蓓菲. 全景搜索:美国语文课程、教材、教法、评价[M]. 上海:华东师范大学出版社,2009:129—130.

平。可以向学生介绍体裁、作者,或一种文学要素。有时,老师按顺序大声朗读第一本书,然后邀请学生继续阅读续集。

5. 设计阅读工作坊时间表

教师根据日常时间表、学生参与的其他语言艺术活动,确定阅读工作坊时间,及各部分时间分配(见表 4-2)。也有将阅读和写作工作坊合并到整个微课教学中。

表 4-2 阅读工作坊时间表

时间(分钟)	内　　容
30'	教师大声地、一章一章地给全班学生读一本书,并在"快乐会话"中和学生一起讨论、集中演示阅读策略,并讨论故事结构要素
45—50'	学生独立阅读自选书籍。教师向一组有需要的学生进行微课教学,并组织小组学生讨论
15—20'	学生写阅读日记,引入 T 形表:左栏引用故事原文,右栏写自己对所引部分的反应
15'	学生分享并讨论读完的书籍

6. 计划讨论

教师制定一个讨论时间表(通常一周安排一次),讨论学生所读内容和用到的阅读技能、策略。听学生大声朗读内容摘要。在讨论期间,教师在每个学生的文件夹中做记录,并为余下的书籍制定阅读计划。

7. 计划评价

教师使用课堂记录表(classroom chart)管理学生每天的学习。阅读工作坊开始时,学生或教师在表上记录正在阅读的书籍和当前参与的活动。教师可以回顾学生的阅读进展,发现学生是否需要与老师面谈或得到更多关注。学生自己填写表格时,他们会为自己的行为负责,并具有更强烈的愿望完成自定的任务。当学生在小组中互动、合作时,教师也会在阅读工作坊中观察学生的表现。

第二节　中小学写作教学

美国中小学写作教学的主流是运用过程写作法实施教学。该方法在 1996 年写入由美国国际阅读协会(IRA)和全美英语教师联合会(NCTE)携手出版的第一份美国国家课标。过程写作法关注学生写作的五个阶段:构思、起草、修改、编辑和校对、出版和发表,倡导教师全程指导,管理学生的写作行为。

一、写作过程的教学

教师通过组织全班学生进行合作写作，来模拟写作过程，也会在微课中教学生使用过程写作法的五个步骤、概念、策略和技巧。

1. 借助写作清单

写作清单是教师管理学生写作行为的重要媒介。所谓的写作清单（writing checklist）就是将作文要求，包含写作内容、表达方法、写作策略方面的知识，以清单的形式有序排列，供学生在写作全程中自检或互评。下面是一则中学小说（故事）写作清单，由内容和语言两部分组成，以问句的形式呈现。每一项目前设计了一个方格，便于学生打钩或打叉做评价标记。

小说（故事）写作清单

———————————— 内容 ————————————

☐ 1. 你思考过"Wh"问题吗？

☐ 2. 小说有定位吗？小说中的主、次要人物在何处介绍给读者？

☐ 3. 小说中有否描述事件纠纷？

☐ 4. 事件纠纷中有否对抗？

☐ 5. 描述主要人物时，有否叙述他们的反应？

☐ 6. 有否描述主要人物的结局？

☐ 7. 小说的篇幅合适吗？有否分章节来写？

———————————— 语言 ————————————

☐ 8. 小说中的句子大多用一般过去式了吗？

☐ 9. 用过去式来表达主要人物的想法了吗？

☐ 10. 大部分动词是用主动语态了吗？

☐ 11. 运用直接引语描写人物对话了吗？

☐ 12. 直接描述有趣和重要的情节了吗？

☐ 13. 你是用第一人称或第三人称写的吗？

☐ 14. 你和读者直接对话吗？[①]

作文课上，教师借助写作清单呈现写作知识，指导学生开展不出声的言语活动——运用写作知识。通常写作清单在第一阶段"构思"活动结束时发给学生，伴随学生写作活动的全程："起草"阶段可参照清单要求写；"修改"阶段又作为评价、修正作文的标准；"编辑和校对"

---

① Brian Tomlinson, Jayne Barnes, Life Accents: an English Language Course for Upper Secondary "O Level" Book A [Z]. Federal Publications, 2004: 131.

阶段可对照进行自我、同伴校对；直至评价同学"发表"的作文。

2. 运用同伴和小组合作策略

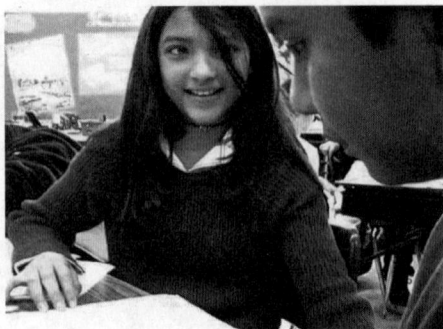

图 4-3　同伴合作

在修改、校订阶段，过程写作法高频率地运用同伴和小组合作学习策略，见图 4-3。这是教师创设的一个合作、对话、交流的写作共同体，以支持、帮助和促进每个学生建构和生成写作知识。如，当学生完成初稿后就进入合作学习小组，每个学生朗读自己的作文并获得组员反馈的建议，以确定自己所需修改的内容。合作学习小组的成员围绕作者表达的主题思想，发表自己的意见（不关注格式、错别字、语法等技术性细节）。见表 4-3。

表 4-3　小组合作学习要求①

作者	组员
● 确定自己希望得到的帮助并告诉组员 ● 朗读自己的作文，可以要求组员复述 ● 询问需细化哪些内容 ● 提出自己的疑惑，请组员提出建议	● 倾听作者的朗读 ● 对作者的问题做出反映并提供帮助 ● 指出文中自己喜欢的内容、词句 ● 指出文中写得不够清楚的地方，并提出修改建议

二、个人写作

艺术家、科学家、舞蹈家、政治家、作家、儿童都撰写日记。在日记中，他们记录自己日常生活中发生的事，以及他们关心的问题。通常，人们不希望别人阅读自己的日记。因为这是个人写作（personal writing）。

1. 个人日记（personal journals）

学生在个人日记中，写自己生活中的事，以及他们特别感兴趣的话题。教师会像感兴趣的读者一样做回应，经常提出问题并提供关于生活的评论。

2. 对话日记（dialogue journals）

对话日记除了要与教师和同学分享外，与个人日记很相似。无论谁收到了日记，都要先阅读之前的日记，再写回应。这些日记就像书面会话一样。

3. 阅读日志（reading logs）

学生在阅读日志中，对自己正在阅读的故事、诗歌和信息类书籍做出回应。他们书写并

---

① Gail E. Tompkins. Language Arts Patterns of Practice [M]. Pearson Education Inc., 2005:212-213.

绘制条目、记录关键词汇、制作图表,并引述作品。

4. 复式日记(double-entry journals)

学生将日记的每一页分成两栏,并在每一栏中写下不同类型的信息。有时,他们会在其中一栏写下故事中的引述;在另一栏写下自己的回应。或者,他们在其中一栏写自己的预测,在另一栏写故事实际发生的内容,见表4-4。

表4-4 五年级学生关于《狮子、女巫与魔衣橱》的复式日记摘要①

在文本中	我的回应
第一章 我告诉你这就是那种没有人会介意我们做什么的房子	我记得我去得克萨斯州的博蒙特和姑姑住在一起的那段时光。我姑姑的房子非常大。她有一架钢琴,并且让我们弹奏。她告诉我们,我们可以做任何我们想做的事
第五章 "你怎么知道?"他问道 "你妹妹的故事不是真的?"	这让我想起了我小时候想象中的地方。我想去那里。我在这个幻想的地方编造了各种关于我自己的虚构故事。有一次,我把幻想中的地方告诉了我的大哥哥。他嘲笑我,并说我很傻。但这并不困扰我,因为没有人能阻止我思考想要的事物
第15章 他们仍然可以看到的大狮子死在他的镣铐中 他们在咬绳索	当阿斯兰死的时候,我想起了卡尔叔叔去世的时候 这让我想起了狮子让老鼠离开,老鼠帮助狮子的故事

5. 语言艺术笔记(language arts notebooks)

学生在这些笔记本中做笔记,写规则、样例,画图,并写语言艺术信息清单。学生在微课中做记录,并在文学聚焦单元和阅读、写作工作坊中参考这些信息。

6. 学习日志(learning logs)

学生写学习日志,是社会、科学课程,科学主题系列和数学单元学习内容的一部分。他们快速记录、绘制图表、做笔记,并记录关键词汇。

7. 模拟日记(simulated journals)

学生扮演书中人物或历史人物的角色,并立足该人物视角记日记。日记中,学生要写故事或那个历史时期的细节内容。

三、故事写作

当学生阅读、讨论故事时,他们就在学习作者如何创作故事。当他们创作自己的故事时,会想起已读过的故事,并从读过的故事中吸取经验。学生用不同的方式建立上述互文性联系。例如:

---

① Gail E. Tompkins. Language Arts: Patterns of Practice [M]. Pearson Education, Inc. 2005:255.

- 运用已读故事的思路而非抄写情节；
- 模仿故事情节，但增加新的事件、人物和场景；
- 在故事中运用学过的体裁；
- 借用先前阅读的故事中的人物；
- 写复述故事；
- 将信息类书中的内容归并到故事中；
- 将几个故事组合为一个全新的故事。

（一）写复述故事（writing retellings of stories）

小学生经常把已经读过的、喜欢的故事复述下来。在写复述故事时，他们将故事的结构内化，并揣摩作者如何运用语言。学生可以一起合作写，也可以单独写自己的故事复述。

当一年级学生复述时，他们的老师会在黑板上记录下来。学生反复朗读老师记录在黑板上的故事，并做必要的修改。随后，学生将黑板上的故事分成几部分，抄写在大书的每一页上，再为每一页绘制插图，添加封面和标题页。学生也会写自己的书，包括故事开头、中间和结尾的要点。有时，学生改变故事的某些观点，并从一个特定的人物的视角讲述故事。

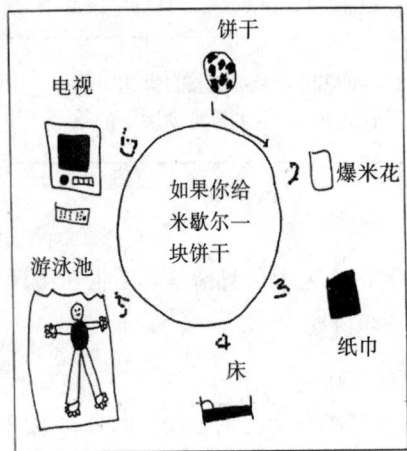

图 4-4 一块饼干的循环图表①

（二）写创新文本（writing innovations on text）

许多故事都有重复模式，学生可以运用这些结构来写他们自己的故事。一位一年级学生读了《要是你给小老鼠吃饼干》（Numeroff，1985）后，讨论故事的循环结构：故事以给老鼠一块饼干作为开头，并以老鼠得到第二块饼干作为结尾。随后，一年级学生开始创新文本，内容是：如果他们得到一块饼干后会做什么。一个名叫米歇尔的学生画了一幅循环图（circle chart）见图 4-4，组织起自己的故事，再写下这个故事。

如果你给米歇尔一块饼干，她可能想要一些爆米花。随后，她想要一张纸巾擦擦嘴。那时她又感到累了，就到床上小睡片刻。她醒来了并在游泳池里游个泳。而后，她在电视上看会儿卡通片。那时，她又感到饿了，所以她很有可能再想吃一块饼干。②

（三）写体裁故事（writing genre stories）

在一些文学聚焦单元，学生阅读书籍并学习文本体裁，如民间故事、历史小说、神话、寓

---

① Gail E. Tompkins. Language Arts: Patterns of Practice [M]. Pearson Education, Inc. 2005:419.

② Gail E. Tompkins. Language Arts: Patterns of Practice [M]. Pearson Education, Inc. 2005:418.

言。而后学生尝试着写该体裁故事。在读完《姜饼人》的故事后，一个学前班的学生口述了这个故事，他们的老师把它写在记录纸上。

一个七年级的班级在阅读、研究神话后，比较不同文化中的神话。运用学到的神话内容，在班上合作写神话故事《太阳神和月神：地球的主宰者》(*Suntaria and Lunaria：Rulers of the Earth*)，想象有关太阳和月亮的起源：

很久以前，神统治地球时，地球上有两兄弟：太阳神和月神。兄弟俩都是聪明而有力量的人。来自世界各地的人们都寻求他们的智慧和建议。他们都以自己的方式公正行事，但两人长得很不一样，就像黄金和煤炭的差别。太阳神高大、强壮，拥有蓝色的眼睛和金黄色的头发。而月神的头发和眼睛是深黑色的。

一天，宙斯正从奥林匹斯山上俯视大地，他认为地球需要一个主宰者，在他疲惫或是忙于工作时替他看守子民。他的目光落在太阳神和月神身上。两人都很聪明、诚实。两个人都是出色的主宰者。谁将成为地球的第一个主宰者呢？

宙斯认为只有一个公平的方法能解决这个问题。他派信使带着选票来到地球，指示人类投票。选票上只有太阳神或月神两个人的名字。

每个人把票投入一个安全、密闭的箱子里。信使把它们送回到宙斯那里。七年来，每次投票后宙斯和信使都算选票数。每次得出的结果都是一样的：50%的选票是投给太阳神的，另50%是投给月神的。宙斯无奈只能决定，宣称：两个人一起主宰地球。

太阳神和月神是怎么做的呢？太阳神仍然散发着他温暖的金色光芒，主宰着我们的白天。到了晚上，他从宝座上下来。月神的黑暗降临了，在我们做梦的时候，在温柔的夜晚照看并守护着我们。[①]

学生在他们的故事中运用了神话特点。首先，他们的神话故事解释了一个已有科学解释的现象：昼夜交替。第二，故事的环境正是背景，仅仅做了勾勒。最后，神话故事中的主角都是拥有超自然力量的英雄。

四、信息类文本写作

语文课标将文本分为文学类文本和信息类文本。其中，信息类文本包括"各种说明性、论述性文本、个人随笔形式的功能性文本、演讲词、文学评论或艺术评论、传记、回忆录、报章杂志，以及面向大众的历史类、科学类、技术类、经济类文本"。[②]

---

① Gail E. Tompkins. Language Arts: Patterns of Practice [M]. Pearson Education, Inc. 2005:420.
② Common Core State Standards Initiative. Common Core State Standards for English Language Arts & Literacy in History/Social Studies, Science, and Technical Subjects [M]. Washington DC: CCSSO & National Governors Association, 2010:57.

（一）信息报告写作（reports of information）

通常,美国高中生写学期论文时,开始系统学习写报告。但事实上小学低年级学生就开始合作写报告了。

1. 信息报告类型

信息报告可分为如下四类:

（1）可视化报告（visual reports）

学生通过表格、地图、流程图、其他图表,以及段落文字写信息报告。相比传统报告,可视化报告运用图表,能更有效地呈现信息。可视化报告的七种格式分别是决策树（clusters）、图表、流程图、数据表、地图、时间轴和箱形图（cubes）。

（2）"关于……"书籍（"all about…"books）

幼儿园和一年级学生写了很多非叙事性的作文,描写熟悉主题的信息,如"秋天的迹象",或是熟悉活动的指导,如"如何喂养你的宠物",都可被称为"关于……"的书籍,其他还有孩子们口头叙述,老师记录下来的信息片段。

（3）合作报告和个人报告（collaborative and individual reports）

在研究中,学生探索感兴趣的主题,或者寻找令他们困惑的问题的答案。当学生沉浸在内容领域的学习时,他们想要探索的问题就会出现。学生通常从写合作报告开始。当学生了解如何撰写报告后,就开始写个人报告。

中高年级学生小组合作撰写报告的各个部分,然后编辑成文。学生从中获益:首先,在小组中学会了写研究报告的步骤,搭建报告的结构支架或支持系统。其次,小组合作让他们彼此分担繁重的工作。学生在写合作报告中学会如何收集、组织信息,并在报告中运用信息,意味着他们已经为写个人报告做好了准备。

（4）多类型报告（multigenre reports）

报告写作的一种新方法是多类型报告。学生围绕主题收集许多信息材料,包括书籍、教科书、网络文章、图表、表格和照片,随后研究这些材料,再写文章。包括散文（essays）、信件、日记、故事和诗歌。同时,收集照片、图表和其他视觉表现形式,编写成书或在海报上展示。

2. 信息报告写作教学

教师为学生搭建写作报告的脚手架,帮助他们发展相关知识、策略和技能。这个过程是从教师控制到学生自我调控的信息报告写作过程。

（1）合作报告写作

学生运用过程写作法进行合作写作,其步骤如下:

● 选择主题（choose a topic）。在小组中学生选择章节主题。如果主题是"太阳系",学生可以写土星光环,或者回答:为什么土星有光环? 当他们以一个问题来叙述主题时,通常更有针对性。

● 示范（model）。学生和老师选定一个主题，学生合作收集信息，用于数据图、决策树（cluster）或其他组织图中，并写入报告。通常，教师让学生先口述再写作，以加快进程。学生共同完成、修改和编辑，以了解如何形成并完善一篇报告。

● 收集并组织信息（gather and organize information）。在小组中，学生运用信息类书籍、互联网和教室中可获得的其他资源，来研究主题。学生运用数据图、决策树或其他组织图来记录并组织信息。组织图的类型取决于所收集和组织的信息。

● 撰写章节（write the sections of the report）。学生按写作过程撰写一个章节，并与另一个小组交流、修改章节。各组负责的章节写完后，全班聚集到一起大声朗读完整的报告，检查前后不一致或多余的段落。随后，学生校订以修正错误，并与老师交流完成最后的编辑。

● 编辑报告（compile the report）。学生编辑自己负责的部分，全班设计封面、制作扉页（title page）和目录、撰写介绍和结论，并编写提要。他们还在扉页之后或报告的最后添加了学生作者列表。

● 发表报告（publish the report）。老师为每个学生复制并装订最终副本。特殊装订本可以放在班级或学校图书馆。

专栏 4-1　　　　　　　　　　　　　**信息写作微课教学**

在信息写作微课上，学生学习如何制作决策树、流程图、数据图和其他视觉报告；学习如何提出研究问题并寻求答案。以下是内羽老师教五年级学生编写数据图的教学流程。

一、介绍主题

内羽先生的五年级学生正准备写州报告（state report）。他们分别选择了美国的一个州做研究，并设计了一个包括五个研究问题的列表：

● 这个州的居民主要是什么人？

● 州的物理特性是什么？

● 该州历史上发生过哪些重大事件？

● 这个州的经济情况怎样？

● 你该参观这个州的哪些地方？

内羽老师要求学生收集信息，以回答这五个问题，并且准备教他们用数据图来收集数据。

二、分享样例

内羽老师分享了去年三个学生为州报告制作的数据图样本。他展开那张折叠成许多单元的大工作纸。只见上面每个单元都填满了信息。学生们检查数据图，并阅读每个单元中的信息。

三、提供信息

内羽老师将一张空白的工作纸折叠成四行五列，形成 20 个单元格。然后一边展开这张纸,向学生展示这20个单元;一边解释他是如何折叠这张纸的。随后,他在第一行的五列下面分别写下五个研究问题。他解释说:要在每列下方,写下找到问题的答案信息。他边演示如何解答问题,边在每列中做记录。

四、指导实践

内羽老师分发白色的大工作纸,并帮助学生将工作纸划分为20个单元格、写研究问题。随后,五年级学生开始运用收集的资源做记录。内羽老师在教室中走动,帮助学生查找信息并记录。

五、反思学习

几天后,内羽老师检查数据图制作进度。学生们展示已完成的图表,并请教老师:找不到信息或一个单元格填写不下所有的信息时怎么办? 在展示过程中,有学生说,他们知道写作报告时该如何运用数据图。他们将一列中所有信息用于报告。班级同学很惊讶这几个同学的发现![1]

(二) 传记写作

自传写作产生于儿童的个人日记,以及他们在幼儿园和一年级写的“关于我”的书籍。学生自己的经历和记忆,是他们写作的首要素材来源。

1. 自传写作教学

当学生写自传时,会回忆并且记录自己的生活,通常按照事件顺序来写。自传描述的是有必要让别人知晓进而理解他们的难忘事件。

(1)“我”盒(“me”boxes)

让学生专注于自己生活的一种方法是叫他们制作一个“我”盒。学生收集能代表他的家庭、爱好、生活事件和特殊成就的物件和图片。随后,他们为每个物件写解释,再把所有物件放入鞋盒、咖啡罐、或其他容器,并装饰容器的外表。

(2)生活线挂绳(lifeline clotheslines)

另一种学生可以用来收集、组织信息的方法,是收集象征他们生活的物件,并将它们挂在“生活线挂绳”上。随后,用文字简要地介绍每个物件,解释物件是什么、与他们的生活有什么关联,然后将写的解释也挂到“生活线挂绳”上。

(3)“关于我的一切”的书(“all about me”books)

幼儿园和一年级的学生经常会编译“关于我的一切”的书籍。这些自传通常会列出孩子的生日、家庭成员、朋友和喜爱的活动的信息,并附上图画和文字。写这类书,师生首先要决定每个页面的主题;再在头脑风暴列出可能的想法后,学生绘制图片并写下内容。儿童可能

---

① Gail E. Tompkins. Language Arts: Patterns of Practice [M]. Pearson Education, Inc. 2005:463.

还要向父母询问自己学龄前、出生、事件方面的信息。

图4-5是一年级学生写作"关于我的一切"书籍的两个页面。

这是五岁时的我。我正在读一本书，我的妈妈走过来拿衣服给我穿。但是我不想穿它们。我爸爸说我开始对衣服非常挑剔。

这是我祖母家的房子。我在这儿有一个单独的房间。有时，我睡在我喜欢的座位上。我特别喜欢见到我爸爸，有时我爸爸会带我去钓鱼。我喜欢钓鱼。我的祖母让我觉得很特别。

图4-5 学生"关于我的一切"的写作页面①

2. 传记写作教学

有几种方法可以让学生走近传主的足迹。就当代传记而言，与这个人物见面和采访是最好的方式；非当代人物，学生可以阅读这个人物的书籍，观看视频，将这个人物生活中的事件加以戏剧化，并写下来。一个特别有价值的活动是写模拟日记，学生假设自己就是正在学习的人物角色，模仿该人物写日记。

（1）生命线（lifelines）。学生将收集到的信息按时间顺序排列：在生命线或时间轴上，一一罗列该人物的生活足迹。这项活动能帮助学生识别里程碑式的重要事件，并将事件排序。他们可以运用生命线上的信息为传记确定主题。

（2）传记盒（biography boxes）。学生可以制作类似"我"盒（"me"box）那样的传记盒：先识别能代表人的物品，然后将它们放入一个已经装饰过的盒子内。他们用文字解释该物件对这个人物的重要性，并把所写的文字与每件物品放在一起。

（3）传记海报（biography poster）。学生在海报上展示他们所学到的关于传记主题的信息。海报可以包括这个人物的肖像、有关人物生活及其成就的信息。

（4）多类型传记项目（multigenre biography projects）。学生写并画各种关于人物的片段、图片，创建多类型传记，就像多类型报告那样。学生为写传记收集、创建以下内容：

---

① Gail E. Tompkins. Language Arts: Patterns of Practice [M]. Pearson Education, Inc. 2005:466.

生命线	对象集
引文	模拟日记
照片	发现诗或其他诗歌
肖像画	故事
报告	海报

每项内容本身就是一个完整的片段。学生在海报或笔记本上编辑传记。

（三）信息类文本的摘要写作

亚历山大是一位七年级的语文教师，她和同组教师发现：学生擅长写故事，但对信息文本摘要写作缺乏信心。因此，他们决定以此为作文教学的起点。在新学年开始，把重点放在摘要写作（summary writing）。

首先，她整合了该年级阅读、写作、听和说、语言四个领域的课程标准：

- 阅读信息文本：标准 2 和 5
- 写作：标准 2a—f、4 和 10
- 听和说：标准 1a—d
- 语言：标准 1、3、4 和 6

接着，亚历山大和同事确定了跨学科信息类摘要写作的教学理念和策略，确定教学生"从问题到段落"（Questions into Paragraph）（简称 QUIP）的概述策略：选择一个主题——提出三个与主题有关的研究问题——用两个来源回答每个问题——根据问题的答案撰写内容摘要。以下是七年级学生运用概述策略完成《尼安德特人》的摘要，见表 4-5。

表 4-5 《尼安德特人》

问 题	答 案	
1. 人们是怎么描述尼安德特人的？	尼安德特人是现代人的近亲的进化。他们大约在 30 000 年前灭绝了。但他们的基因可能仍然存在于今天的欧洲人和亚洲人身上	尼安德特人是人类最亲近的已灭绝的亲属。他们脸的中部很大，颧骨倾斜，有一个加湿、增温寒冷、干燥空气的大鼻子。这是由于受到自然环境的影响
2. 尼安德特人是如何生存的？	科学家们发现尼安德特人身体已适应了寒冷的天气。他们穿着用动物皮毛做的衣服来保暖，并用制作精良的石头长矛，群体合作猎杀猛犸象。他们甚至会自己做鞋子	除了狩猎大型野生动物外，尼安德特人还吃植物。当他们靠近沿海地区时，会食用海洋资源，如软体动物、海豹、海豚和带刺矛的鱼。尼安德特人还会控制火，并在恶劣的气候条件下住在庇护所里取暖

问 题	答 案	
3. 有关尼安德特人的哪些问题,科学家至今仍未能解答?	今天,科学家们仍然不知道尼安德特人为什么会灭绝。已经提出的一些理论包括:尼安德特人通过异种繁殖被吸收到人群中;当现代人出现时,他们失去对资源的竞争力;在最后的冰河时期灭绝	还有许多关于尼安德特人的未解之谜,科学家正在努力解决。这些问题包括:在气候变化与尼安德特人灭绝之间是否存在相关性;动物和植物来源对尼安德特人平均饮食的相对贡献;是否有可能证明"尼安德特人具有象征意义"的证据(即制造装饰性的物品,埋葬死者)。这些做法是否只在特定人群中发生? 如果是,为什么?

摘要: 尼安德特人,是现代人的近亲进化的后代,大约 30000 年前灭绝。科学家们推测,他们的基因今天可能仍然存在于欧洲人和亚洲人的血统中。由于受到自然环境的影响,他们脸的中部很大,颧骨倾斜,有一个用于加湿和增温寒冷、干燥空气的大鼻子。科学家们发现,尼安德特人的身体已经适应了寒冷的天气。他们穿着用动物皮毛做的衣服保暖,并制作精良的石头长矛,群体合作猎杀猛犸象。尼安德特人也吃植物,当他们靠近沿海地区时,会食用海洋资源,如软体动物、海豹、海豚和带刺矛的鱼。尼安德特人还会控制火,在恶劣的气候条件下住在庇护所里取暖。尽管已有很多有关尼安德特人的信息,但是仍然有很多未知的,比如尼安德特人为什么会灭绝? 也许是因为与现代人竞争资源或是由最后冰河时期的恶劣气候造成的。[①]

五、写作工作坊模式

写作工作坊(writing workshop)的教学理念是让学生运用写作技能和策略,亲身体验写作的功能,成为写作的主人;让教室成为学生写作和分享的团体活动的场所。

学生的写作内容不仅源自他们生活中经历的事,还来自于他们阅读的书籍、他人朗读的故事内容。在写作工作坊里,学生有写作夹,里面有已完成的和正在写的文章:写作笔记、速记、为完成写作项目而进行的想象、引发的感想、对话、体验。[②] 写作工作坊每天有 60—90 分钟的教学时间。在这段时间,师生参与三项活动:写作、分享和微课。有时,还有第四种活动:大声朗读作文。

---

① McLaughlin, Maureen. Inside the Common Core Classroom: practical ELA strategies for grades 6 - 8 [M]. Pearson Education, Inc. 2013:139 - 141.

② 董蓓菲. 全景搜索:美国语文课程、教材、教法、评价[M]. 上海:华东师范大学出版社,2009:130.

教师在建立写作工作坊时，他们收集写作用品、制作书籍的材料，考虑教室环境安排，制定写作工作坊的教学计划。具体步骤如下。

　　第一步：教过程写作法的五个阶段（writing process）

　　教师经常以教或复习写作过程的五个阶段作为写作工作坊的开始，制定写作工作坊的指导原则，带学生一起完成一个写作活动。

　　第二步：教写作工作坊流程（procedures）

　　教师解释：学生如何分组修改作文，如何报名参与和老师的讨论，如何校对，如何使用出版中心（publishing center），以及写作工作坊中运用的其他程序。以下是一个七年级班级开发的写作工作坊指导规则，见图4-6。

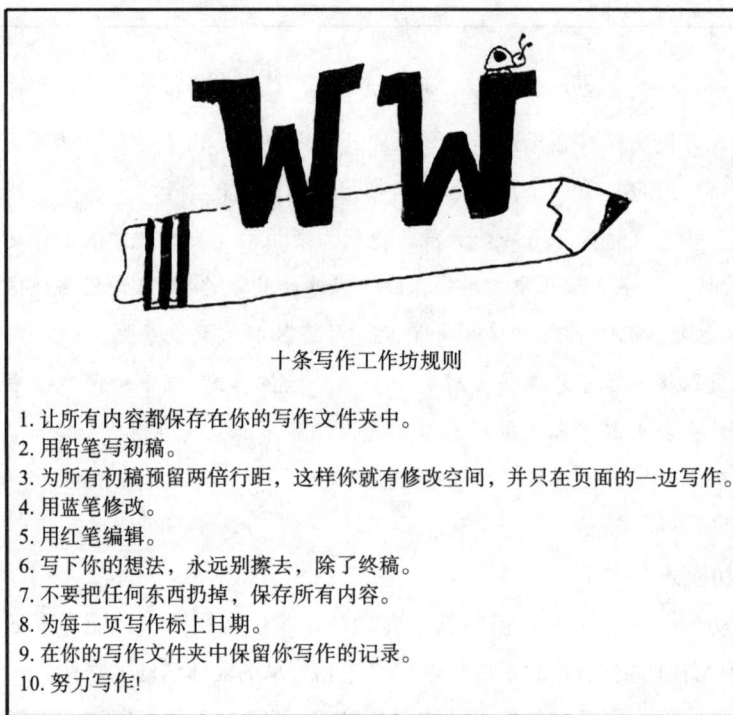

十条写作工作坊规则

1. 让所有内容都保存在你的写作文件夹中。
2. 用铅笔写初稿。
3. 为所有初稿预留两倍行距，这样你就有修改空间，并只在页面的一边写作。
4. 用蓝笔修改。
5. 用红笔编辑。
6. 写下你的想法，永远别擦去，除了终稿。
7. 不要把任何东西扔掉，保存所有内容。
8. 为每一页写作标上日期。
9. 在你的写作文件夹中保留你写作的记录。
10. 努力写作!

图4-6　七年级班级的写作工作坊指导规则①

　　第三步：确定微课话题（topics for minilessons）

　　和阅读工作坊一样，教师在写作工作坊上微课：介绍写作工作坊的流程、写作的概念、技巧，以及学生可以运用的策略。一些微课的主题来源于教师对学生写作时的观察，学生提的问题和年级水平课程指南中确定的主题（in grade-level curriculum guides）。

---

① Gail E. Tompkins. Language Arts: Patterns of Practice [M]. Pearson Education, Inc. 2005:652.

第四步:设计写作工作坊时间表(schedule)

教师决定教学进度。在写作工作坊,学生用约50分钟时间写作,经历过程写作法的三个阶段:起草、修改、编辑和校对。教师与小组学生或个别学生交流。随后,教师用15到30分钟进行微课教学:根据需要,向全班、小组或个别学生介绍写作工作坊的流程、写作的概念、技巧和策略。最后15分钟进行分享,个别学生坐在"作者之椅"上(见图4-7),向班级同学大声朗读他们已经完成的作文。

图4-7 作者之椅

第五步:设计讨论计划(plan for conferencing)

在学生写作时,教师会在教室走动,与他们进行讨论。每天约与五分之一的学生交流。每周可以和班上所有学生进行一次讨论。

在讨论的一两分钟内,教师会问学生正在写什么,听学生朗读一至两个段落,问他们下一步计划做什么。与正在修改、编辑作文的学生讨论怎样使文章表达更为正式。学生经常报名参加这些讨论。在与学生互动时,教师会模拟学生互相学习时的反应:找出优点、提问、读自己喜欢的作品、听学生大声朗读文章。

第六步:分享(sharing)

在写作工作坊的最后10到15分钟,全班聚在一起,分享大家最后的定稿,并制作其他相关的通告(announcements)。低年级学生通常在分享时坐成一个圈或是聚在地毯上。如果教师利用"作者之椅"的话,每个学生会坐在特定的作者之椅子上朗读他们的作文。一个学生朗读完后,全班同学鼓掌祝贺,也可能会有些学生提出建议或意见。

第七步:计划评价(plan for assessment)

教师运用多种方法监管学生的写作过程。他们用课堂记录表来记录学生每天的进步。以下是一张五年级学生写作工作坊的课堂情况表摘录,见图4-8。教师可以用类似下表来奖励学生每周所付出的努力。学生或与教师讨论时提出自己的需要,或者宣布自己已经为分享写作做好了准备。教师也可以开发写作过程清单，让其追踪学生的写作工作，并定期与学生讨论作文。除此以外，教师也可以运用量规来评价学生已经发表的作文的质量。

五年级课堂情况表摘录

名字	日期 10/18	10/19	10/20	10/21	10/22	10/25	10/26	10/27
安东尼奥 Antonio	4 5	5	5	6	7	8	8	8 9
贝拉 Bella	2	2	2 3	2	2	4	5	6
查尔斯 Charles	8 9 1	3 1	1	2	2 3	4	5	6 7
迪娜 Dina	6	6	6	7 8	8	9 1	1	2 3
达斯汀 Dustin	7 8	8	8	8	8	8	9 1	1
埃迪 Eddie	2 3	2	2 4	5 6	8	9 1	1 2	2 3
伊丽莎白 Elizabeth	7	6	7	8	8	8	9	1 2
艾莎 Elsa	2	3	4 5	5 6	6 7	8	8	9 1

代码（Code）：
1=预写作（Prewrite）   4=写作小组（Writing Group）   7=讨论（Conference）
2=打草稿（Draft）   5=修改（Revise）   8=完成最终副本（Make final copy）
3=讨论（Conference）   6=编辑（Edit）   9=发表（Publish）

图 4-8　五年级课堂记录表摘录①

第三节　中小学听说教学

美国的听说教学旨在发展学生实用的口语交际技能和交往技能，使他们成为有能力的交际者。教学中强调学生应在听说活动中理解信息、评价信息，在发展口语表达能力的同时，促进创造性思维和批判性思维的发展。

一、小学听说教学

美国小学听说教学注重对话和讨论，注重与现代媒体技术的整合。教学内容具体，活动方法多样，操作性较强。主要教学方法有讲故事（Storytelling）、读者剧场（Readers Theatre）、口头报告（Oral Reports）、采访（Interviews）、辩论（Debates）、即兴演讲（Extemporaneous Speaking）等。听说活动中多互动以提高交际能力，并借助木偶剧、角色扮演等戏剧活动来加深理解。

---

① Gail E. Tompkins. Language Arts: Patterns of Practice [M]. Pearson Education, Inc. 2005:655.

（一）讲故事

讲故事是一种古老的有价值的教学手段。讲故事可以刺激孩子的想象力,内化故事内容。学生在听教师讲故事的同时,也在学习讲故事。

选择故事、准备讲述、添加道具、讲述是讲故事活动的四个步骤。教师一般通过微课来讲解讲故事的步骤和技巧。如讲故事之前应如何做计划和排练;如何向观众介绍故事,包括故事的开头,情节和结尾;如何在故事中加入有趣或重复的短语,添加对话;为吸引听众,根据角色改变自己的声音;使用道具或手势。教师通过评价清单来评估学生的表现。表 4-6 是一份四年级的"讲故事"评分表。

表 4-6　四年级"讲故事"评分表[①]

姓名： 故事题目：	学生	教师
1. 介绍过这个故事吗？	————	————
2. 说了故事的标题吗？	————	————
3. 说了故事的开头吗？	————	————
4. 说了故事的情节吗？	————	————
5. 说了故事的结尾吗？	————	————
6. 是否重复一些词语？	————	————
7. 是否添加了对话？	————	————
8. 声音有改变吗？	————	————
9. 使用道具了吗？	————	————
10. 是否表现得很开心？	————	————

（二）口头报告

学习如何准备和做口头报告,是小学中高年级学生的一项重要的听说活动。口头报告有利于学生了解内容的主题,发展口语表达能力。口头报告有六个步骤。

1. 选择报告题目(Choose a topic)

开展头脑风暴活动,思考与教科书上单元主题相关的话题,每个学生选定一个报告主题,并思考有关该主题已知什么,还需要知道什么。老师帮助学生识别关键问题,以便聚焦报告主题。

2. 收集和组织信息(Gather and organize information)

学生根据关键问题收集信息,信息来自书籍、相关内容的教科书、互联网和百科全书。还可以观看视频,采访社区中特殊的专业人员。学生通常使用分组或数据图表(data charts)组织重要信息。表 4-7 是一份人员信息表。

---

① Gail E Tompkins. Language Arts: Patterns of Practice [M]. Pearson Education, Inc. 2005:366.

表 4-7　人员信息表①

信息来源	看起来像什么？	在哪儿？	做什么工作？	其他重要信息

3. 编写报告（Develop the report）

学生们回顾已收集的信息并决定呈现形式，以便做口头报告时既有趣又有条理。然后将要用的资料从分组或数据图表转移到笔记卡片上。卡片上只写关键词。

4. 创建可视化效果（Create visuals）

可视化为演讲者提供了一个拐杖，并为听众添加了感兴趣的元素。学生加入图表、缩略图、地图、图片、模型和时间轴等，强化可视化效果。

5. 排练演示（Rehearse the presentation）

学生选择一个地方准备演示，复习要点，重读笔记卡，练习做报告。

6. 做报告（Give the presentation）

报告前，老师通过微课教授秘诀——如何做一场成功的报告。例如，演讲者应该大声地说；眼睛看着听众；参考备忘录中重要的事实；使用准备好的视觉效果。

学生通常也是口头报告的听众。作为听众，他们应注意倾听、提问并为发言者鼓掌。有时还使用清单或量规做出反馈。他们根据报告者准备的过程、做报告的效果进行评估。表 4-8 是四年级口头报告的自我评估量规（Self-Assessment Rubric）。

表 4-8　一份口头报告的评估量规②

姓名_____　时间_____　题目_____

否　1　2　3　4　是③

1. 你是否在数据图表上搜集了足够多的信息？
2. 您是否在演示过程中制作有用的图表或视觉效果？
3. 你是否排练过你的口头报告？
4. 你的声音是否能让所有人都听到？
5. 你是否看着听众？
6. 你是否使用了视觉材料？
7. 你是否提出了要点？
8. 你对自己的报告有多满意？
9. 听众是如何反应的？

---

① Gail E Tompkins. Language Arts: Patterns of Practice [M]. Pearson Education, Inc. 2005：367.
② Gail E Tompkins. Language Arts: Patterns of Practice [M]. Pearson Education, Inc. 2005：367.
③ 1、2、3、4 应为口头报告自我评估的等级，1 为"较差（poor）"，2 为"中等（fair）"，3 为"良好（good）"，4 为"优秀（excellent）"。

二、中学听说教学

为了提高中学生朗读的流畅度(Oral Reading Fluency),教师采用了读者剧场(Reader Theatre)、跨年龄阅读体验(Cross-Age Reading Experience)、配对朗读、朗诵课(Oral Recitation Lesson)等策略。还有各种听说专项训练,比如辩论(Debate)、新闻发布会(Press Conference)、讨论圈(Discussion Circles)等。下面主要介绍这三种听说专项训练。

(一) 辩论

当学生参与辩论时,听说技巧与论证技巧就相融合了。

1. 结对找论点

学生选择一个话题并与同伴合作,寻找和讨论关于话题的正反论点。

2. 讨论网记录

在讨论网(Discussion Web)上记录自己的发现。讨论网是一个图形组织者,用来思考整个话题的结构。它包括话题、正反论点、结论和理由。学生继续讨论,并通过对相关文本的理解最终达成一致意见:支持或反对。再在讨论网上写下结论及理由。图4-9是有关"是否应该将驾驶年龄提高到18岁"的话题讨论网。学生使用青少年新闻杂志提供的信息(《可以驾车的年龄》,2011年,"纽约时报")完成了讨论网。

辩论的主题:驾驶年龄是否应提高到18岁?

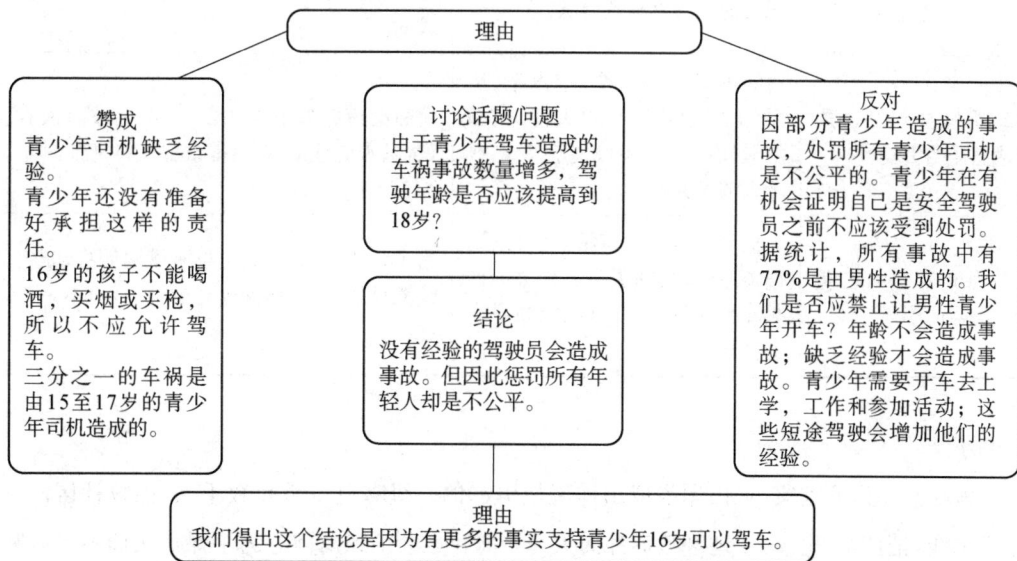

图4-9 关于驾驶年龄的完整的讨论网①

---

① Maureen McLaughlin. Inside the Common Core Classroom Practical ELA Strategies for Grade 6-8 [M]. Pearson Education, Inc. 2015:109.

3. 全班讨论

所有结对学生得出结论后,进行全班讨论,适当推理后得出最后的结论。

（二）新闻发布会

新闻发布会是一个以听说为主,融合阅读、写作能力的探究式专项训练。该专项训练可每周安排一次,每次只需要几分钟。学生通常在科学和社会研究/历史等学科课程中完成。

1. 学生自主选定与学习主题或事件有关的话题。

2. 学生确定自己展示新闻发布会的时间,并在班级安排表上做记录。

3. 学生确定三个相关研究问题,并使用至少两个资料来源来回答每个问题。

4. 完成研究后,学生在班上举行新闻发布会。新闻发布会包括共享信息和回答听众的提问两个环节。有时候,发言者需要做进一步的研究来回答班级成员的问题。表4-9为"海啸"新闻发布会的完整信息。

表4-9 完整的用于新闻发布会的 QUIP 图形组织者[1]

研究问题	来源1:	来源2:
	CBC 新闻 http://www.cbc.ca/news/world/story/2011/03/11/japanquake-tsunami.html	《国家地理》http://news.nationalgeographic.com/news/2011/03/110311-tsunami-facts-japan-earthquake-hawaii/
1. 什么会导致海啸?	强大的地震会导致海啸。	海啸是由海底地震、火山爆发、山体滑坡造成的。
2. 海啸会对社区造成怎样的影响?	海啸可以摧毁电线,把汽车、房屋、土地和残骸冲向大海,从而摧毁社区。海啸可能会夺走数千人的生命。	海啸会造成数千人死亡,人们会被海浪吞没,洪水能移动汽车,摧毁房屋和海滩。
3. 如何保护自己免受海啸的影响?	人们可以听海啸警报,也可以远离海岸线,搬到更高的地方。如果在大楼里,人们可以上到更高的楼层。	为了防止海啸,人们可以听海啸警报,制定疏散计划;可以搬到更高的地方,而不是待在海边。

小结:

海啸是由海底地震、火山爆发或山体滑坡引起的。海啸可以杀死数千人,摧毁社区。它摧毁电线,把汽车、房屋、土地和残骸冲向大海。海啸也会摧毁海滩。为了保护人们不受海啸的影响,应该注意听警报信号并制定疏散计划。人们可以远离海岸线、移至高地。

---

[1] Maureen McLaughlin. Inside the Common Core Classroom Practical ELA Strategies for Grade 6 - 8 [M]. Pearson Education, 2015:111.

（三）讨论圈(discussion circles)

讨论圈旨在促进学生针对信息文本的对话能力。学生通常从教师提供的文本中选择一个文本。然后，阅读指定的一段文字，并参与小组讨论。期间，他们分别扮演文学圈模式中的角色：讨论主管(discussion leader)、段落探员(memorable passage finder)、联系员(connector)、解说员(illustrator)、概括员(summarizer)、词语探员(word finder)，并各行其责。最后，学生创建扩展项目以共享所读的文本和思想。项目的示例包括新闻发布会、海报和诗歌等。

表4-10是讨论圈设计师(discussion circle planner)，学生可以用它来记录文本的问题、词汇、意见和证据。

表4-10　讨论圈设计师①

我的问题	讨论的词汇
1.	1.
2.	2.
3.	3.
文本：	
我的观点	基于文本的证据
1.	1.
2.	2.
3.	3.

表4-11是有关"学校健康午餐"讨论圈的角色示例(学生已经阅读了两篇相关主题的文章：《儿童与食物(2012)》、《木材(2012)》)。

表4-11　"学校健康午餐"讨论圈的角色示例图②

讨论主管：
1. 在学校午餐中补充更多水果和蔬菜，你有什么看法？
2. 当学生经过午餐线时，是否应该有更多的选择？
3. 新规定通过后，学校提供更健康的午餐时，你认为会出现怎样的情况？

段落探员：
第1页，这是关于学校改善儿童膳食的内容。
第2页，这是15年来学校午餐计划未解决的问题。
第3页，大约有17%的美国儿童和青少年是肥胖者。

---

① Maureen McLaughlin. Inside the Common Core Classroom Practical ELA Strategies for Grade 6-8 [M]. Pearson Education, 2015:112.

② Maureen McLaughlin. Inside the Common Core Classroom Practical ELA Strategies for Grade 6-8 [M]. Pearson Education, 2015:112-113.

联系员：

文本——自我连接

我试着吃得更健康，但看到含有大量脂肪的食物时，我还是选择了高脂肪食物。因此，我认为在学校里，健康的选择会更好。

文本——文本连接

这让我想起了曾读过的一篇文章，里面有让孩子们吃得更健康的十条建议。

文本——世界连接

健康饮食是每个人都需要关心的问题，而不仅仅是孩子。

词语探员：

词语:检修	页码:2	段落:一	定义:修理
词语:极为肥胖的,肥大的	页码:2	段落:六	定义:非常胖或超重
词语:实现	页码:3	段落:一	定义:去执行

三、听说教学课例

K-W-L语言图表(K-W-L Charts)是帮助学生积极回忆和建立背景知识，交流主题周收获的好方法。字母K代表"我/我们已经知道什么"，字母W代表"我/我们想学什么"或"我/我们想知道什么"，字母L代表"我/我们学到了什么"。K-W-L图表通常是在一本书或学习单元的开头和结束时用的方法。在阅读或学习主题之前，课堂讨论第一个问题，以激活有关某一主题的背景知识。结束时，全班讨论完成填表。K-W-L语言图表的开发受到高度重视，部分原因在于这种学习方法，从回顾已知的知识开始，寻找问题、开始研究，然后评估学到了什么，以此来培养学生的探究性学习能力。下面是哈特女士教"蜘蛛"时使用K-W-L语言图表的课例。

哈特女士事先准备好一系列问题来提问。如"你曾经见过蜘蛛吗？""他们看起来怎么样""他们住在哪里""他们吃什么""那么有毒的蜘蛛呢？"帮助小学生列出了他们对蜘蛛的了解。

一旦学生们深入讨论他们对这个话题的背景知识，对话就进入下一个层次：我们想知道什么？在这一阶段，教师的作用是帮助全班学生确定问题。K-W-L的这一部分至关重要，因为它鼓励学生预测他们在阅读过程中可能读到的信息，并将探究作为一种互动技能来培养。

然后学生在文学圈里阅读与蜘蛛相关的书籍，并使用K-W-L语言图表来确认或否定他们对该话题的预测。最后一列"我们学到了什么？"目的在于征求"想知道"的问题的答案。当然，并非所有的问题都会在随后的阅读中得到解答；这些问题可以用来拓展学习，通过一个叫做K-W-L plus的过程来进一步研究。"plus"代表第四个问题：我们接下来想知道什么？表4-12是一个完整的关于"蜘蛛"的K-W-L语言图表。

表 4 - 12　关于蜘蛛的 K - W - L 语言图表

知道什么？ （Know）	想知道什么？ （Want to Know）	学到了什么？ （Learned）
蜘蛛是可怕的 有八条腿 会结蜘蛛网 它们会咬人 吃虫子 狼蛛是有毒的 有些是毛茸茸的 住在花园里 "夏洛的网"	蜘蛛吃什么？ 如果你被一只有毒的蜘蛛咬 伤了怎么办？ 这里生活的是哪种蜘蛛？ 世界上有多少种蜘蛛？	大多数蜘蛛对人无害 它们是有用的，因为它们吃昆虫 有些蜘蛛吃小动物 并不是所有的蜘蛛都会结蜘蛛网 （活板门蛛） 狼蛛不是很毒 黑寡妇毒蛛更毒

制定 K - W - L 语言图表有利于确定和完善问题，并使回答精确简洁，但最为关键的是有助于学生口头语言的发展。教师可以通过配对分享思维（think-pair-share）的方法来促进学生的参与。①

第四节　跨学科单元教学

美国课程标准研制者认为，培养学生的语言能力，不能单靠语文课程，学生听、说、读、写能力的提高需要各个学科的协同。美国语文课标指出：学生必须学会在各学科内容领域有效地阅读、书写、听、说和使用语言。跨学科教学是一种有利于提高学生参与度，增强教师教学信念（morale），提高学生成绩的有价值的实践。②

一、跨学科与跨学科单元教学

跨学科（interdisciplinary）的内涵包括如下三种含义：

（1）把不同学科的理论、方法、技能有机地融为一体的教育活动或研究活动，强调学科与学科之间的有意义联系，意在打破森严的学科壁垒。

（2）包括众多的跨学科学科（交叉学科）在内的学科群。从这个意义上来说，跨学科不是一门学科，而是所有具有跨学科特点的学科的总称。

（3）一门以研究跨学科的规律和方法为基本内容的高层次学科。我们称之为跨学科学，

① 改编自 Lesley Mandel Morrow, KarenK. Wixson, Timothy Shanahan. Teaching with Common Core Standards for English Language Arts, Grades 3 - 5 [M]. The Guilford Press, 2013:119 - 120.

② Elizabeth Petroelje Stolle & Charlotte Frambaugh-Kritzer. Putting Professionalism Back into Teaching: Secondary Preservice and In-Service Teachers Engaging in Interdisciplinary Unit Planning [J]. Action in Teacher Education, 2014(36):64.

或交叉学科学。①

已有研究主要聚焦第一种含义的跨学科教学，往往以单元教学的形式出现。在跨学科单元教学中，下列因素是必不可少的：

(1) 使学生能够从不同学科领域理解或解决问题的教学目标；

(2) 综合性的、基础性的教学内容；

(3) 以学科、跨学科或教育流派的相关理论为理论基础；

(4) 知识、技能、概念之间是有联系的；

(5) 可以解决某一中心主题、话题、难题、问题；

(6) 整合性的教学策略和实施方法；

(7) 运用和发展学生的综合实践能力，增强其对世界的整体认识。

二、跨学科单元教学设计

设计一个基于标准的综合性的跨学科单元，意味着必须研究课程，并寻找语文学科与其他学科内容领域的整合，如科学、社会、艺术和数学。

(一) 教学内容的选择

一个基于标准的跨学科单元内容设计，应把特定的内容与相关的语文课标进行整合。跨学科单元教学和评估时应引入这些标准，并制定清晰、明确的教学目标。单元教学中应选择具有连贯性的、适当的文本，通过文本建立学生的语境知识，并促进其对学科读写的理解。在选择教学内容时，应考虑的关键因素略有不同。

1. 阅读

跨学科单元教学中的阅读，旨在让学生具有仔细阅读文本、检验文本证据、建构文本意义的学习体验和经历。跨学科单元教学应根据学生的年级水平，提供相应的复杂性文本。应让学生细读文本，理解复杂的短文，学会基于文本讨论问题，并找到文本中支持观点的依据。学生应可根据自己的选择和兴趣，进行独立阅读，以树立阅读信心，培养阅读的耐力和激发阅读的动力。

比如6—8年级的初中阶段，语文学科强调学生多读信息类文本。文学类文本和信息类文本可以在跨学科单元中整合：在设计诗歌单元时，既可以包括有关诗人生活和写作风格的信息类文本，也可以有影响诗歌创作的历史事件，或关于诗歌主题的科学信息。设计一个有关二战的内容单元时，可以选用大屠杀和其他与战争相关的信息类文本和文学作品。这样可以丰富学生的阅读资源，帮助他们更深入地理解文本或主题。

---

① 张海燕. 美国中小学跨学科课程研究［D］. 上海：华东师范大学，2005：7—8.

2. 写作

跨学科单元在涉及到学生的写作时，应在非正式（例如，笔记、摘要和日记）和正式写作（例如研究项目）之间取得平衡，并酌情纳入数字文本（digital texts）。

3. 听和说

在听和说领域，跨学科单元设计应组织学生参与丰富、严谨的，基于证据的讨论。这种讨论可由一系列具体的、发人深省的、与文本相关的问题引出，借助插图、图、表格、音频/视频和媒体，运用新闻发布会、讨论圈、辩论等策略促进学生的口语表达能力。

当然，跨学科单元教学还应整合技术与多种媒体，提高学生跨学科读写能力。在合作和互动中，培养学生的创造性思维和批判性思维，提高学生解决问题的能力和分析技能，提高学生的证据收集能力等。

（二）教学设计类型

在美国，跨学科教学并非新生事物。如纽约州开发了"每周信息生成"（Word Generation Weekly）的补充性课程资源，项目中设置了很多专题性的跨学科单元：学校的目的是什么？克隆：威胁还是机遇？说唱音乐对年轻人有负面影响吗？高中辍学：可以做些什么？英语应该成为美国的官方语言吗？是否应该要求美国学生学习第二语言？人们应该继续吃肉吗？等等。[①]

跨学科单元教学设计主要有以下三种类型：[②]

1. 中心主题方式（central theme approach）

中心主题方式是基于一个主题，通过一门学科或融合几门学科进行课程开发的方式。它包括学科内的整合，如在语文学科内整合阅读、写作、听和说、语言知识和技能。它也包括把某种知识、技能融合到各个学科领域，比如在数学、历史、社会研究等学科中，落实某种阅读和写作能力。

2. 跨学科技能方式（interdisciplinary skills approach）

在跨学科技能方式中也有个中心话题。但各学科知识的连接是通过共同的学习过程完成的，比如跨学科阅读和跨学科写作。如伊利诺伊州科学、社会研究的教师与语文教师组成团队，把写说明文作为科学、社会研究学科与语文学科整合的重点。[③]

3. 生活中心方式（life-centered approach）

这种跨学科单元的开发往往是围绕社会问题和学生的兴趣进行的。它基于这样一种理念：学生在掌握了学科之间的联系后，会把这种联系自动地运用到真实的生活情境中。根据

---

① Word Gen Weekly Interdisciplinary Units. [EB/OL][2018 - 01 - 29]（2023 - 01 - 18）http://www.collectedny. org/frameworkposts/wordgen-weekly-interdisciplinary-units.

② 张海燕. 美国中小学跨学科教学设计简析[J]. 内蒙古教育，2010(6):19.

③ Susan Merten. Reading and Writing Alignment Across Content Areas [J]. Science Scope, 2015(2):13.

学生的具体情况、教学环境等,各学科教师往往是通过合作的方式来确定教学内容。

(三) 教学设计步骤

跨学科单元教学时长视具体内容而定,持续一周、一月、一年都有可能。如纽约州的"每周信息生成"专题性跨学科单元"学校的目的是什么",教学时间为一周,需要语文、数学、科学、社会研究教师协同完成。①

1. 课程形式。跨学科单元教学设计首先应该选定课程形式,根据学生的实际情况、教学环境综合考虑课程内容。尤其应考虑通过跨学科单元进行教学,是否能满足学生的需要,是否比分科教学效果更好。

2. 主题和中心。教师要草拟主题和中心,选择学生感兴趣的主题。围绕中心主题,再选择具体的内容模式,如类型(Formats)、题目(Topic)、议题(Issue)、主题(Theme)、作业(Work)、问题(Problem)。②

3. 讨论与设计。教师团队集体讨论并设计实质性问题:有关主题的概念与每个具体学科是如何产生联系的,需要哪些教学资源;就具体学科而言有哪些实质性问题可以作为教学内容,应设计怎样的教学目标等等。

4. 策略与评估。教师团队确定跨学科单元教学应采取哪些教学策略;运用什么评估手段;怎样安排每天的跨学科学习活动。

三、跨学科单元教学案例

"人类对气候变化的影响"是为6—8年级设计的一个"气候变化"的跨学科单元。整合了语文、科学、社会研究、艺术(艺术、音乐、戏剧)多学科的内容,单元持续教学大约三到四周。

(一) 教学目标

1. 持续理解:人们对所生活的世界有着强大的影响力。

2. 基本理解:气候变化已经持续了一段时间;通过观察、理论研究和行动,提高对气候系统的认识;人类活动正在影响着气候系统;气候变化将对地球及人类产生影响。

(二) 指导性问题

1. 为什么气候变化被认为是一个全球性的问题?

2. 人类如何为气候变化做出贡献?

(三) 基于标准

1. 语文课程标准:涉及到八年级的阅读(文学类和信息类文本)、写作、听说部分的标准。

2. 与科学学科的联系:"天气和气候"是美国《新一代科学教育标准》"地球和空间科学"

---

① How WordGen WEEKLY Works. [EB/OL]. [2018 - 01 - 29](2023 - 01 - 18). http://wordgen.serpmedia.org/assets/wordgenweekly_orientation_pages_series_1.pdf.

② 张海燕. 美国中小学跨学科课程研究[D]. 上海:华东师范大学,2005:39.

领域六大主题之一。"天气与气候"主题学习中,期望学生进一步理解全球气候变化的原因。

(四) 单元拓展

科学学科

1. 学生借助互联网查询资料并自选角度研究"气候变化"。

2. 鼓励学生概括气候变化引发的问题。在纸的右侧记录自己关于降低气候变化影响的想法;在纸的左侧简略写出人们的表现。然后他们完成讨论网(discussion webs),并以此作为一系列辩论的基础。

3. 让学生以"第一人称"去体验。学生就气候变化相关的话题做选择,包括要讨论的主题、研究的问题、来源、演示的方式。

4. 让学生参与创建调查期刊,记录有关气候变化特征的问题,展开研究,撰写总结,并反思自己的发现。

5. 鼓励学生参与"行动中的批判性读写:关于全球变暖的多模式文本(Critical Literacy in Action:Multimodal Texts on Global Warming)"。四次45—60分钟的会话。

在调查和探究全球变暖的影响和可能原因时,学生运用特定的策略来理解多模式文本,通过各种照片、图表和网站探索全球变暖的影响和原因。学生应对不同媒介的优缺点进行分类,再确定适合不同媒介的理解策略。

社会学科

1. 学生创建北极地区水下地图,注明哪些国家声称拥有哪些自然资源。学生撰写一篇论证性的文章,解释他们对"冰战"(ice wars)的定义,并预测哪个国家或哪些国家会成功申请到北极地区资源。

2. 指导学生运用网络查询,探索所选国家或地区的气候变化。在网络查询的过程中,参与研究、团队合作、发展批判性思维。

3. 学生以小组形式制作幻灯片演示文稿。在演示文稿中,汇报检测到的世界各地温室气体及其影响。

4. 鼓励学生阅读"数百万年前形成的微生物与全球变暖之间的关联"的文章。读后举行一次课堂新闻发布会,分享关于某一特定主题的信息并回答同学的提问。

语文学科

1. 提供有关气候变化的提示,以便学生写对话日记。提示可以是:什么是气候变化? 为什么气候变化对人类、环境和动物有害? 温室效应如何危害地球?

2. 运用拼图策略,组织一次气候变化主题的合作学习活动:学生以小组的形式阅读和讨论气候变化的某一方面,并成为这一方面的"专家",然后进入一个新的小组,并与其他已经成为其他方面气候变化"专家"的学生,分享自己的专业知识。

3. 以小组的形式组织和参与读者剧场,展示气候变化对人和环境的影响。

4. 学生创建一个解说的时间表,说明北极冰块融化或其他气候变化带来的影响。

—————————— **艺术(音乐、艺术、戏剧)学科** ——————————

1. 学生创建跨媒体(transmediation),聚焦气候变化。学生将自行选择资源。

2. 学生在"我的心灵之眼"(In My Mind's Eye)项目中创建人类对全球气候影响的数字拼贴画。

3. 学生在小组中以说唱的方式,表达对北极地区的甲烷、碳和二氧化碳的含量变化的想法。

4. 学生写诗表达他们对气候变化的想法。

(五)跨学科单元课程计划

跨学科单元课程计划中有两个语文学科教学案例,教学主题都是气候变化,都包含已完成的策略应用示例,以及讨论网(discussion web),K-W-L-S 语言图表运用,学生写作的样本等。

—————————— **课程计划1** ——————————

文本:《学习基本知识:地球的气候正在变化,人们的活动是主要的原因》(http://epa.gov/climatechange/kids/basics/index. html)

教学目标:学生使用预期/反应指南;讨论并使用"我想……"进行陈述;创作定义诗(Definition poems)

教学过程

1. 激发学生思维

通过讨论气候变化引入教学。教师解释并示范运用预期/反应指南(参见表 4－13)。教师读第一句话:"气候变化和全球变暖是一回事。"教师说自己不同意这种说法,并问学生同意还是反对。然后教师让学生对剩下的问题做出"同意"或"不同意"的回应。最后师生一起讨论学生的回答。

表 4－13　完整气候变化的预期/反应指南

同意	不同意	观点
	√	1. 气候变化和全球变暖是一回事。
×	√	2. 人类是气候变化的主要原因。
√		3. 对话是减少温室气体排放的最佳即时行动。
√		4. 人类可以减轻气候变化的负面影响。

2. 引导学生思考

教师介绍信息类文本《学习基本知识：地球的气候正在变化，人们的活动是主要的原因》。师生将文章与完成的预期/反应指南联系起来阅读思考。学生默读该文本，用20分钟时间准备做"我想……"的陈述。如：第1页，我想：为什么人们关心温室效应，因为温室效应是用来维护地球温暖的；第5页，我想：为什么科学家们在过去数百年里，没有对气候变化感到恐慌，因为之前气候已经发生多次变化。教师组织全班同学根据他们的陈述和问题展开课堂讨论。

3. 讨论并提出与文本有关的问题：

● 记忆水平（memory level）：什么是气候变化？

● 聚合水平（convergent level）：气候变化和全球变暖有何不同？

● 发散水平（divergent level）：如果我们不采取任何措施来阻止气候变化，你认为100年后的生活会是什么样子？

● 评价水平（evaluative level）：作为社会中的一员，我们应该节约能源吗？为自己的答案做辩护。

讨论结束时，师生重新审视预期/反应指南，反思最初的答案，并做标记以表明学生在阅读文章前后对问题理解发生的变化。

4. 拓展学生思维

学生与伙伴合作，创作基于气候变化的定义诗。他们选择主题，进行头脑风暴后开始写诗。然后，伙伴将诗歌输入"我们的气候变化"电子书的幻灯片文件中，用液晶投影仪与全班分享、并讨论所写的诗歌。

5. 评价

教师回顾学生对预期/反应指南的回应。观察学生的讨论，以监测其阅读反应和参与讨论的质量。回顾并评论学生的"我想……陈述"。观看、聆听和评论学生创作的诗歌和相关解说。[1]

———————————— **课程计划2** ————————————

（略）

四、跨学科单元教学启示

义务教育新课程方案要求"开展跨学科主题教学，强化课程协同育人功能……各门课程用不少于10%的课时，设计跨学科主题学习"。[2] 跨学科主题教学的特点是加强课程综合，注重关联是跨学科主题学习的基本原则；作为课程综合和课程协同育人的重要载体是其课程板

---

[1] 改编自 Maureen McLaughlin. Inside the Common Core Classroom Practical ELA Strategies for Grades 6 - 8 [M]. Pearson Education, Inc. 2015：163 - 179.

[2] 中华人民共和国教育部义务. 教育课程方案（2022年版）[S]. 北京：北京师范大学出版社，2022：2—11.

块的属性;以学科内容,尤其是学科核心知识和思想方法为主干,运用和整合其他学科的相关知识和方法,围绕一个中心主题、任务、项目或问题,开展综合性学习活动是其基本要求;以学习任务驱动,探究性、项目化、问题解决等综合教学方式为其特征。美国跨学科单元教学设计步骤、实施案例值得我们借鉴、参考。

第五章

美国语文教学评估

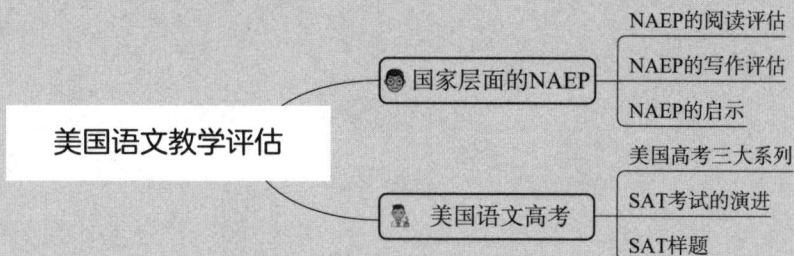

从美国国家和州级层面的语文课程评价来看，其目的在于衡量学校教育质量；衡量教师的教学水平；衡量学生英语语言熟练程度。而从各州课程框架中有关评价的预设来看，其强调的唯一功能就是：诊断学生学习进展，反馈、调整教学。从学校层面的语文学习评价来看，其强调的是：留下每个学生真实的语言学习的足迹。

第一节　国家层面的 NAEP

美国国家教育进步评估(National Assessment of Education Progress,简称 NAEP)是对美国中小学生各科目的学习成绩趋势,进行的一种持续且具有代表性的测试评估。由国家评估管理委员会(National Assessment of Governing Board,简称 NAGB)制定政策、选择评估的学科、为每个年龄段和年级要测试的学科领域确定合适的成就水平、开发评估目标和测试规范、设计评估方法、撰写评估结果报告等;由国家教育统计中心(National Center for Education Statistics,简称 NCES)负责管理,收集、统计、分析和公布有关美国教育发展的数据信息;由美国教育考试服务处(Educational Testing Service,简称 ETS)实施。评估结果被称为"国家教育报告卡"(The Nation's Report Card),见图 5-1。旨在获得具有全国代表性的数据,并向公众报告全美儿童和青少年的教育状况。

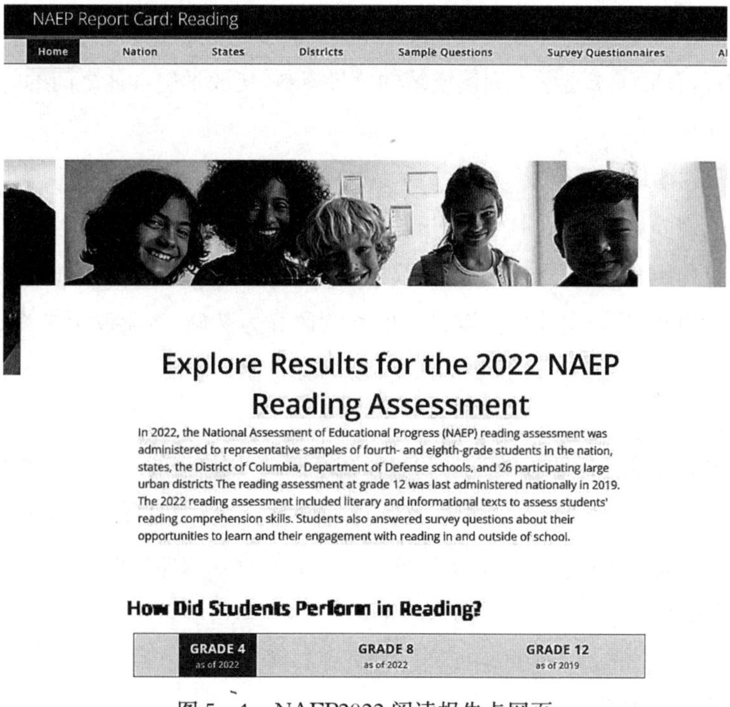

图 5-1　NAEP2022 阅读报告卡网页

NAEP 始于 1969 年,最初测试仅包括公民、写作和科学。1970 年开始加入阅读、文学、音乐、社会学。1972 年至 1974 年,评估又扩展到数学、艺术、职业及职业发展。1983 年,除职业和职业发展,其他科目开展周期性检测评估:评估校内 9、13、17 岁的学生;评估 16—25 岁、26—35 岁的成年人。甚至包括残疾学生(students with disabilities,简称 SD)和英语学习者(English language learners,简称 ELL)。1983 年开始,NAEP 开始测量四、八、十二年级学生的学业成绩,此后逐步加入美国历史、地理、读写能力、计算机能力、技术和工程素养(Technology and Engineering Literacy,简称 TEL)的评价。目前主要分为全美(National NAEP)、各州(State NAEP)、城市学区的教育评估(The Urban District Assessment,简称 TUDA)。全美 NAEP 的评估主要集中在四、八、十二年级中开展。各州则集中在四、八年级,TUDA 评估年级与各州 NAEP 一致。其中,阅读和数学每两年开展一次,科学和写作每四年开展一次,其余学科评估周期则更长。此外,全国 NAEP 还包括每四年一次的长期趋势评估(Long-Term Trend Assessments),旨在提供有关青少年在学业成绩方面的变化。

一、NAEP 的阅读评估

NAEP 在四年级、八年级,每两年进行一次阅读评估,并定期在十二年级进行评估。阅读评估通过四、八、十二年级的学生阅读适读的文本,回答相关问题的情况,衡量其阅读和理解能力。NAEP 还向参加评估的学生、教师和学校管理者发放调查问卷,收集诸如学生在家庭、学校和课堂里的学习体验,教师教授的内容,自己的阅读情趣、习惯、阅读方式等信息。调查问卷获得的信息,有助于丰富学生阅读成绩的背景资料;比较学生群体之间的差异;帮助和引导教育决策者作出决定。

(一) NAEP 阅读评估框架

国家评估管理委员会(NAGB)负责开发评价框架,确定不同学段学生的阅读水平,说明应该评估的具体知识和技能。评价框架吸收了来自学科领域专家、学校管理者、政府决策者、教师、家长等人的想法。该阅读框架以科学的阅读研究为基础,将阅读定义为一种动态的认知过程。

1. 评估内容

NAEP 要求学生理解书面文本;发展和解释文本意义;用恰当的词语描述文本的类型、写作目的和情景。NAEP 阅读框架建议,评估设计应符合学生三大认知目标(cognitive targets):

(1)查找和回忆(locate/recall)。从所读到的信息中查找或回忆时,学生能明确地指出主要的想法,或者可能会把重点放在故事的具体元素上。

(2)整合与诠释(integrate/interpret)。在整合和解释所读内容时,学生能做比较、解释、检查文中观点之间的关系。

(3)评论与评价(critique/evaluate)。当评论或评价所读文本时,学生能从多角度进行批判性的审视,可以对文章的整体质量或具体表达的有效性进行评价。

NAEP 框架还要求对词汇进行系统的评估,检测学生对特定单词的理解程度。为回答问题,学生需将单词与文本理解结合起来。

2. 文本体裁

NAEP 阅读评估包括对文学类和信息类文本的阅读。文学类文本包括虚构类文本、非虚构类文本和诗歌三个类型。信息类文本包括论述、论辩和说服性文本、程序性文本和文件三大类。

（二）NAEP 阅读评估等级及要求

NAGB 开发的成就水平（Achievement Levels）分为基本（Basic）、熟练（Proficient）、优秀（Advanced）三个层次，即等级制评估学生的阅读能力情况。

1. 四年级阅读等级及要求

基础：能找到相关的信息，作出简单的推论，并利用对文本的理解确定支持某一解释或结论的细节，能解释文本词语的意思。

熟练：能对文本进行整合、阐释，根据自己对文本的理解，作出结论和评价。

优秀：能进行复杂的推理，并能构建和支持对文本的推理性理解。能针对文本的不足，作出并支持一个判断。

2. 八年级阅读等级及要求

基础：能查找信息、确定主要思想、主题或作者意图的陈述，并进行简单的推论。能解释文本词语的含义，能够陈述自己的判断，并从内容和呈现两方面给予支持。

熟练：能提供相关信息并总结主要思想和主题。能结合文本各部分内容作出推断，分析文本特性。能理解文本内容和表述。

优秀：能在文本内和文本之间建立起联系，并解释因果关系。能评估、证明证据的力度和作者陈述的质量。能够通过陈述、解释和证明来管理分析和评估。

3. 十二年级阅读等级及要求

基础：能够识别内容意义和形式要素，并与整个文本意义联系起来。能够作出推论，发展解释，在文本之间建立联系，并得出结论。能为每一个结论提供一些支持。能解释文本中所使用词语的含义。

熟练：能够找到并综合运用有关文本内容和形式的复杂信息。能提供具体的文本信息支持推论，做解释性陈述。能在文本内部和文本之间进行比较阅读。

优秀：能够分析文本内容和形式，并提供完整、明确和精确的文本支持，为阅读分析提供具体的实例。为不同的目的阅读多个文本，并将其作为一个整体进行分析和评估。

（三）NAEP 阅读评估样题

1. 四年级阅读评估样题①

《五个煮鸡蛋》一文源自古老的土耳其故事，由劳拉·S. 萨西编写。纳斯列丁·霍加（Nasreddin Hodja）是这个故事中的角色，他在土耳其传说中为人熟知。"Hodja"指老师。

---

① 2017 Grade 4 Sample Reading Questions ［EB/OL］.［2018 - 02 - 14］（2023 - 01 - 10）https://www.nationsreportcard.gov/reading_2017/#/sample-questions?grade=4.

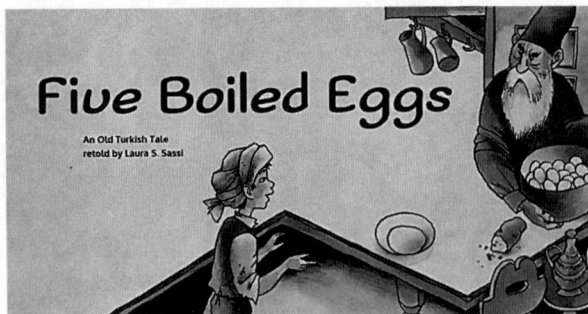

图 5-2 《五个煮鸡蛋》插图

很久以前,一个贫穷的乡下男孩离家寻找财富。他昼夜赶路,在沿路的旅店里吃饭。虽然他吃得很少,但钱却花得很快。直到有一天,他花完了所有的银币。尽管如此,男孩仍继续赶路。不久,他那空空的肚子就开始疼了。他来到一家旅店,走到旅店老板身边。

"请给我点吃的吧!"他说,"我现在没有钱,但我保证会尽快还给你。"

"我看看还剩下什么。"老板嘟囔着从一个大碗里拿出五个煮鸡蛋,放在装有面包的盘子上。"吃吧。"说着,他把盘子放在男孩面前。

饥饿的男孩感激地吃完了食物,并且再次承诺一定会回报后离开了。五个鸡蛋的早餐使男孩恢复了体力,他很快来到一个繁忙的海港。为了寻找财富,他登上离开港口的第一艘船。

多年过去了,小伙子发达了,成了一名商人。他航行到过很远的地方,在许多充满异国情调的港口停留。然而,他一直没有忘记卑微的出身和欠旅店老板的钱。当他终于想回家时,在那家旅店门前停了下来。

"尊敬的先生,"小伙子恭敬地询问旅店老板,"你很久以前招待我的五个煮鸡蛋多少钱?"事实上,旅店老板已经不记得他了,因为眼前这个面色红润的人和十年前乞讨食物的骨瘦如柴的小男孩一点也不像。但是在利益的驱动下,他爽快地算起费用。"一万个银币。"他说道。

"五个蛋?"富有的陌生人倒吸一口气,他原以为他只需要支付不超过十个或者二十个银币。

"啊,你必须考虑它们失去的价值。"贪婪的旅店老板回答道,"如果你没有吃过那些鸡蛋,它们就会孵化成母鸡,而这些母鸡又会生下可能孵化成母鸡的蛋……"他不断地叠加,直到达到他的总数为止。

当震惊的商人拒绝付款时,旅店老板宣布将把他告上法庭。审判定于下星期进行,据说法官是旅店老板的好朋友。

"我被毁了!"商人坐在村里的广场上,他喃喃自语:"我该怎么办?"

这时,一个围着白色头巾、骑着驴的健壮小个子走近了他。"纳斯列丁·霍加为您服务!"这男子友好地点头问,"你似乎遇到了一些麻烦?"

听完商人的故事,霍加宣布:"这是你的幸运日!我很荣幸为你辩护,在这类事上我有充足的经验。"

"谢谢你!"商人说道,更惊叹自己的好运气。然而当审判的日期到来时,纳斯列丁·霍加却不见了。

"我太倒霉了!"商人咕哝着。

"我很快就会变得富有!"旅店老板喊道。

"霍加在哪里?"法官问道,(随着他的缺席)法官越来越生气了。当他正要作出审判时,霍加闯了进来。

"请原谅我。"他喘着粗气走入证人席,"我本来能早点到的,但今天早上我想到个聪明无比的计划,我没有吃早餐桌上的玉米,而是把它种在地里,我想我一定会大丰收的!"

"这太荒唐了。"旅店老板嘲笑道,"你不能把煮熟的玉米种在地里!""真的吗?"霍佳笑着说道,"那么先生,你怎么能从煮熟的鸡蛋里孵出鸡呢!"

这时,整个房间里充满了笑声。

"遵守法庭纪律!"法官猛击木槌吼道,并对旅店老板皱起了眉头。

最后,法官裁定商人不必为鸡蛋支付一分钱。相反,旅店老板必须为这种浪费法庭时间的愚蠢行为支付罚款。

1. 旅店老板说商人欠他一万银币,他以何理由来解释这个数额?

(1) 鸡蛋变贵了

(2) 商人很久以后才来偿还

(3) 鸡蛋里可以孵出母鸡

(4) 商人承诺过会付出任何价格

2. 你认为旅店老板在故事里有变化吗?用故事开头和结尾的具体信息来支持你的观点。

3. 为什么法官判决商人不用付钱?

(1) 纳斯列丁·霍加指出旅店老板的要求很愚蠢

(2) 旅店老板最终同意商人是对的

(3) 旅店老板想要的钱数额太高

(4) 纳斯列丁·霍加证明他是法官的好朋友

2. 八年级阅读评估样题①

凡事都有季节
——新鲜采摘的食物质朴难掩美味
文/梅琳达·赫梅尔根

一月份的草莓、三月份的桃子、十二月份的西红柿,除非你生活在一个生长季节很长的地

---

① 2017 Grade 8 Sample Reading Questions [EB/OL]. [2018-02-14] (2023-01-12) https://www.nationsreportcard.gov/reading_2017/#sample-questions?grade=8.

区,否则这些都是违反自然饮食规律的。换句话说,就是应该吃应季的食物。

当我们跟随季节的脚步进食时,我们能够欣赏地球的自然周期。看桃子吧,那毛茸茸的果实定义了夏天。采摘不久的桃子,口感最佳,达到营养高峰。我们也可以在冬季从智利进口桃子,但反季的桃子缺乏香味,甜甜的果汁还会滴到我们的下巴。

使用化学燃料

全球食物系统让我们随时可以吃到任何想吃的东西。然而,选择在数千英里以外种植和收获的食物会对地球造成损失。例如,从远方运输食物的长途卡车需要燃料,这增加了诸如全球变暖的隐藏成本。"时令饮食就是环境饮食。"威斯康星州的有机农民大卫·布鲁斯解释道。

"我们是唯一可以保护地球的物种。"疾病控制和预防中心的国家果蔬计划中心顾问凯西·科布说。知道水果和蔬菜有助于健康,你可能也会这么吃。但她认为,食用当地的时令农产品对环境有好处。"当我们吃本地种植的应季食物时,也在让地球和土壤进行自身补给,并减少远距离运输食品给环境造成的损害。"科布说。

在冰箱中存放水果和蔬菜可能有助于减少营养损失,但最好是尽快让农产品从庄稼到你的盘子里。

为了地球和你的健康

根据营养师阿曼达·阿奇博尔德的说法,滋养自己"不仅仅是填饱肚子"。她喜欢应季的食物,因为整体质量更好。"如果你用季节作为指南,那么你总能得到最美味和最有营养的食物。"

有很多更好的保鲜办法:

- 过早采摘的水果和蔬菜不是最美味和最有营养的;
- 从农场到餐盘所需的额外时间,会进一步降低食物的营养水平;
- 其他破坏营养的重要因素是温度、光和在空气中所接触到的氧气。

总而言之,五到十天的运输可能会导致30%到50%的维生素流失。在冰箱中存放水果和蔬菜有助于减少营养损失。但最好尽快地把农产品从庄稼地里放到你的盘子里。

农场新鲜的食物是最好的

在密苏里州,大卫和克里斯托弗·M.两兄弟住在草原生日农场(Prairie Birthday Farm)。他们每天都享用新鲜的应季食品。14岁的大卫知道,如果不需要长途跋涉,食物会更好。他解释说:"农民们选择种植的作物可能是为了口味,而不是它们在运输过程中的保鲜能力。"大卫最喜欢的应季水果是西瓜。

17岁的克里斯多夫认为,食用在自然环境中生长的食物给当地人带来了在世界其他地方无法做到的事情。他吃过的最好吃的水果是夏威夷的菠萝。他说:"它在我住的那个岛上苗壮生长,美味至极。"他吃过的最美味的蔬菜是什么呢?"是我妈妈花园里的藤蔓上长出的新鲜豆荚。"他说。

青少年的试吃证明

大卫和克里斯多夫并不是唯一有那种感觉的年轻人。"与罐装和加工食品相比，新鲜食品的口感更好。"宾夕法尼亚州威洛格罗夫市12岁的萨拉说。去年夏天，她拜访了缅因州的表兄弟，萨拉很喜欢从花园里"榨出新鲜的西红柿"来自制番茄酱。她还访问了宾夕法尼亚州兰卡斯特的阿米什农田，在那里，她吃到了很棒的苹果。"那口味比超级市场里的更新鲜。"莎拉回忆道。

想想作家和环保主义者亨利·大卫·梭罗的名言，他说："生活在每个都会过去的季节，呼吸空气，喝水，品尝水果。"如果你关心气候变化、污染、营养，或者仅仅是享受地球上最美味的食物，那就试试应季的食物。

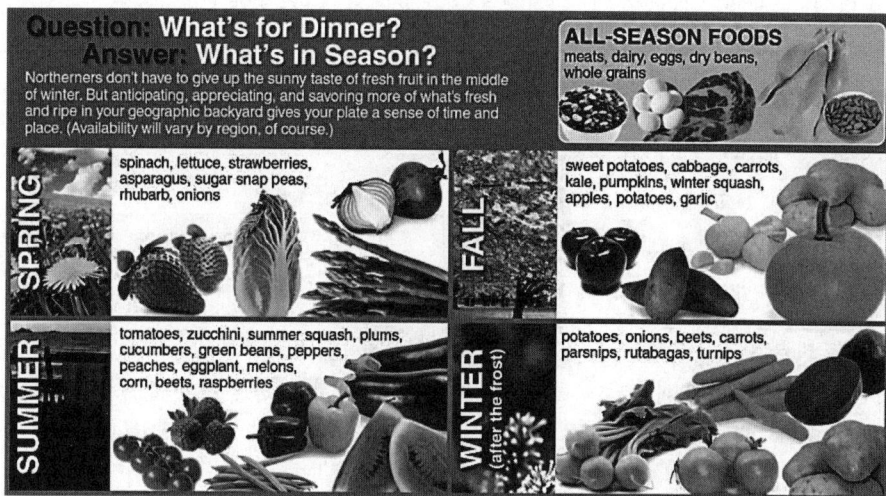

Question: What's for Dinner?
Answer: What's in Season?
Northerners don't have to give up the sunny taste of fresh fruit in the middle of winter. But anticipating, appreciating, and savoring more of what's fresh and ripe in your geographic backyard gives your plate a sense of time and place. (Availability will vary by region, of course.)

ALL-SEASON FOODS
meats, dairy, eggs, dry beans, whole grains

SPRING
spinach, lettuce, strawberries, asparagus, sugar snap peas, rhubarb, onions

FALL
sweet potatoes, cabbage, carrots, kale, pumpkins, winter squash, apples, potatoes, garlic

SUMMER
tomatoes, zucchini, summer squash, plums, cucumbers, green beans, peppers, peaches, eggplant, melons, corn, beets, raspberries

WINTER (after the frost)
potatoes, onions, beets, carrots, parsnips, rutabagas, turnips

图 5-3　时令蔬菜和水果（版权归《每日周刊》所有）

1. 文章的主旨是什么？
（1）提出全球变暖危险论
（2）说服读者多吃水果和青菜
（3）建议青少年改善饮食习惯
（4）提供支持食用本地作物的证据

2. 根据文章内容，为什么说尽快让农产品"从庄稼到你盘子里"很重要？

3. 作者在文章中使用了哪两种论据来支撑论点？解释为什么用这两类论据有助于突出论点。

3. 十二年级阅读评估样题①

敞开的窗户

文/萨基(1870—1916)

"我姑妈很快就回来了,纳特尔先生。"一个颇自负的十五岁小姑娘说道,"那时候您可得多包涵点。"

弗兰顿·纳特尔设法说上几句阿谀的话,恭维一下这位侄女和那位很快就回家的姑妈。他逐渐怀疑,正式拜访这么一大群毫不相识的人,对他正在治疗的神经病究竟有何益处?

"我知道会怎么样。"他姐姐在他准备移居乡村时说,"在那里你会很闷,不跟别人说话,病情会越来越糟糕。我帮你写介绍信给我在那里的熟人,据我所知,有些人是很不错的。"

弗兰顿想,不知道这位萨普顿太太,他正在拜访的夫人,是不是也是"好人"之一呢?

小姑娘觉得他们沉默太久了,于是问他:"你认识这里很多人吗?""几乎没一个认识的。"弗兰顿道,"我姐姐在邻近的教区住过,大约是四年前的事情。她给了我一些介绍信,让我和这儿的人认识。"说完,他不加掩饰地露出了后悔的表情。

"这么说,你对我姑妈一点也不了解?"自负的小姑娘问道。

"仅仅知道她的名字和地址。"弗兰顿承认道。他不知道萨普顿太太的丈夫是否还健在,但房间里的摆设让人觉得她不可能是个寡妇。

"她的大悲剧发生在三年前,"女孩说,"那时候您姐姐已经搬走了。""她的悲剧?"弗兰顿询问道。在这个僻静的小村庄,"悲剧"一词简直不可思议。"您不想知道为什么在十月的下午,我们还要把窗户敞开吗?"小侄女指着开向草坪的巨大落地窗问道。"这个时候天气还是比较暖和的,"弗兰顿说道,"但是这窗户和悲剧有什么关系吗?"

"三年前的一天,她的丈夫和两个孩子从窗前走过去打猎,可他们再也没有回来。在穿过沼泽地到他们最中意的鹬鸟狩猎场时,三个人都陷进了泥沼。那是一个可怕的潮湿的夏天,您知道吗,那些原本安全的地方突然间毫无预兆地被泥沼吞没了。他们的尸体也没有找到,太可怕了!"

讲到这,女孩的声音不再自信满满,支支吾吾地说:"可怜的姑妈认为他们总有一天会回来。他们和那条一起失踪的小棕狗,会像过去一样从窗前走过。这就是窗户早晚都开着的原因。我可怜的姑妈,她常常跟我说他们走时是怎样的,她的丈夫手臂上搭着件白色的雨衣,她的小儿子罗尼,哼着歌'柏迪,你为什么蹦蹦跳跳?'像他往常逗她一样,因为姑妈说,这首歌让她感到不安。您知道吗? 有时候像这样安静的夜晚,只要我一想到他们会从这扇窗户走进

---

① 2015 Grade 12 Sample Reading Questions. [EB/OL]. [2018 - 02 - 14] (2023 - 01 - 14) https://nces. ed. gov/nationsreportcard/subject/field_pubs/sqb/pdf/2015_sqb_g12_mrs. pdf.

来,我就忍不住起鸡皮疙瘩。"她打了个哆嗦。这时,她的姑妈带着迟到的歉意进了屋子,对弗兰顿来说,这是一种解脱。

"我想维拉没有冷落您吧?"她说道。

弗兰顿说:"她是个很有趣的孩子。"

萨普顿太太说:"我想您不会介意打开这扇窗户吧?我丈夫和我的孩子们马上就要打猎回来了,他们总是从这条路回来。今天他们去了沼泽地,会把我的地毯弄得一团糟,你们男人总这样,不是吗?"她兴致勃勃地聊着打猎、鸟类的稀少和冬季里打野鸡的前景。而对弗兰顿来说,这实在太可怕了。他做了一番努力,竭力把谈话引开。然而他发现,女主人并不太在意,她的视线总是飘过他,停留在开着的窗户和外面的草地上。

在这个悲惨的周年纪念日来拜访,真是不合时宜!"医生们一致建议我要好好休息,避免精神过度亢奋和激烈的体育运动。"弗兰顿说道。像许多人一样,他也自以为陌生人或偶然相识者对他的疾病的每一细节、发病原因、治疗过程等会很感兴趣。"但在饮食方面,他们就产生分歧了。"他继续补充。

"是吗?"萨普顿太太打着呵欠说道,然后她突然兴奋起来,但并不是因为弗兰顿的故事。"他们终于回来了!"她大声喊道,"正好赶在喝茶的时间,您还没见过他们浑身是泥的样子吧!"弗兰顿轻轻颤抖起来,他转向小侄女,眼里含着祈求同情与理解。小姑娘透过敞开的窗户凝视窗外,眼里流露出惊恐的神情。在一阵无名的恐惧中,弗兰顿在他的座位上转过身来,朝同一方向望去。在朦胧暮色中,有三个人影穿过草地向窗户走去,他们都把枪放在胳膊下,有一个肩上搭着白色雨衣,一只棕色的长耳狗紧跟在他脚边,他们不声不响地走进房子。随后有个年轻人嘶哑的嗓音在黄昏中响起:"我说柏迪,你为什么蹦蹦跳跳?"弗兰顿疯了一样地抓起了手杖和帽子,慌不择路地向门、通道、大厅跑去。一个骑自行车的人为了避免碰到他,撞进了树丛中。

"我们回来了,亲爱的!"拿着白雨衣的男人走进窗户,说:"全身都是泥,不过大部分都干了。刚才我们走过来的时候,谁跑出去了?""一个奇怪的人,他叫纳特尔。"萨普顿太太说道,"只知道谈论他的病情,当你来的时候,连再见或者道歉都没说就匆匆离去。简直像看见鬼一样!"

"我猜是因为那条狗。"小侄女平静地说,"他告诉我他很怕狗。有一次,他在恒河被一群流浪狗追逐,不得已在一个新挖的坟墓里过夜。那些动物咆哮着,咧嘴笑,在他的头顶上流唾沫,任谁也会被吓坏的。"

毫不费力地编故事,可是她的拿手好戏。

1. 以下哪个选项最恰当地描述了故事?

(1) 一个年轻人去拜访他的姑姑,告诉她最近发生的一场悲剧

(2) 一个年轻女孩通过讲恐怖故事来逗她的家人开心

（3）一个年轻的女孩编造了一个故事，吓坏了一个紧张的客人

（4）一家人对一个外地年轻人开了个玩笑

2. 根据故事中的具体情节，说明为了让弗兰顿相信她，维拉说了或做了什么。

3. 一位评论家形容萨基是一位在故事中既创造悲剧，也制造喜剧的作家。依据故事具体情节，说明评论家的评论是否适用于《敞开的窗户》。

二、NAEP 的写作评估

NAEP 写作评估用来衡量学生为特定目的（说服、解释或传达经验），以及特定读者的写作能力。说服（to persuade），以改变读者的观点或影响读者的行为；说明（to explain），为了扩大读者的理解；传达真实的或想象的经验（to convey experience, real or imagined），以便与他人交流个人经验和想象的经验。

（一）NAEP 写作评估框架

随着信息技术融入学生的生活和学习，自 2011 年起，全美八、十二年级开始进行 NAEP 计算机写作评估。四年级由于计算机学习时间限制，小学生有限的键盘使用能力等原因，自 2019 年后进行计算机写作评估。

计算机评估包括八年级的 22 个写作任务和十二年级的 22 个写作任务。写作任务以多种方式呈现，包括文本、音频、照片、视频或电脑动画。学生在笔记本电脑上写作。

1. 评估前，学生先得到一份讲义，讲解电脑屏幕呈现材料的方式，评估软件程序的使用和操作；

2. 学生被随机分配完成两项任务，每项任务完成时间是 30 分钟；

3. 学生在 NAEP 提供的笔记本电脑上，使用普通文字处理程序软件完成写作任务；

4. 可以使用一些标准工具编辑、格式化和查看文本，但无法访问令人分心的工具，如剪贴画、字体、颜色和互联网。

针对不同年级、交际目的，写作目的的百分比是不同的。表 5-1 展示了 2011 年 NAEP 中写作目的的分布情况，百分比代表某个年级写作特定目的的任务所占的比例。百分比的分布反映了中小学写作教学中，对三种交际目的的关注程度，以及写作要求的差异。

表 5-1 写作目的百分比

目的	四年级	八年级	十二年级
说服	30%	35%	40%
说明	35%	35%	40%
传达经验	35%	30%	20%

(二) NAEP 写作评估标准

思维的发展、有逻辑的组织和语言规则的运用是评估学生写作质量的重要指标。它与语文课标相符,也是多数州在四年级、八年级和十二年级写作评估的内容,更满足中学后准备工作的需求。表 5 - 2 描述了这三个指标,以及指标的有效性依据。

表 5 - 2　写作评估标准

指标	说　明
思维发展	深度与复杂性 思考和写作的方法 细节和论据
逻辑组织	文本结构 文本连贯性 文本主旨
语言规则运用	句子的结构和种类 词汇选择 语音和语调 语法、用法和规则细节(大小写、标点和拼写)

NAEP 写作评估采用"6 分制":1 分最低,6 分最高。三个年级评价标准的解释或应用是不同的。下面以"说服"写作为例。

6 分:表现出超强的写作能力,满足各部分的写作要求,如实现作者表达目的、读者需求及形式要求。

● 观点明确,见解深刻有见地;

● 论据充分,总结、叙述都达到说服目的;

● 主题明确,结构富有逻辑,运用多种组织方式如分析、评估、叙述等来佐证观点;

● 句子结构、单词语法、语音语调运用得当;

● 虽然在语法、用法或细节上可能存在一些小问题,但总体来看文章目的和意义十分明确。

5 分:对写作任务有专业的回应,较好地满足各方面要求,如实现作者表达目的、读者需求及形式要求。

● 立场明确,虽无法解决复杂的问题,但有一定的说服力;

● 论据充分,总结、叙述都能达到说服目的;

● 主题明确,结构有一定的逻辑;

● 句子结构、单词语法、语音语调运用得当;

● 存在意思正确,但叙述不够精准的问题。

4分:运用一定的技巧来完成写作任务,较大程度上实现作者表达目的、读者需求及形式要求。

- 立场与论点有一定相关,但多以情感论据来实现表达目的;
- 细节和论据充分,存在分布不均的情况,且叙述方法和目的关联性不强;
- 主题较明确,组织结构清晰,具有一定逻辑;
- 句子结构、单词语法、语音语调大多运用得当;
- 存在意思正确,但叙述不够精准的问题。

3分:完成写作任务的各方面技巧还有待提高,某些部分能实现作者表达目的、读者需求及形式要求。

- 立场与说服目的相关,但仅涉及问题的一个方面,缺少对其他观念的理解;
- 提供的论据不能使人完全信服,文章思路并不能完全与说服的目的匹配;
- 大多能聚焦话题,采用简单的组织结构,逻辑不够清晰;
- 句子结构、单词语法、语音语调运用基本得当;
- 大多数的语法、用法或细节是正确的,但存在叙述不精准,阻碍读者理解的问题。

2分:不能很好地完成写作任务,未能达到实现作者表达目的、读者需求及形式要求。

- 有立场,也提供了论据来支撑;
- 论据大多简短、寻常、不充分,与说服性目的关系不大;
- 有些想法与主题无关,结构不合逻辑;
- 句子结构正确但种类很少,能够支持说服性目的的单词也较少,语音语调无助于作者目的和读者理解;
- 语法、用法或细节等正确,但存在阻碍读者理解、表意不明的错误。

1分:基本未使用技巧来完成写作任务,未达到实现作者表达目的、读者需求及形式要求。

- 能陈述一个立场,并提供一些理由;
- 论据大多简短、寻常、粗糙甚至与目的无关;
- 试图通过分段来组织思想,但段落结构不合逻辑;
- 句子结构、单词以及声音语调往往不正确;
- 部分语法、用法或细节正确,但存在很多妨碍读者理解的错误;
- 对立场、组织和语言使用习惯有简单的判断。

0分:无可信度;过于简短;未使用规范英语;无主题或文章无法辨认。

(三) NAEP 写作评估样题[①]

1. 四年级写作评估样题

---

① The Nation's Report Card. Wrighting Framework for the 2011 National Assessment of Educational Progress [M]. National Assessment Governing Board, 2010:59 - 63.

（1）说服

Tigers　　　Rising Stars　　　Dolphins　　　Rockots

图5-4　吉祥物

吉祥物是用来代表一个群体的动物或物体。如,许多运动队都有吉祥物。想象一下,学校要选新的吉祥物了。你有四种选择:老虎,冉冉升起的星星,海豚和火箭。

从四个吉祥物中选一个,写一封信给你的校长,说服他或她接受你的选择,并在信中说明理由和例子。

（2）说明

想象一下,老师选择你来帮助一个将转学的新生。为了迎接新生,老师要你写一封信给他(她),介绍你的学校,以便他对学校有大致的了解。

给你未来的同学写一封信,介绍你的学校是怎么样的,在信中要有详细信息的例子,帮助他了解学校。

（3）传达经验

你们学校想让学生思考:个人行为如何改变他人。为此校报正计划出一期关于学生帮助别人或别人帮助自己的故事。

为校报写一个故事,关于你帮助某人或某人帮助你的事。在故事中加入细节,把你的经验传递给你的读者。

2. 八年级写作评估样题

（1）说服

学校想通过出版一本关于学校课外活动的小册子,来说服八年级的学生参加学校、社区活动,体育活动或俱乐部。

写一篇关于某项运动、俱乐部,或者参与的活动,或者他们认为八年级新生应该参与的活动的文章。写一段文字说服八年级新生,参加你所选择的运动、俱乐部或活动。一定要包括你选择活动的理由和例子。

（2）说明

你校正在创建一个"时间胶囊",在一个盒子中放入八年级学生的物品和文字,到2050年再开启。要求所有八年级学生在时间胶囊里添加他们的作品——"2050年美国人的生活将会是怎样的"。

写放进"时间胶囊"的文章,说明你认为2050年美国人的生活将如何。用细节和例子来说明你的想法,下面的信息你可在写作中用于预测未来。

一本针对年轻人的杂志刊登了以下调查结果：

关于八年级学生对2050年预测的调查

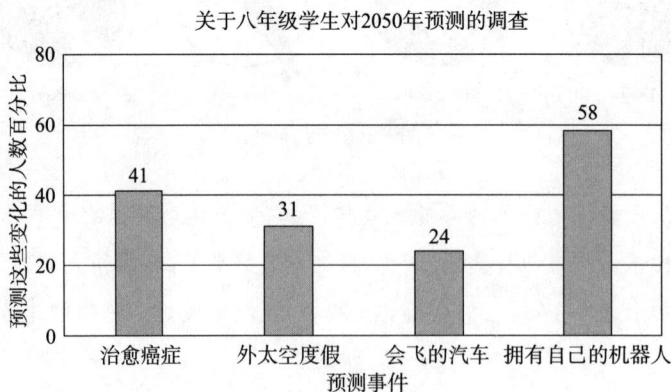

图 5-5 调查结果图

以下信息出现在当地报纸的"职业"版面：

预测的工作趋势	
增加	减少
◇ 老师	● 农民
◇ 电脑技术员	● 售货员
◇ 科学家	● 律师

（3）传达经验

《青少年生活》是一本面向年轻人的杂志。它举办了一个中学生写作比赛。这次比赛的主题是"实现目标"。该杂志已发出如下比赛指令：

《青少年生活》想听听已经实现目标的年轻人的经历。请参赛者写人生中实现目标的难忘时刻，并清楚地描述目标是如何实现的，以便读者能充分理解你的经验及其重要性。《青少年生活》的工作人员将选出一名获奖者，于下月刊出获奖者的文章。

写一篇参赛作文，描述一个目标的实现过程，以及这个经历对你生活的重要性。一定要描绘细节，以帮助读者理解你的经历及其重要性。

3. 十二年级写作评估样题

（1）说服

科学家最近宣布，本州的一个公园含有大量的石油——一种可以转化为汽油或用于加热的物质。目前，州立法机构正在讨论是否允许能源公司进入该公园的保护地，以钻探石油。一名州议员在对该州居民的演讲中，指出辩题的矛盾所在："国家是否应该允许能源公司在受保护的土地上钻油，这个讨论对本州的未来发展很重要。一些州立法机构认为，允许进入受保护的土地有利于经济发展,创造数以千计的就业机会,降低商品和服务的成本。然而,其他人则认为,保护自然环境,为这个国家的公民提供高质量的生活是重要的。"

州立法机关呼吁公民就此问题选择立场、发表意见。"是否应该开放保护土地供能源公司进行钻探",你可以采取行动,说服州议会的成员支持你的立场。

（2）说明

你们社区的成员,包括地方领导人和市长,都关心公民意识和城市自豪感。为了与当地居民展开对话,当地报纸邀请居民回答公民领袖辩论过的一个问题:"是什么造就了一个好的社区?"报纸希望那些回应的人定义一个好的社区,并解释创建一个好社区需要哪些要素。

对这个问题的回答,将由包括市长在内的市议会成员来阅读,以便他们为提高公民意识和城镇自豪感做努力。

回应报纸的要求,定义一个良好的社区,并解释哪些元素构成一个好的社区。一定要用具体的例子和细节来解释你的想法。

（3）传达经验

作为申请一份工作或上大学的要求之一,请你思考:以下的谚语与你的高中经历有何联系:

"经验不是发生在你身上的事,而是你如何处理发生在你身上的事。"

——阿尔道斯·赫胥黎

对这句话做回应,要提到高中的一段经历,反映你如何成为一名高中学生的。要传达具体的经验信息给读者。

三、NAEP 的启示

NAEP 经过近 50 多年的发展,已经成为全美最具影响力的学业能力评估之一。其评估框架的结构性和科学性,富有特色。

（一）构建能力评估框架

美国 NAEP 评价内容以能力为核心,如阅读评估强调查找与回忆、整合与诠释、评价与评论等认知目标要求;写作评估则衡量学生说服、说明、传递经验的写作能力。NAEP 关注学生真实情景中的读写能力,这种评价目标为全美中小学的阅读、写作教学导向。

NAEP 测量目标与试题内容吻合。但在评估实施中,学生无法预知、猜测评估试题。这既避免了学生投机取巧应试,也保障了评估的客观性。

（二）构建等级量表、明确要求

NAEP 的阅读评估和写作评估都采用等级制,如阅读成就水平分为基本、熟练、优秀三个层次,写作评估使用"6 分制"。并配套具体的评估指标、量表,便于准确评估和解读结果。

（三）注重真实的情境

NAEP 写作评价注重创设生活的实际情境,强调以读者为中心来考虑写作目的和表达形式,体现了写作的实用性和交际性。

第二节　美国语文高考

美国高校招生制度为美国社会选拔了大批优秀人才,对美国经济、科技乃至社会的高度发展功不可没。

一、美国高考三大系列

学术能力评估测试(Scholastic Assessment Test,简称 SAT)、美国大学入学考试(American College Testing,简称 ACT)和大学预修课程考试(Advanced Placement,简称 AP)是当前美国高考的三大系列。这三大系列考试均为美国高校招生的参考标准,一般学生需要根据报考大学的要求,选择相应的系列。

SAT 考试是由美国大学理事会委托教育测验服务社(Educational Testing Service,简称 ETS)定期举办的考试,其成绩是世界各国高中生申请美国名校学习及奖学金的重要依据。2014 年 3 月 5 日,美国大学理事会(College Board)宣布对 SAT 考试进行一次大规模的改革,新 SAT 试题于 2016 年正式应用于考试。

(一) SAT 与 ACT

SAT 考试与 ACT 考试都是美国大学官方入学考试,共同承担着为美国高校选拔人才的重任。两种考试在美国高校申请中几乎拥有同等的认可度,都是一流高校的"敲门砖"和入学后奖学金颁发的标准之一。SAT 和 ACT 两者在测试目的、内容、题型、分值等方面的设计有所不同,在语文学科方面的差异具体见表 5-3。

表 5-3　SAT 与 ACT 语文学科范畴的比较

项目	学术能力评估测试(SAT)	大学入学测试(ACT)
测试目的	评估是否具有完成大学阶段学习所必备的能力	考查中学阶段知识和技能的掌握情况
美国大学认可度	几乎所有的学院和大学	所有四年制大学以及全球各地的 200 余所大学
测试内容	1. 阅读(Passage-Based Reading) 2. 写作和语言测试(Sentence Completion) 3. 选考项目:论文写作(Essay)	1. 阅读(Reading) 2. 语言测试(English) 3. 选考项目:写作(Writing)
试卷结构	3 个部分的测验 + 选考的论文写作	4 个部分的测验 + 选考的写作
考试时长	3 小时, 选考"论文写作"增加 50 分钟	2 小时 55 分钟, 选考"写作"增加 40 分钟

SAT 考试旨在考查学生的学习潜力,评估其是否具备继续深造,完成大学学业的能力,新 SAT 降低了难度后,与 ACT 更为相近。对于考生而言,SAT 除了语文课程方面的测试科目外,还必考数学;ACT 还需参加数学和科学方面的测试。

(二) SAT 与 AP

SAT 和 AP 在测试目的、题型、分值等方面的设计有所不同,具体在语文学科方面的差异见表 5 - 4。

表 5 - 4 SAT 与 AP 语文学科范畴的比较

项目	学术能力评估测试(SAT)	大学预修课程考试(AP)
测试目的	评估是否具有完成大学阶段学习所必备的能力	高中阶段预先修读大学课程,以提前获得学分
测试内容	1. 阅读(Passage-Based Reading) 2. 写作和语言测试(Sentence Completion) 3. 选考项目:论文写作(Essay)	1. 英语文学与写作 (English Literature and Composition)
试卷结构	3 个部分测验 + 选考的论文写作	五篇文学作品选段 + 写作
考试总时长	3 小时,选考论文写作,增加 50 分钟	3 小时

AP 课程在学生申请美国大学,尤其是常春藤联盟的顶尖高校时,有很大的作用,但是否参加 AP 课程及其考试,学生可自由选择。

SAT 考试一年举行七次,学校不组织学生参加,参试纯属学生个人行为。学生可以任选时间参加考试,并且可以多次参加考试,直至考出自己满意的成绩为止。美国各大学对 SAT 考试成绩的要求不同,最终录取与否,除了参考 SAT 成绩外,还需要兼顾以下几个方面的因素:高中平时成绩(各科成绩 B 以上)、所在学校排名、综合素质(包括课外学术活动、文体活动、社会活动、义工和有偿工作等)。[①]

二、SAT 考试的演进

自 1926 年第一次考试至今,SAT 考试是美国最早的大学入学考试。SAT 共经历了四次重大调整。

(一) 背景

20 世纪以前的美国,各个州都享有独立管辖的权力。因为这种地方分权的体制,每个州在教育上享有独立的管理权。各州的课程标准、课程内容、学制都不同。因此,美国的大学不论公立还是私立,都有自己独立的招生录取体系。在缺乏全国统一入学考试的背景下,SAT

---

① 董蓓菲. 全景搜索 美国语文课程、教材、教法、评价. [M]. 上海:华东师范大学出版社,2009:190.

作为一种全国性的大学入学考试,很快在美国收到了欢迎。它主要为解决当时美国普通中学教育不平衡的混乱局面,并尝试为美国大学招收不同类型的学生以适应美国社会现代化对人才的需求。[1]

(二)四次改革

从 1926 年 SAT 的第一次考试到 2016 年,90 年间 SAT 做了四次调整。

1. 1994 年改革

原先 SAT 英文全称是"Scholastic Aptitude Test",因为"Aptitude"一词含有"倾向"的意思,被认为暗含民族主义色彩的偏见。因此 1993 年美国大学理事会将 SAT 中字母 A 的缩写改成中性色彩的"Assessment",取"评估"的意思。1994 年第一次改革 SAT 将原先的考试分为了两类 SAT-Ⅰ和 SAT-Ⅱ,SAT-Ⅰ和原有的 SAT 相似,由语言和数学组成,SAT-Ⅱ的考试内容涵盖了写作、数学、外语、自然社会科学等。

2. 2005 年改革

2002 年美国大学理事会决定于 2005 年实施第二次改革,其中最主要的变动是在 SAT-Ⅰ部分增加了写作的考查。

3. 2009 年改革

此前,考生所参加的每一次考试成绩都会递交到所申请的大学作为记录。为了减轻考生压力,优化考试成绩,美国大学理事会开始实施分数选择制度,让考生选择自己最为满意的一次考试成绩,递交给申请院校。

4. 2016 年新 SAT

2014 年美国大学理事会主席戴维·科尔曼(David Coleman)宣布 SAT 将进行历史上最大的一次改革,随后发布了 SAT 考试大纲和新样题,并决定于 2016 年 3 月正式开始实行。[2] 下表 5-5 是新旧 SAT 在语文课程方面的对比。

表 5-5　新旧 SAT 语文学科范畴的比较

项目	新 SAT	旧 SAT
测试内容	1. 循证性阅读(Evidence-based Reading) 2. 写作 3. 选考项目:论文写作	1. 批判性阅读(Critical Reading) 2. 写作
材料来源	社会科学、自然科学、人文或小说	人文科学
论文写作	选考	必考
考试总时长	3 小时,选考论文写作加 50 分钟	3 小时 45 分钟

---

① 陈艳. 美国 SAT 考试历史变迁研究. [D]. 南京:南京师范大学教育科学学院,2011:12.
② 牛悦　於荣. 美国大学入学考试 SAT 的改革及其启示. [J]. 北京:中国人民大学教育学刊,2016,6(2).

三、SAT 样题

下面是 SAT 阅读和写作样题。

（一）阅读部分文学(Literature)样题[①]

【样例 1】　　**阅读片段回答问题**

一个拿相机的男人穿过邻居的院子,抄近道走来。此时,矮树下一对双胞胎正玩得开心。一位老太太向前走着,"嘭"地一声,栅栏门打到了她的手。

"我想拍一些照片,拍两张房子的照片,还有这里的每一样东西……"那个男人笑着说。

"早上好!"老太太笑着打断了他的话。

"早上好!"那个男人低着头看着相机镜头说,"你站的位置很好,阿姨!我给你拍一张……"

"喂,你!"老太太扬起眉毛看着盖斯。盖斯拉起袜子,咯咯地笑着。

那男人手里的照相机嗡嗡地响着,边拍边说:"这里有许多好东西!山核桃、小雪橇、鲜花、彩石铺就的汽车路、树木、工具棚。"

"我不认为这是什么好东西。"老太太扬着眉毛说,"我考虑的是这里的人。"拿相机的男人停止了拍照,盖斯则把头藏进衣领咯咯地笑。

"早上好,夫人!"不知什么时候另一个陌生男人走了过来。"我们是为国家拍电影的。"他面带微笑地说,"是否介意我绕你的院子拍一圈呢?""这家伙!"那对双胞胎一下子变了脸色。

"很介意!"老太太的脸上没了一丝笑意。

陌生男人笑了起来,似乎无话可说了,和拍照的男子一起退出了院子。可那架相机还在嗡嗡作响。

"我建议你关了这个机器。"老太太的声音像从牙齿缝里挤出来的。

"那么,阿姨……"拿相机的男人套近乎地说着。

"我和你妈妈没有关系。"

1. 老太太问候"早上好"之后,那个拿相机的人做出了一些举动,说了一些话,是因为他(　　　)。

---

① The SAT Subject Tests Student Guide. (2017)［2018 - 01 - 16］(2023 = 01 = 12) https://collegereadiness. collegeboard. org/sat.

（1）已经意识到他正侵入这个地方

（2）怀疑他正陷入危险之中

（3）希望通过自然的表现赢得老太太的好感

（4）得到现场成人的宽慰

（5）认识到他正在破坏园子的整洁

2. 拿相机的男人说"那么，阿姨……"时的语调是（　　）。

（1）期待的

（2）摆出屈尊俯就的样子

（3）指责的

（4）服从的

（5）尊敬人的

3. 老太太最后的话可以理解为（　　）。

（1）不情愿承认

（2）犹豫不决

（3）诙谐的笑话

（4）令人惊奇地发现

（5）强烈的斥责

4. 这个情节中隐含着一个冲突，即（　　）。

（1）彬彬有礼与傲慢无礼

（2）美德与缺德

（3）善良与残忍

（4）被动与主动攻击

（5）文雅与粗俗

（正确答案：1(1),2(2),3(5),4(1)）

【样例2】　　　阅读诗歌，回答问题

可怜的灵魂，万恶身躯的中心，

被围攻你的叛逆势力所俘虏，

为何在暗中憔悴,忍受着饥馑,
却把外壁妆得那么富丽堂皇?
赁期那么短,这倾颓中的大厦
难道还值得你这样铺张浪费?
是否要让蛆虫来继承这奢华,
把它吃光? 这可是肉体的依皈?
所以,灵魂,请拿你仆人来度日,
让他消瘦,以便充实你的贮藏,
拿无用时间来兑换永欠租期,
让内心得滋养,别管外表堂皇:
这样,你将吃掉那吃人的死神,
而死神一死,世上就永无死人。

1. 这首诗的戏剧情境是( )。

(1) 一位青年对恋人说的话

(2) 一位牧师对罪人说的话

(3) 一位改革者向一位贫穷的人说的话

(4) 上帝对人类灵魂说的话

(5) 个人陈述自己的灵魂

2. 这首诗中"却把外壁妆得那么富丽堂皇"指的是( )。

(1) 伪装

(2) 写诗

(3) 关心外表

(4) 假装快乐

(5) 筹备庆祝

3. 诗人通过( )的改变发出了一个重要改变的信号。

(1) 从完全负面形象到完全正面形象

(2) 从永久形象到改变的形象

(3) 从主观陈述到客观陈述

(4) 从物质到精神

(5) 从要求到命令

(二) 写作部分样题

阅读文章思考:保罗·伯加德如何使用证据,如事实或例子来支持他的观点。推理观点的演变并将论点和证据联系起来。用文字或有说服力的因素,比如词语选择或者情感诉求,增强观点的表达力。

在我明尼苏达湖畔的小屋里,我知道森林如此阴暗以至于伸手不见五指。我知道在星河洒满的夜空中,可以清晰地看到流星划过的痕迹。但现在,在美国出生的 10 个孩子中,有 8 个永远不会知道银河系的阴暗天空。我担心在意识到它的价值之前,我们正在迅速失去夜晚黑暗的本质。这个冬至,当我们欢呼着日子逐渐回归光明的时候,让我们也记住黑暗不可替代的价值。

所有生命都演变成光明的白昼和黑暗的夜晚的稳定节奏。然而,今天,当我们感受到夜幕降临的时候,我们很快就会打开灯的开关。黑夜过少,意味着夜间太多的人造光线,给所有人带来麻烦。

世界卫生组织已将夜班工作归类为一种可能的人类致癌物质,美国医学协会已表示:支持"在国家和州级层面减少光污染和减少眩光的努力"。我们的身体需要黑暗来产生褪黑激素,使某些癌症不再生长,我们的身体也需要在黑暗环境中睡眠。

睡眠障碍与糖尿病、肥胖症、心血管疾病和抑郁症有关。最近的研究表明,"短时间睡眠"的一个主要原因是"长时间照射"。无论我们在夜间便捷地带着平板电脑,笔记本电脑工作,还是拿着智能手机睡觉。我们的生活中,没有空间容纳过多的人造光线。

世界上一些地方和物种,包括鸟类,昆虫,哺乳动物,鱼类和爬行动物的夜间和黄昏物种也依赖黑暗。一些众所周知的例子是 400 种鸟类在夜间迁徙。在北美,海龟上岸产卵。蝙蝠拯救无数美国农民免于虫害控制,以及为世界 80% 植物区授粉的飞蛾。生态光污染就像晚上的推土机,破坏栖息地,破坏正在生成的数十亿年的生态系统。简而言之,没有黑暗,地球的生态就会崩塌。

在今天拥挤的、吵闹的、快节奏的世界里,夜晚的黑暗可以提供孤独、宁静和寂静。这样的品质越来越稀缺。每一种宗教传统都认为黑暗对于高尚的生活是无价的,而且从有时间记录开始,就有机会见证宇宙黑暗能激励艺术家、哲学家和日常观星者。在充满灯光的世界里……梵高如何将"星夜"献给世界?有谁知道在黑夜的星空下,我们每个人或是我们的孩子或孙辈中,可能会激发产生些什么?

然而在全世界,我们的夜晚越来越明亮。在美国和西欧,天空中的光线每年平均增加约6%。根据美国航空航天局的照片,美国夜间的计算机图像显示:20世纪50年代黑暗的国家,现在几乎被一层光亮笼罩着。这些光线中的大部分都是能源浪费,意味着浪费金钱。我们这些超过35岁的人,可能是最后一代知道真正黑夜的人。即使是我幸运地在北部湖泊度过夏季,也看到了黑暗的消失。

光污染是很容易解决的,如使用新的照明技术和屏蔽现有的灯光。北美和欧洲的许多城镇已经开始转向 LED 路灯,这为控制浪费提供了可能性。一些社区在午夜之后关闭部分公共照明设备,以解决光污染,已获得成功。就连巴黎这座著名的"光之城",在凌晨1点之后就已经转为纪念碑照明。并将在今年夏天开始要求商店、办公室和公共建筑,在凌晨2点之后关掉灯光。虽然这样做主要是为了节省能源,但光照的减少也在解决光污染方面起到了很大的作用。在我们意识到失去的黑暗有不可替代的价值和美好之前,我们永远不会真正解决光污染的问题。

(改编自保罗·伯加德的《让这里保持黑暗》,发表于2012年洛杉矶时报)

任务:写一篇短文,在文中解释保罗·伯加德如何建立一个论证来说服他的读者:应该保存自然的黑暗。在你的论文中,分析伯加德如何使用文前提示的特征(或你自己选择的特征),来加强论证的逻辑性和论点的说服力。确保你的分析重点是这篇文章最鲜明的特征。

你的文章不应该解释你是否同意伯加德的主张,而是解释伯加德如何建立一个论点来说服他的读者。[①]

美国作为目前世界上高等教育最发达的国家,平等和优秀一直是美国教育的两大追求。无论是 SAT、ACT 还是 AP 考试,都在各自侧重的方向,对考生的能力进行了考查,这三大高考系列为美国大学选拔了优秀人才,满足了社会各界对高等教育的期望与要求。

---

① 东西有信. 新 SAT 写作样题深度解析:怎样利用写作逆袭名校. [2018 - 01 - 16]. http://mp. weixin. qq. com/s/RIlQhLp4VIFxvP7FegIlYg.

第六章
英国语文课程改革

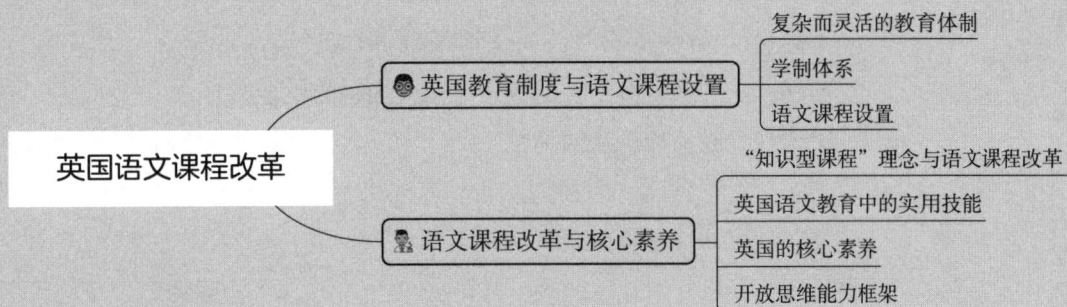

- 英国教育制度与语文课程设置
  - 复杂而灵活的教育体制
  - 学制体系
  - 语文课程设置
- 英国语文课程改革
- 语文课程改革与核心素养
  - "知识型课程"理念与语文课程改革
  - 英国语文教育中的实用技能
  - 英国的核心素养
  - 开放思维能力框架

英国是大西洋中的一个岛国，东濒北海，西临大西洋，南与欧洲大陆只有一水之隔。英国全称大不列颠及北爱尔兰联合王国（The United Kingdom of Great Britain and Northern Ireland），是由大不列颠岛上的英格兰、威尔士和苏格兰，爱尔兰岛东北部的北爱尔兰以及一系列附属岛屿共同组成的一个西欧岛国。除本土外，还拥有十四个海外领地，以英格兰人为主体民族。

　　这种孤立海外的地形给英国民族文化带来很大影响，一方面英国民族同化得很快，形成民族认同感；另一方面，由于缺少与其他民族接触的机会，很容易养成一种孤独的癖性。

第一节　英国教育制度与语文课程设置

英国是一个有着悠久教育历史和传统的国家,就其本质而言是一个贵族社会。贵族作为一个社会阶层,对英国社会、政治、经济、文化和教育等烙上了深深的印记。教育体系经过几百年的沿革,相当完善和复杂,又具有非常大的灵活性。

一、复杂而灵活的教育体制

英国四个区域:英格兰、威尔士、苏格兰和北爱尔兰都拥有自己相对独立的政府和行政机构,彼此的教育体制存在一定的差异。英格兰和威尔士实行统一的管理;北爱尔兰有自己的教育系统。最大的权力下放地区是苏格兰,有自己的议会、独特的立法和教育体系。

英国教育体系由五个教育阶段组成:学前教育、初等教育、中等教育、继续教育和高等教育。1944 年英国政府发表了教育改革白皮书,后称为《1944 年教育法》。该法为二战后英国教育发展提供了总的法律框架,具有划时代的意义。自此,英国确立了初等教育(5—11 岁)、中等教育(11—18 岁)和继续教育三个相互衔接的阶段组成的现代公共教育体系。这三个教育阶段,由中央政府、地方教育当局和民间团体共同管理,形成了中央政府教育管理机构与地方教育局之间的协商、合作的伙伴关系,这是英国教育行政体系的重要特征。

(一)中央政府教育管理机构

英国基础教育主要由教育部负责管理,高等教育由商务、创新与技能部(Department for Business, Innovation & Skills)负责管理。

教育部承担五个方面的职责:

(1)小学阶段儿童的教学工作;

(2)在中学和继续教育中 19 岁以下青少年的教学工作;

(3)专门为从事儿童和青少年工作的专业人员提供支援;

(4)帮助弱势儿童和青少年实现更大的发展;

(5)确保地方相关服务能保护和支持儿童。[①]

(二)地方教育行政单位

英国地方政府机构以都市郡的区、非都市郡、内伦敦和外伦敦的市为地方教育行政单位。地方教育行政单位的职责是:在职权范围内,保证进行有效的教育以满足本地区人民的需求,促进全体公民的精神、道德、智力和体力的发展。

每个地方议会设有教育委员会和教育局,合称为地方教育当局(Local Education Authorities,简称 LEA)。英格兰有 152 个地方教育当局,威尔士有 22 个。地方教育当局职

---

① 李建民.英国基础教育[M]。上海:同济大学出版社,2015:55.

责是：

（1）负责为辖区内的学校提供财政经费并监督其使用情况；

（2）协调招生工作的开展，包括各个学校招生名额的分配等；

（3）负责维持辖区内公立学校的发展，雇佣社区学校和自愿受控学校教职人员的雇用；

（4）为辖区内的学校制定发展目标，对学校系统进行监督、评价和指导，并向当地学校广泛传播良好的办学经验；

（5）为特殊教育儿童和儿童福利提供支持等。[①]

（三）学校类型

英国政府致力于学校教育体系的自由化和多样化。

1. 公立学校

英国公立学校有两种，一种是地方教育当局开办的学校，一般称为郡立学校。另一种是中央政府自 20 世纪 90 年代初开始，对愿意脱离地方教育当局管理的中小学直接提供经费。原属地方教育当局管辖的中学、300 人以上的小学、中间学校，在自愿的基础上、通过家长无记名投票，获得多数支持，并经中央政府批准即可。这类学校称为：直接拨款公立学校（Grant-Maintained School），反映了中央政府削弱地方教育当局的管理，加强中央对中小学的管理权限，扩大家长对学校的选择权的教育改革发展趋势。公立学校在经费、课程和质量方面受政府的控制。公立学校无重点和一般之分，教育部分配学位，只考虑就近和学校学位数量两个因素。

2. 私立学校

私立学校有独立的学校系统，包括私立幼儿园、预备学校和公学。它们没有中央教育行政机构和地方教育当局的官方补助。课程与全国教学大纲一致，可以为学生提供最适合的教育，但学费昂贵。比如公学（Public School），就是面向上层社会，富有贵族气息的精英学校。

3. 新型学校

《2010 年学院式学校法》的颁布，为新型学校提供了制度和生存空间。在英格兰出现了名为"自由学校"（free school）的新型学校。这类学校不受地方政府管理，由非营利性慈善组织负责管理，经费由纳税人承担。另一类新型学校名为"学院式学校（academy school）"，其实质是私立学校，在行政上不受地方教育当局管理，大多由慈善机构管理，直接从中央政府获取财政资助。

二、学制体系

英国实行 11 年的义务教育（Compulsory Education）（5—16 岁），包括六年初等教育和五

---

① 李建民. 英国基础教育［M］. 上海：同济大学出版社，2015：57.

年中等教育,公立学校实行免费教育。高等教育的大学完全自我管理。这样的体系旨在确保自主权、质量保证和市场适应机制。英格兰、威尔士和北爱尔兰的教育体系大致相同,苏格兰则另有一套完全独立的体系。见表6-1。

表6-1 英国各地区学制

年龄（岁）	英格兰、威尔士、北爱尔兰		苏格兰	
	普通教育制度	职业教育制度	普通教育制度	职业教育制度
3—4	幼儿园 Pre-preperatory			
5	学前班（Preparatory）			幼儿园
6—13	小学（Junior School） 女校（7—11 岁） 男校/男女混校（7—13 岁）			
14	中学:12 岁/14—18 岁			
15	普通中等教育证书（GCSE）	职业性普通中等教育证书（Vocational GCSE）	苏格兰高级教育证书	苏格兰职业资格证书初级（GSVQ）
16				苏格兰职业资格证书中级（GSVQ）
17	中学高级水平考试（A-levels）	职业性高级水平考试（Vocational A-levels）		苏格兰职业资格证书高级（GSVQ）
18			大学本科	
19	本科			本科
20				
21				
22	硕士研究生			
23				硕士研究生

1. 学前教育

60％以上的3—4岁儿童进入幼儿园接受学前教育。在英格兰地区,自2000年开始,3岁儿童的学习已纳入国家课程范围。3—5岁儿童的档案袋已记录他们发展和学习的情况。

2. 义务教育

英国法律规定家长必须确保子女接受5—16岁的义务教育。但具体选择公立、私立学校,中学选择男校、女校或男女混校则有充分的自由。一般90％以上的儿童就读公立学校。

3. 继续教育

英国的继续教育（Further Education）是指16岁以后的非高等教育,以技能培训和高等职业教育为主。他们通常在继续教育学院(FE College)、成人与社区教育机构中学习。

4. 高等教育

18 岁以上的青年可以申请接受高等教育(Higher Education)。这个阶段包括本科教育，一般 3—4 年；硕士研究生教育，一般 1—2 年；以及博士学位，一般 3—4 年。

三、语文课程设置

1988 年以前，英国中小学一直没有全国统一的国家课程，各地中小学校的管理委员会和校长均有权依据学校的教育哲学、价值观和目标建立自己的课程体系。20 世纪 70—80 年代，学校课程占统治地位，学校鼓励教师选择教学内容、参与开发校本课程。据统计，1984 年英格兰四至五年级学生的课程(准"国家课程")比例是英语 13％、数学 13％、科学 16％、设计与技术 4％、外语 5％、历史地理 10％、美术/音乐/戏剧/设计 7％、体育 8％，其他 24％。[①]

(一)语文课程

1988 年英国政府公布《1988 年教育改革法》，有史以来第一次以立法的形式规定了国家统一课程。国家统一课程共有 10 门基础科目，包括英语(下统称"语文")、数学、科学三门核心课程；历史、地理、工艺、音乐、艺术、体育和现代外语(从 11 岁开始)七门基础课程。同时，提出了四个关键阶段(key stage)的概念，各学段国家统一规定了成就目标。1995 年英国教育部出版了学科结构手册，明确规定了国家课程的内容结构。比如，语文课程包括听、说、读、写四个方面。1997 年教育部要求所有公立学校实施国家课程，并进一步规定了课程要求和课程内容。

现行英国中小学课程主要包括国家法定课程和学校自主开设的学校课程两部分。国家法定课程包括国家课程(5—16 岁儿童)、宗教教育课程(5—18 岁)、性教育课程(11—18 岁儿童)。新国家法定课程自 2014 年开始逐步实施，2016 年全面普及。

(二)四个关键阶段

语文课程学习的关键阶段是根据学生年龄划分的，在该学段结束时，学生必须达到各学科领域所要达到的目标。详见表 6-2。

表 6-2　四个关键阶段及需达到的成就等级

年龄(岁)	年级	关键阶段	成就水平等级
5—7	1—2	关键阶段 1(Key Stage 1)	1—3 级
7—11	3—6	关键阶段 2(Key Stage 2)	2—5 级
11—14	7—9	关键阶段 3(Key Stage 3)	3—7 级
14—16	10—11	关键阶段 4(Key Stage 4)	6—8 级

① 强海燕. 中、美、加、英四国基础教育研究[M]. 北京：人民教育出版社，2005：419.

（三）课程任务和课时

语文课程是培养学生交际技能的主要渠道,承担培养学生语言和识字的任务。语文课程学习的目的包括以下几方面:

- 通过口头语和书面语的学习,能与人更好地交流思想和情感;
- 通过阅读和聆听,学习他人的思想;
- 通过阅读,学习新知巩固旧知,拥有发展文化、情感、智力、社会和精神的机会;
- 通过掌握必要的语言技巧,更好地融入社会;
- 通过自信流利的说话、阅读和写作,实现公民的权利。[①]

在英国,小学语文课程包括阅读课和作文课,参见表 6-3。每周课时是:第一学年约 345 分钟;第二学年约 310 分钟;第三学年约 290 分钟;第四学年约 190 分钟。中学语文课程也包括阅读课和作文课,每周课时是:第一二学年 7 课时;第三四学年 6 课时,每课时 40 分钟。

表 6-3 圣安德鲁英格兰教会小学六年级课程表(2014 年秋季第一周)

星期	9:00 9:30	9:30 10:30	10:30 10:45	10:45 11:00	11:00—12:30		12:30 13:30	13:30 14:30	14:30 15:30
一	指定阅读 柯先生	写作 柯先生	校会	课间休息	数学 柯先生 苏女士	12:00 12:30 书写	午餐	专题 克女士	交际技巧 柯先生
二						写字		计算机	宗教
三								音乐 阿先生	体育 教练
四	校会	9:30 10:00 指定阅读 阿先生 柯先生	10:00 10:45 写作 柯先生 阿先生					科学	写字
五	指定阅读 柯先生	写作 柯先生	校会			心算		体育	自由时间/美术

[①] Department for Education. The National Curriculumn in England Key stage1 and 2 framework document［EB/OL］.［2018-02-26］. http://www.gov.uk/goverment/uploads/system/uploads/attachment_data/file/425601/PRIMARY_national_curriculumn.pdf.

英国公立学校的教学参照政府教育部门发布的参考纲要执行,该纲要中对特定年龄的孩子应取得的能力做了简要的规定,至于如何让孩子获取这样的知识与能力,纲要未做详细要求,而是把决定权留给学校甚至授课教师个人。私立学校不受这个参考纲要的约束,但是通常会教授大体与公立学校相当的内容,只是在内容的深度和时间安排上有所不同。例如,如果公立学校的孩子要求在 7 岁掌握乘法口诀,那么私立学校往往 6 岁就开始讲授。

英国私立小学的课程设置丰富多样。除了数学、英语、科学、历史、地理、IT 等分科课程,还有很多素质拓展性课程。如体育类的课程中包括网球、橄榄球、板球、射击、骑马、柔道、击剑、高尔夫等;女生则可以学习芭蕾。语言类课程的有法语、西班牙语、意大利语、汉语、日语等。美术方面包括素描、水彩、油画、装置等各个门类。私立中学的学生除了学习与公立学校相同的数学、语文、科学、人文等课程外,还要学习很多素质拓展性课程并参加诸多活动。以男校的体育来说,除了常规的田径、体操、游泳等课程和课后训练,每周还有半天的校际之间的球类赛事。每年学校的戏剧表演都是全班同学总动员,即便台上只有一句台词,也一样要花费几个月时间排练。如果学生参加了学校的合唱团,则会随团去欧洲著名城市的教堂进行展演。

英国中小学并不是没有作业,但是负担一般不重。公立小学低年级一般没有作业,私立小学则从 4 岁上学的第一天起就有作业,但是英国小学生的作业量并不大,而且都是规定时间的。如果所有的作业用了 20 分钟还没有写完,就可以不写了。

(改编自:姜丰. 在英国贵族学校,都学些什么?[N]. 南方周末,2018-5-13(A7).)

(四)语言和文学课

英国历来有重视文学教育和崇尚古典文学的传统,所以英国语言和文学是一门重要的课程。从课程内容比重看,在初等学校低年级阅读课中,故事、戏剧所占的比重较大。在以儿童为中心设计的课程中,"创造性活动"一项包括美术、劳作、音乐、作文等;"激发想象力的活动"一项包括文学、历史、地理、戏剧、宗教知识等。由此不难看出,英国从小学低年级开始,就十分重视文学与艺术活动的贯通,重视文学与创造力、想象力培养的内在联系。从教科书编制看,戏剧体裁有突出地位。在语文教科书中,有多种戏剧文学剧本:学校剧、家庭剧、广播剧、肥皂剧等等。从教学看,语文教学中十分重视戏剧表演活动。在小学,学生亲手制作木偶,演木偶戏;进入中学,有即兴表演和朗读台词;到高年级,教师就注意培养学生排演剧本,主要是莎士比亚戏剧。在演剧中磨炼学生口头语言和发音、语调以及手势和姿态表情。他们认为表演能够帮助儿童显示他们"想象力的潜在生活"。在戏剧中表现愤怒、憎恶、恐惧、爱情和快乐的时候,不仅仅是学生流露潜在的感情,而且可以帮助他在现实环境中更好地活动。

语文写作并不排除想象和合理虚构,尤其是低年级的作文,允许学生虚构故事、鼓励写诗句,指导他们编写表现自己生活的戏剧。从粗浅的文学想象活动中培植学生的独创精神和对于美好理想、情操的追求。

从英国国家课程标准总目标和评估目标来看,英国重视并发挥文学教育的功能,具体而言,就是文学教育的模仿功能,分析功能,衍生功能。

1. 模仿功能

认为文学是人类的遗产,阅读、吸收、模仿这一遗产可向年轻人传递文化价值观念;能否掌握优秀文学作品是一个人是否具有文化教养的"试金石"。因此,英国文学课程标准和教学大纲明确规定,学生应阅读和研究20世纪以前的、20世纪的、近期的英国和美国,以及其他国家的作家与作品;规定学生必须学习散文、诗歌和戏剧三种文学体裁;规定"详尽分析"与"广泛阅读"两种必备的阅读能力和方式。

2. 分析功能

强调进行有组织地探索、研究的原则,强调发展学生的文学批判才能;发展学生对文学作品的理解、分析以及做出反应的能力。为此,要教给学生有关文学作品的理论知识,并且要给学生提供将文学的理论知识应用于分析具体作品的模式;给学生提供有关文学作品的第一手知识。

3. 衍生功能

注重学生对作品的体验,引导学生与作品交流,指导学生在文学阅读中得到自我发展。强调表达自我感受,报告个人的反应,以及表达自己感觉到的和想象出的东西。[①]

(五) 语文教学

中小学的语文阅读课主要是读原著。小学的阅读课,教师借助同侪、小组合作学习的方式,实施分级阅读。往往一到二周读一本原著。7—9年级的语文课分单元教学,一个单元集中讲授某一本小说或其他题材的文本。

图6-2 伦敦圣·安德鲁斯小学(St Andrew's C of E Primary School)课堂

---

① 朱绍禹. 本国语文[M]. 北京:人民教育出版社,2001:94.

第二节　语文课程改革与核心素养

1991 年,英国实施第一个国家课程时采用的是知识导向型的课程;1998 年开始转向技能导向型的课程,学习计划中突出技能的培养,且将技能分为关键技能、基本技能和思维技能。受"21 世纪技能"思潮和广泛应用信息媒介等影响,英国 2008 年公布的国家课程标准进一步强调诸如搜索信息、管理信息等 21 世纪公民所必备的一般技能。然而,国家课程在实施中发现,过分强调技能习得造成了学生在学科核心知识上的欠缺。2014 年 9 月起,英国开始实施《英国国家课程:关键阶段 1 至关键阶段 4 课程大纲》(*National Curriculum in England:Key Stage 1 to 4*)(下文简称《国家课程》),根本目标是为学生提供成为受过良好教育的公民所必备的基础知识。①

虽然《国家课程》中体现了英国教育的"知识转向",但一些教育组织和机构,仍然提出了"素养""能力"的框架,希望借此提出一套明确、可行的路径。如英国教育部(Department for Education,简称 DfE)发布了《学校业务管理能力框架》(*School Business Management Competency Framework*)(2014),为学校业务管理人员提供了一个清晰的职业发展路径,并着眼于所需的核心技能和能力。《治理能力框架》(*Competency Framework for Governance*)(2017),规定了学校和学院理事会需要的有效知识,技能和行为。英国皇家艺术制造与商业协会(Royal Society for the Encouragement of Arts, Manufactures and Commerce, RSA)提出《开放思维能力框架》(*Opening Minds Competence Framework*)。

一、"知识型课程"理念与语文课程改革

国家课程是英格兰地区公立中小学 5—16 岁学生都必须学习的全国统一课程,这一课程体系规定了包括初等教育和中等教育在内的义务教育阶段的课程内容。2014 年发布的《国家课程》与 2008 年的《国家课程》在理念方面有着很大的转向:由培养素养转向注重知识。

（一）以"知识型课程"为取向的《国家课程》

2008 年的《国家课程》被认为剥夺了学生获得有利于技能形成的知识和内容的学习。坊间也充斥着诸多批评之声,如,随着新经济的发展,国家却在国际教育排行榜上停滞不前;学校教育中存在一种令雇主和大学缺乏足够信任和信心的资格认定制度。同时,还有不少人认为,当时的课程政策无助于来自弱势背景的年轻人在学术研究中取得成功。② 此外,英国在以 PISA 为代表的国际测评中表现不尽如人意,也加剧了对基础教育课程的反对性意见。

---

① 张建珍,郭婧. 英国课程改革的"知识转向"[J]. 教育研究,2017,38(08):152—158.

② Nicky Morgan. why knowledge matters [EB/OL]. [2018 – 02 – 10] (2023 – 01 – 29) https://www.gov.uk/government/speeches/nicky-morgan-why-knowledge-matters.

2010 年大选后,英国保守党和自由民主党组成的联合政府,颁布了《教学的重要性:学校白皮书 2010》(*The Importance of Teaching:The Schools White Paper 2010*),强调:

- 将学校从政府集中式的管理中解放出来,强调教师在学校发展中的核心地位;
- 提倡降低政府对学校管理的参与度;
- 改革学校课程,更加严格地执行评价体系和资格要求;
- 建立公平的教育经费制度,帮助更多家庭有困难而辍学的学生;
- 通过"学校带领学校"的发展方式取代自上而下的教育改革。①

以此为号角,英国开始了国家课程改革。英国前教育部部长尼基·摩根(Nicky Morgan)提到,"长期以来,我们的教育体系看重的是技能的发展,而不是核心知识(core knowledge)的学习……学校里的学生要学习的是如何开展批判性思考和探究,而不是背诵英国君主或研究国王詹姆斯的圣经"。② 为扭转这种局面,2014 年的这场改革把知识作为学生在校学习的核心。英国改革者认为,在年轻人(学生)没有掌握充分知识的前提下,是不能奢望他们获得在成年人看来是非常重要的技能和能力的;同时,改革后的教育必须使每个受教育者获得丰富的知识。③

英国 2014 年以来以"回归核心知识"为主题的课程改革,受到了来自剑桥大学蒂姆·奥茨(Tim Oates)和来自美国弗吉尼亚大学的艾瑞克·唐纳德·赫希(Eric Donald Hirsch Jr.)的影响。尤其是赫希对 2014 年英国小学课程改革产生了深远的影响。赫希认为回归传统的、以共享知识为基础的学术课程是实现社会公平的最佳途径;同时,鼓励学校把重点放在建设文化资本上,以缩小成就差距。④

赫希的学术主张可以概括为:第一,教育需要培养学生"文化素养"(cultural literacy)——了解某些事实、思想、文学作品,以便于他作为所在国公民能有效经营生活。第二,学生有必要学习这种高度组织化、结构化的事实——一种"回归基础"的教育。英国课程改革中核心知识(core knowledge)是"建立在知识基础上的知识"(knowledge builds on knowledge),最重要的教育目标——阅读理解、批判性思维和问题解决——是注重知识的广度和深度。英国的这种课程被称为知识型课程(knowledge-based-curriculum)。

《国家课程》(2014)提出的国家课程的目标是"国家课程为学生提供了必要的知识,使他

---

① 蒋艳红,陈琳,李凡.英国中小学教育改革最新动向——《教学重要性》白皮书解读及启示[J].外国教育研究,2012,39(02):83—89.

② Nicky Morgan. why knowledge matters [EB/OL]. [2018 - 02 - 10] (2023 - 01 - 29) https://www.gov.uk/government/speeches/nicky-morgan-why-knowledge-matters.

③ Nicky Morgan. why knowledge matters [EB/OL]. [2018 - 02 - 10] (2023 - 01 - 29) https://www.gov.uk/government/speeches/nicky-morgan-why-knowledge-matters.

④ Nick Gibb. 2017 Speech on Knowledge-Based Education [EB/OL]. [2018 - 02 - 10] (2023 - 01 - 30) http://www.ukpol.co.uk/nick-gibb-2017-speech-on-knowledge-based-education/.

们成为受过教育的公民。它向学生介绍已经经过思考和言传的最好的东西,并帮助引起其对人类创造力和成就的欣赏"。国家课程提供了核心知识大纲,为了促进学生的知识、理解和技能的发展,教师可以在此基础上开发令人兴奋的课,作为学校课程的一个组成部分。不难发现,英国的这场以知识为基础的课程改革,与以核心素养为旨趣的美国课程改革存在较大差异。他们认为获取知识可以帮助学生记住新的信息,解决问题,提高推理能力。特别是在教育公平的语境下,弱势环境中长大的孩子,进入学校时所拥有的知识远少于那些来自富裕家庭的孩子。即在入学之初,来自不同家庭背景的孩子在文化资本上已经有了显著的差别。所以,一门知识丰富的课程可以帮助来自弱势家庭的学生弥补与同龄人的差距,进而促进社会公平。

(二) 以"知识型课程"为取向的语文课程改革

2008 年英国语文课程注重的是通过语文学习培养学生批判性思维、创造性、文化理解和能力等方面的素养。不仅着眼于语文课程本身,还注重以语文学习为手段参与到更大范围的文化活动中。但随着 2014 年语文课程的发布,英国的语文教育也开始了向"知识型课程"的转向。

在 2014 年语文课程中,要求高质量的语文教育应教会学生流利地说和写,以便可以将自己的想法和情绪传达给他人;并通过阅读和倾听,实现与他人的交流。特别是要通过阅读,使学生有机会在文化、情感、智力、社交和精神上得以发展。文学在发展中起着关键作用。阅读使学生既能获得知识,又在他们已知的知识基础上建构新知识。2008 年语文课程与 2014 年语文课程的差异,详见表 6 - 4。

表 6 - 4　英国 2008 年与 2014 年语文课程目标比较

2008 年语文课程目标		2014 年语文课程目标
一级指标	二级指标	
能力	1. 明确、连贯和准确地进行口头和书面交流; 2. 阅读和理解一系列文本,并做出适当的回应; 3. 展现对书面语言惯例的正确理解,包括语法、拼写和标点符号; 4. 能够适应课堂内外熟悉和陌生的环境; 5. 能在正式和非正式沟通时明智地选择有效方式	1. 轻松,流利地阅读,很好地理解; 2. 养成经常阅读、广泛阅读的习惯,既要学会在阅读过程中获取信息,又要享受阅读的快乐; 3. 在阅读、写作和口语学习中积累丰富的词汇,理解语法和语言惯例知识; 4. 欣赏我们丰富多彩的文学遗产; 5. 清晰、准确、连贯地写作,使自己的语言和风格适应不同的环境、目的和受众; 6. 通过讨论来学习,能详细描述和清晰解释自己的想法; 7. 掌握听和说的技巧,能做正式的陈述、解释说明,参与辩论
创造性	1. 在思想、经验、文本和文字之间建立新的联系,借鉴丰富的语言和文学经验; 2. 使用创造性的方法来建构意义,把玩语言 (taking risks, playing with language),并运用语言创造新的效果; 3. 用想象力传达主题、想法和论点,解决问题,创造设定,情绪和角色; 4. 用创造性的方法回答问题,解决问题和发展思路。	

一级指标	二级指标	
文化理解	1. 了解英国文学遗产的重要文本； 2. 探索思想、经验和价值观在不同的文化、传统的文本中是如何不一样地描述的； 3. 了解英语在当地和全球的变化情况，以及这些变化与身份和文化多样性之间的关系	
批判性理解	1. 参与思想和文本建构，理解和回应主要问题； 2. 评估不同来源的信息和想法的有效性和重要性； 3. 探索他人的想法并发展自己的想法； 4. 分析和评估口头和书面语言，以了解意义如何形成	

上表可见，在形式上，2008 年课程目标建构了两级目标体系，2014 年课程目标不再划分具体素养维度，而是综合表述。2008 年课程目标的第一级目标划分了能力、创造性、文化理解和批判性理解四个维度的素养指标。二级目标则是描述一级目标提出的素养在语文课程的落实，突出了语文课程在培养学生能力、创造性、文化理解和批判性思维方面所应担负的责任。2014 年课程目标在保留 2008 年课程目标关键内容的同时精简了目标的表述，多采用"行为动词＋学习内容"的目标表述的常见形式。

在内容上，2014 年课程目标将课程的焦点放在基础的阅读、写作、表达能力的培养和文学经典作品的学习。这与 2008 年课程目标培养多方面素养的要求形成巨大反差。该反差正是 2014 年《国家课程》的"知识转向"在语文课程领域的体现。2014 年语文课程将语言和读写能力（language and literacy）列为一项重要的能力。要求教师要把口语，阅读，写作和词汇作为学科教学不可分割的一部分进行培养。即对语文课程的定位是：既是一门学科，也是一种教学的媒介；对于学生来说，理解语言是进入整个课程的途径。英语流利是所有学科取得成功的重要基础。[①]

但需要特别提出的是，英国语文教育的这种以知识为基础的"知识型课程"，不是让学生"死记硬背"，而是为了让学生掌握必要的知识，帮助他们获得认知的发展，以确保将来能在社会生活中扮演重要角色。"知识型课程"非常强调对经典文本的学习，不仅包括对经典语文课程中莎士比亚作品的学习，而且还包括古希腊和罗马的神话传说，以及古典童话和儿童故事

---

① Department for Education. National curriculum in England: framework for key stages 1 to 4［EB/OL］．［2018－02－10］（2023－01－31）https://www. gov. uk/government/publications/national-curriculum-in-england-framework-for-key-stages-1-to-4/the-national-curriculum-in-england-framework-for-key-stages-1-to-4.

的学习。英国文化深受这些经典文本的影响,教育者希望英国的学生能够对如"疯帽子"和"特洛伊木马"的这些典故有清晰的掌握,从而形成良好的文化素养。但需要强调的是,英国语文教育中对知识的强调,并不代表其对技能的拒绝。英国的教育改革者始终认为,技能的获得要以一定的知识为基础。

二、英国语文教育中的实用技能

2010 年英国资格和考试管理办公室(The Office of Qualifications and Examinations Regulation,简称 Ofqual)发布了 14 岁及以上的学习者在语文、数学、信息和通信技术方面的实用技能(Functional Skills)。旨在为年轻人和成年人提供在教育、工作和生活上取得进步和成功所需的技能、知识和理解。它向雇主表明,应聘者所拥有从事各种工作的基本技能,包括语文、数学、信息和通信技术(ICT)。实用技能资格分为五个级别:入门级 1,2 和 3(Entry Levels 1,2 and 3)以及 1 级和 2 级(Levels 1 and 2)。

(一) 实用技能的教学要求

实用技能要融入课程,且与现实生活相关,在学习过程中要接触现实世界。为达成这个目标,教学中要向学习者提供机会,在合适的环境或目标中运用技能;能与课堂以外的世界沟通、接触;通过在功能区域内和功能区域之间连接知识来统整学习;利用时间,规划和发展工作;做出选择和决定,创造性地思考,并独立采取行动;能有效地运用技能,在真实的环境中获得成功。

在英国,不仅语文、数学及信息和通信技术这些核心课程中都嵌入了实用技能;其他科目也提供了丰富的机会帮助学生发展实用技能。不仅如此,英国教育者认识到,单独一门学科不可能为学习者提供所需要的完整的经验和实践机会。因此,他们设计了丰富的学校课程提供实用技能实践的机会。例如形成了超越课堂,在学习者广泛经验之上跨学科学习,连接三个核心课程的元素。也就是说,实用技能主张所有的学习经验都应该是一个贯通的集合的一部分,并且应该为每个活动确定功能性的技能目标。鼓励学习者综合运用技能,如,在语文课程中,要在综合阅读、写作、说和听的真实情境中培养学生的实用技能。

(二) 语文课程中的实用技能

资格和考试管理办公室对语文课程中培养实用技能给出了明确的要求,具有英语实用技能的人能够:适应不同的受众和背景进行有效的沟通;在演讲和写作中清晰而简洁地解释信息;合理而有说服力地表达观点;利用信息和通信技术有效沟通;阅读和理解信息和指令并采取恰当行动;分析观点和信息是如何呈现的,评估其实用性,例如解决问题;做出口头报告或书面报告;参与讨论并发言,为以合作的方式达成一致的行为和结论作出贡献。

与《国家课程·英语》(2014)注重知识的取向不同,实用技能更多侧重于学生获得语言文字的运用能力,以进行有效的表达与沟通。资格和考试管理办公室制定的一项,对于学生在不同关键阶段形成能力的认定机制,更注重能力方面的引领。正如其用"实用技能"取代"关键技能",是要引导学生将知识和理解运用到日常生活中,促进学生与他人富有能力且自信地交往,具备不论在熟悉还是陌生的环境中解决问题的能力。如在《国家课程》关键阶段4嵌入了实用技能的二级水平(level 2)。同时,在学习计划(programme of study)的关键过程、范围和内容部分反映了二级英语实用技能的要求。详见表6-5。

表6-5　实用技能标准和《国家标准》要求(说和听、阅读)①

二级实用技能标准:为讨论做出一系列贡献,并在大范围内进行有效的演示	《国家课程》关键阶段4:说和听
聆听复杂的信息,用适当的语言给出相关的、有说服力的回应	倾听复杂的信息,以批判性、建设性和温和的方式回应,以阐明观点和挑战想法(关键过程)
清晰而有说服力地向他人展示信息和想法	清晰而有说服力地向他人提供信息,选择最合适的方式来组织演讲以做到清晰表达(关键过程)
在讨论中适应听众、目的和情况	在不同情况下选择合适的策略灵活地说和听(关键过程)
为讨论做出重要贡献,承担一系列角色,并帮助推动讨论的展开,以促进决策的达成	在正式和非正式的组织、计划和持续的讨论中扮演不同的角色(关键过程)
二级实用技能标准:比较、选择、阅读和理解文本,并利用它们收集信息、想法、论点和观点	关键阶段4:阅读
选择和使用不同类型的文本获取相关信息	从不同的文本中选择、比较、总结和合成信息,并加以利用,形成自己的想法、论点和观点(关键过程)
阅读和总结不同来源的简明的信息	识别文本的目的,分析和评估作家作品的结构和组织,对特定读者的意义(关键过程)
确定文本的目的,评论如何有效地表达意义	反思文本的来源和目的,评估文本的意义、识别偏见、观点、隐含意义和滥用证据(关键过程)
检查观点,隐含意义或偏见	对学习过的课文作出反应并采取行动(课程机会)
阅读并积极回应不同的文本	非虚构类和非文学文本的教学,应包括:指导、通知、解释、描述、分析、评论、讨论和说服(范围和内容)
所有技能都应该在纸上和屏幕上,不同文本中得以运用	在纸上和屏幕上适当的地方

---

① Department of Education. Subject Content Functional Skills: English [EB/OL]. [2018-02-10](2023-01-30) https://assets. publishing. service. gov. uk/government/uploads/system/uploads/attachment _ data/file/682834/ Functional_Skills_Subject_Content_English.pdf.

语文学科的实用技能不是简单的语言文字运用能力,还包括学生要能够选择、应用相关技能完成任务和解决遇到的问题,并给出合适的评价的能力。实用技能制定者对于语文教学中培养实用技能给出了如下建议。

1. 为学生在阅读、写作、说和听方面所关注的不同技能提供机会;

2. 确保学生明白他们学习的技能将在多种环境中运用;

3. 让学生有机会选择他们在特定任务中所需的技能;

4. 为学生提供将技能用于课堂之外的机会;

5. 通过研究文献找出给小学生和给家长阅读的文献间的差距,学生展示阅读和理解文章的能力并采取适当的行动;

6. 通过合作性的工作开发材料并与学生面谈,以确定:学生所展示的对讨论做出贡献的能力,对其他人做出适当的反应,应包括哪些内容。

三、英国的核心素养

早在 1979 年,英国就提出了核心素养(Key Competence)的概念,且在此之前已经启动了核心素养的调查研究工作。他们将研究的成果广泛地应用于教育的各个领域,如课程改革、学制和职业教育发展等。

(一)核心素养的内容发展

英国有关核心素养的内容研究,是超前且具前瞻性的。其聚焦关键能力(key skills)的核心素养内容体系,随着社会发展不断演变、成熟,研究基础深厚。详见表 6-6。

表 6-6 英国核心素养内容的演变①

年份	执行部门	关 键 能 力
1979	继续教育部	读写能力;数理能力;图表能力;问题解决;学习技巧;政治和经济读写能力;模仿技巧和自给自足;动手技巧;私人和道德规范;自然和技术环境
1989	英国工业联盟	交流能力;数理应用;信息应用;问题解决;价值与正直;理解工作;个人技巧;处理变化
1989	教育与科学部	交流能力;数学应用;熟悉技术;熟悉系统;熟悉变化;个人技巧
1990	国家课程委员会	交流能力;数学应用;信息技术;问题解决;个人技巧;外语
1991	商业与技术教育委员会	交流;数理应用;信息技术应用;问题解决;与他人合作;自我提高和管理;设计与创造力

① 林崇德. 21 世纪学生发展核心素养研究[M].北京:北京师范大学出版社,2017:92.

年份	执行部门	关 键 能 力
1992	国家职业资格委员会	交流能力(强制性);数理能力(强制性);信息技术(强制性);问题解决(非强制性);个人技巧(非强制性);外语(非强制性)
1993	伦敦城市与行会协会	交流能力;数字应用;信息技术;问题解决;个人技巧(学习和业绩的自我提高);个人技巧(与他人合作)
1996	学校课程与评价当局	交流能力;数字应用;信息技术;问题解决;自我学习管理
1999	资格与课程当局	交流能力;数字应用;信息技术;问题解决;学习和业绩的自我提高;与他人合作
2003	英国教育与技能部	交流;数字;运用信息技术;与他人合作;改善自学与自做;解决问题的技能

其中,1996 年迪林的报告(Dearing Report)对"关键能力"的演变产生了重大的影响。该报告将社会政治哲学、经济需求与课程改革联系在一起,既强调社会经济需要,也强调个体要求,提出:核心技能包括核心素养和一般核心素养。见图 6-3。

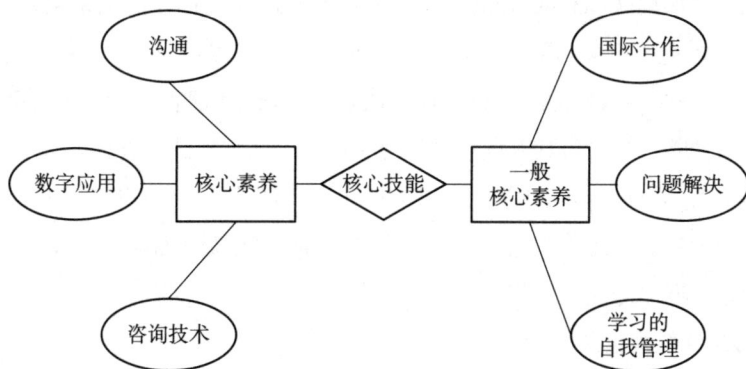

图 6-3 《迪林报告》中的核心技能构成

2003 年,英国教育与技能部(Department of Education and Skills)发布了《实现我们的潜能:21 世纪的技能》(*21st Century Skills:Realizing our Potential*),提出交流、数字运用、信息技术、与他人合作、改善学习与成绩、解决问题的六大核心技能。该报告凸显了以职业为导向的能力培养。

（二）核心素养

2005 年,欧盟正式发布《核心素养:欧洲参考框架》(*Key Competences:A European Reference Framework*),向各成员国推荐八种核心素养作为推进终身学习、教育与培训改革的参照框架。这八种核心素养包括使用母语交流的能力、使用外语交流的能力、数学素养与科技素养、数字化素养、学会学习、社会和公民素养、主动与创新意识、文化意识与表达，并且每一素养又从知识、技能与态度（knowledge, skills and attitudes）三个维度进行具体描述。

受"21世纪技能"思潮和广泛应用信息媒介等影响，英国主要侧重"21世纪技能""关键技能"或"核心技能"的培养，以应对不断变革的社会，多元文化的碰撞、日益关联的国际背景。英国的四个区域：英格兰、威尔士、苏格兰和北爱尔兰对核心素养的理解、实施存在一定的差异性。前三个地区持核心素养的整体观，提倡在课程中渗透关键技能的培养。总体而言，英国沿用了"技能"（Skills）这一术语来统整核心素养时代的人才素养结构，表现出较强的技能导向特征。它综合了英国在21世纪初对国家劳动力现状、未来人才技能的反思，包容了特定学科素养，通用能力和核心能力。

四、开放思维能力框架

2000年英国皇家艺术协会（RSA）研制的"开放思维能力框架"，是各类学校校本课程开发的主要参考依据。

（一）开放思维能力框架概述

开放思维能力框架（Opening Minds Competence Framework）由英国皇家艺术协会（RSA）研制。为了更好地实施框架，该组织向学校提供三种关键支持：提供工具包资源（a toolkit resource）；为学校开展一系列的开放思维能力培训；实施创新课程设计的教师和高级领导人专业发展的国家计划。其中包括开放思维能力在内的一系列模式。在研制者看来，通过该框架的基于素养的教学方法，不仅使学生获得学科知识，而且使学生在更广泛的学习和生活中，理解和应用所学知识。它还为学生提供了一种更全面、更连贯的学习方式，使他们能够在不同的学科领域建立联系和应用知识。

（二）开放思维能力框架结构

"开放思维能力框架"使学校能以创造性、灵活性的方式，向学生提供国家课程内容，以落实法定目标。研制者强调，该框架并不是对学科教学知识的替代，而是通过对知识传递方式的替代，实现课程和教学的改变。

该框架包括五个维度的素养，分别是公民（citizenship）、学习（learning）、信息管理（managing information）、人际关系（relating to people）和情境管理（managing situations）。每一种素养（each competence category）又包含多个能力（individual competences）。该能力就是学生在课程中取得的成就。五个维度的素养具体名称和内涵详见表6-7。

表 6-7 英国 RSA 的开放思维能力框架①

素养	能力	阐 述
公民素养	道德和伦理	发展学生对道德观和价值观的理解,理解个人的行为是如何通过道德与价值形成的,如何才能对社会有所贡献
	区别差异	学生了解社会、政府和企业是如何开展工作的,理解成为一个积极公民的重要性
	多样性	学生在国家与全球背景下,了解社会价值、文化和社会的多样性
	技术的影响	理解技术发展对社会的影响
	自力更生	学生理解如何管理自己的生活,以及掌握他们可能会使用的技术,包括管理自己财务
学习素养	学习风格	学生了解不同的学习方法,以及如何成为有效的学习者和如何评估其有效性
	推理	学生学会溯源性与系统性推理,知道如何应用这些知识
	创新	学生探索和理解自己的能力和创造性才能,以及如何最好地发挥这些才能
	积极的动机	学生学会作为认识自我的一部分,而享受和热爱学习
	关键技能	学生在识字,算术和空间的理解上达到更高的标准
	ICT 技能	学生实现高标准处理信息和通信技术的能力,并能理解信息处理的基本过程
信息管理素养	研究	能够开发一系列信息访问、评估和鉴别技术,学会如何分析、综合和应用这些技术
	反思	学生认识到反思的重要性并且能进行批判性判断,学会如何做
人际关系素养	领导	知道如何在复杂的情境中处理与他人的关系,并且在这种关系中能够认识自我,包括那些管理者或者被管理者,知道如何才能把事情做好
	团队合作	学生能够认识到如何在团队中合作,以及他们充当不同团队角色的能力
	充当教练	无论是与同龄人还是教师相处时,懂得如何促进他人发展
	沟通	能够通过一定的方式发展一些沟通技术,知道如何使用以及什么时候使用
	情商	有能力管理自己的个人情感关系
	压力管理	知道并且能够运用不同的压力与冲突管理手段

---

① 张紫屏. 基于核心素养的教学变革——源自英国的经验与启示[J]. 全球教育展望,2016(7):5—6.

素养	能力	阐　述
情境管理素养	时间管理	学生懂得管理自己时间的重要性,并且会实现技术的最优化使用
	应对变化	学生明白应对变化意味着什么,并且能够在不同的情境中运用信息技术应对变化
	感知与反应	学生能够理解庆祝成功与应对失败的重要性,并且知道如何处理
	创新思维	学生知道创业精神与主动性意味着什么,并且知道如何在这些领域中发展能力
	承担风险	学生知道如何处理风险与应对不确定,包括在更广泛的范围内可能遇到的风险,以及学会使用处理风险与不确定的技术

(三)"开放思维能力框架"案例

惠特利学院(Whitley Academy)是一个 RSA 培训学校,它向关键阶段 3 的学生提供开放思维能力框架的课程。该校七年级的所有学生和八年级的部分学生会参与开放思维能力计划。具体实施计划时,通常由一两名教师教授课程表(timetable)上三分之二的内容。余下的学习时间,学生将进入艺术、戏剧、食品技术、体育、信息与通信技术和产品设计等课程学习,进一步获得关键学习素养。

在实施时,教师通过专注于发展技能和能力以及知识的专题学习(thematic work)计划来组织学习。使用专题学习计划组织教学的好处是摆脱了单一的、彼此脱节的传统课程,而是给学生提供一个连贯的课程学习体验。如在语文课程中,通过该方法,让学生在离开学校时,能够在各种情况下有效地开展交流。他们学习如何发展阅读各种文本的技能;用不同形式写作,以适应多样化的任务和背景;在演讲活动中展示积极性等。开放思维能力框架下的语文教学依然强调英语技能的培养,因为在他们看来,只有形成了准确的拼写能力,标点符号和语法的正确使用能力,其他素养才有的放矢。

在该校,学生进行广泛的阅读活动。每周都会安排一节课在图书馆进行学习。学生在图书馆按照各自兴趣广泛涉猎书籍,作为加速阅读计划的一部分。同时,在阅读之后,学校还会安排学生在电脑上进行针对其阅读内容的测验,以检测学生对所读内容的理解程度。据相关调查显示,在该校参与了开放思维能力框架课程的学生普遍认为,他们在该课程的学习中获得了进步。①

---

① Whitley. Opening Minds at Whitley [EB/OL]. [2018 - 02 - 10](2021 - 12 - 01) http://www. whitleyacademy. com/curriculum__enrichment/school_subjects/opening_minds. aspx.

第七章

英国国家课程与学习计划

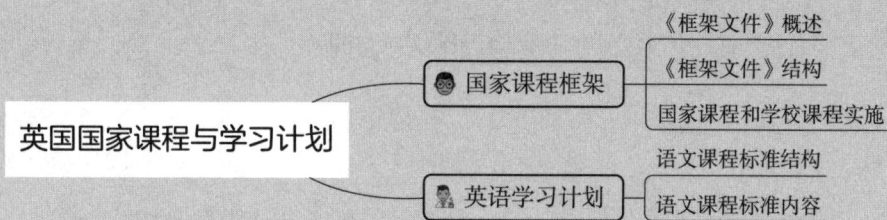

英国国家课程与学习计划

- 国家课程框架
  - 《框架文件》概述
  - 《框架文件》结构
  - 国家课程和学校课程实施
- 英语学习计划
  - 语文课程标准结构
  - 语文课程标准内容

20 世纪 90 年代以来，英国政府先后对国家课程进行了两次较大的调整。1992 年，政府委托迪林爵士(Sir Ron Dearing)全面调研国家课程的实施情况，并根据他的评估报告——《国家课程及其评估：最终报告》(*The National Curriculum and its Assessment: Final Report*)，对国家课程目标、内容、评价制度、管理制度和教师培训等做了修订。1998 年教育与就业部(Department for Education and Employment)颁布了《共同努力以提高教育水准》，并于 2000 年实施国家课程标准。

第一节 国家课程框架

2011年1月,英国开始启动新一轮国家课程改革,历经国家课程改革的提出、国家课程改革的专家咨询、国家课程改革的社会咨询三个阶段。于2013年9月,英国教育部颁布了指导基础教育课程改革的纲领性文件《英国国家课程——框架文件》(*The National Curriculum in England*: *Framework Document*),下简称"框架文件"。

一、《框架文件》概述

这是英国"国家课程框架"(National Curriculum Framework)从2007年颁布以来进行的一次较大规模的修订,也标志着英国新一轮课程改革的全面启动。

（一）课程理念

《框架文件》囊括了三门核心学科:英语、数学、科学,九门基础学科:音乐、体育、艺术与设计、公民、计算、设计与技术、外语、地理、历史在内的十二门学科。内容涵盖了国家课程的方方面面,如课程的目标、学校课程的结构、知识、发展和课程之间的关系、关键阶段的学科。《框架文件》体现了英国教育一贯的教育哲学观,体现了新保守主义思想,强调国家统控。同时,也体现新自由主义思想,学校有责任发展自己的校本课程。《框架文件》倡导的课程理念包括:

1. 新课程遵循自由、责任和公平的原则,总体目标旨在帮助所有学生提高水平。

2. 应给予学校更多的课程设计与实施的自由。国家课程只提出学生应该学习的基础知识(包括事实、概念、原则和基本操作),让学校自行设计课程,更好地适应本校学生的需求,更有效地实施教学。

3. 国家课程内容的制订必须参照全球高水平教育地区的课程要求,反映学生的学习规律,以及学生应该掌握的知识。

4. 国家课程应该为年轻人提供能够帮助他们自信地、成功地生活的教育,同时要照顾不同群体的需求。

5. 很有必要区分国家课程与学校课程。国家课程不能预先规定所有的学习内容和占用不合理的学习时间,要留给地方和学校足够的空间去开发课程。

6. 公立学校必须执行国家课程计划,但国家课程也是所有学校追求卓越的一个标杆,同时帮助家长更好地理解孩子的学习情况。[1]

（二）《框架文件》的特点

较之以往的国家课程框架文件,本文件在学习计划部分把关键阶段2细分为两个时期:关键阶段2低段(lower)与关键段2高段(upper)。

---

[1] 黄丽燕. 英国基础教育2014年国家课程计划述评[J]. 课程教材教法,2014(9).

较之以往的国家课程框架文件,此文件更加简洁、清晰:对学生的学习目标、学习内容等方面做了概括性规定,突出了核心学科与基础学科的不同地位和要求。给教师更大的学科自主权和灵活发挥的弹性空间,有利于教师更好地根据个人专业理解来设计课程,满足学生的学习需求。《框架文件》的学习计划为教学提供严谨的依据,为学校提供改进的基准。同时也要求教师设置合适的富挑战性的目标,为优秀的学生、学习滞后的学生提供针对性的教学方案和评估方案。纵观整个《框架文件》,它更加重视全面、包容的教育。[①]

《框架文件》预留了至少一年的时间,即最早从 2014 年 9 月开始实施,这样便于基层学校和教师做好应对准备。

二、《框架文件》结构

《框架文件》由学习目的(purpose)、学习目标(aims)、各领域总目标、学校课程(school curriculum)、成绩目标(attainment targets)、学习计划(programmes of study)六大部分组成,详见图 7-1。学习计划类似于我国各学科的课程标准,是《框架文件》的重要组成部分。以语文课程为例,《框架文件》配有《英国国家课程:英语学习计划》(*National Curriculum in England: English Programmes of Study*),下简称"语文课标"。核心学科、基础学科皆配有学习计划。英语、数学和科学课程的学习计划详实、具体,列出各关键阶段每一年级的具体标

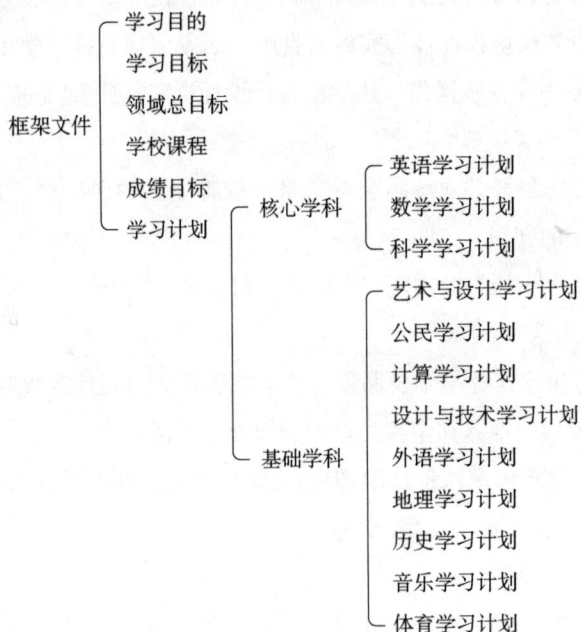

图 7-1 《英国国家课程——框架文件》结构

---

① 韩明玉、徐越.英国新一轮国家课程改革过程述评[J].教育参考,2016(1).

准;艺术与设计等基础学科则相对简略,只列出各关键阶段总的学习内容和要求。

《框架文件》主张在每一个关键阶段,学校可以不受学习计划的限制,灵活编制学校课程——降低要求或者提高要求的校本课程,还可以提前讲授下一阶段的课程。

三、国家课程和学校课程实施

《框架文件》是英国教育部制定并提供的课程纲要,适用于义务教育阶段的公立学校。就国家课程和学校课程的关系,该文件明确:国家课程帮助学生学习,成为有教育素养的公民所需的基本知识,学会欣赏人类的创造性与成就。学校课程是每一个学生接受教育的一个组成部分,学校每天的教育活动有很大的空间,可以超越国家课程要求。国家课程只是提炼了一些核心知识,以帮助教师设计教学计划,增长学生的知识、认识与发展技能。

有关国家课程实施,《框架文件》提出了总体要求:

1. 公立学校必须提供系统的课程,促进学生在精神、道德、文化、心理和身体方面的均衡发展。从机会、责任和体验等方面,为学生的未来生活做好准备。

2. 学校课程应该包含国家课程,学校要为学生提供课程计划中的、相应的学习经验。

3. 公立学校能提供日常的集体礼拜活动,在每个关键阶段都要把宗教教育列入课程计划。中学还必须给学生提供性教育课程。

4. 法律上,学校必须按照国家课程计划中规定的内容开展教学。所有学校必须在网络上公开发布学校的年度教学学科内容计划。

5. 所有学校必须开设 PSHE 课程(即个人、社会、健康与经济)教育。①

《框架文件》要求国家课程和学校课程实施过程中,都必须遵循教学原则。还需注意:按需施教,提高教学效率。关注每一个学生的学习过程与学习进步。公平教育法规下履行职责,包括正确对待种族、残疾、性别、宗教与信念、性倾向、怀孕与生育、变性等问题。

(1)设置适当的目标。教师应该对每一个学生都有高的期望。对于优秀学生和相对落后或出身劣势家庭的学生,教师都应该准备专门的教学方案和恰当的测试方案。

(2)有不少学生有特殊的教育需要,其中主要是残疾学生。学校和教师必须特别设计教学,帮助他们克服障碍,完成国家课程规定的内容。

(3)许多能力低下的学生学习上均有个别需求,教师要善于发现学生的困难所在,并采取措施,改变教学方式,保证这些学生能完成国家课程计划中规定的学科学习内容。

(4)教师必须关注母语为非英语学生的学习,了解他们的年龄特征、在英国的时间、以往

---

① Department for education. Statutory guidance National curriculum in England: framework for key stages 1 to 4 〔EB/OL〕.〔2014 - 12 - 02〕(2023 - 02 - 02). https://www. gov. uk/government/publications/national-curriculum-in-england-framework-for-key-stages-1-to-4/the-national-curriculum-in-england-framework-for-key-stages-1-to-4.

的教育经历、语言能力等。

第二节 英语学习计划

《英国国家课程:英语学习计划》就是英国的语文课程标准。语文课标是按照不同的关键阶段,从阅读(reading)、写作(writing)、口语(spoken language)、语法和词汇(grammar and vocabulary)四大领域提出学科内容要求的。

一、语文课程标准结构

关键阶段 1、2、3 这三个阶段的学习目的、学习目标和各领域总目标,是置于语文课标的起始部分加以表述的;关键阶段 4 的学习目的、学习目标和各领域总目标,则置于该阶段的起始部分。相当于我国义务教育语文课程标准和高中阶段的语文课程标准,总目标是分开表述的。它们都起了目标导向的引领作用。

学科内容(subject content)是各关键阶段的具体内容要求,类似于课程标准的内容标准部分,是采用"学习领域 + 学段"的方式编写:基于关键阶段按照阅读、写作、口语、语法和词汇四大学习领域分别陈述。

从学科内容看,在关键阶段 1 和关键阶段 2,阅读、写作两大领域的学科内容分两大范畴来表述:法定要求(statutory requirement)和非法定要求(non-statutory requirement)。法定要求是规定学生必须达成的目标,非法定要求则属于发展性目标,仅仅作为教师教学设计与实施的参考。各个领域都细分出不同的模块,如小学阅读领域分为词汇阅读(word reading)、阅读理解(comprehension)两个模块;写作领域分为抄写(transcription)、作文(composition)两个模块。

从学科内容的呈现形式看,阅读、写作两大领域在关键阶段 1,即 1—2 年级是分年级呈现的;在关键阶段 2、3,即 3—6 年级是三四年级、五六年级,两个年级融合在一起呈现的。口语领域则将小学六个年级的法定要求统整,归纳为 12 个要点。在关键阶段 4,四个领域的学科内容都不分年级、统整表述,详见图 7 - 2。

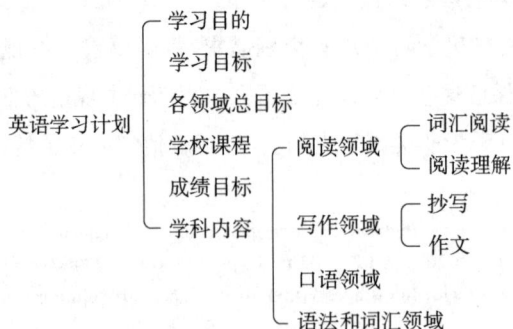

图 7 - 2 语文课标结构

二、语文课程标准内容

关键阶段 1 和 2 的目的、目标、各领域总目标的内容是完全一样的，关键阶段 3、关键阶段 4 的内容则不同。但是，两者在呈现形式上是完全一致的。

（一）学习目的

1. 关键阶段 1、2

英语在教育和社会中拥有突出地位。高质量的英语教育教会学生流利地说话和写作，让学生能够通过阅读和倾听，与他人相互交流思想和情感。学生主要通过阅读获得文化、情感、智力、社会性和精神上的发展，文学尤其是戏剧在其中扮演了关键角色。阅读也可以使学生获取新知识并且巩固旧知识。要完全融入社会，所有的语言技巧都必不可少；因此，没有学会流利自信地说话、阅读、写作的学生，实际上就相当于被剥夺了公民权利。

2. 关键阶段 3、4

英语在教育和社会中都具有极其重要的作用。英语本身既是一门学科，又是教学的媒介。对于学生而言，对语言的理解是融入所有课程的途径。通过学习流利地书写和说话，学生学会了与他人交流思想与情感；通过阅读与聆听，其他人也可以和他们进行沟通与交流。特别是通过阅读，学生有机会在文化上、情感上、精神上、社会化方面得以发展。尤其是文学，在这些发展中发挥着关键作用。阅读可以让学生获取新知识，并巩固旧知识。作为一名社会成员，所有的语言技能对于充分参与社会活动都是必不可少的；因此，在任何意义上，对于那些不能流利、自信地读写的学生而言，就相当于被剥夺了公民权利。

（二）学习目标

【关键阶段 1、2】

语文课程的首要目标是让学生通过掌握口语和书面语提升语言和文化水平。通过愉快、广泛的阅读，培养学生对文学的喜爱。英语国家课程的目标是保证所有学生：

- 轻松、流利地阅读，很好地理解；
- 养成经常阅读、广泛阅读的习惯，同时获得乐趣和信息；
- 学习大量的词汇，理解语法以及阅读、写作、口语的语言惯例知识；
- 欣赏我们丰富多彩的文学遗产；
- 清晰、准确、连贯地写作。使语言和风格能适应不同的语境、目的和受众；
- 通过讨论来学习，能清晰描述和解释自己的理解和想法；
- 掌握听和说的技巧，能做正式的报告、解释说明，参与辩论。

【关键阶段 3、4】

语文课程的总目标是在强有力的读写能力支撑下，提高学生的文学水平。并且，通过广泛的阅读来培养学生对文学的喜爱。语文课程的目标是保证所有的学生：

- 轻松、流畅地阅读,理解能力强;

- 养成经常、广泛阅读文学作品和信息类材料的习惯;

- 积累广泛的词汇、语法知识,以及阅读、写作和口语方面的语言习惯性表达;

- 欣赏我们丰富多彩的文学遗产;

- 清晰、准确、连贯地写作,根据不同的语境、目的和受众调整语言和风格;

- 利用讨论来学习;可以清楚解释自己的理解与想法;

- 具有演讲和聆听的艺术,具有正式演讲、向他人展示和参与辩论的能力。

获得性目标(attainment targets):在每个关键阶段结束时,学生都要了解、应用和理解相关课标中的事项、技能和过程。

(三) 各领域总目标:口语

【关键阶段 1、2】

国家语文课程反映了口语在学生认知、社会和语言发展中的重要性。口语是阅读和写作的基础,学生听和说的语言质量、种类,对词汇、语法以及阅读和写作的理解是至关重要的。教师要注重培养学生在口语方面的自信,促使学生能够更流畅地说话和掌握听力技巧。应该培养学生对课本和其他书籍的阅读理解能力。同时,在写作前要思考好写作的内容。不仅自己要想清楚,还要通过清晰的表达让他人理解自己的观点。老师要组织学生通过讨论来解决和纠正错误。学生也应学会讨论和辩论的规则。

所有学生都要参与戏剧艺术实践活动,并从中获得知识、技能和理解。学生能接受、创造和扮演各种角色,并能在角色中恰当地回应他人。他们应有机会为某个或某些观众进行即兴表演、编写剧本、排演、改进、分享,以及经思考后对戏剧和剧场表演作出回应。

这些国家课程的法定要求,强调要加强听说方面的联系,并在小学历年教育中一以贯之。听说领域的练习需要和阅读、写作领域配合关联。

【关键阶段 3】

应教导学生,通过以下方式自信、有效地表达:

- 在正式场合和非正式场合都能自信地使用标准英语,包括课堂讨论;

- 发表简短的演讲和展示,表达自己的思想并且坚持到底;

- 参与正式辩论和结构化的讨论,总结和/或建构已表述内容;

- 排练、表演剧本和诗歌,以讨论语言的使用和意义,使用语气和音调、音量和动作来增强表达效果。

【关键阶段 4】

应教导学生,通过以下方式自信、有效地表达:

- 在正式场合和非正式场合有机会使用标准英语;

- 在演讲、辩论中的陈述、通知以及娱乐他人时,能运用具有感染力和影响力的语言,考虑受众并调整语调、说话的语气和节奏；

● 就感兴趣的话题和有争议的话题，参与正式辩论和结构化讨论，并有说服力地组织观点。

（四）各领域总目标：阅读

【关键阶段1、2】

教学要注重学生在词汇阅读、阅读理解两个方面的发展。

熟练的词汇阅读既包括快速拼写、读出陌生单词的发音（解码），又包含快速识别熟悉的单词。两者的基础都是理解口语中字母的发音。这就是为什么要在阅读早期对初学者开展字母拼读法的教学。

阅读理解既包含对语言知识的理解（尤其是词汇和语法），又包括对世界的认知。学生通过与教师高质量的交流，阅读和讨论故事、诗歌和非虚构类文本，来发展理解技能。所有的学生应该通过广泛阅读虚构和非虚构类文本来获取知识，提高他们对自身和社会的理解能力，提高鉴赏能力以及对阅读的兴趣。广泛和经常性的阅读会大大增加学生的词汇量，同时满足学生的好奇心、发展学生的想象力。

至关重要的是，通过小学阅读训练，学生能够更加自信地面对中学的阅读课程。

【关键阶段3】

应教导学生：

1. 培养对阅读的欣赏和热爱，并通过以下方式独立阅读越来越具挑战性的材料。

（1）广泛阅读虚构和非虚构类文本，特别是整本书（whole book）、短篇小说、诗歌和戏剧，涵盖不同的体裁、历史时期、形式和作家。其中应囊括高质量的作品：

● 1914年以前的英国文学和当代文学，包括散文、诗歌和戏剧；

● 莎士比亚（至少一部）；

● 用英语写的、影响深远的世界文学。

（2）独立选择和阅读具有挑战性、趣味性、观赏性的书籍；

（3）重读早前接触的书籍，增加熟悉程度，为进行比较打基础。

2. 通过以下方式阅读越来越具有挑战性的文本：

（1）学习新词汇，使用字典；

（2）对文本做出推断并引用证据；

（3）了解写作的目的、受众和背景，利用这些知识来支持理解；

（4）检查学生的理解以确保他们对所读内容的理解。

3. 通过以下方式进行批判性的阅读：

（1）了解语言，包括比喻性语言、语法、文本结构和组织特色是如何表达意义的；

（2）识别诗歌的一系列惯例并明白它们的使用方式；

（3）学习背景、情节和人物塑造以及它们的影响；

（4）理解伟大的剧作家使他们的作品具有舞台表现力的方式；

（5）对文本进行批判性比较；

（6）每年至少深度阅读两位作者的作品。

【关键阶段 4】

应教导学生：

1. 通过以下方式拓宽阅读广度：

（1）详细地研究高质量、有挑战性的、完整的文本，包括：

● 两部莎士比亚的作品；

● 具有代表性的浪漫主义诗歌；

● 一部 19 世纪小说；

● 具有代表性的一战诗歌；

● 一战后的英国小说、诗歌或戏剧；

● 用英语写的、影响深远的世界文学作品。

（2）独立选择和阅读书籍，包括具有挑战性、趣味性、观赏性的非虚构类书籍；

（3）重读早前接触的书籍，增加熟悉程度，并为进行比较打基础。

2. 通过以下方式促进阅读理解：

（1）以关键阶段 3 获取的知识和词汇为基础，促进对所学文本的理解；

（2）思考文本结构和整体信息，包括作者的写作目的；

（3）区分主题和次主题，概括文本；

（4）综合一个以上的文本信息，识别常见的写作思路以及文本思路的差异；

（5）浏览拓展性文本以获取特定信息，综合阅读几个文本以获取更广泛的信息；

（6）通过引用文本和语境中的表述来证明一种观点，并区分陈述内容与暗示内容；

（7）提取文本和作者更广泛的个人、社会和历史背景信息，并用这些信息促进理解。

3. 通过以下方式进行批判性的阅读：

（1）利用他们已有的广泛的阅读来关照当下阅读，包括（但不限于）关键阶段 3 进行的阅读；

（2）将文本中的信息与先前知识进行比较，识别对一个文本产生不同反应的可能性，区分有证据佐证的陈述和无证据的陈述，认识到证据的偏见和滥用，并形成自己的论点和观点；

（3）评估词汇的选择对最后结果的影响；

（4）学生运用语法知识来评估文学和非虚构类作品的效果，并使用适当的语法术语来讨论或书写他们自己的评价；

（5）评价情节和结构特征，分析和解释形式、谋篇布局和表述如何导致表达的有效性和影响力；

（6）评价文学特征对文本的质量和有效表达的影响，并理解如何达到微妙、模糊和暗示的效果；

（7）分析伟大的剧作家使自己的作品在舞台上具有表现力的方法；

（8）用对文本批判性解读来分析作品；

（9）遵循上述方法比较两个或更多的文本。

（五）各领域总目标：写作

【关键阶段 1、2】

关键阶段 1 和 2 的写作目标与阅读目标框架类似，包括两个方面：

- 抄写（包括拼写与书法）；
- 作文（表达思想并能在演讲和写作中组织思想）。

写作领域的教学，要重视学生的拼写和作文。此外，学生应该学会如何组织、修改和评估自己的作文。写作的过程在写作教学中非常重要。

流畅地写下自己的想法取决于高效的拼写。也就是说，在知道声音和字母之间的关系（发音）、理解形态（单词结构）后有利于快速、准确地拼写单词。有效的写作不但是组织好文章的篇章结构，而且要能够表达和交流思想。这需要有清晰的观点、读者意识、带着目的去写作，以及日益丰富的词汇和语法知识作为支撑。书写时，笔画要求流利、清晰和快速。

【关键阶段 3】

应教导学生：

1. 通过以下方式使学生能准确、连贯、有效、详细地写作：

（1）针对不同的目的和受众写作，包括：

- 结构完整的规范的说明文（expository）和叙事文（narrative essay）；
- 故事、脚本、诗歌和其他富有想象力的写作；
- 笔记、进行会谈和展示富有文采的脚本；
- 其他一系列非叙述性文本；
- 私人书信和正式信函。

（2）总结和组织材料，运用事实性细节支持观点和争论；

（3）在写作中运用不断增长的词汇、语法和文本结构知识，并选择合适的形式；

（4）凭借阅读和聆听中汲取的文学和修辞知识，提高写作影响力。

2. 通过以下方式进行计划、起草、编辑和校对：

（1）考虑作品是如何反映读者和自己的意图的；

（2）修改写作的语法和结构，以提高其连贯性和整体有效性；

（3）注意正确的语法、标点和拼写，将附录 1 中列出的拼写格式和规则应用到关键阶段 1

和关键阶段 2 的学习计划中。

【关键阶段 4】

应教导学生：

1. 通过以下方式使学生能准确、连贯、有效、详细地写作：

（1）借鉴阅读和聆听的知识进行观赏性写作，体验不同的体裁，并提供写作的独立性和创造性；

（2）有序安排信息和想法，维持观点的一致性，避免歧义并使用组织性特征（如段落）来提高条理性和连贯性；

（3）利用修辞和其他工具来增强影响力，适当强调关键部分，有说服力地组织论点，引用适当的证据并选择引文佐证论点；

（4）使用丰富的词汇、语法特色和结构特色来达到特定的效果；

（5）运用标准英语，且语法、标点和拼写精准无误。

2. 自信、有效地构思、起草、校对。

（六）各领域总目标：词汇、语法等

【关键阶段 1、2】拼写、词汇、语法、标点符号和术语

两个法定附录：关于拼写和关于词汇、语法和标点符号，概述了包含在英语学习计划中的具体教学内容。

应在学生的阅读和写作中随机提高学生的词汇量。随着词汇量的增加，教师应向学生展示如何理解单词之间的关系，如何理解意思的细微差别，以及如何发展学生对象征性语言的理解能力和使用能力。教师还应教会学生如何理解和阐明生词和多义词的词义。附录中包括促进学生词汇量增长的参考资料。

学生要有意识地在自己的口语和写作中注意语言规范，学会正确使用语法、标点和"术语"。这不是为了约束或限制教师的创造力，而是为了他们建构有趣的课程而提供的一个框架。

在整个课程的学习中，老师教给学生足够的词汇以便于他们讨论阅读、写作和听说练习的需要。学生在英语学习中学会正确使用语法术语，教师的教学也应强调语法术语。

【关键阶段 3】语法和词汇

应教导学生，通过以下途径巩固和加强语法和词汇知识：

1. 将附录 1 中列出的语法知识拓展并运用到关键阶段 1 和关键阶段 2 的学习计划中，以及任何一种挑战性的文本中；

2. 研究阅读文本中语法特征的有效性和影响；

3. 从阅读和聆听中汲取新的词汇和语法结构，并有意识地将它们运用到自己的写作和演讲中，以达到一定的效果；

4. 了解并理解口语和书面语之间的区别,包括正式和非正式文本中,以及标准英语和其他种类英语中;

5. 在写作和演讲中自信地使用标准英语;

6. 精准、自信地使用语法和文学术语,讨论英语阅读、写作和口语内容。

【关键阶段4】语法和词汇

应教导学生,通过以下途径巩固和加强语法和词汇知识:

● 将之前关键阶段中列出的语法知识拓展并运用到更多挑战性的文本中;

● 自信地将阅读和聆听过程中习得的新词汇和语法结构,运用到学生自己的写作和演讲中;

● 理解口语和书面语之间的区别,包括正式和非正式文本中,以及标准英语和其他种类英语中,英语的历史演变过程中,语法和词汇会相应发生变化;

● 在写作和演讲中自信地使用标准英语;

● 精准、自信地使用语言和文学术语讨论英语阅读、写作和口语内容。①

(七) 学校课程

在每一个关键阶段,学校可以不受语文课标的限制,灵活地推介一些降低难度或者超前的课程。此外,如果时间合适的话,学校可以提前讲授下一阶段的课程。所有的学校需要在前一年的基础上制定他们的学校课程,并且将有效信息发布在官网上。

语文课标充分体现了《框架文件》的精神:把培养学生的阅读能力、写作能力、口语能力、语法和词汇知识融进整个教学过程。各关键阶段阅读、写作和口语三大领域的要求同步推进,阅读领域中批判性阅读单独成项、分阶段阐述要求、有序推进。

---

① Department for Education. Statutory guidance National curriculum in England: English programmes of study [EB/OL]．[2014 - 12 - 02] (2023 - 02 - 10). https://www. gov. uk/government/publications/national-curriculum-in-england-english-programmes-of-study/national-curriculum-in-england-english-programmes-of-study.

第八章
英国语文教科书

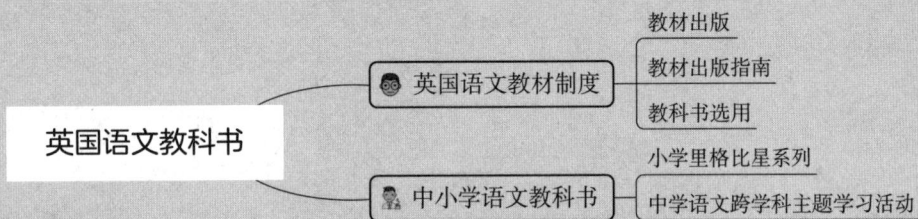

虽然英国在 20 世纪 80 年代末就开始实施统一的国家课程,对必修课程内容有明确的规定。但是,英国教科书制度属于自由选用制:出版公司组织人员按照课程标准或考试大纲编写教科书并出版发行,由学校、教师自主选用。

第一节　英国语文教材制度

在英国,中小学没有全国统一的教材。语文虽为国家核心课程,语文教材的编写、发行和选用是十分自由的。

一、教材出版

一般来说,英国教材的编写依据有三个:国家课程大纲、学生在毕业年级时参加的重要考试(如 A-Level)以及证书制度。政府对中小学教材编写人员没有要求,教育机构的专职人员、在职的中小学教师都可以兼任。英国教材的发行,遵循较为完备的市场流通机制,任何出版社及教育机构均可以自由地编写和发行教材。每家出版公司出版的语文教材也各有特色。英国出版社数量众多,大大小小有几百家。其中影响力最大的三家是:牛津大学出版社(Oxford University Press)、哈珀·柯林斯出版公司(Harper Collins)、纳尔逊·索尼斯出版公司(Nelson Thornes)。

牛津大学出版社隶属于牛津大学,成立于 1478 年,是世界上历史最悠久的大学出版社之一,也是世界上最大的大学出版社。牛津大学出版社出版系统的、多系列的中小学语文教材。图 8-1 是现行牛津大学出版社出版的中小学语文教科书课本(coursebook)、图 8-2 是辅助教材(supplementary)配套电子书(e-book)。该社采取了一系列的数字产品革新(digital innovations)举措,并为师生搭建了名为"牛津学习者书架"的网站(Oxford Learner's Bookshelf)。网站上提供:

图 8-1　牛津大学出版社出版的中小学语文教科书①

---

① Oxford University press. Oxford Learner's Bookshelf [EB/OL]. [2014 – 05 – 18](2023 – 02 – 10). https://www.oxfordlearnersbookshelf.com.

图 8-2　牛津大学出版社的配套电子书(e-Books)

1. 电子书以及应用程序。电子书种类包括课本、分级读物、专业发展书目、词典、参考资料,以及发音与词汇学习资料。这些电子书老师可以用来自由组合篇目,设计教学内容;为班上的学生提供访问网站的账号,开展在线学习。电子书的应用程序非常齐全,可以在电脑、电子阅读器、智能手机以及平板电脑上阅读。

2. 在线练习。教师可以在线轻松检查学生的阅读、写作进度,发现学生的学习强项和弱项;可以组织学生在线讨论或个别谈话;可以设计练习,让学生随时开展多样的、互动的练习。

3. 家长加油站。为家长在线提供有关 3—14 岁幼儿、中小学生活动和学习支持。

该社的教材不仅在英国本土被大量使用,而且在欧洲和亚洲的很多国家和地区拥有大量的拥趸。

二、教材出版指南

为规范各家出版社的教材编制和出版,英国出版商协会(The Publishers Association)制定了《英语教学资源出版指南》(*Guidance for the Publishing of English Teaching Resources*)。该指南统整国内外教学资源编制的相关研究,概述了高质量教学资源的特性,不仅为学龄儿童英语教学资源的编写和出版提供借鉴,对语文教师的教学也有很大的帮助。

(一)教学资源的含义

教学资源(teaching resources)指为支持英语教学而出版的所有内容,包括教科书、练习册、教师指南和其他纸质或数字形式的材料,[①]即广义的教材。英语教学资源涵盖范围广泛,

---

① The Publishers Association. Guidance for the Publishing of English Teaching Resources [EB/OL] [2018-7-10] (2023-02-03). https://www.publishers.org.uk/EasySiteWeb/GatewayLink.aspx?alId=19821.

从传统教材的阅读、写作、听和说四个语言学习领域,到领域内文本及教学的要求。例如,一种文学体裁,如诗歌;一个特定水平的学习成就,如五级 GCSE;写作领域的一个具体方面,如拼写;在学校不同阶段教授和学习语文学科的不同方式,等等。

(二) 教学资源的编制

如何编制优质教学资源,《英语教学资源出版指南》从八个方面做了描述:一般原则(general principles)、英语内容(english content)、任务和练习(tasks and exercises)、表现和设计(representation and design)、教师支持(supporting teachers)、评估和审查(assessment and review)、主要资源(primary resources)、作者和编辑(authors and editors)。并强调"对教师的支持"即高质量的教师专业发展对教学资源的影响是最大的。

1. 一般原则

(1)通过阅读和写作活动,以及在课内外的听和说的活动,促进对英语语言和文学的享受和参与。

(2)应不受最低考试要求的限制,以扩大学生的英语知识和理解力为目标。虽然教材会采用某种特定的英语学习方法,并兼顾考试的需要,但教材不应局限于特定的规范。因为这可能导致教材只关注应试。

(3)有明确的目的、明确的目标对象(如学生、家长、助教)。明确如何在综合运用其他材料的基础上,灵活运用和使用本教材。

(4)对阅读、写作、听和说,或对某一领域更具体的方面,如语音、文学、语言学、媒体、戏剧、语法或标点,有明确的定义、清晰的表达,并尽可能形成以证据为基础的观点。

(5)反映了一种包容的编制方式,期望所有的学生在适当的时候都能学习同样的材料和活动,并能指导教师如何支持有困难的学生、学有余力的学生。

(6)能融合不同文化、男性和女性作者的不同高质量的文本,代表了一系列流派,风格和观点。

(7)具有内在的连贯性和递增性。使学生能够在已学的和复现的内容、概念、技能和任务方面,面对挑战不断巩固并逐步掌握新内容。

(8)鼓励教师和学生超越教材所呈现的内容,继续学习,如参考其他材料、观点、活动和资源。

(9)支持教师发展,包括:清晰、准确地解释内容、提供相关背景信息和一系列健全的教学方法。

2. 语文学科内容

优质语文资源的内容应:

(1)注重培养热情、专业、善于探究、有创造力的读者、作家、演讲者和听众,认识到确保学生参与的重要性。

（2）既支持用综合的方法促进四个领域的语言学习，又支持单一领域的、具体的语言学习。

（3）反映了对语言技能发展的充分理解，在可能的情况下，能显示教材与研究证据的一致性。

（4）在适当的情况下，在每一章或单元的开头能提供明确的学习目标，结尾处能提供总结、反思、自我评估的机会。

（5）强调理解和沟通技巧的重要性，这是提高英语水平和专业技能的关键。

（6）准确和适当地对文本特征或语法点做出解释，能在廓清和承认英语固有的复杂性和矛盾之间找到平衡。

（7）使用并定义必要的、正确的、精确的术语来描述语言和文学的特征、听和说的活动，这类定义和描述是用一种对学生有帮助、有意义的方式展开的。

（8）既明了学生已经学到/已经知道的知识，又清晰学生将要学的内容，以促进关键阶段之间的联系和连续性。

（9）使学生能接触一系列引人入胜的内容，包括广泛阅读标准文本。

（10）平衡封闭式的阅读和宽泛的阅读，使学生有信息阅读扩展文本（包括论证和复杂的语言）。

（11）让学生接触大量的词汇，进行大量表达活动，帮助他们掌握语言习得。

（12）应支持学生记忆课文或课文内容，如引文、部分或整首诗、情节大纲等。

（13）符合适当的国家指导方针、国家课程、国家课程考试、GCSE、等级学科水平/标准。

（14）旨在为所有学生提供广泛的、丰富的学科经验，而不是狭隘地关注那些能够/将被评估的内容。

（15）以清晰、精确、准确的标准英语书写。

注意：有一个商定的语法/语言术语词汇表，可以复制语文课程中使用的词汇表，以确保关键阶段1到5的解释在所有出版商、评估机构和授予组织中保持一致。

3. 任务和练习

高质量的语文学科任务和练习应：

（1）要求学生在一系列有趣且引人入胜的环境中复习、练习、应用和扩展知识、理解和技能。

（2）以适当的方式整合说与听、阅读、写作领域的任务。

（3）培养学生的拼写能力和语法理解能力。作为语言运用的一部分，在阅读课文时识别用于特定目的的句子结构，纠正自己作文中的拼写错误。

（4）帮助学生发展书写能力、保持字迹清晰。

（5）与学生发展和巩固知识、理解、技能相关。

（6）要求积极参与并对文本、观点和语言做出反应。

（7）期望所有学生都能完成所有任务。若有需要，则可为个别学生提供额外的支援、指导、活动等，以支持继续进步和发展。

4. 表现和设计

一个高质量的语文学科资源应：

（1）设计能吸引学习者并支持学习者阅读和思考过程，以及页面上或单元内的一系列活动顺序。

（2）使用适合目标受众的字体样式和大小，以确保所有人都可获取。

（3）当文本包含有吸引人的高分辨率照片和其他插图时，这些图片能支持文本和任务（例如作为一种刺激），或者本身是值得研究的文本，但不干扰或压制文本。

（4）包括图和表能支持学生做计划、记笔记、发展自己的想法、做比较和识别差异。

（5）在单一课程中，采用连贯一致的方法处理印刷教材和数字材料。不同的表达方式能利用每一种媒介的优点来加强彼此的联系。

5. 教师支持

优质的语文学科资源应支持教师：

（1）包含对主题的权威描述，包括举例、背景信息和全面的参考部分。

（2）指导进行教学设计，包括使用资源的方式、教学方法的建议、支持或扩展学生的策略，以及必要的、可选的任务和活动。

（3）提供的查找和使用资源中，有与主题或文本相关的其他相关材料的建议。

（4）有对常见错误、错误的想法和阻碍发展的考虑，以及如何解决这些问题的建议。

（5）有对形成性和终结性评估的适当指导。

6. 评估和审查

高质量的语文学科资源应提供：

（1）各种各样的纳入教材系统的活动，包括丰富的、开放的、扩展的任务。这些活动产生证据，使教师能够对成绩和进步作出有效的判断，并提供形成性评价的机会。

（2）有标准指导和评估判断，包括清晰、完善的评分方案和标准，支持教师使用评估跟踪进展，并告知他们做设计。

（3）支持开发有效的、形成性的评估实践，包括提问、设置有挑战性的任务、使用同伴和自我评估以及安排反馈。

（4）有反映全国评估模式如全国课程考试或普通中等教育证书（GCSEs）的考试，有用于学生实践的考试，如果合适的话，可以使教师预测学生的成绩。

（5）材料应帮助学生熟悉正式评估中的项目类型，但不包括评估材料。应支持教师适当地使用和解释法定的、可选的和商业测试的结果，例如国家测试、语音检查和阅读年龄测试。

7. 主要资源

小学教育的高质量的语文学科资源应：

（1）显示已意识到年龄组的特殊需要、小学课程、小学组织教学和学习的各种方法，包括用独立的和综合的方法来教授英语。

（2）认识到许多教师不是学科专家，需要更多的技术支持，如语法和评估。

（3）赞赏父母在支持学生方面的作用，并提供适当的材料来促进这一点。

（4）增进对"有关语言的语言"的理解和使用。准确地使用有关语言的定义和术语。避免提供误导性的指导或"快速解决"的技巧来说明什么是好的写作，强调选择适合目的、受众和效果的风格和语言特征的重要性。

8. 作者和编辑

一个高质量的语文学科资源是：

（1）撰写作者和编辑由以下一个或多个学术科目专家、有经验的教师、有写作内容经验的青年教师，以及具有评估专业知识的教师组成。

（2）尽可能采用严格独立的质量保证措施。

（3）基于积累的专业经验，参照高质量的研究。

（4）测试在校的教师和学生，在可能和相关的情况下，根据反馈做修订。

三、教科书选用

英国中小学教师可以根据实际需要，自主地选择出版社出版的语文教科书，甚至不用出版的教科书，而是自选相关文本如文学、科普文章作为教学材料。在小学，一般由校长和教师决定选用何种教科书；在中学，教科书选用的决定权则一般掌握在教师，尤其是学科主任的手上。选用的语文教科书如：

1. 由约翰·席利（John Seely）、大卫·基臣（David Kitchen）等人编写的、牛津大学出版社出版的关键阶段 1、2、3 学生用的《牛津英语教程》（*The Oxford English Programme*）教科书。

2. 由约翰·巴贝尔（John Barber）编写的、查尔莱斯·莱兹出版公司（Charles Letts & Co. Ltd.）出版的《关键阶段 3：英语》（*Key Stage 3 English*）及早年的修订版教科书。

3. 由沃恩·琼斯（Vaughan Jones）和苏·凯（Sue Kay）共同编写的麦克米伦教育出版公司（Macmillan Education Publishers Limited）出版的《里外》（*Inside Out*）教科书。

上述三种语文教科书都有五大内容：知识和技能、思维训练、言语实践活动、价值观念和规范、例文和文化经典研读。[①]

英国邦纳小学一年级语文使用了读写公司（Read, Write Inc.）的教科书，以"合成拼音"

---

① 洪宗礼，柳士镇，倪文锦. 母语教材研究［M］. 江苏：江苏教育出版社，2007：9.

(synthetic phonics)为主要教学内容,学习如何将英文词和读音相互转换等。2—6 年级语文教科书是由学校教师基于艾伦·皮特(Alan Peat)模式自主开发的教材。[①]

第二节　中小学语文教科书

英国中小学语文教科书属于学校资产的一部分,学生借阅一学年,用完后还给学校,教科书循环使用。也有相当一部分的学校是不用教科书的,如伦敦圣·安德鲁斯小学,就是由语文教师自己选择教学材料,组织教学内容。英国小学采用的是小班额教学,每个班级不超过25 人。一至三年级的每个班都配有协助任课教师的教学助理。日常一节阅读课时长一小时,教师用分级阅读教科书,采用小组合作学习的教学策略施教——让能力相近的四五个学生围坐在一起,两两同侪学习、配对阅读。中学则将相关的阅读材料陈列在学校图书馆阅览室内,学生可以根据自己的阅读兴趣,结合自己的实际阅读能力和水平,在教师的指导下,选择自己需要的读本阅读。

一、小学里格比星系列

里格比星系列(Rigby Star)属于分级读物,在英国小学常作为阅读教科书,下面以小学二年级用书为例加以介绍。

(一) 教科书结构

里格比星系列二年级读本,根据读本难度分为六个等级,以读本封面的六种颜色作为标志:橙色(orange)、蓝绿色(turquoise)、紫色(purple)、金色(gold)、白色(white)、浅绿色(lime),难度依次递增,见图 8 - 3。

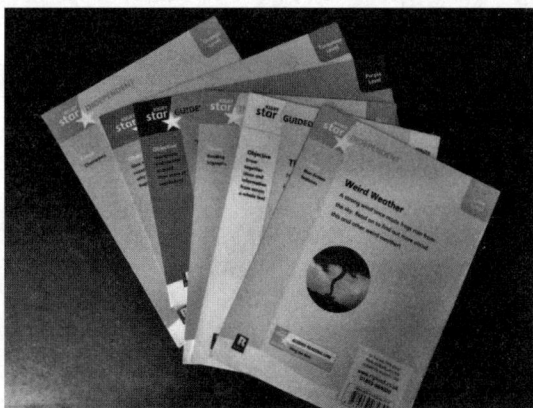

图 8 - 3　六个等级的六种色彩的读本封面

---

① 李建民.英国基础教育[M].上海:同济大学出版社,2015:96.

六个等级的每一个等级都配有两本同封面色的、不同版本的教科书：指导阅读版（Guided Book）和独立阅读版（Independent Book）。文本都以虚构类（fiction）为主，也有部分非虚构类（non-fiction）作品。每个版本结构一致，都由三个部分组成：前辅文、正文、后辅文，详见图8-4。

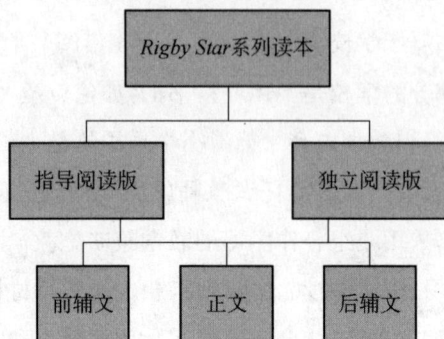

图8-4　里格比星系列每册结构

1. 指导阅读版

指导阅读版前辅文由封面、目录组成。正文是匹配学生阅读能力的阅读材料。后辅文由词汇表（glossary）、索引（index）、版权页、主题（objectives）、致谢（acknowledgments）五个部分组成。

2. 独立阅读版

独立阅读版前辅文由封面、版权页、阅读指导、目录组成。其中"阅读指导"包括读前（before the child reads the book）和阅读时（as the child reads the book）指导。正文是匹配学生阅读能力的阅读材料。后辅文由索引、课后问题、中心、致谢组成。

（二）教科书能力训练点

指导阅读版和独立阅读版正文部分，阅读材料的内容和难度是不同的，但阅读能力训练点基本一致。二年级指导阅读版、独立阅读版阅读训练序列如下：

1. 故事主题和人物；

2. 事件的原因；

3. 探索和解释；

4. 从整个文本形成想法、获取信息；

5. 探讨特殊词语的用法；

6. 从字母顺序、布局、图表和标题解释文本的组织特征；

7. 识别讲述故事的不同方式；

8. 浏览非虚构类文本以获取信息；

9. 解释对文本的反应；

10. 借助句法和语境建立词汇表；

11. 故事的寓意。

(三) 选文

1. 难度等级 2 的蓝色系列《体育的世界》(*A World of Sport*)

篮球：

两支人数为五人的球队在进行篮球比赛，他们传球给自己的队员。尽管不可以用脚，但是球员可以带球移动，将球投进篮筐即可得分。

篮球在美国和俄罗斯十分流行。2004 年的奥林匹克运动会上，美国夺得男子篮球比赛金牌，俄罗斯获得铜牌。

板球：

用一根短棍、一个球、两副板子进行的运动是板球。投球手努力想要投中击球手身后的三柱门，击球手努力击中投球手投来的球，并跑向投球手附近的第二个三柱门。

在英格兰和巴基斯坦，板球是最受欢迎的运动之一。1992 年，巴基斯坦打败了英格兰，赢得了世界杯冠军。

足球：

一个足球队共有 11 名球员，球员将足球踢进对方的球网就得分。各队的守门员都努力阻止对方把球踢进自己的球网，守门员是场上唯一可以使用手接球的运动员。

足球是世界上最受欢迎的运动。超过 160 个国家的人都踢足球。足球可能是由罗马人传到英格兰的。

曲棍球：

曲棍球运动员用球棍击球得分，这叫做"冰球"。在曲棍球赛场两端各有一个球门。每支队伍有 11 名球员。运动员佩戴护腿保护自己的腿部。

曲棍球运动流行于印度和巴基斯坦，已有数百年的历史了。

橄榄球：

在橄榄球运动中，运动员可以投球和击球，也可以带球跑。橄榄球是椭圆形的，球员通过在两条线之间带球触地得分，这两条线位于比赛场地的四边。

许多英国人和法国人打橄榄球。每年，法国、英国、苏格兰、爱尔兰、威尔士和意大利这几个国家和地区都会举行橄榄球比赛。

乒乓球：

乒乓球通常被称为"ping-pong"。球员们在球桌两端用球拍击球，这些球拍有时被称为桨（paddles）。

许多中国人和巴西人喜欢打乒乓球。超过 100 个国家参加了乒乓球世锦赛。

排球：

一个排球队共有六名队员。运动员用手掌或者手腕击球，使其越过高高的球网。如果球落在了对方场地上就得分。

排球运动在阿根廷和希腊很受欢迎。

2. 紫色系列《托马斯·爱迪生的发明》(*The Inventions of Thomas Edison*)

托马斯·爱迪生：

今天我们使用的许多重要发明(包括电灯泡和胶片相机)都是爱迪生发明的，他于 1874 年 2 月 11 日在美国出生。

小时候，爱迪生就很喜欢做一些科学实验——他每十天就发明出一些新的东西。

发明家爱迪生：

爱迪生是一位发明家，在他生活的那个时代没有电灯，只有油气灯；也没有电话、电影或者电视。爱迪生使人们打电话、看电影，家里、办公室和工厂用上电灯成为可能，他改变了人们的生活。

1928 年，爱迪生因为他的众多发明而被授予勋章。

留声机：

爱迪生的发明之一是一台可以保存和播放声音的机器。他根据希腊单词"声音"和"图表"，把这台机器称为"留声机"。人们用留声机播放音乐和声音。

电灯泡：

爱迪生通过把一根灯丝放入一个玻璃泡中而发明了电灯泡。当电流通过灯丝时，灯泡就发光。第一个电灯泡只持续亮了几分钟。但是，到 1879 年，爱迪生已经发明了可以持续使用一整天的电灯泡。

活动电影放映机：

爱迪生发明了一台可以记录移动图片的机器，叫做"活动电影放映机"。他将其与照片相结合，发明了第一部"有声电影"。由于声音和画面并不总是同步，因此当人们在看电影的时候，字幕会在屏幕上出现。

其他发明：

会说话的洋娃娃：

爱迪生将一个极小的留声机放入洋娃娃的身体里而发明了一个会说话的洋娃娃，这个洋娃娃会放童谣的录音。

今天，你可以在很多玩具和机器里发现录音机，包括洋娃娃、电脑以及电话。

(四) 整本书和练习

这是难度等级 4、金色系列独立阅读版的读本《关于头发的一切》(*All About Hair*)，详见图 8-5。整本书共四章近 30 页，书后有思考题，目录见图 8-6。

图 8-5 读本封面

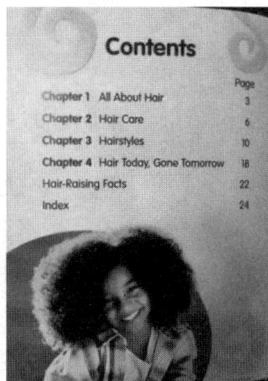

图 8-6 读本目录

Contents

1. 文本

第一章　有关头发

我们都有头发,头发每天都在长长。头发一年内会长约 15 厘米,我们大约有 100 万根头发。

头发长在皮肤表面,在温暖的季节,长得更快。我们睡觉的时候,头发也长得快。大约三年之后,旧头发会自动掉落,新的头发一直都在生长。

随着我们长大,我们的头发有可能会变颜色,也有可能永久地掉落了。许多老人都掉发,甚至有些变成光头。

第二章　头发护理

我们要护理头发。生活在 2 000 年前的罗马人也护理头发,他们经常梳头,但是一年只洗一次头。

如今,我们每天都梳头,而且经常洗头。我们会使用许多东西使头发看起来更好看。

许多人把头发剪短以避免头发过长。大约在 150 年前,男性由理发师理发。每个人都留着同样的发型,他们脑后和两边的头发都很短。

如今,男人和女人们都由理发师理发。理发师帮人们洗头、剪发,也染色、烫卷和做造型。现在仍然有专为男性理发的理发师。

第三章　发型

头发可以做成不同的造型。大约在 250 年前,人们的发型都很浮夸。女人们会把鲜花、水果甚至鸟放在头发上,有些头饰过于庞大导致人们必须坐着睡觉。如今,人们有许多不同的发型:有剪短发的,有留长发的;有留直发的,有烫卷发的。很久以前,埃及女人喜欢把头发弄卷。她们把泥土涂在头发上,然后用棍子将头发缠绕起来。当她们拿掉棍子后,头发就是卷的了。

如今，人们使用加热的卷发器让直发变卷，卷发也可以弄直。

染色是很有趣的，人们很早以前就这么做了。大约 200 年以前，许多人将粉末撒在头发上，使头发看起来是白色的。

今天，许多人会染发。有些人将头发染成黑色、棕色或者金黄色，另一些人则染成鲜艳的红色或者绿色。

人们有时会戴上不属于自己的头发，即"假发"。很久以前，在炎热的地区，许多人戴假发是为了避免阳光的照射。这些假发均用人的头发做成，大部分为黑色。

如今，如果有人脱发的话，便会戴上假发。有时候，戴假发只是为了让自己看起来与众不同。假发帮助我们看起来像另一个自己。

──────── **第四章　今天的头发，明天就不见了(Here today，Gone tomorrow)** ────────

对于男性而言，头发不仅长在头上，也长在脸上。有些男人会让脸上的头发生长，甚至留小胡须。大约 150 年前，男人用一种特殊的工具保持胡子干燥，被称为"胡子警卫"。

如今，许多男性会用剃须刀剃掉胡须。第一把剃须刀大约是在 400 多年前出现的。如今，剃须刀大都是电动的。

许多女性会拔掉眉毛。大约 70 年前，女性拔掉所有的眉毛，然后再画上新的眉毛。这些眉毛到底是真的呢？还是画上去的呢？

如今，许多女性不想要太浓的眉毛。为了使眉毛变淡，她们会拔掉一些眉毛。

2. 练习

(1) 理解检查(Understanding check)

● 如果我们不剪头发，会发生什么？

● 什么是假发？

(2) 阅读技能检查(Reading skills check)

● 读第四章的标题。为什么说这是一个很好的标题(here 与 hair 的发音很相似)？这个标题真正指的是什么？(Here today，Gone tomorrow)

(3) 焦点检查：浏览文本(Focus check：to scan a text)

● 翻到第三章，浏览文本。

● 这一章提到了哪些不同的发型？

(4) 发展流畅度(To develop fluency)

● 当第一次阅读文本时，很难做到流畅。鼓励学生们再次阅读，关注标点，有感情地阅读。

二、中学语文跨学科主题学习活动

《在荒岛上》选自牛津大学出版社关键阶段 3、《牛津英语教程》(*The Oxford English Programme KS3*)教科书中的跨学科语言实践主题单元。

热烈祝贺:体验荒岛生存!

你被推选为同年级学生组成的"荒岛生活小组"成员之一,你将和同伴们在一个无人居住的荒岛上生活一个月,以显示年轻人机智、勇敢、适应环境生活的能力。你将要做出许多决定、探险,并描述你们在荒岛上遇到的各种情况。

一、选择岛屿

1. 勃林岛(Burion island)

勃林岛是一个热带的天堂,是野生动物的世界。在这里,你将看到平时很少能在陆地上看到的一些鸟类和鱼类。但是,要特别小心:许多动物(如毒蛇和凶猛的山猫)都对人类充满敌意。勃林岛上有许多奇异的果子可以吃,但它们可能含有致命的毒素。你们面临的最大困难是岛上没有水源,但是岛上几乎天天下雨,因此,你们要想办法来储存雨水。

2. 克劳维斯岛(Clovis island)

克劳维斯岛的气候凉爽宜人,容易找到水源和食物。但是,岛上只有素菜,缺乏肉食,也没有办法捕鱼。岛上长满了树木,经常下大雨,岛上的人被绿色的树木所环绕。晚上很冷,人必须住到棚屋里去。

3. 阿波埃岛(Apoa island)

由于阿波埃岛地势较低,因此当涨潮或者暴雨来临时,岛屿有可能会被大水淹没。岛上的气候温暖干燥,有一条平时干涸的小溪。但是下雨的时候,雨水可以储存在小溪里。岛上的植物很少,只有椰子可以作为食物。岛上的鱼类很多,但是由于附近水域的水很浅,所以要去几百米外的海滩上才能捕到鱼。

要求:

(1) 认真研究插图(略)及文字信息。

(2) 列表,写出每个岛屿的有利与不利条件。

(3) 结合岛屿和自身的情况,选择一个适合居住的岛屿。

(4) 简要说明你们小组选择该岛屿的理由。

(5) 利用文中所提供的信息,画图表示每个岛屿的特点,并说明自身的情况。

二、选择旅伴

1. 奈森·范里西:男,13岁,身体健壮,独立性强,不爱向他人求助,怕蛇。

2. 克里格·温斯太利:男,11岁,身体不够健壮,性格随和,受人欢迎,喜爱并擅于烹饪,患有哮喘。

3. 西格·维英:女,12岁,乐于助人,健谈,擅于振奋他人情绪,做事杂乱无章,无领导能力,近视。

4. 求利亚·凯恩:女,12岁,能干,理性,决策果断,有主见,对持不同意见者有点急躁,素食主义者。

5. 宝琳·汤玛斯:女,13岁,活泼健康,校足球队优秀队员,实践能力强,善于手工,不愿做家务,只吃便宜食物。

要求:

(1) 除了上述五人之外,你还可以另选两名同行的旅伴。

(2) 你需要:作为荒岛生存小组的成员之一,了解每个人的优缺点。

(3) 选择另外两名旅伴,并说明理由。

(4) 根据以上信息,介绍自己的优缺点。

三、选择设备

各小组可在上岛前选择一些设备:六种生活必需品和两种奢侈品,选择的设备应满足小组内每个成员的需要。

要求:

1. 你选择了哪六种生活必需品? 请说明理由。

2. 你选择了哪两种奢侈品? 请说明理由。

3. 小组的每个成员都应该有一个日记本,记录自己的经历与感受。假设明天就要出发,你已经了解了自己的旅伴、已有的设备以及选择的岛屿,请在第一篇日记里,写下自己准备上岛的感想。

4. 现在写下第二篇日记,记录上岛时发生的事情以及你和旅伴们的感受。当看着搭载你们的船只逐渐返航远去,直至消失在视线范围之内,你有何感受?

四、荒岛生存

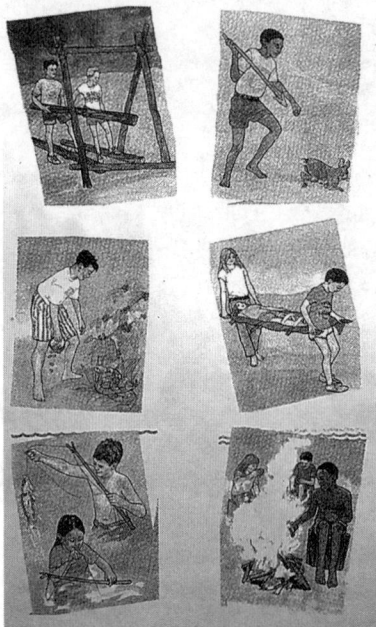

图8-7 荒岛生存

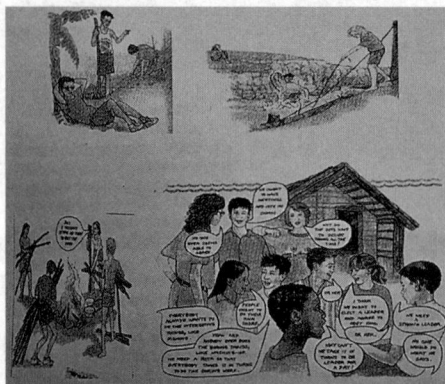

图8-8 解决岛上生活的问题

要求：

1. 思考小组成员在荒岛生存必做之事有哪些。这些图片（见图8-7）给你提供了一些视点，但你还是应该开动脑筋。

2. 列明细表，写出小组必做之事。

3. 列出以上必做之事的顺序，按照重要程度从上往下依次排列。

4. 列出做好每件事情、解决每个问题的途径。

5. 思考你们小组荒岛生活的实际情况，写下第一天生活的完整日记。

五、解决问题

要求：

1. 看以上图片（见图8-8），思考如何解决在岛上必须面对的问题。

2. 选择1—4张图片，按角色表演全部对话。

3. 另选一张图片进行表演。

4. 在卡片上写出刚刚选择表演的图片的脚本。

5. 再次观察你所选择的四张图片，认真思考并判断人们面对的是什么问题，并为每一张图片写出自己的解决方法。

6. 在四张图片中选择一张，假设你置身其中，写下这一天的日记。

7. 最后一张图片显示孩子们在讨论解决问题的方法，你从中能发现一些情况。用表格的形式列出他们正面临的问题，并谈谈你对如何解决这些问题的看法。

8. 思考这场争论是如何发生的，应该怎样解决？在日记里写下孩子们的对话、作出的决定以及你的想法与感受。

（摘编自：洪宗礼等.母语教材研究(5)[M].南京：江苏教育出版社，2007：47—52.)

《在荒岛上》这一主题活动虽然是从语文学科起步，在语文课堂上开展的，但是涵盖的学科知识涉及生物、地理、科学、民俗等多学科，是一个跨学科主题学习活动的典型案例。基于虚拟的荒岛生存的情境，整个活动设计激发了学生的好奇心和学习兴趣，引导学生展开科学、合理、有效的想象，并综合运用跨学科知识，解决选择岛屿、选择旅伴、选择设备、荒岛生存以及诸多的突发性的问题。所有活动内容都依托语文学科推进：记日记、角色扮演，团队合作，既融合了学生听、说、读、写各方面能力，也是一次语文核心素养培育的锻炼。

第九章
教育戏剧与师师合作教学

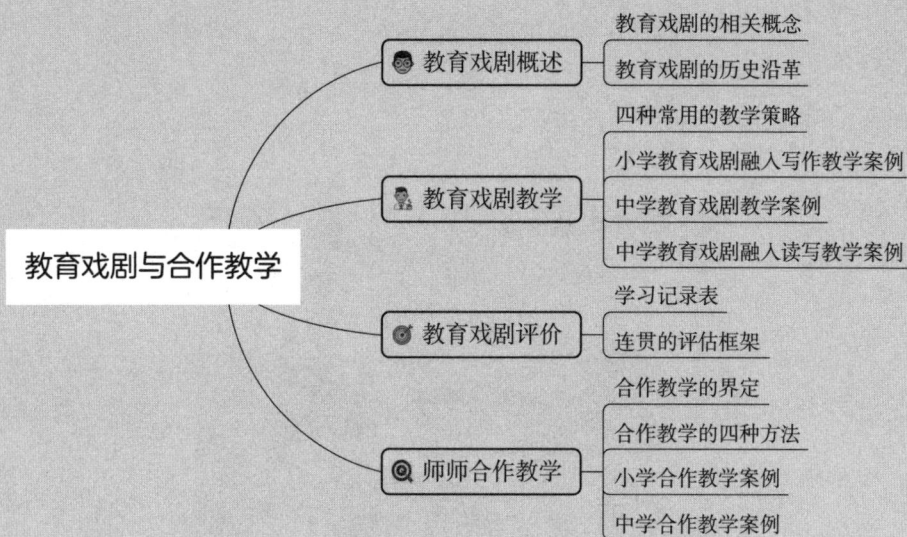

教育戏剧与合作教学

- 教育戏剧概述
  - 教育戏剧的相关概念
  - 教育戏剧的历史沿革
- 教育戏剧教学
  - 四种常用的教学策略
  - 小学教育戏剧融入写作教学案例
  - 中学教育戏剧教学案例
  - 中学教育戏剧融入读写教学案例
- 教育戏剧评价
  - 学习记录表
  - 连贯的评估框架
- 师师合作教学
  - 合作教学的界定
  - 合作教学的四种方法
  - 小学合作教学案例
  - 中学合作教学案例

英国的教育戏剧和语文课程关系密切。1999
年，英国国家课程将教育戏剧置于听说领域，从知识、
技能以及教学活动等方面提出了具体的要求。自
2006 年开始，戏剧作为读写发展中的一个重要学习
内容，在读写教学框架中具有独立的学习目标。①
2014 年语文课标开始实施，在学习目标中提出："所
有学生都应参与戏剧艺术实践并能获得有关戏剧艺
术实践的知识、技能和理解。学生能接受、创造和扮
演各种角色，并能在角色中恰当地回应他人，有机会
为某个或某些观众进行即兴表演、编写剧本，并且排
练、改善、分享以及审慎应对戏剧和剧场表演。"② 见
图 9-1。

图 9-1 课堂上的教育戏剧

① Wyse, D. (Ed.). Teaching English, Language and Literacy
[M]. London, New York: Routledge, 2013:102.
② Department for Education. Statutory guidance National
curriculum in England: English programmes of study. [EB/
OL][2014-12-02](2023-02-10). https://www.gov.uk/
government/publications/national-curriculum-in-england-
english-programmes-of-study.

第一节　教育戏剧概述

"教育戏剧"(Educational Drama)这个概念源自西方,是个总称,包含戏剧教学法(Drama in Education)、创造性戏剧(Creative Drama)、教育剧场(Theatre in Education)等多种含义。

一、教育戏剧的相关概念

有关教育戏剧的概念,如果按照价值取向加以区分,大致可以分为两类:一类以过程为取向,把戏剧作为教育的媒介和手段;一类是以结果为取向,重视戏剧呈现,追求戏剧的艺术价值。这两种取向构成一个连续体,各种概念都可以在连续体上找到定位。下面从两种取向中选取三种典型概念进行简要介绍,分别是戏剧教学法、创造性戏剧和教育剧场,前二者侧重过程,最后一种倾向结果。

(一)戏剧教学法

戏剧教学法(Drama in Education,简称 DIE)是英国教育戏剧界的主流,受到加拿大和澳大利亚教育家的关注。教育戏剧大师加文·M.博尔顿(Gavin M. Bolton)在 1979 年出版《通向戏剧教学法理论》(*Towards a Theory of Drama in Education*)一书中第一次提出这个概念,他指出:"戏剧教学法主要是学习者在情感和认知评价上的改变。基于戏剧是作为主观与客观的学习所用,相关概念的价值判断就在其中建立起来。"[1]贝蒂·简·瓦格纳(Betty Jane Wagner)提供了更完整的描述:在戏剧教学法中,起点通常是学生需要了解的一个领域。它不太重视故事和人物的发展,更重视问题的解决。通过仪式、戏剧化的遭遇(dramatic encounter)、手势、场面(参与者身体的静态图片)、角色写作和反思,参与者进入想象中的人物的心灵,回应挑战和危机。有经验的戏剧教学法教师经常通过扮演角色来发起或推动戏剧,让参与者以一种真实和可信的方式回应困境,从而制造紧张的局势。[2]

(二)创造性戏剧

创造性戏剧(Creative Drama)是美国教育戏剧界的主流。20 世纪 20 年代,美国西北语言大学教师威妮弗雷德·沃尔德(Winifred Ward)将创造力教学理论与剧场艺术结合起来,开展创造性戏剧实践,对全美教育产生很大影响。美国教育戏剧家瓦格纳分析了沃尔德的作品之后指出,在创造性戏剧中,学生通常首先进行某种热身运动,然后用各种各样的技巧来演绎故事或诗歌,技巧包括动作、姿态、即兴表演和角色扮演,扮演故事是创造性戏剧的核心。[3]

---

① 张晓华.教育戏剧理论与发展[M].台北:心理出版社,2004:17.

② Wagner B J. Educational drama and language arts: What research shows [M]. Portsmouth, NH: Heinemann, 1998:7.

③ Wagner B J. Educational drama and language arts: What research shows [M]. Portsmouth, NH: Heinemann, 1998:7.

创造性戏剧和戏剧教学法的相同之处在于都重视自发、即席参与的过程，而非排演之后呈现的结果。两者的差异在于创造性戏剧更加重视戏剧创造力的培养，而戏剧教学法希望借戏剧这个媒介来引发学生对相关议题的深度了解和探讨，参与者在戏剧教学中要解决问题并建立共识。

（三）教育剧场

不同于以上两种教育戏剧类型，教育剧场（Theatre in Education，简称 TIE）倾向于呈现结果。教育剧场源于 20 世纪 60 年代的英国，是指"在剧场、校园或教室中，由具有专业知识与表演能力的演员、教师将某一特定的教育主题编排成戏剧的演出形式，让某一特定团体观众欣赏，引发他们的兴趣与注意，在演出中或演出后让观众参与共同的讨论，使他们能深入思考与探索该项目主题，以达到教育的目的。"[①]在教育剧场中，戏剧更具"专业"的色彩，剧本精心结构化，运用场景、时间、音乐、道具等"剧场效果"，人员除了教师、学生之外，还包含专业演员，教育剧场是一个半天或者全天的工作坊。

在我国，有关教育戏剧的概念研究有广义和狭义之分。以台湾张晓华教授为代表的狭义的"教育戏剧"概念，即 DIE：教育戏剧是运用戏剧与剧场技巧，从事于学校课堂的教学方法，它是以人性自然法则、自发性的群体及外在接触，在指导者有计划与架构之教学策略引导下，以创作性戏剧、即兴演出、角色扮演、观察、模仿、游戏等方式进行，让参与者在彼此互动关系中，能充分地发挥想象、表达思想，由实作中学习，以期使学习者获得美感经验，增进智能与生活技能。[②]

二、教育戏剧的历史沿革

20 世纪初，英国语文教师发现，戏剧和英语语言文学教学有紧密的联系。1921 年英国政府把戏剧作为写作、阅读或表演的"小场景或小片段"纳入课堂中，让学生在座位或讲台上进行朗读。这种戏剧性表演是英国教育戏剧发展史上重要的一步。

（一）将文本转化为戏剧性的动作

受到"进步主义"教育思潮的影响，"自由""自我表达"和"活动"等概念开始影响英国语文教学。"教育作为一种经验"（education as experience）成为一种教育新思路，戏剧与这一理念不谋而合。在文献记载中，两位英国人最早将戏剧教学法融入教学。一位是乡村学校女校长哈丽雅特·芬利-约翰逊（Harriet Finlay-Johnson），自 1897 年上任以来，她尝试用戏剧来教授课程主题。班上学生自己写作剧本、排练，并在课堂上进行表演。另一位是被英国剑桥一所学校任命为英语大师（English master）的亨利·考德威尔·库克（Henry Caldwell Cook），他把

---

① 张晓华. 创作性戏剧教学原理与实作[M]. 上海：上海书店出版社，2011：269—270.
② 张晓华. 教育戏剧理论与发展[M]. 台北：心理出版社，2004：19—20.

戏剧作为教学的核心方法,指导学生将散文,诗歌和莎士比亚的文本转化为基于伊丽莎白时代舞台的戏剧性动作。

(二) 儿童剧场

在英国,彼得·斯莱德(Peter Slade)将"儿童剧场"(Children's Theatre)引入学校。他带领专业演员来到学校,为学生呈现他编写和导演的戏剧。到了 20 世纪 40 年代,他开始用独特的课堂戏剧教学方法来培训教师。基于心理游戏理论(psychological theories of play),他认为每个学生都有自己的"儿童戏剧"(child drama)。斯莱德让学生散坐在学校大厅,听他将一个故事娓娓道来,并让学生站起来表演一些指定的动作,将教育实践与全人教育(educating the whole person)的理念结合在一起。他的好朋友布赖恩·韦(Brian Way)使用与斯莱德类似的课堂结构,不同的是布赖恩·韦采用日常生活中模仿行为的小练习,代替老师讲故事,旨在发展每个学生的直觉和注意力。他将戏剧作为影响儿童人格成长的重要方式,以感知来拓展人的视野与成长。在布莱恩·韦的影响下,教育戏剧开始由注重形式转向注重教育目标。

(三) 教育剧场和专家外衣

与布莱恩·韦同时期的桃乐丝·希斯考特(Dorothy Heathcote)是对现代教育戏剧影响最大的实践者。她将戏剧作为一种学习方法与媒介、以主题教学的方式引导学生学习学科知识、扩展生活经验,而戏剧的这种学习功能正是通过其"信以为真"的生活在戏剧所营造的假定情境中产生的。1950 年桃乐丝·希斯考特来到英国纽卡斯尔大学教育学院任教,当地的教师对她的戏剧课《一团糟的人》(A Man in a Mess)非常感兴趣。课堂教学的起点是:我们该如何着手解决这一个个问题呢? 教师在课堂上扮演一个精心选择的角色,即教师入戏,使得戏剧变得真实可信,引导学生一步步深入理解。在她的课堂中,学生面临一个问题、一种未知、一段旅程、一次探索、一场人类的危机,即"一团糟"。教师入戏在其长期的教学实践中,逐步成为一种成熟的教学策略——"专家的外衣"(Mantle of the Expert),包括运用仪式的结构教学、象征性的肢体动作以及定格照片和移动图片的叙述等表演手法来回忆过去、反应当下、思考未来,并作出判断。这一教学策略对教育戏剧的教学应用产生了深远的影响。[①]

在希斯考特的影响下,儿童剧场发展出一种新的类型,即教育剧场(Theatre in Education)。学生在剧中的特定时刻回应演员,提供背景声音或回答人物的问题,整个活动是一个长达半天或全天的工作坊。曼彻斯特大学托尼·杰克逊(Tony Jackson)描述道:"教育剧场"不是一个自成体系的演出,而是一个由戏剧公司设计和研究的、协调的、精心构建的计划,话题与学校课程和学生自己的生活相关,学生们直接参与到这个话题的情境中。见图 9-2。

---

① 焦阳. 核心素养教育视野下英国教育戏剧理论变迁与实践拓展[EB/OL][2018-11-27](2023-02-10). https://rcde. hue. edu. cn/2018/1127/c11153a67491/page. htm.

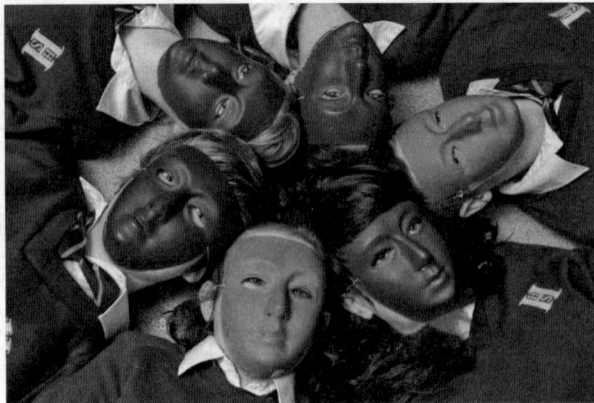

图 9 - 2　英国哈纳姆高中戴面具的女生

（四）教育戏剧理论

曾任英国儿童戏剧协会、英国国家戏剧教育与儿童剧场协会主席的盖文·伯顿（Gavin Bolton）是英国教育戏剧理论重要的建构者。他在《迈向教育戏剧理论》以及《戏剧作为教育》的著作中，区分了戏剧本质的学习和以戏剧为媒介的学习，指明了教育戏剧的意义与发展方向；总结了教育戏剧的四种教学形式：练习、戏剧性扮演、剧场、以剧场来理解，并具体阐述了每一种形式中学生的学习方式。

在伯顿的倡议下，许多国家纷纷将戏剧作为义务教育的核心课程，教育戏剧作为现代教学的主流手段进入大众的视野。波兰华沙建立了戏剧教育中心；美国俄亥俄州立大学塞西莉·奥尼尔（Cecily O'Neill）提出了"过程戏剧"（Process Drama）——教师选择一个文本，作为一个连贯的戏剧性框架，让学生进入未知的即兴创作中；加拿大的多伦多，戴维·布思（David Booth）创作独特的"生存"剧本（"living through" drama），连接戏剧与故事，并对故事主题或问题进行回应。

第二节　教育戏剧教学

2020 年末，教育戏剧在教育中提高关键能力（Drama Improves Lisbon Key Competences in Education，简称 DICE）联盟，发布中文版的《欧盟教育委员会 DICE 项目研究报告成果》。DICE 是一项由欧盟支持的国际项目，致力于探索教育戏剧对八项核心能力中五项能力（母语交流、学会学习、社交和公民素养、主动与创新意识、文化意识与表达）的影响。在此项目中，来自 20 个国家的数十名教育戏剧工作者和心理学家、社会学家组成的科研工作者团队，用 4 475 名学生的案例、111 个不同类型的教育戏剧项目，对"教育戏剧的作用"做出了理论和专业的高度评价。

2018 年欧盟对 2006 年版的《终身学习的核心素养:欧洲参考框架》进行修订:更新了核心素养表述;加强核心素养发展的支持系统;核心素养发展趋于纵深化;由"教育的欧洲维度"向"欧洲教育领域嬗变"。什么是核心素养? 欧盟的定义是:一个人要在知识社会中实现自我、融入社会,以及具备就业时所需的能力(包括知识、技能与态度)。这是义务教育与培训阶段结束之前,年轻人应该具备的这些素养,以使他们能过好成年生活,并以此作为终身学习的基础。框架界定的八种素养及内涵见表 9-1。

表 9-1　八种核心素养及其内涵[①]

一级指标	内　涵
母语交流 (communication in the mother tongue)	以口头和书面的方式表达和解释概念、想法、感受、事实和意见(听、说、读、写),以及在各种社会与文化场合以适当的及创造性的方式进行语言上的互动
外语交流 (communication in foreign language)	个人根据自己的愿望或需求,在工作、家庭、娱乐、教育与培训等社会背景下,通过口头和书面形式(听、说、读、写),运用母语之外的语言来理解、表达和解释概念、想法、感受、事实和意见。还要具有跨文化的理解力
数学素养和科技素养 (mathematical competence and basic competences in science and technology)	数学素养强调发展与运用数学思维解决各种日常问题:包括过程、活动和知识。科学与技术素养指的是掌握、使用和运用有关自然界的知识与方法论,它包括对人类活动造成的变化的理解,以及作为一个公民应担负的责任
数字化素养 (digital competence)	个人能充满自信并采取批判性的态度去使用信息社会的各种技术,具备信息通信技术(ICT)方面的基本技能,例如,使用计算机查找、获得、存储、展现和交换信息,通过网络交流并参与团队合作
学会学习 (learning to learn)	个人根据自身需要以独立或小组合作的方式开展与组织自身学习的能力,具有学习的方法及机会意识
社交和公民素养 (social and civic competence)	包括个人、人际和跨文化的素养,它涵盖了促使个人有效地和建设性地参与到社会和职业生活(尤其是日益多元化的社会中),同时能够在冲突出现时予以解决的所有行为。基于对社会政治的概念结构的了解以及对民主的参与承诺,公民素养使个体能够充分地参与到公民生活中
主动与创新意识 (sense of initiative and entrepreneurship)	是将思想转化为行动的能力,包括创造性、创新和冒险精神,以及基于目标的项目计划与管理能力。每个人要意识到自己工作的背景,并能把握机会,要掌握社会与商业活动所需的一些具体的技能与知识,包括道德价值观和良好的治理意识

———————————

① 林崇德. 21 世纪学生发展核心素养研究[M].北京师范大学出版社,2016:64—65.

一级指标	内　　涵
文化意识与表达 (cultural awareness and expression)	能够在各种媒介(音乐、表演艺术、文学和视觉艺术)中认识到创造性的思想、经验和情感表达的重要性

一、四种常用的教学策略

故事戏剧化、专家外衣、读者剧场和排演室是教育戏剧教学中常用的策略。

(一) 故事戏剧化

故事戏剧化(Story Dramatization)是创造性戏剧的一种教学方式,学生基于文学故事,在教师指导下采用即兴表演的方式呈现一个故事。

故事戏剧化最早出现于沃尔德的著作中,后来经杰拉尔丁·布雷恩·西克斯(Geraldine Brain Siks)、内莉·麦卡斯林(Nellie McCaslin)和约翰尼·萨尔达纳(Johnny Saldaña)等人发展而成。该策略主要由四个步骤组成:

1. 激发动机

这是指用音乐、视觉材料、课堂讨论和热身游戏等方式,将学生的注意力集中在戏剧的内容上,进入特定的心境。

2. 呈现故事

这是指让全体学生围成圆圈坐下来听故事。在讲述故事的过程中,教师可以解释难懂的词句、术语或观念,学生可以根据故事内容提出疑问。也可以是学生相互讲故事给对方听。

3. 戏剧化

这是指学生在老师的指导下行事。老师或是在戏剧中扮演角色,或是指导学生进行表演。教师根据每个故事单元选择适合的形式,采用哑剧或口头即兴表演的形式,也可以将两者组合运用。

4. 反思与评估

这是对表演进行反思。教师鼓励学生思考和讨论:"你作为一名演员,发生了什么? 当你和别人一起合作时,发生了什么?"老师和学生对照目标,评价戏剧成功与否。[1]

在故事戏剧化中,教师可以用戏剧帮助学生理解所处的社会和世界。例如在故事书《当艾米丽生气的时候》(*When Emily Got Angry*)的教学中,教师可以使用故事戏剧化的教学手段指导学生如何管理愤怒情绪,帮助学生找到摆脱愤怒的方法。

---

[1] Saldaña J. Drama of color [M]. Portsmouth, NH: Heinemann, 1995.

【案例】　开开玩笑

一、激发动机

两个热身游戏：

1. 学生两人一组，一人是 A，一人是 B。给每组 A 学生分发两个硬币，让他们摊开手掌，并把两个硬币放在掌心。A 和 B 面对面，B 学生在不接触同伴的前提下设法把硬币偷走。A 通过移动手臂躲开 B，但不能用手指盖住硬币。然后两人交换角色。

2. 两人一组，A 和 B 面对面，A 学生手里拿着一个简单的物件（橡皮、围巾、笔、别针等）。A 用语言把这个小物件说成是非常有价值、有吸引力的东西，诱惑 B 来偷。B 用语言进行拒绝。然后两人交换角色。

二、呈现故事

学生两人一组坐在地上，回忆曾经开过的玩笑并分享故事。小组故事分享之后，所有学生围坐成一个大圈，由 A 讲述 B 的故事。教师提醒学生转述者可能会在故事中加入细节。几个小组分享故事之后，教师把两个小组合并，变成四人大组，并选择刚才交流时听到的或讲述的一个故事。

三、戏剧化

选定故事之后，学生就故事中的事件进行即兴表演。参与者表演动作和对话，可以加入旁白或者故事讲述者的角色。整个即兴表演就像是一个恶作剧的节日。

四、反思与评估

在总结阶段，教师可以就小组开玩笑的本质提出如下问题：

1. 不同的玩笑有哪些异同？

2. 它们为什么有趣？

3. 被开玩笑的人有什么感受？

4. 开玩笑有什么方法？

5. 你认为不同国家的人开的玩笑相同吗？[①]

（二）专家外衣

专家外衣（Expert Approach to Education）是戏剧教学法中的一种教学方式，由英国教育

---

① McCaslin N. Creative drama in the classroom and beyond [M]. Pearson Education, Inc, 2006:406.

戏剧家希思科特创造。在这种模式中,传统的师生角色关系发生逆转。教师不再是知识的唯一拥有者,而是扮演一个虚构的角色,让学生披上专家的外衣,扮演"知道者"的角色,成为某一领域的"专家"。①

专家外衣教学模式主要有以下四个教学环节:

1. 确定主题

在广泛的文化社会背景中选择教学主题,并具有重要意义。例如把主题设定为环境对人们社会生活的影响。

2. 设计任务

根据主题提出若干问题,设计若干任务,在任务中融入各种知识和学习能力目标(包括智能的、语言的、艺术的,等等)。任务的排序必须精心设计。第一项任务至关重要,因为它影响和引导后续任务的进程。例如在"环境对人们社会生活的影响"主题下,教师把任务设置为:在青铜器时代建设一个现代社区。首要任务就应该是让学生了解青铜器时代。各项任务的顺序不一定按照故事发生的时间顺序,可以横向延伸至其他主题,比如生态平衡、文化习俗等等。

3. 开展行动

任务确定之后,教师扮演某一个角色,创设情境,即教师人戏,学生扮演情境中的其他角色。为了让学生更好地进入情境,教师可以走出教室后重新走入教室,可以根据角色稍稍改变一下装束,如戴上一根围巾、一副眼镜,或者改变教室内的空间布局。教师的角色随着任务的改变而改变,如果需要可以进行简短的解释。教师要随时能跳出角色,灵活地穿梭于虚构和现实世界之间,带领学生进行讨论。例如在"在青铜器时代建设一个现代社区"任务中,教师扮演政府公务员角色,学生成为建设新社区的人类学家。

4. 融合生成

教师和学生共同商讨各项议题,学生大部分时间以小组形式在一起讨论,共同行动。学生通过阅读、讨论、思考、扮演,和教师共同发展出一个完整合理的故事。

在专家外衣教学模式中,教师引导学生开展活动。塞西莉·奥尼尔(Cecily O'Neill)指出:教师不是旁观者,要参与小组活动,主导教学进程,促进小组互动的发生。但是,研究者也发现,如果教师的主导性太强,学生不但会减弱兴趣,而且失去反思戏剧的机会。

---

① Heathcote D, Herbert P. A Drama of Learning: Mantle of the Expert [J]. Theory into Practice, 1985, 24(3): 173 - 180.

【案例】　青铜器时代

一、确定主题

教师确定课堂教学的核心主题:环境会影响或塑造人们的社会行为。

二、设计任务

教师根据主题设计教学任务:在青铜器时代的环境下开展现代化生活的实验。

1. 任务一:比较异同

让学生了解青铜器时代,而不是真的"生活"在青铜器时代。理解远古时代生活的本质,并将其与现代生活进行比较。在发现细节差异的同时,要找到在两种时代生活的相似之处,如图9-3。

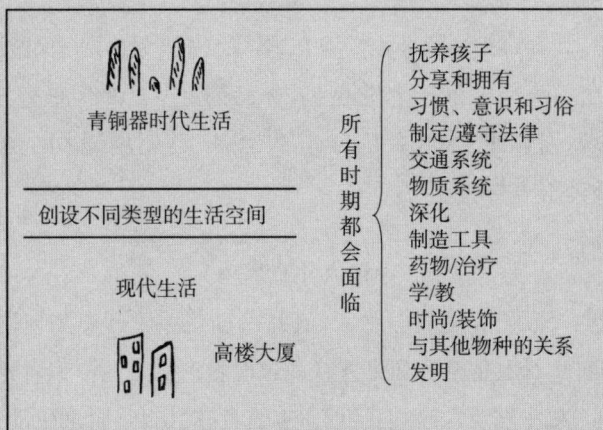

图9-3　青铜器时代生活和现代生活——变与不变

对日常社会生活恒久不变的一面进行考察之后,就有可能超越外部差异,审视生活的内在本质而不是外在形式。

2. 任务二:可视化

教师把"青铜器时代"写在黑板上时,学生在纸上画出任何想到的图像。这些图片被挂在画廊中,小组共同讨论"正确"与否。

3. 任务三:选择被试

小组共同回顾申请人的信件,选择参与实验的个体。

4. 任务四:制定日程表

如同考古学家一样,制定一个启动"青铜器时代"项目的日程表,每个学生制作一个工作日历。

三、开展行动（以选择被试为例）

在课堂伊始，教师引导学生扮演专家角色。

教师（私人声音）：今天早上，我们将进行一项新的研究。有时候我会扮演其他角色，你们也能做到吗？

教师扮演政府部门的代言人，以"公共声音"的风格说话。这种"公共声音"与老师使用的"私人声音"形成对比。为了更好地扮演这个角色，教师可能会走出教室并重新进入，或者改变教室空间。

教师入戏（公共声音）：女士们，先生们早上好！我非常感谢你们出席这次紧急会议。城市规划部门遇到了一个难题，必须立刻解决。你们是否同意现在开始会议？

在初始阶段，教师口头教给学生专业知识，来提高学生对工作重要性的认识。

教师入戏（公共声音）：女士们，先生们，你们都是从这个领域挑选出来的专家。我要向你们朗读一则国家报纸上的广告，广告上提出了对申请人的要求。

下文是由教师编写的广告。

申请人注意事项

现要为一项研究招募志愿者，研究内容是关于环境如何影响人们的行为、态度、社会生活和聚集方式。志愿者将生活在类似青铜器时代的村庄中。村庄靠近六座直立巨石，志愿者在巨石阵附近生活，并认识到这可能会影响他们的日常生活。因此，研究者将会频繁地对他们进行访谈（仍待决定），从而收集建筑影响环境的证据。

这项研究最终使城市规划者和建筑师获益。因为从现在起，他们必须开始考虑独特的环境对人们可能带来的影响（例如住在太空站、有着不同房屋面积的新城镇等）。

教师准备了许多不同年龄和背景的人填写的申请表（见表 9 - 2），分发给学生，要求学生两人一组阅读并讨论申请表的内容，评估申请者是否适合参与实验。①

---

① Heathcote D, Herbert P. A Drama of Learning: Mantle of the Expert [J]. Theory into Practice, 1985, 24(3): 173 - 180.

表9-2 青铜器时代项目的申请表

青铜器时代的村庄研究项目	
申请人姓名	Joseph Bronn
年龄(上一个生日)	71
教育记录(离校后)	在 Min. 农业学院学习一年
工作经历记录	1964—1969 年农场学徒(劳工)Northolt 农场乳业 1969—1970 年 Kibbutz-lsrael 劳工(田地) 1970—1974 年 Willsdon Green 花园中心 1974—1982 年林业委员会 Head Forester Northolt Woods 助理
当前住址	London NW6 Willsdon, Hodmans Terrace 19
当前职业	Head Forester Northolt Woods 助理

在本表格附上您希望加入本项目的理由:
　　我有农学院专业知识,做过行政助理,关心公共事务。现在退休有闲暇的时间,这个活动也可以给我无聊的生活带来点乐趣。

(三) 读者剧场

读者剧场(Readers' Theatre)是指由两名及以上朗读者,在观众面前呈现经过改编的戏剧、散文、诗歌文本的一种教学方法。尽管读者剧场最终要进行演出,但是不同于传统剧院。读者剧场不需要舞台布景、服装、道具,表演者也不需要背台词,而是朗读剧本。每日 30 分钟的读者剧场教学模式如下:

1. 选择文本

文本适当与否是读者剧场能否发挥教学效果的关键因素。材料的选择要考虑两个方面。第一,文本要和学生的认知水平相匹配。如果文本太难,学生朗读的正确性和表现力都会受到影响。对低年级学生来说,最好选择他们熟悉的故事。第二,文本的故事要易于改编成剧本。这种易改编的故事往往具有以下特征:情节比较直截了当,故事人物面临两难的境遇,有矛盾冲突。

2. 准备剧本

教师改编文本,使之成为读者剧场的剧本。每一个学生都有两份剧本。一份用于在校练习,一份用于在家练习。

3. 组织剧组

一个班级有三个剧组,每一个剧组根据阅读水平选择合适的剧本。选定剧本后要告知学生:最后会有观众来观看他们的演出。

4. 每周历程

星期一:教师为学生示范朗读三个剧本。在随后的微课(Mini Lesson)上介绍朗读的关键知识,如语速的快慢控制等。微课之后,教师把三个剧本分发给三个剧组,学生独立朗读完整的剧本。

星期二:教师把第二份剧本发给每一个小组。在这一份剧本中,每一个角色的台词都用不同的彩色笔标出来。学生分角色排练,教师在组间巡视,进行指导并提供反馈。

星期三:学生继续练习,并尝试不同角色。在课堂最后5分钟,学生确定周五表演时扮演的角色,在家中朗读时要对该角色的台词多加练习。

星期四:学生继续朗读。在课堂上,学生制作角色标签,讨论表演时的站位。

星期五:每个剧组在观众面前表演。观众可以是学生家长、校长、图书管理员、学校顾问等等,有时候也在其他班级进行表演。①

在读者剧场中,学生反复朗读剧本,见图9-4。一般来说,一个剧本要朗读15—20遍。重复朗读相同文本可以有效提高学生阅读的流畅性(reading fluency),也可以提高学生的阅读兴趣和阅读鉴赏力。

图9-4 读者剧场的学生在朗读剧本

---

① Martinez M, Roser N, Strecker S. "I never thought I could be a star": A Readers Theatre ticket to fluency [J]. The Reading Teacher, 1999,52(4),326-334.

> **【案例】　渔夫和他的妻子**
>
> **一、空间安排**
>
> 　　所有角色一起进入表演场地，站位如下图所示。伊莎贝尔和比目鱼在不说话的片段面朝舞台后方，在说话的片段中朝向渔民。当渔夫和他们说话时，他转过身。当旁白说"……他们去睡觉了"时，渔夫和妻子都把他们的头以夸张的方式低垂在胸前。
>
> 　　　　○　　　　　　◎　　　　　⊙　　　　　●
>
> 　　伊莎贝尔　　　　渔夫　　　　比目鱼　　　旁白
>
> **二、头饰和道具**
>
> 　　渔夫背上有一顶宽边的橡胶雨帽。比目鱼在它的前额上绑着一条大围巾或一串围巾。（为了更加有趣，比目鱼可以戴一双浮潜护目镜，侧面有通气管）。妻子要在实现每一个愿望之后换帽子。首先，她在脖子上戴一条旧围巾，然后戴一顶花边帽子，其次是一顶骑马头盔、一顶皇冠，最后是一个有亮片装饰的红色天鹅绒头盖。
>
> **三、声音特效**
>
> 　　三角铁发出"ping"的声音，作为结束的提示音。
>
> **四、剧本**
>
> 　　略。

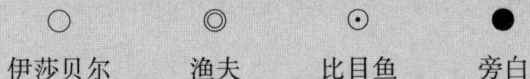

（四）排演室

　　英国皇家莎士比亚剧团（Royal Shakespeare Company）认为，演员在排练室的工作方式，与学生在课堂上的学习方式之间具有很大的相似性。学生可以像演员一样，在表演中学习戏剧的语言、人物和动机、环境、情节和主题，用头、眼、耳朵、手、身体和心来诠释戏剧。[①] 雷克斯·吉布森（Rex Gibson）首先使用"排练室（Rehearsal Room）"一词，是指将排练室的方法迁移到课堂中的教学实践。这种方法的初衷旨在帮助年轻人了解莎士比亚的戏剧作品，为学生探索莎士比亚的文学世界打开一个新的空间，也可用于其他剧本的排演。

　　排演室并没有固定的模式，针对不同的主题可设计不同的教学活动。它在实施过程中有如下要点需注意：

---

① Learning in Partnership. The Learning and Performance Network Final Impact Evaluation Report 2016［EB/OL］［2017 - 5 - 27］(2023 - 02 - 10). https://cdn2. rsc. org. uk/sitefinity/education-pdfs/lpn-10-years-of-transforming-experiences-of-shakespeare/the-learning-and-performance-network-final-impact-evaluation-report-2016. pdf.

1. 学生作为侦探

鼓励学生用多种方式阅读文本,像侦探一样思考,把语言中透露的线索拼接起来。

2. 掌握背景知识

莎士比亚的作品距离学生生活年代久远,要让学生理解莎士比亚,就必须对作品所处的社会历史背景有所了解。教师面临的挑战是如何赋予文本生命,让学生能够理解作品的意义。

3. 共同探索语言

从词语的发音开始,思考它可能的意义,而不是直接查看注释中的解释。

4. 鼓励学生诠释

每一场戏都是文本与诠释的结合,学生可以决定角色如何在舞台上出现、消失、移动和发言。①

【案例】 把语言作为武器——《罗密欧与朱丽叶》

一、教学目标:探索声音改变气氛的力量

1. 请学生站成一圈,发出"oooooo"的声音。

这创造了什么气氛?

2. 要求学生张开嘴巴,发出"ahhhhh"的声音。

这如何改变气氛?

3. 要求学生发出"oooooo"的声音,来表示如下含义:

- "好久不见你了。"
- "我真的喜欢你!"
- "我忍受不了你!"

二、教学目标:用语言来制造戏剧效果

1. 辅音发音

要求学生二人一组,面对面站立。请他们尝试如下发音:

发字母"B",好像在相互击打对方;

发字母"K",仿佛对着另一个人的眉毛发射飞镖;

---

① Introducing Rehearsal Room Approaches [EB/OL] [2017 - 5 - 21] (2023 - 02 - 18). https://www.rsc.org.uk/education/teacher-resources/introducing-rehearsal-room-approaches.

发字母"S",想象着你正在用这个字母挤压另一个人。

2. 小组讨论

（1）刚才当我们这样发声的时候，不同的声音会产生什么效果？

（2）我在发这些音的时候你们感受到了什么？

3. 元音声音

以罗密欧的第一句台词为例进行尝试，强调元音的发音。

"噢，这里有什么事？"（"O me, what fray is here?"）

教师提问：语速对这句台词有何影响？

说出一个包含很多元音的短语，有助于揭示演员思考的细节。元音表明他们正在思考。台词中包含许多元音的人物往往富有想象力。①

二、小学教育戏剧融入写作教学案例

下面是小学三年级《小红帽》一课的教学设计，教师将教育戏剧融入了写作教学。

（一）第一课

1. 用手指木偶（finger puppet）来阅读故事《小红帽》。

2. 墙上的角色——概述大灰狼的形象，用负面的形容词来形容他的外表和行为。

3. 雕塑——两人一组，一个学生表演雕塑家，另一个作为雕塑。雕塑是一只罪恶的狼；创建一个静态画面。学生要描述雕塑的特征。

4. 解释：法庭是什么，包括角色，比如陪审团、律师、法院书记和法官。

5. 共享写作——同侪合作写起诉的开头一段。为什么狼吃掉奶奶和小红帽的阴谋是有罪的？

6. 小组合作——小组完成项目列表，列出文本中狼的罪行的证据。

7. 写作任务（混合能力小组）：学生扮演律师，进行说服性写作，使用文中的证据来进行起诉——说服法官和陪审团认定大灰狼计划吃掉奶奶和小红帽是有罪的。

8. 故事文本和墙上关于狼的形容词供儿童参考。

（二）第二课

继续进行戏剧教学：

1. 空间建筑戏剧技巧。重新布置教室，把教室变成法庭。

---

① Introducing Rehearsal Room Approaches [EB/OL]［2017 - 5 - 21］. https://www.rsc.org.uk/education/teacher-resources/introducing-rehearsal-room-approaches.

2. 教师扮演法官,或者教师助教扮演法官。被告席上的大灰狼要有适当的服装和道具。设置戏剧的基本规则。

3. 儿童扮演律师,提供准备好的证据;法官来判断是否有充分的说服力判定大灰狼是有罪的。

(三) 第三课

1. 采用序列戏剧技术重新审视小红帽的故事。

2. 墙上的角色——概述大灰狼的形象,用正面的形容词来形容他的外表和行为。

3. 雕塑——两人一组,一个学生扮演雕塑家,另一个扮演雕塑,雕塑是一只无辜的狼;创建一个静态的狼的画面,学生描述雕塑狼的特征。

4. 共享写作——同侪合作写辩护的开头一段。为什么狼吃掉奶奶和小红帽的阴谋是无罪的?

5. 小组合作——小组完成项目列表;列出文本中狼无罪的证据。还有什么其他原因使他出现在奶奶家?

6. 写作任务(混合能力小组):学生扮演大灰狼,进行说服性写作,使用文中的证据来为他们自己辩护,说服法官和陪审团认定他们(大灰狼)计划吃掉奶奶和小红帽是无罪的。

7. 故事文本和墙上关于狼的形容词供儿童参考。

(四) 第四课

继续进行戏剧教学

1. 空间建筑戏剧技巧。重新布置教室,把教室变成法庭。

2. 助教扮演法官,教师扮演法庭书记,对学生的听说表现进行评价。设置戏剧的基本规则。

3. 学生扮演大灰狼,提供准备好的证据;法官来判断是否有充分的说服力让人信服。

(五) 第五课

1. 同桌校对有罪和无罪的言论,并讨论如何修改并改进呢? 例如使用更令人信服的形容词进行修改。

2. 选择最有说服力的论点,并独立准备课堂展示。

3. 可以用报纸/法庭记者报道的形式呈现。

三、中学教育戏剧教学案例

下面是六年级教育戏剧课《莎士比亚的＜哈姆雷特＞》的教案。①

―――――――――――

① Airs. J, Ball. C. Speaking, listening and drama (Year 5,6). [M]. Wiltshire: Hopscotch Educational Publishing. 2002:27 - 32.

（一）总目标

1. 分析莎士比亚的语言，探究《哈姆雷特》的场景表现方式。

2. 思考演员和导演在表现莎士比亚剧作时使用的策略和技巧。

3. 将自我的担忧和抉择与剧本进行联系。

（二）资源

1. 音乐。例如柏辽兹（Berlioz）的《幻想交响曲》（*Symphonia Fantastique*）和格雷戈尔圣咏（Gregorian Chants）。

2. 活页纸第 10—14 页（原著第 53—57 页），节选自莎士比亚的《哈姆雷特》第一幕第四五场和第三幕第三场。

3. 《哈姆雷特》的卡通视频，由里昂·加菲尔德（Leon Garfield）改编。

4. 手电筒、白纸。

（三）教师需要注意

1. 莎士比亚的语言对任何年龄的观众和读者来说都有难度。因此，要对文本进行改编，让学生熟悉莎士比亚的语言之后，再去处理难度较大的语言。

2. 有许多技巧（比如音乐）可以帮助学生在阅读本文之前，体验情感并探索某些主题。例如"如果哈姆雷特的母亲在丈夫死去之后立刻嫁人，哈姆雷特可能有什么感受？"学生可以在阅读文本之前形成自己的观点。可以让学生先观看视频，整体把握故事。

（四）第一课：对不同的观众说话（表达具有说服力的论点）

在第一课，学生阅读《哈姆雷特》中有关鬼魂、哈姆雷特如何看待鬼魂以及当鬼魂召唤他的节选部分。学生就哈姆雷特是否要跟随鬼魂进行辩论，并说明理由。

1. 学习意图

讨论观点的组织；使用说服的技巧；做出有效的推论。

2. 全班活动

（1）以下面的台词作为叙述的起点：一个鬼魂出现在城堡的城垛上。哈姆雷特王子得知这个消息。很显然，鬼魂象征着他的父亲。哈姆雷特决定是否要跟随鬼魂。这个鬼魂可能是来自天堂善良的鬼魂，或者是来自地域邪恶的鬼魂。当鬼魂召唤哈姆雷特跟随他时，他的朋友霍拉旭（Horatio）和马西勒斯（Marcellus）试图想要说服哈姆雷特留下来，但是哈姆雷特执意要跟随鬼魂。

（2）和学生讨论哈姆雷特是否应该跟随鬼魂。把教室中的学生分成两组，一组赞成跟随，一组赞成留下。教师可以在中间扮演哈姆雷特，聆听学生们的劝说。两边交替发表观点，就像网球赛一样。

（3）讨论哪些观点最具说服力及其原因。让个别学生进一步阐明自己的理由。

（4）阅读活页纸第 10 页上（第 53 页）的节选部分一，向学生提问：哈姆雷特认为鬼魂的种类有哪些?

（5）阅读节选部分二（第 54 页），把诗行和句子分为"赞成"和"反对"哈姆雷特跟随鬼魂两个部分，并把它们呈现给学生。

（6）一起阅读文本。教师或者教学助手在阅读中指点学生阅读理解中的缺漏。学生在课外可能读过文本，这有助于排练。

阅读之后，讨论观点的说服力、莎士比亚如何使用语言、为什么哈姆雷特可能做出跟随鬼魂的决定。

3. 分组活动

把学生分成四个小组。让他们提出以下支持或者反对跟随鬼魂的论点：邪恶的鬼魂可能做什么？ 善良的鬼魂可能做什么？

小组在一大张白纸上写下论点。当他们写的时候，他们要决定谁来表达这个论点，也要决定用什么方式来表达论点才能让哈姆雷特改变意见。

4. 全体会议

每一个小组要向全班同学展示支持或者反对跟随鬼魂的论点。

讨论文本中容易理解的莎士比亚语言，以及难以理解的莎士比亚语言。试想：随着时间的推移，理解会变得更容易吗？

这是一个补充活动，关注霍拉旭的台词"假如他诱惑你……"至"听到它在下面咆哮"，让学生感受莎士比亚语言的力量。你或者学生示范朗读，其他学生跟读，要产生共鸣的效果。

（五）第二课：倾听和回应（议论性语言）

在这一课中，学生思考剧本内容是否让他们感到害怕。学生聆听鬼魂的台词并回答哪些部分让他们感到不寒而栗。

1. 学习意图

明确关键要点；分析和评价语言的使用；考虑使用其他说服的技巧，比如动作。

2. 全班活动

（1）向全班学生提问：在电影、视频或者戏剧中，是什么让他们感到害怕？列出一些特效，比如音乐、声音和灯光。讨论天气可能是怎样的——大雾或者闪电？讨论能营造恐怖氛围的地点，比如老房子、城堡、黑暗的过道。

（2）告诉学生你是恐怖片中的演员，他们是导演。选择戏剧中的某些台词，比如："我是你父亲的灵魂，只能在夜间特定时刻出来行走。"

（3）向学生提问：应该如何读台词？关注朗读中的重音和停顿。

（4）把学生分成三组，分给每组一张白纸，让他们在观看和聆听的时候做笔记。

3. 分组活动

根据学生的建议和观点来朗读节选部分三中鬼魂的台词（第 55 页）。

当教师朗读第一遍的时候,学生聆听。当教师朗读第二遍的时候,学生写下让他们感到不寒而栗的词句。如果有需要,把节选部分三的副本发给学生。让他们在小组内讨论这些词句,说明选择的理由,并练习朗读。学生可以尝试在表演中加入动作和姿势。

4. 全体会议

(1) 讨论学生选择的台词。让他们按照本文中出现的顺序朗读词汇或句子。如果几个学生选择相同的句子,建议使用齐读的方式,或者每人读一部分。为了使剧本完整,如果有些台词没有人朗读,则由教师朗读。

(2) 接下来安排一个志愿者来扮演"哈姆雷特",站在圆圈的中心位置,周围的学生对着他读台词。当他站在中间时,他可以用手电筒照着周围的朗读者。

(3) 向学生提问:当哈姆雷特看到鬼魂和听到消息时有什么感受,讨论特效的使用情况。学生会提出自己的观点,但教师可以在必要时进行补充。

(4) 伴随合适的背景音乐(比如柏辽兹的《幻想交响曲》),学生再一次进行练习。

(六) 第三课:讨论和小组互动(准备、预测和探究)

在这一课中,学生扮演戏剧中的角色并回应戏剧中发生的事件,比如谋杀克劳狄斯(Claudius)和可能产生的后果。

1. 学习意图

小组成员在任务中扮演多个角色;明确每一个小组成员在后期表演中的顺序;把"个人"的表演整合起来。

2. 全班活动

(1) 阅读节选部分四(第56页)。首先设置场景。克劳狄斯独自一人并自言自语,诉说自己的罪过——他谋杀了自己的亲兄弟。教师向学生大声朗读台词,让学生概括这段话的要点,帮助学生理解读不懂的词汇和观点。

(2) 达成基本共识:他在诉说自己的行为是多么邪恶,以至于不可饶恕。并且,他继续加深罪行——他的皇冠、他的野心和他的王后。如果他跪下来祈祷,可能还有一丝被饶恕的希望。因此,他祈祷宽恕。在这一刻,哈姆雷特经过国王的房间,看到克劳狄斯,哈姆雷特自言自语:"他正在祈祷,现在正是报仇的时候。"

(3) 播放格雷戈尔圣咏,作为轻柔的背景音乐。这会创设沉思的情境,帮助学生集中注意力,并让自己的动作慢下来。当学生在活动时,继续播放音乐。

3. 小组活动

(1) 把学生分成小组,让他们讨论并决定哈姆雷特下一步的行动。当学生在思考哈姆雷特行动的可能性时,他们必须同时推测:如果哈姆雷特采纳了他们的意见,接下来会发生什么。比如他杀死克劳狄斯之后对他自身、他母亲和丹麦会有什么后果?

(2) 每一个小组成员要在这个短小的场景中选择一个角色,他们可能是一个人物,比如克劳狄斯,也可以扮演房间里的一个物品(比如耶稣受难像或者镜子)。这个方法能够让大家都参与表演,但是在一开始,需要对扮演物品的角色进行解释。

(3)反复修正,确保每个小组准确安排戏剧行动。它将在哪里发生?主角将说什么,不说什么?

(4)每一个小组对全班同学的评论进行回应。

图9-5 小组活动

(5)学生回到各自的小组,讨论、计划、预测并表演:哈姆雷特行动(或者迟疑),对哈姆雷特母亲、丹麦人民、哈姆雷特本人造成的后果。学生创设"定格画面"。如果有必要,缓慢并细致地示范定格画面。见图9-5。

例如,哈姆雷特被处死或者逃跑;他的母亲在克劳狄斯的坟墓边哭泣;克劳狄斯到了天堂而不是地狱;丹麦陷入了无政府状态。保证小组中的每一个人都能在静态画面中扮演一个新的角色。

小组向全班同学展示成果。这意味着他们要在10秒内从前一个表演的尾声过渡到后一个新画面,把两个观点整合起来。学生在第二次表演中扮演新的角色,这个转变需要事先设计好。

4. 全体会议

(1)全班同学一起讨论活动的效果。讨论他们最喜欢哪一个角色以及为什么。

(2)阅读节选部分五(第57页),比较莎士比亚和自己的观点。让学生解释哈姆雷特为什么迟疑。这个问题的要点是他不想在克劳狄斯净化灵魂时杀死他,这样克劳狄斯会进入天堂而不是地狱。因此,他想要在克劳狄斯参与其他犯罪活动时杀死他,比如赌博、咒骂或者乱伦。

(3)讨论:这是一个好的理由,抑或是哈姆雷特的借口。

四、中学教育戏剧融入读写教学案例

下面是中学七年级《晚安,汤姆先生》一课的教学设计,①教师将教育戏剧融入了读写教学之中。

(一) 阅读准备

阅读米歇尔·麦格里安(Michelle Magorian)的《晚安,汤姆先生》第一章。

---

① Goodwin J. Using Drama to Support Literacy: Activities for children aged 7 - 14 [M]. London: Paul Chapman, 2006:72 - 74.

（二）戏剧

1. 画面定格：在第一章中选择一个场景/事件。挑选一组学生用动作表现画面——对画面进行定格。其余学生用形容词来描述角色的情绪/感受，或场景的氛围；为定格画面取一个标题；讨论肢体语言为观众传递哪些信息。把这些记录在活动挂图上。当定格画面中的角色被轻拍肩膀时，角色就说出他们自己的想法。

2. 示范：两人扮演先生汤姆和威利，进行示范。加入形容词/短语，追踪角色的所思所想。在活动挂图上写下有用的词汇。

3. 墙上的角色：教师在墙上勾画出一个人的身体，一半学生扮演威利，一半学生扮演汤姆先生，教师用不同颜色的笔在图像中写下汤姆/威利先生对自己的看法。两组学生交换角色，并写下其他人对汤姆/威利先生的看法。看着墙上的图并进行讨论。

4. 写作：选择一个角色写简短的介绍。

（三）阅读准备

阅读米歇尔·麦格里安的《晚安，汤姆先生》第五章。

（四）戏剧

1. 向学生解释，要写一份观察报告，内容是疏散人员来到村庄。

2. 记者想要采访谁？四人一组制定一个采访名单，并与其他同学分享。采访需要考虑的是收集疏散人员和村民的观点、遇到的问题以及积极的影响。

3. 为每个小组分配一个情境和角色。他们要设计并表演一个事件，并选择其中一个关键时刻进行画面定格。追踪角色的所思所想。如果这个画面是报纸上的一张照片，为照片取一个标题。

4. 论坛剧场：小组进行角色表演，其他学生作为记者进行观看。观众可以随时叫停表演、增加情节、指导角色、讨论不同的方法并对演员进行采访。

小组一同决定他们将写什么文章（观点/角色的体验）。小组一起写作并编辑文稿。

第三节　教育戏剧评价

教育戏剧不仅是一种学习媒介，而且是一种艺术形式，有着自己独特的知识和技能目标。在戏剧中，教师作为观察者和参与者，要创造新的评价内容，这些评价内容在传统的教学中是被忽略的。

教师应该围绕重要的知识和能力对学生使进行评价。在课堂评估中有两方面需要考虑。一是过程——小组在合作学习完成任务、形成学习成果时的经验；二是结果——所创作的戏剧。教育戏剧评价就包括对过程和结果的评价。

一、学习记录表

帕特里斯·鲍德温和凯特·弗莱明(Patrice Baldwin & Kate Fleming)构建了一个小学阶段教育戏剧评估模型,认为可以在三个相互关联的领域中评估学生的教育戏剧学习过程和结果:认知和情感能力、个人和社会发展能力、理解和发展戏剧技巧和形式的能力。这个评估体系根据《关键阶段 1、关键阶段 2 听说教学》的框架改编而来。见表 9-3。

表 9-3　教育戏剧学习记录单①

姓名(　　)　年级(　　)　学期(　　)

认知和情感能力	活动/日期	评价说明
通过想象即兴创作和维持角色		
通过动作和语言创造一个虚构(make-believe)的情境		
使用戏剧在角色内外写作		
为问题解决和决策做出建设性的贡献		
区分角色		
创设想象的情境、角色和情节,改编和扩展观点,与角色共情并做出推测		
个人和社会发展能力		
合作并达成一致		
与他人进行口头的互动和协商		
在戏剧活动中投入情感		
独自或合作探索意义		
在表演中与他人合作		
获得自信,发展自我和他人的自尊心		
理解和发展戏剧技巧和形式的能力		
使用戏剧技巧和形式来交流观点		
认识剧院的元素以及这些元素如何创造表演		
设计和评估戏剧		
运用声音和动作,以不同方式表达情感、描述情境和刻画人物		
接受和识别不同文化语言的特征和惯例		
了解受众与参与者之间的关系		

---

① Baldwin P, & Fleming, K. Teaching Literacy through Drama [M]. London: RoutledgeFalmer, 2002:41-43.

二、连贯的评估框架

伯顿围绕"用戏剧创造意义"这一概念创建了一个连贯的评估框架。[①] 在课堂评估中,教师需要问两类问题,第一类问题是关于创造什么意义,即与内容有关的问题:有什么种类的意义? 是否有概念性学习的证据?

在课堂评估中教师可以问:

- 在这里有什么种类的意义?
- 所创作的背景对于参与组合是否可信(如果有观众的话,对观众们又如何)?
- 这些种类的意义对参与者们是否有足够的重要性?
- 是否有在智力上付出过努力的证据?
- 这些创作的东西对参与者而言有连贯性吗(如果有观众的话,对观众而言又如何)?
- 戏剧能否令人思考?

第二类问题是关于如何创造意义,即与形式有关的问题:这些种类的意义是如何达成的? 是否有获得认知、社交的技巧(思考、提问、互相聆听等)的证据?

在课堂评估中教师可以问学生:

- 如何着手创造意义?
- 如何磋商意义?
- 如何维持和改进它们?

在理论研究和教学实践层面,英国教育戏剧业已积累了丰富的经验,对中国语文课程有重要的借鉴意义。在基础教育阶段,教育戏剧作为一种创新性的教学方式,为语文课堂教学革新提供很大的空间。在教育戏剧中,学生"站在角色的立场上"深入戏剧世界,把声音、身体和心灵连接起来。通过角色扮演进行换位思考,体验不一样的人生境遇,感受不一样的社会身份,尝试不一样的思维方式。在这个过程中,学生不仅深入理解文本,而且也在反观自身,将所学内容以及亲身经历所获得的真实感受与生活经验进行关联与整合。

在英国语文课程中,教育戏剧是听说领域的重要组成部分。在我国,口语交际教学相较于阅读和写作教学来说处于弱势地位。教育戏剧能够创设真实的语言环境,为语言表达提供多样的机会,从而提高学生口语交际能力。学生在扮演角色时模仿人物的语言表达,体验语言意义的生成,培养敏锐的语感。同时,由于戏剧是一种社会性的活动,需要学生共同合作完成一出戏。学生在排演时相互交流,有大量的口语实践机会,人人都有发表意见和分享讨论的权利。在这个过程中,学生检视自己的表达是否恰当,省察自己是否理解他人以及被他人理解。

---

① 〔英〕大卫·戴维斯. 盖文·伯顿:教育戏剧精选文集[M]. 黄婉萍,舒志义译. 台北:心理出版社,2014:84—87.

第四节　师师合作教学

2007年1月,英国儿童学校与家庭事务部(DCSF)发布《2020愿景:2020年教与学评议组报告》:希望学校教育能不受学生性别、出身、背景等影响,全面满足所有儿童与青年成长所需,关注每一位儿童的进步和发展,从而实现教育公正的良好愿景。并特别指示,英国学校改革现有的教学方式,通过发展个性化学习(individualized learning)挖掘儿童自我学习潜力,缩减学生间成绩差异,促进儿童个性发展。所谓的个性化学习是指一种以学生为中心,以满足全体学生,特别是那些学习有困难学生需求的、包容性的学习方式。[①] 在英国的中小学,全纳教育(inclusive education)已是一种普及的教育政策。"全纳教育"强调"零拒绝",残障、智障儿童,无论什么样的孩子,学校教育都要提供适合每一个孩子学习的方式方法。这反映了学校教育对平等、人权的共同诉求与期望。为此,教师在日常教学中常采用差异教学(differentiating instruction)策略。

一、合作教学的界定

差异教学是一种教学过程,指教师为了满足每一个学生的需求和发展,而提供多种不同的学习活动,设计不同的学习要求、评估方式以及教室环境。为满足每一个学生的需求,师师合作教学成为差异教学中最常用的教学方法,尤其在小学阶段。

(一) 合作教学的内涵

合作教学(co-teaching)是指两个或两个以上的人共同承担责任,对教室里的部分或全部学生实施教学。包括教学设计、教学指导和教学评估的责任分配。[②] 在英国,合作教学常被喻为"婚姻",合作的教师必须建立信任、努力沟通、分担班务,创造性地合作以面对挑战、预测冲突,并用建设性的方式处理一切工作。在国内,"co-teaching"也译成共同教学、双师教学。见图9-6。

图9-6　合作教学的阅读课(女教师在教室最后、男教师在右侧窗前)

---

① 费龙、马元丽. 发展个性化学习　促进教育公正——英国个性化学习基本理论及实践经验探讨[J]. 全球教育展望, 2010(8):42.

② Richard A. Villa, Jacqueline S. Thousand, Ann I. Nevin. A guide to co-teaching: practical tips for facilitating student learning [M]. Corwin Press, 2008:5.

合作教学不是针对同一个班级的学生，一个老师教一门课，另外一位老师教另外一门课；不是一个老师在下面批改作业或复印材料，另一个老师在讲台上上课；不是一个老师在上课，其他老师或志愿者在旁边观看；不是一位老教师带着一位新教师，老教师在教什么、怎么教的问题上占主导地位。合作教学是21世纪创新性教学实践中的一个概念。

（二）合作教学的构成要素

合作教学可以是两个以上的教师构成，也可以是一个团队成员组成。合作教学由五大要素构成。见图9-7。

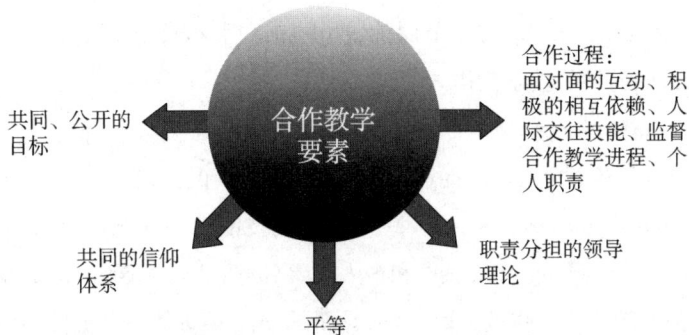

图9-7 合作教学的五大构成要素

1. 共同、公开的目标（common，publicly agreed-on goal）

合作教师要协调工作以达成至少一个共同的、公开认同的目标。许多合作教学的教师，在教学的一开始就达成了协议——作为一个团队，来共同完成一项教学任务。随着时间的推移，他们发现自己独特的专业知识、技能和教学资源，需要更多的时间，更正式的合作教学任务。

2. 共同的信仰体系（shared belief system）

合作教学团队成员拥有共同的教育信仰体系——教育理念，有独特的和必需的专业知识。合作教学教师发现，这样的教与学都更有效。因为两个或两个以上的教师拥有不同的知识、技能和教学资源，可以相互学习；可以有共同的语言来讨论教与学的结果。

3. 平等（parity）

团队成员是平等的，要交替承担参与教师和学习者、专家和新手、知识或技能的给予者和接受者的双重角色。当合作教师意识到，自己作为团队成员、自己的贡献受到重视，这就是平等。尊重合作教学团队的每个成员，是实现平等的关键。团队成员要发展这样一种能力：考虑知识、技能、态度或立场的差异，自由地交流自己的想法和自由关注的能力。在征求意见或对合作教师提出建议的时候，要特别注意职位、培训或经验的原因存在不平等地位。若辅助专业人员能使用他自己独特的知识，与教师一起开发课程时，说明教师和辅助专业人员之间是平等的。相反,当辅助人员总是模仿教师演示教学过程,教师就处于专家的地位了,两者就是不平等的。合作教学团队的每个成员都应该为合作教学课程提供指导,以便学生获得预期的收益。

4. 职责分担的领导理论(distributed functions theory of leadership)

运用职责分担的领导理论,把传统的、单一教师教学任务分配给团队所有成员。教师在交流过程当中这样说:"我做了一名教师该做的一切,只是现在有两个或更多的人在做。"从这位教师的话语中可以发现,他含蓄地表达了合作教学教师必须同意,重新分配他们的课堂领导和决策责任。这种角色再分配现象,就是把传统的、单一教师的职责分配给团队成员。这被称为"职责分担的领导理论"。在每节课前、课中和课后,合作教师都有必须承担的一些职责,必须决定何时、如何做的教学工作。

5. 合作过程(corporate process)

在合作教学中,有五个元素可以促进合作过程:面对面的互动(face-to-face interactions)、积极的相互依赖(positive interdependence)、人际交往技能(interpersonal skills)、监督合作教学进展(monitoring co-teaching progress)和个人职责(individual accountability)。

(1) 面对面的互动。对合作教师而言,面对面的交流互动是一个重要的因素。合作教师需要面对面的交流来决定,何时开会,隔多久开一次会;要决定何时让其他人(如家长专家辅助,专业人员,心理学家)参与进来;要决定在没有安排会议时,怎么来交换意见(如用交流日志、教室布告栏上的便利贴)等。

(2) 积极的相互依赖。积极的相互依赖是合作教学的核心。在 21 世纪的教室里,没有一个教师能够有效地满足不同学生群体的不同心理、教育需求。合作教学教师创造了这样一种认知:他们对所有学生的学习,负有同样的责任;他们可以通过汇集不同的知识、技能和物质资源,最好地履行自己的责任。为了建立积极的相互依赖的关系,他们可以建立一个共同目标、分工教学、并设计成功的奖励。

(3) 人际交往技能。人际交往技能包括口头和非口头成分的,信任、建立信任、冲突管理和创造性解决问题。这种社会互动技能是实现领导职责分担所必需的,也是为了确保没有一个学生被忽视。个别的合作教师会发现,他们的人际交往技能不在同一个水平上,该技能取决于他们的已有的训练、个性风格和沟通偏好。有效的合作教师的伙伴关系会相互鼓励、相互反馈。

(4) 监督合作教学进程。监督是指经常性地汇报合作教学的过程,成功和面临的挑战。合作教师相互检查,以确定:

- 学生是否达成了课程学习目标;
- 合作教师之间沟通良好;
- 是否需要调整学习活动。

可以用非常简单或比较复杂的方法进行监督。如有的合作教师依据一张职责清单,互相检查。清单上列出的是他们商定的、彼此应承担的职责。有的合作教师会在学生每天休息时,安排一个15分钟的短会,从目标、沟通技巧、需调整的活动三个方面监控教学进程。当然,合作教学团队成员也可以轮流分享收获的成果;报告自己对课程作出的贡献;并就需改进的地方提出建议。

(5) 个人职责。个人职责是合作教学的引擎。合作教学的有效性,是基于每位合作教学的教师实际传授的知识和技能。个人职责是一种承认合作教学教师重要性的形式。合作教学的个人职责,包括花时间评估每个伙伴在面对面的互动、积极的相互依赖、人际交往技能、监督合作教学进程这四方面的个人表现。这么做的目的有三:首先是提高大家对为合作教学做贡献的认识;其次是对合作伙伴作的贡献给予认可;最后是确定合作伙伴是否需要提供帮助。

二、合作教学的四种方法

合作教学主要有四种方法:支持性教学、平行教学、互补教学和团队教学。[①] 通常刚开始运用合作教学时,教师们往往会采用支持性教学和平行教学;随着合作教学技能的提升、教师同伴关系的加强,教师们会采用互补教学、团队教学。

(一) 支持性教学(supportive teaching)

这是指一名教师承担引领全班教学的角色,另一名教师扮演支持者角色,在学生间走动,随时提供帮助。他/她和学生一起学习,随时注意观察、倾听,必要时提供一对一的辅导。见图9-8。前者掌控课程内容,后者掌控教学过程。

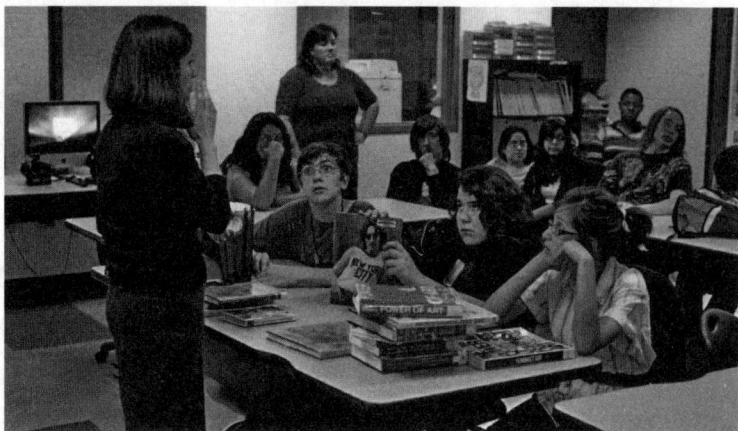

图9-8 支持性教学

① Jacqueline S. Thousand, Richard A. Villa, Ann I. Nevin. Differentiating Instruction: Collaborative Planning and Teaching for Universally Designed Learning [M]. Crown Press, 2007:123 - 126.

（二）平行教学（parallel teaching）

这是指两个或两个以上的教师,在教室的不同区域教学不同的学生小组。但每位教师都要对全班学生负责。合作教师共有八种途径实施平行教学法。

1. 分开授课。每位合作教师负责一个特定的学生群体,具体包括监督学生以确保理解课程内容,为该群体每个学生提供指导,或在必要的时候为学生小组重新讲一遍。

2. 学习站或学习中心。每位合作教师负责组建、指导和监督一个或多个学习站/学习中心。

3. 合作教师轮转。合作教学教师在两组或两组以上的学生之间轮转,分别为每组学生讲授相同的课程内容。

4. 合作教师讲授课程的不同部分。类似于学习站教学,只是教师从一个学习站轮换到另一个学习站,而不是学生从一个学习站走到另一个学习站。

5. 合作小组监督。每一位合作教学教师负责组织、监督一个或多个合作学习小组,并向合作学习小组的学生提供学习反馈。

6. 实验或实验室监督。每位合作教学教师都要监督和辅助一定数量的实验小组,为需要额外支持的小组提供帮助和辅导。

7. 聚焦一种学习风格。学生依据学习风格建组,一位合作教学教师用视觉策略给视觉优势的一组学生上课;另一位用听觉策略给听觉优势的一组学生上课;第三位用动觉策略给动觉优势的一组学生上课。

8. 互补指导。合作教学的一名教师和班上大多数学生一起学习概念、技能或完成作业。另一名教师(1)指导学生将所学的技能,运用或推广到相关的社区环境中;(2)为自我认定或教师认定的、需要额外帮助的学生提供指导;(3)提供更高级、更丰富的思维活动。

（三）互补教学（complementary teaching）

两位教师同时承担班级教学责任。当一位教师采取某项措施开展教学时,另一位教师进行强化教学。如一位教师预教某项合作小组学习技能,另一位教师督促学生小组运用这个技能;一位教师在做讲座,另一位教师在 PPT、黑板上进行陈述解释、示范做笔记;一位教师讲授课程内容,而另一位教师明确、简化课程内容。两位教师通常不是同一领域的教师。在中学阶段这种方法常常会出现一个问题:在合作教学中不是本学科领域的教师,对内容的掌握程度远不如本学科教师。但这不一定是缺点,可以通过共同设计和教学,使团队成员都有机会获得新技能。

（四）团队教学（team teaching）

两个或更多的人做传统教师做的事:计划、教学、评估,并承担全班教学的责任。如一位教师演示科学实验的步骤,另一位教师建模记录,解释实验结果。学生可以感受每位教师的教学优势和专长。

三、小学合作教学案例

埃尔南德兹女士（Hernandez）打算在每个年级实施差异化识字小组学习,时间8:15—9:15,将二年级三个教室的学生打乱后,进行重新分组。每个教室有两个辅助人员作为合作教学教师。见表9-4。在教室里,教师运用合作教学中的支持性教学法和互补教学法。

这样精心安排教学时间有三大好处:一是,每个教室有两个或者两个以上的老师在实施平行教学;二是,团队老师共同参与三个教室的平行合作教学;三是,学生可以在教室内的平行合作教学小组之间轮换。

表9-4　二年级教室的合作教学安排①

时间	罗宾·达尔文女士 任课教师	苏珊·普拉达女士 双浸入式教师＊	蒂姆·德拉明先生 任课教师
8:15—9:15	不需要阅读支持的学生20—25名	1. 部分需要额外阅读支持的学生15—20名、2名教师、每组5—10名学生 2. 额外支持: 阅读专家曼达女士	1. 很大程度上需要阅读支持的学生20—30名,三名教师,每组3—8名学生 2. 额外支持: 特殊教育教师: 马琳·海芬 演讲及语言专家: 西提娅·苏子 特殊教育工作者:卡特·海纳德

＊"双浸入式"是一种语言教学的方式。

在随后的差异化读写小组学习时间,埃尔南德兹来到了苏珊·普拉达的双浸入式的二年级教室,运用支持性教学法和互补教学法,实施合作教学。

1. 课伊始,普拉达组织进行了一项全班活动——由她朗读一本学生们挑选的儿童文学流行书籍。这时,埃尔南德兹担任支持者角色,在教室里走来走去,确保所有的学生都翻开书并跟着学习。

2. 普拉达组织学生进入五个写作学习站,每个站有不同的写作任务:一个学习站上有语音转文本的程序,可帮助写作;另一个学习站上,学生使用文字处理软件、各种编辑功能,检查作文中拼写;在其他学习站上,学生们可以研究刚才普拉达朗读的故事中的人物。此时,埃尔南德兹负责其中两个站,普拉达负责其他的学习站。他们运用的是合作教学中的平行教学法。

---

① Ann I. Nevin, Richard A. Villa, Jacqueline S. Thousand. A guide to co-teaching with paraeducators: practical tips for K-12 educators [M]. Corwin Press, 2009:64-66.

3. 学生在写作过程中,普拉达插入图形管理器的使用教学,这时埃尔南德兹记录普拉达提到的一些词汇,并用投影仪打在墙上。他们就是用互补教学法实施合作教学。

四、中学合作教学案例①

巴托洛女士是中级辅助教师,她与两位中级英语教师:科尔女士、芬妮女士实施合作教学。科尔的语文课将组织学生阅读赫尔曼·黑塞(Hermann Hesse)最经典的长篇小说《悉达多》(Siddhartha)。她为了使学生在阅读小说之前,能获取更多的小说主题背景知识,让学生从八个相关主题中选择一个,分组开展阅读并成为该主题专家。八个主题是:赫尔曼·黑塞、佛教的起源、佛教的实践和信仰、印度教的起源、印度教的实践和信仰、种姓制度、启蒙和涅槃、禁欲主义。在成为该主题专家以后,要把他们学到的专家内容传授给全班同学。

巴托洛女士听说科尔要组织学生阅读《悉达多》,兴奋极了。因为赫尔曼·黑塞是她学生时代最喜欢的作家之一,她的舅妈是一位来自柬埔寨的佛教徒。巴托洛研究过佛教,还和舅妈一起参加过许多寺庙的活动和仪式。当科尔和芬妮了解到巴托洛的兴趣和对佛教的体验以后,他们商量决定将学生分成两组,运用平行教学法开展合作的教学。

课一开始,他们用10—15分钟的时间做演讲,分享他们所知道的知识。巴托洛的主要任务是与三个专家组一起研究赫尔曼·黑塞的传记、佛教的起源以及佛教的实践和信仰。芬妮承担了其他五个专家组的教学指导工作。芬妮先介绍了主题和专家组的活动,巴托洛在学生之间走动,以支持者的角色参与教学,监督学生在语言艺术期刊中记录相关的信息。当巴托洛在交互式白板上记录芬妮解释时的一些关键点时,巴特洛是以补充的角色参与教学。她转述科尔有关八个主题的陈述,记录关于评分标准的解释,用于评估学生专家组在课堂上的陈述。

在介绍和问答之后,学生自行选择主题并进入专家小组。10分钟后巴托洛和芬妮在小组间走动,监督学生制定的工作计划:确定小组成员、收集和展示信息的作用、视觉辅助工具的使用、在小组展示期间何时让全班同学参与到活动中。这些计划草案必须和科尔女士交流,并最终获得她的批准。

随着我国跨学科主题学习的实施,师师合作教学是不可或缺的教学基础。英国的师师合作教学原理与实施经验积淀颇丰,他们课堂里的辅助人员不一定是专业教师,可能只是志愿者、家长。但是教师和辅助人员对个性化学习理念的把握、实施是值得我们借鉴的:个性化学习不是让学生用自己最慢的速度学习,或者返回到儿童中心式的教育。而是通过师师动态教学、评估体系、弹性课程、学习环境、网络支持、个性内容以及反馈体系等要素的构建,来满足不同学生的不同学习需求。

---

① Ann I. Nevin, Richard A. Villa, Jacqueline S. Thousand. A guide to co-teaching with paraeducators: practical tips for K – 12 educators [M]. Corwin Press, 2009:67 – 68.

第十章

英国语文教学评估

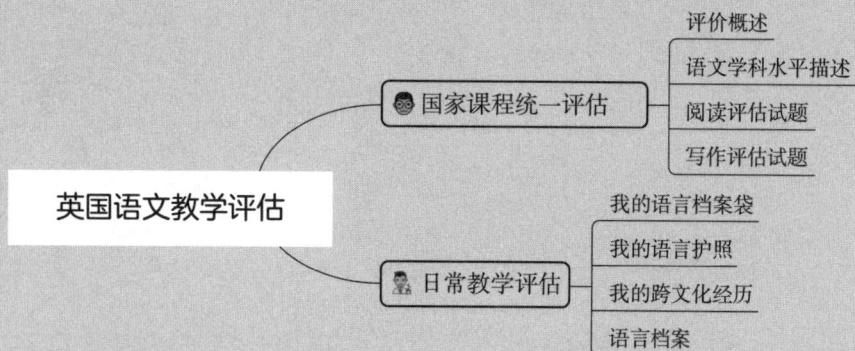

英国语文教学评估

国家课程统一评估
- 评价概述
- 语文学科水平描述
- 阅读评估试题
- 写作评估试题

日常教学评估
- 我的语言档案袋
- 我的语言护照
- 我的跨文化经历
- 语言档案

英国学生的学习评价主要分为国家课程评价和学校日常教学评价。国家课程评价以国家考试为主，是基于国家统一课程的一种考试，主要考查学生在一定学习期间内所取得的进步以及在学科和课程中所达到的水平，关注学生自身能力的提升。国家考试所能覆盖的范围有限，主要评价学生的学业成绩，而非潜能和兴趣。[①]学校日常评价则关注学生在校期间日常学习情况，依据学习计划展开，记录学生的成长。评价主体是教师和学生。

---

① 李建民.英国基础教育［M］.上海.同济大学出版社.2015.08,124.

第一节　国家课程统一评估

国家课程评价是国家考试,主要检验每个学习阶段学生的收获,以保证教育质量。

一、评价概述

英国把5—16岁的义务教育阶段划分为四个关键阶段:关键阶段1、关键阶段2、关键阶段3、关键阶段4。

(一)国家统考科目

英国国家课程评价标准规定,英国学生从小学到中学要参加三次全国性的统一考试(SATs),又称作关键阶段考试(Key Stage Test),和一次全国性的升学考试(GCSE)。关键阶段考试分别在关键阶段1、关键阶段2、关键阶段3结束的时候进行,即二年级、六年级、九年级学年末进行。关键阶段3的考试是伴随国家课程而出现的。

GCSE不是法定性的考试,学生可自主选择是否参加。不过大多数学生还是会选择参加这一考试的。GCSE考试作为一种标准参照性考试,目的是全面准确地反映高中结业学生在学科学习方面所达到的水平。学生在关键阶段4结束时(一般为16岁)参加考试,考试科目包括英语、数学、科学、技术、历史、地理、音乐、体育、现代外语及宗教等。考生从中任选五门,考试成绩按等级评定。GCSE考试检验了学生的学业知识水平,为高一级的学校、用人单位、学校师生及家长提供教学结果的全面信息。[①]

(二)学业成绩要求

1997年10月,英国成立了资格与课程局(Qualifications and Curriculum Authority,简称QCA),作为国家课程管理的核心机构之一。它不是政府部门,而是一个专业的公共机构。QCA的职能之一是管理与调适公共测验体系,以适应学习者与社会的要求;负责开发、实施与管理高质量的全国考试。这些义务教育阶段的全国统一考试,由QCA策划兼实施,目的在于评价学生的学业成就,检查学校的教学质量,检查国家课程的实施情况。[②]

国家课程每门科目由成绩目标、学习计划和评定安排构成。按照《1988年教育改革法》及相关政策文件的规定,英国将国家课程体系中学生应当达到的发展水平划分为八个级别,并规定各个关键阶段结束时一般学生需达到的级别标准。在关键阶段1结束时,绝大多数学生可望达到2级水平,其他学生在水平1—3之间波动;在关键阶段2结束时,绝大多数学生可望达到4级水平,其他学生在水平2—6之间波动;在关键阶段3结束时,绝大多数学生可望达到水平5—6,其他学生可能在水平3—8之间波动。[③] 具体如表10-1所示。

---

① 刘丽群　周娟.英国高中学业水平考试的特点及启示[J].教育测量与评价.2011.(1):56.
② 刘辉.英国国家课程测验框架述评[J].全球教育展望.2008(6):66—67.
③ 陈霞.英国现行国家课程标准的特征及启示[J].课程·教材·教法.2003(6):71—75.

表 10-1　国家课程不同关键阶段考试安排①

学段	小学							中学				
义务教育阶段												
大致年龄（岁）	5	6	7	8	9	10	11	12	13	14	15	16
年级	R	1	2	3	4	5	6	7	8	9	10	11
国家课程评价标准	关键阶段 1			关键阶段 2				关键阶段 3			关键阶段 4	
表现水平	1—2			3—4				5—6			7—8	
英语	QCA 组织纸笔测验，与设计任务相结合			QCA 组织纸笔测验				教师基于标准对学生进行评价			参加由普通中等教育资格认证（GCSE）组织的统一考试	

专栏 10-1　　　　　　　　　**英国中学的招生考试**

　　英国的公立小学和大部分公立中学不仅学费全免，连课本和文具也免费，甚至学校的午餐也可以根据家庭的收入状况申请免费。这些学校的招生是按照学生家庭所在地划片入学，不以考试成绩作为录取的依据。与此不同的是，公立学校体系中的文法学校（Grammar School）的录取则需要经过入学考试，并严格按成绩高低录取。英国的私立学校分男校和女校，女校共七个年级，男校是九个年级，学生在 4 岁入学，女生在 11 岁小学毕业，男生在 13 岁毕业。私立学校不但要缴纳高昂的学费，而且其录取工作，从试题的命制到答卷的批改，再到最终录取结果都由各校自行决定。

　　按照英国公立中学的招生制度，那些需要进入公立中学的小学毕业生无需大费周章；而对于那些希望进入公立中学体系中质量较好的学校——文法学校或私立中学的学生，他们就需要参加一场竞争颇为激烈的考试，由于应考学生正值 11 岁，所以这个考试又被称为"11＋"考试。

　　"11＋"的考试科目由学校自主决定，一般会包括数学、英语、语言推理和数理推理，还要参加面试。此外，学校的推荐信和家庭成员与该校的渊源等信息也是重要考评的依据。数学和英语两门考查的是一个学生学习的现状；语言推理和数理推理评估的是学生的智商，也就是未来的学习能力。后者很难通过短期的突击复习达到提升成绩的目的。即便如此，还是会

① 张晓蕾.英国基础教育质量标准《国家课程》及监控系统[J].全球教育展望.2012(5)；43.

有一些家长聘请家庭教师,希冀提升子女在应考时的成绩。但动辄一小时60到70英镑的家教费用,又是一般家庭无法负担的;而对于那些经济宽裕的家庭来说,要聘到合适的教师还需"早着手",因为很多优秀的教师的邀约已经排到一年多之后。对于来自私立小学(Preparatory School)的学生,语言推理和数理推理是他们小学阶段的重要学习内容,所以他们在参加"11＋"考试时的压力就小了很多。

私立中学的入学考试也颇为不易。就考试环节和内容来看,每所学校的申请都要经历看学校、预选、入学考试、面试、奖学金考试等环节。每年圣诞节后,是大部分私立学校入学考试的日子,二月则是发榜的时候。一般报考一所学校,要在近半年内到访该校四次。越顶尖的私立中学,申请的周期通常也越长,考试的要求也较高。如著名的伊顿公学,很多贵族家庭会在男婴一出世就进行该校的注册申请。虽然学生在九年级(13岁)才入学,但是主要的遴选早在五年级就开始了。首先是数理推理与语言推理能力,然后经过笔试的预选、面试,层层筛选后,在六年级发放有条件录取,八年级再根据英国私立中学的结业考试(Common Entrance)决定最后的录取。而结业考试的内容,除了数学、英语、科学、法语等主要科目,还包括拉丁语甚至古希腊语的考试。

为了吸引更多优秀学生进入该校,私立中学纷纷设立了奖学金制度。奖学金的对象主要为学术、音乐和艺术方面有天赋的,9—12岁的六年级学生。奖金金额约占学费的10%—50%,甚至100%。如名声较大且颇具竞争性的伊顿公学的国王奖学金,获得者可免五年学费;增添一件潇洒的披风;搬出普通宿舍楼,住进学校中心庭院的"老校舍";在专用餐厅就餐等优惠待遇。而享受这一待遇的学生全校只有70名,每个年级14名。

(改编自姜丰.在英国贵族学校,都学些什么? [N].南方周末,2018－5－13(A7).)

二、语文学科水平描述

根据2010年QCA颁布的、现行英国《国家课程各学科水平描述》(*The National Curriculum Level Descriptions for Subjects*),语文学科分为三个学习领域:听和说(speaking and listening)、阅读(reading)、写作(writing)。语文课程评价标准采用等级制,中小学各领域表现水平分为八个等级(level)和一个超常表现(exceptional performance),共九个等级。[①]

(一) 听和说等级标准

一级:学生能够谈论当下他们感兴趣的事情。倾听别人的发言,并适当回应。能大声表达简单的含义,并通过一些细节来补充自己的想法或描述。

二级:在聊到感兴趣的话题时,学生能表现出自信。有时候,学生能说些细节来满足听众

---

① Qualifications and Curriculum Authority. The National Curriculum Level descriptions for subjects. [EB/OL]. [2018－07－10](2020－05－06)http://dera.ioe.ac.uk/10747/7/1849623848_Redacted.pdf.

的需求。能通过增加词汇,使自己的表达更加清晰。会认真倾听,并恰当地回应。开始意识到,在某些情况下要使用更正式的词汇和语调。

三级:学生能在不同的语境中,自信地交谈和倾听,了解和交流想法。在讨论中,表现出对主要观点的理解。发表相关评论、提出问题来表明自己在认真听讲。学生开始通过改换词汇、使用细节来适应听众的需求。开始意识到标准英语以及使用的情境。

四级:学生在各种语境中自信地说话和倾听。有一定目的地开展交流:深入地思考、清楚地描述事件并传达自己的观点。在讨论中,能仔细聆听、发表观点、提出有针对性的问题。能够适当调整口语词汇,并使用标准英语词汇和语法的一些特征。

五级:学生在各种语境中自信地说话和倾听。有一定目的地交流:深入地思考,清楚地描述事件并传达自己的观点。开始变换表达方式和词汇。在讨论中,能仔细聆听、发表观点、提出针对性的问题。能够适当调整口语词汇,并使用标准英语词汇和语法的一些特征。

六级:学生能根据不同的情境、谈话的目的和听众的需求,越来越自信地做出调整和适应。词汇和表达方式的多样性、生动性能吸引听众的兴趣。小学生们积极参与讨论,扮演不同的角色,并理解他人的想法和感受。他们有效地展示了对语言种类和运用的了解,并在正式场合中流利地使用标准英语。

七级:学生有信心地根据不同语境,包括在不熟悉的语境中运用相应的语汇。以精确和创造性的方式使用词汇,组织语言,与他人清楚地沟通。在讨论中扮演重要的角色,不仅能评估他人的想法,还能改变参与的方式和时间。在需要的时候,自信地运用标准英语。

八级:学生在各种语境下,有目的地保持和延伸谈话。能使用恰当的词汇、合适的语调和重音,清楚地组织所要表达的内容。能积极地参与讨论,表明倾听并了解讨论话题的深入。在各种情况下自信地使用标准英语,并根据需要加以调整。

超常表现:优秀的学生可以适当地选择和使用语言结构、风格。灵活地适应各种语境,并为了各种谈话目的和听众需求,自信地改变用词和表达方式。能灵活地运用各种方式发起并维持讨论。在讨论中发挥主导作用,专心听取各种复杂的发言。在各种语境中、为了各种各样的目的,流利地使用标准英语。

(二) 阅读等级标准

一级:学生能在简单的文本中识别熟悉的单词。能利用所掌握的字母和音标的关系的知识读单词,并明白词义。在进行上述学习活动时,有时候需要老师的帮助。学生能通过阅读自己喜欢的部分来表达对诗歌、故事和非虚构(non-fiction)文本的感受。

二级:学生阅读简单的文本,能理解并准确获知其大意。学生能对故事、诗歌、非虚构类文本中的主要事件、观点发表自己的看法。能运用多种策略,包括语音、图像、句法和上下文等,阅读不熟悉的词汇并确定词义。

三级:学生能熟练并且准确地阅读各种不同类型的文章。学生能进行独立阅读,运用一些阅读方法把握文章大意。在阅读虚构和非虚构类文本的时候,学生能表达对文章主要观点的理解,并说出自己喜欢的部分。学生能利用自己掌握的字母表知识以及搜索的技术去定位资源和查找信息。

四级:学生在读各种不同类型的文本时,能使用推理和演绎的方法来表现对重要思想、主题、事件和人物的理解。能理解文本所反映的时代和文化。在解释自己的观点时,能够参考文本,找到并使用文中的观点和信息。

五级:学生能理解不同文体的文本,选择要点,并在适当的情况下使用推理和演绎的方法。能确定关键特征、主题和人物,并选择句子、短语和相关信息来支持自己的观点。能理解文本是符合历史和文学传统的。能从不同的来源中检索和整理信息。

六级:在阅读和讨论不同文本时,学生能分出不同的意义层级,并评论它们的重要性和作用。对文学文本有自己的见解,能从语言、结构和主题不同角度,证明自己的想法。能将不同时期和不同文化的文本与自己的经验相结合。能从不同的资源中总结出一系列的信息。

七级:学生能理解不同文本表达意思和传递信息的方式,并针对诗歌、戏剧、小说的主题、结构、语言特点表达自己的看法。能理解为什么有些文本特别受重视、具有影响力。能够选择、综合和比较来自不同来源的信息。

八级:学生的回答表现出对不同类型文本的鉴赏和评价能力。能评价作者是如何通过语言、结构和表现手法来达到想要表现的效果。学生选择、分析文中的信息和观点,评论如何在不同的文本中传达这些信息和观点。学生探索不同时代的文本和不同的文化如何对文学和社会产生影响。

超常表现:学生能自信地阅读跨越不同时代、不同文化的文章,完善自己的观点。并且从细节上思考语言、结构和表现等方面的特点。学生在文本中进行适当的、仔细的比较,包括考虑观众、目的和形式。他们能辨别和分析争论、观点和解释,并适时地前后参照、交叉引用。

(三)写作等级标准

一级:学生用简单的词汇和短语表达一定的意义。在阅读或写作中,意识到如何使用句号。能清晰地书写字母,清楚地知道字母的位置。

二级:学生能通过叙述和非叙述(narrative and non-narrative forms)两种形式表达意思。能运用适当、有趣的词汇,并能表现出一定的读者意识。知道通过一系列句子能形成观点。有时用大写字母和句号来表示。能正确拼写简单、单音节的词,能选择一些替代单词。书写字母的形状准确,大小一致。

三级:学生的作文清晰、有条理、富有想象力。能掌握并使用不同形式文本的主要特征,不同的读者采用不同的写作方式。按逻辑思路扩写句子,能因词的多样性和趣味性选择词语。句子的基本语法是正确的。能正确拼写单词,包括多音节单词。能正确使用句号、大写字母、问号。能连贯并清晰地书写。

四级:学生写作形式丰富而合理。能以有趣的方式展示观点,能根据不同的目的写作。大胆选用词汇以达到表达的效果。能使用语法复杂的句子来表达更深的意义。正确拼写常规的多音节词,正确使用句号、大写字母和问号,并开始在句子中使用标点符号。书写正确、流畅、清晰。

五级:学生的写作是多种多样且有趣的,能为不同的读者写作,且在各种形式中清晰地表达意义,在适当的时候能使用更正式的写作风格。词汇选择富有想象力,而且用词精准。写的复杂句子、段落是连贯的、清晰的和完整的。能正确拼写比较复杂的单词,正确使用一系列标点符号,包括逗号、省略号和引号。书写连贯、清晰、流畅,能根据不同的情况采用适当的写作形式。

六级:学生能熟练地写作,并吸引和保持读者的阅读兴趣。在不同文体写作时,写作风格上有一定的变化,包括在适当情况下使用非个人化的文体风格。能使用一系列的句子结构和不同的词汇产生不同的效果。准确拼写不规则的单词,书写清晰、易懂。能正确运用一系列标点符号,阐明含义,并将想法组织成段落。

七级:学生能自信地写作,并以各种形式展示适当、富有想象力的写作风格。在叙事写作中,能展现人物和背景。在非虚构文本的写作中,能连贯地表达不同的观点,并给出清晰的观点。能准确而有效地使用语法和词汇。正确拼写单词,包括复杂、不规则的单词。作品清晰易读,引人入胜。能正确地分段和使用标点符号,清晰地交代事件或观点的顺序。

八级:学生能创造性地写作,选择具体的特征或表达方式来达到效果,并引起读者的兴趣。叙事写作能把握人物,事件和场景,并且运用多种结构。在非虚构类文本中,能清晰地表达复杂的想法,预测和解决一系列不同的观点。学生使用不同的词汇和语法,达到区分或强调的作用。通过写作,能清晰地显示掌握使用标点符号和分段的能力。

超常表现:学生写作是独创的并具有影响力,能够使用不同风格的文体,并能始终吸引读者的兴趣。在虚构类文本写作中发挥想象力,运用不同结构、词汇来展现不同的效果。写非虚构类文本具有连贯性、合理性和说服力,表达了多视角的特点。正确使用各种各样的语法结构和标点符号。段落结构清楚,相互关联,文章形成一个整体。

三、阅读评估试题

英国国家课程评估结果主要用于教育方针、政策的制定。在宏观上,英国国家教育部(DFE)和国务院为实施国家测验安排工作、制订政策,有权委托或取消相关组织实体、机构的执行或管理权。[①] 下面是国家语文课程评估试题。

(一)《贝拉出海》

《贝拉出海》是 2016 年关键阶段 1 结束时,即二年级学生的语文阅读测试题。

---

① 林瑾娜. 英国基础教育学生评价的初步研究[D]. 福州:福建师范大学. 2007,22.

有一只鹅名叫贝拉,她与渔夫威廉一起住在海边的小屋里。威廉有一个大花园,里面种了许多美味的草。他把这些草拿来给贝拉吃。有时他会带贝拉去海港咖啡馆吃顿好吃的,给她买奶昔和饼干。但是威廉出海时,贝拉就只能留在屋里。"你不能离开家。"威廉说。

1. 威廉是干什么工作的? 请勾选一项。

☐咖啡馆老板　☐警卫　☐园丁　☐渔夫

2. 威廉出海的时候,他让贝拉做什么?

_____

每当威廉离家出海的时候,贝拉就感到很孤独。她希望自己的翅膀更强壮有力,这样就能跟着威廉飞出海了。我会飞起来的,贝拉想。她试了又试……终于,她成功地飞了起来。

一天早上,贝拉悄悄跟着威廉来到港口,并且跟着他出海了。威廉有点生气,"渔船上可没有鹅待的地方。"威廉说。但是他还是让贝拉留下了。贝拉很喜欢海上的生活。

3. 贝拉学习飞翔的时候,她……请勾选一项。

☐很懒惰　☐不努力　☐坚持不懈　☐感觉轻松

4. 为什么威廉生贝拉的气?

_____

下午,天空变得阴沉,海上刮起了大风。捕鱼变得十分困难。后来渔船的引擎也坏了。只听"轰隆"一声,小渔船被吹到礁石旁,撞上了礁石。"我们的船失事了,"威廉说,"会有人来救我们的。"但是,过了很久也没有人来。没人知道他们在这里。

5. 为什么渔船撞上了礁石?

_____

6. 小渔船"轰隆一声"撞上礁石。这是指渔船……

☐发出巨大吱吱声　☐拍打水面　☐持续发出嘎吱声　☐撞坏了

第二天早上,威廉写了一张纸条绑在贝拉的腿上,对她说:"飞回家去吧!"贝拉想,我可以做到的。她一路飞到了海港咖啡馆。另一名渔夫出海救回了威廉和他的渔船。"贝拉好样的!"威廉大声称赞,"等我有了新的船,你又能跟我一起出海了。"贝拉听了很开心。

7. 贝拉把威廉的纸条带到了哪里?

_____

8. 故事的最后,贝拉很开心,这是为什么呢?

_____

9. 请按照事情发展的顺序给下列四个句子排序。第一句已给出。

① 威廉乘船出海。

☐威廉让贝拉求救。

☐渔夫救出威廉。

□渔船撞上礁石。

（二）《没落的王后》

《没落的王后》是 2016 年关键阶段 2 结束时，即六年级学生的语文阅读测试题。

玛丽亚和奥利弗正在一幢房子的花园里参加聚会，这幢房子曾经属于玛丽亚家。他俩悄悄地从聚会上溜走、四处探索，并走出了花园。他们来到离花园很远的湖边草坪上，还发现了一艘小划艇。

奥利弗在玛丽亚身后显得神情紧张，玛丽亚则提议划小艇到湖中央的岛上去。奥利弗疑惑地看着她。玛丽亚解释说，岛上有一个秘密纪念碑，是为了纪念她的一个祖先修建的。这个祖先是一个女人，在王权纷争的时候嫁给了王子。这场纷争始于两个对立的家族——最终以狮子为象征的家族失败，以熊为象征的家族获胜。

"快走吧。"玛丽亚不耐烦地说。

奥利弗划着船，玛丽亚赤脚站在船上，直视前方。在朦胧而静谧的夏日午后，桨划过玻璃一样平静的湖面，发出"咔咔"的声音，水面的涟漪一圈一圈荡开去。

小岛上布满了爬行藤蔓和树根，像是漂浮在水上。在小岛中心，耸立着一棵古老的橡树。树枝像弯曲的手指，扭曲着向外伸展，叶子垂在静止的水面上。奥利弗从橡树树枝之间、狭窄的缝隙中小心翼翼地划船而过。他们下了船，走进一片阴暗的绿色之中。空气凉爽而潮湿，树叶像伞一样遮蔽着他们。

玛丽亚带着奥利弗走过凹凸不平的地面，来到秘密纪念碑前。这是一个大理石柱，因年代已久已经风化，上面还长满了苔藓。大理石柱顶部是一个精致的王冠，基座上刻着铭文。

奥利弗用大拇指指甲刮出基座上面的字母。是一个姓氏，玛丽亚家的姓氏。

"你说不定是位王后呢？"奥利弗对她耳语道。玛丽亚在黑暗中轻轻地笑了。

"我们家的象征可是狮子呢。"她说。

奥利弗仍然可以听到聚会上的叫声和笑声，那声音回响在大房子附近洒满阳光的草坪上。但现在这些噪音似乎越来越弱，越飘越远。

1. 请在"奥利弗在玛丽亚身后……"这一段中找出一个意为"很久以前的亲戚"的词语：

_____

2. "这场纷争始于两个对立的家族……"下列哪个词语与"纷争"的意思最相似？请勾选一项。

□平等　□邻近　□重要　□竞争

3. 从哪里可以看出玛丽亚十分想去岛上？

_____

4. 请在"奥利弗划着船……"这一段中找出一个形容夏日午后很安静的词语：

_____

5. "……划过玻璃一样平静的湖面……"

这句话中所描写的水给你留下了什么印象？请写出两个：

(1) _____

(2) _____

6. 阅读从"小岛上布满了爬行藤蔓和树根……"到"……基座上刻着铭文"这两段，你对文中的岛屿有什么印象？请写出两个看法：

(1) _____

(2) _____

7. 请想象与岛上那棵橡树有关的三件事，写在实线上：

(1) _____

(2) _____

(3) _____

8. 文中描写的纪念碑与以下哪一幅图最相似？请勾选一项。

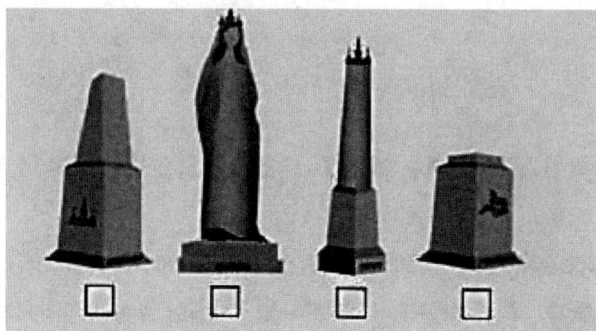

图 10-1　第 8 题配图

9. 阅读"玛丽亚带着奥利弗走过凹凸不平的地面……"这一部分，请问：

(1) 为什么奥利弗看不清纪念碑上的铭文？

_____

(2) 为了看清铭文，他怎么做？

_____

10. 故事的结尾透露了什么？请勾选一项。

☐奥利弗藏了一个秘密。

☐纪念碑有些破损。

☐这两个家族仍然互相敌对。

☐玛丽亚的家族没有赢得王冠。

11. 利用文中的信息,判断下列说法的对错。(用"√"或"×"表示)

说法	判断
两个家族为王冠而战	
玛丽亚的家族象征是狮子	
纪念碑是为一位王子而建	
岛上很热	

四、写作评估试题

在关键阶段 4 结束时,11 年级学生可根据自己的需要,修读最擅长、最感兴趣或对升学最有帮助的学科,考取相应的 GCSE 证书。GCSE 作文有两种不同难度等级的试卷,一种难度适合大多数的学生,即普通试题;另一种难度相对较大,即较高难度试题。

(一) GCSE 普通试题①

1. 2015 年试题

回答两个问题,建议完成时间:一个小时。第一题建议完成时间:25 分钟;第二题建议完成时间:35 分钟。

(1) 选择生活中的一件好事,写一篇博客,解释为什么这件事能对别人产生影响。

注意:用解释的语言写博客,尽量写满一页。

(2) 布拉德利·维金斯在他的 GCSE 英语课程作业中写道,有一天,他将赢得奥运会金牌,并赢得环法自行车赛。请为毕业生大会写一篇演讲稿,说服学生相信他们也能在未来取得巨大的成功。

注意:写一篇演讲稿,用劝说的语言,尽量写满两页。

2. 2016 年试题

回答两个问题,建议完成时间:一个小时。第一题建议完成时间:25 分钟;第二题建议完成时间:35 分钟。

(1) 你的学校或学院正在为学生准备一本校园记忆册,作为毕业离校的纪念。请写一篇可以选入记忆册的短文。你可以描述一段有趣的经历,或者你在学校时的快乐或生动的记忆。

注意:为校园记忆册写一篇小短文,用描述的语言,尽量写满一页。

---

① GCSE ENGLISH/ENGLISH LANGUAGE. [EB/OL]. [2018 - 03 - 10] (2023 - 02 - 01) https://revisionworld. com/a2-level-level-revision/english-language-gcse-level/english-language-gcse-past-papers/aqa-gcse-english-language-past-papers.

（2）很多人对学生应该在学校和学院里学什么、做什么有自己的看法，但他们很少询问学生的意见。为报纸写一篇文章，阐述在未来的学校教育中你希望看到的变化。

注意：写一篇文章，用辩论的语言写出理由，尽量写满两页。

（二）GCSE 较高难度的试题[①]

1. 2015 年的试题

回答两个问题，建议完成时间：一个小时。第一题建议完成时间：25 分钟；第二题建议完成时间：35 分钟。

（1）写一篇博客，描述一个对你有影响，或者留在你记忆中的一个地方，解释为什么会这样。

（2）富裕国家的年轻人把他们拥有的一切视为理所当然。他们应该更多地关心世界上贫困地区的年轻人，并采取更多措施去帮助他们。

为你选择的杂志写一篇文章，就你的观点辩护。

2. 2016 年的试题

回答两个问题，建议完成时间：一个小时。第一题建议完成时间：25 分钟；第二题建议完成时间：35 分钟。

（1）当地报纸正举办一个系列节目：《极限和超越》，并征求稿件。请给报纸写封信，描述你把自己推到更高的极限的经历，并解释这次经历给你带来怎样的影响。

（2）最近在一个旅游网站上有一篇文章说："没有必要去承受出国度假的费用和不确定性，因为英国什么都有。"写一篇文章作为回应，阐述你对该言论的看法。

第二节　日常教学评估

在英国中小学语文教学中，档案袋（portfolio）评价是常用的一种评估方式。下面以欧洲理事会（Council of Europe）和国家语言中心（The National Center for Language）出版的欧洲语言档案袋（English Language Portfolio，简称 ELP）为例，加以介绍。

一、我的语言档案袋

国家语言中心共设计了两个版本的欧洲语言档案袋，一个是为职业目的设计的，一个是为小学生设计的。早在 1998 年，欧洲委员会语言政策司制定并试行欧洲语言档案袋方案。2000 年 10 月，欧洲委员会教育部部长常设会议通过决议，建议执行和广泛使用该方案。"我

---

① GCSE ENGLISH/ENGLISH LANGUAGE. [EB/OL]. [2018 - 03 - 10] (2023 - 02 - 01). https://revisionworld. com/a2-level-level-revision/english-language-gcse-level/english-language-gcse-past-papers/aqa-gcse-english-language-past-papers.

的语言档案袋"(my languages portfolio)是欧洲语言档案袋在英国小学的使用版本。

(一) 档案袋概述

"我的语言档案袋"(下简称"档案袋")是学生在老师指导下建立的档案,它被定位为一种学习工具;一种儿童语言学习经验的手段;儿童语言成就的开放式记录;一份可由学生或老师保存的文件;一个有价值的信息来源,以帮助转移到下一个班级或学校。无论是在校内还是在校外,正在学习或已经学习过语言的学生,都可以思考和记录他们的语言学习和跨文化经验。[①]

"我的语言档案袋"系统可评估各年级学生语文学习成果。学生用档案袋进行自我评估。在每个关键阶段结束时,学生也可以自愿进行外部评估。它有助于学生开展反思性的语言学习,并制定语言学习计划,独立学习。期间,学生逐渐学会为自己的进步承担更多的责任。

在老师的指导下,学生可以随着时间的推移不断重复记录自己的进步,通过提供一种向他人炫耀语言能力的手段,给学生带来一种真正的自豪感和成就感。

(二) 档案袋材料收集

这里的材料是指记录学生语言学习过程的一些资料(dossier)。学生选择语言学习过程中的材料进入自己的档案袋,以此展示自己所具有的语言能力、跨文化和跨语言交流的经历。学生也可以依照自己的喜好,随时替换档案袋里的材料。在一个学年结束的时候,学生可以决定哪一件材料能代表自己达到的最高水平,然后把它放进档案袋里,供老师了解自己的学习水平。可以放入档案袋的校内外完成的作品种类很多,例如:图片、歌曲录音、电子邮件、书面作业、相片、音频或视频、阅读笔记、项目工作的描述和成果;发送给合作学校的明信片、信件或电子邮件的副本;听和说、阅读、写作、游戏或练习的样例;个人的单词列表、海报等。

(三) 档案袋整理

随着学习材料的增多,学生可以分类整理这些材料。例如:按主题、技能、跨文化材料;或者按不同的学期或学年;或者按照知道的歌曲和韵文;笔友、遇到的人;听过的故事、看过的故事;图片和词汇等。

通常在档案袋的首页,会要求学生做个目录,如表 10 - 2。

表 10 - 2　档案袋目录页

序号	档案袋里的内容	日期
1		
2		

---

① The National Centre for languages. European Language Portfolio — Teacher's Guide(third editon) [M]. Modern Colour Solutions. 2001:2.

序号	档案袋里的内容	日期
3		
4		
5		
6		
7		
8		
9		
10		

二、我的语言护照

"我的语言护照"(my language passport)记录了学生语言学习中的进步,以及跨文化经历和交往活动。当学生进入一个新的班级或者学校,语言护照可以显示学生已经做过的事,以及达到的语言水平。语言护照的某些部分可以从开始运用的时候就填写,之后,可以随着学习进展不断增加内容,如在每一学期或某一课程结束时。

1. 梯级测评

护照设置了一个"越来越好"的梯级测评,并以梯子形状来引导学生自我评估所达到的能力水平。每三个年级设置一个等级,详见图 10-2。

2. 等级要求

梯级测评内容包含听话、说话及交谈、阅读、写作四个模块。每个模块下都设计了三个等级表格,学生在相应的表格里打钩。下面是阅读模块的三个等级表格。详见表 10-3、表 10-4、表 10-5 等。

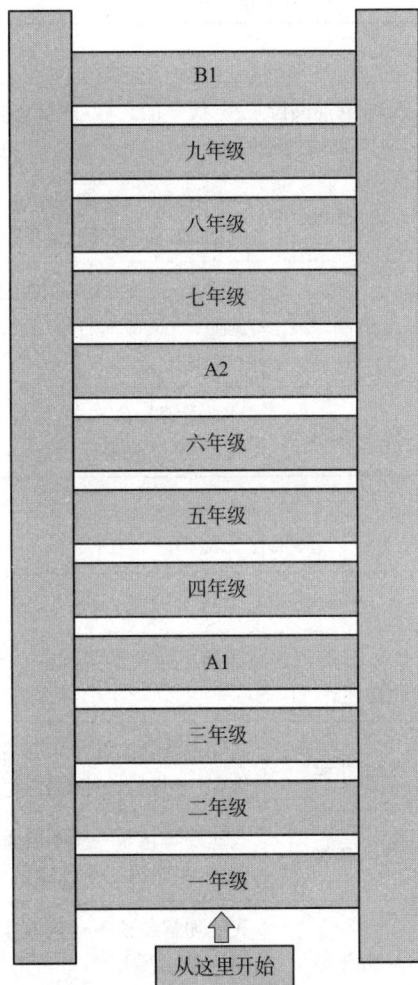

图 10-2 梯级测评等级

表 10 - 3　阅读等级表(A1)

突破(Breakthrough)

A1　当我阅读的时候,能读懂熟悉的名字、单词、和很简单的句子。		✓
一年级	阅读过程中,我能从以下例子中辨别,并且读出一些熟悉的单词和短语。 例如:故事和童谣、常见物品上的标签、日期、天气	
二年级	阅读过程中,我能从以下例子中理解熟悉的书面短语。 例如:简单的短语、天气的短语、物体的简单描述、宠物的描写	
三年级	阅读简短的书面文本片段时,我能明白主要观点。 例如:明信片或者邮件上的简单信息	

表 10 - 4　阅读等级表 A2

起步(Preliminary)

A2　我能阅读短小、简单的文本,并且在所读的简单的消息、故事或网络文本等长文本中,能找到有用的信息。		✓
四年级	阅读短文时,我能理解主要观点和一些细节。 例如:来自笔友的三四句信息;一天学校生活的描述	
五年级	阅读长文本的时候,我能理解主要观点和简单主张(如:喜欢和不喜欢)。 例如:笔友寄来的明信片或一封信;学校生活记录,一首诗或故事的一小部分	
六年级	我能理解长篇文本,并能区分发生在现在、过去和将来的事件。 例如:短篇故事;一天生活的记述;描述一个人或地方的信件;远足	

表 10 - 5　阅读等级表(B1)

中级(Intermediate)

B1　我能理解感兴趣主题的真实文本、个人信件或电子邮件中对事件,感受和愿望的描述。		✓
七年级	我能理解长文并分辨作者的观点。 例如:一封长长的邮件或信	
八年级	我能理解包含一些不熟悉素材的文本,并能识别态度和情绪。 例如:关于另一个国家每天生活的文章、杂志、信	
九年级	我能理解各种各样的真实文本。我能为指定文本提供口头或书面的摘要、翻译。 例如:正在学习的其他学科主题的网络文本,一篇故事或杂志文章	

三、我的跨文化经历

"我的跨文化经历"（my intercultural experiences）是要求学生列举去国外，如短途旅行，或者和外国人联系、交流的经历，如邮件、明信片等，并填在相应的表格里，见表 10-6。

表 10-6　跨文化经历

联系或经历	细节	时间

四、语言档案

语言档案（language biography）是记录学生如何进行语言学习，以及语言学习中的进步。学生不定期使用语言档案，如学期结束、学年结束，学期过程中，重复多次地根据语言学习目标进行反思、进行自我评价。语言档案有助于促进学生理解语言学习的过程，并对自己的学习负责。语言档案贯穿中小学生整个学习过程。

课程学习开始的时候启用语言档案，记录之前学习的经历，查看将要学习的内容，并讨论如何进行学习。当学生对某个条目很熟悉、很自信的时候，他/她可以在相应的条目上标色，表示自己已经学过这部分内容。

（一）进行前测

借助表格对学生的语言、关注的语言和文化、如何进行学习等情况做简单的摸底了解。学生需填写下表，见下面两表。

表 10-7　我知道的语言①

语言	这门语言我学了多久	在哪里学习？学校/家庭	学语言的用途

---

① The National Centre for languages. European Language Portfolio — Junior version: Revised edition [M]. Modern Colour Solutions. 2001:4.

表 10 - 8　我如何学习的①

我喜欢在语言课上做的事	
我擅长做的事	
我发现有困难的事	
我学习效果最好的时间段	

(二) 记录学习进展

学习进展共设置了听、说、与他人交谈、阅读、写作以及跨文化理解等六个模块。在每一个模块下都有具体的内容要求，每一项内容旁画有气泡。若学生认为自己已经做到，就为气泡上色。还可以在空白的气泡内补充内容，如自己已有的其他语言学习的本领。下面是 1—3 年级学生用的记录。

1. 听

① 我可以理解老师的指示。

② 我可以从一首歌或故事中辨认出重要的词语。

③ 我能把图片和听到的单词配对。

④ 我可以跟上别人的谈话。

2. 说

① 我能从 1 数到 10。

② 我可以唱一首歌。

③ 我可以说出一些食物的名字。

④ 我可以说出一周有几天。

3. 与他人交谈

① 我可以询问别人他们喜欢什么。

② 我可以说出我喜欢的和不喜欢的东西。

③ 我可以说出我住在哪里。

④ 我可以说出我的名字。

4. 阅读

① 我可以阅读邮件信息。

② 我可以阅读小说。

③ 我可以阅读明信片。

---

① The National Centre for languages. European Language Portfolio — Junior version: Revised edition [M]. Modern Colour Solutions. 2001:7.

④ 我可以阅读诗歌。

5. 写作

① 我可以写一个简短的对话。

② 我可以写一张明信片。

③ 我可以给事物做标记。

④ 我可以写我的名字、年龄以及我的住处。

6. 跨文化理解

① 我可以说出几种不同的语言。

② 我可以学唱别的国家的歌曲。

③ 我可以和外国人交谈。

④ 我可以用至少两种语言向别人礼貌问好。

每个模块都给出了不同数量的气泡,在底部还有给学生自己书写内容的小栏目"我也可以",学生可以在这里写上气泡中没有的内容。

课堂上,学生的反思性评价和同伴互评是融于具体的教育情境,随时、随地进行的。这类评价的兴起很大程度上源于英国对终身学习及终身学习能力培养的重视。在英国,教师在每堂课都对学生进行形成性评价,目的是"确定学生在学习中处于什么位置,需要达到什么目标,如何更好地达到目标"。教师可根据评价结果,调整教学方法,以更好地满足不同学生的学习需要。因此它又被称作"为了学习的评价"。为了学习的评价在日常教学实施中需遵循的十点原则:

1. 为了学习的评价应成为有效教学的一个组成部分。

2. 为了学习的评价应以学生如何学习为关注点。

3. 为了学习的评价应以课堂实践为中心。

4. 为了学习的评价应是教师必备的专业技能。

5. 因为评价会影响学生的情感,所以为了学习的评价应该是积极的、建设性的。

6. 为了学习的评价应考虑学生学习动机的重要性。

7. 为了学习的评价应促使学生了解学习目标,且师生对评价标准要达成共识。

8. 为了学习的评价中,教师应对学生如何提高成绩水平提供指导。

9. 为了学习的评价应发展学生的自评能力,使之学会反思和自我管理。

10. 为了学习的评价应认可所有学生所有方面的成就。①

---

① Assessment for learning 10 principles. [EB/OL]. [2018 - 05 - 10]. http://wwww. qca. ora. uk/downloads/afl principles. pdf.

　　与中国家长会不同，英国的家长会是一对一的，场面如同商务洽谈会，各科老师每人一张桌子，家长按照预约的时间，一个接一个地跟老师谈。家长不能跟班上其他学生做比较。因此，谁是班里的尖子，谁落在班级的后面，永远都是任课老师才知道的"机密"。

　　在这样的教育环境下，即使班级中的学生同班多年，他们互相记得彼此的生日、特长、好恶，熟知各自的脾气，但是却很难有公认的优秀程度的排名。在教师和同学眼中，贴在每个学生身上的"标签"更多的是每个人的强项：有的孩子数学特别好，有的写作非常强，还有的擅长表演、绘画，或者某项运动。而到了期末，在本学期进步最大的学生将受到奖励的政策，更进一步凸显了英国教育中的特色：英国小学老师对于成绩优异的孩子似乎没有偏爱，正如对成绩差的孩子也没有偏见一样。对于学习成绩在年幼孩子身上的差异，老师更多地看成是孩子发育早晚的不同而已。

　　又如在某校的《学生手册》上印有这样一句，"你是不是快乐？你是不是一个带给他人快乐的人？"（Are you happy and a bringer of happiness?）在这句话下面有一行小字，如下：

　　我们希望你在学校是快乐的，但是有时候你可能感到情绪低落或者为某事困惑。这时候的黄金定律是跟人谈谈。接下来是一长串学生可以随时倾诉的人的名单：班主任、舍监、指导员、宿管、年级主任、校长助理、校医、副校长、学校顾问……校长，以及校长的夫人！名单后面又是一句叮嘱：记住，把难题告诉别人比自己一个人憋在心里容易多了，如果你不想一个人单独去见大人，请个朋友陪你去。

　　（改编自：姜丰.英国小学教育的"秘密"［N］.南方周末，2018-5-17(B17)）

参考文献

一、图书

1. 狄尔泰. 历史中的意义[M]. 艾彦,逸飞译. 北京:中国城市出版社,2002.
2. 董蓓菲. 全景搜索:美国语文课程、教材、教法、评价[M]. 上海:华东师范大学出版社,2009.
3. 冯增俊. 当代国际教育发展[M]. 上海:华东师范大学出版社,2002.
4. [英]盖文·伯顿. 教育戏剧精选文集[M]. 黄婉萍,舒志义译. 台北:心理出版社,2014.
5. 洪宗礼,柳士镇,倪文锦. 母语教材研究[M]. 江苏:江苏教育出版社,2007.
6. 李建民. 英国基础教育[M]. 上海:同济大学出版社,2015.
7. 强海燕. 中、美、加、英四国基础教育研究[M]. 北京:人民教育出版社,2005.
8. 靳健,石义堂. 现代语文教育学[M]. 兰州:甘肃教育出版社,1997.
9. 特里林,菲德尔. 21世纪技能:为我们所生存的时代而学习[M]. 洪友译. 天津:天津社会科学院出版社,2011.
10. 张晓华. 创作性戏剧教学原理与实作[M]. 上海:上海书店出版社,2011.
11. 张晓华. 教育戏剧理论与发展[M]. 台北:心理出版社,2004.
12. 赵章靖. 美国基础教育[M]. 上海:同济大学出版社,2015.
13. [美]阿姆斯特朗. 课堂中的多元智能——开展以学生为中心的教学[M]. 张咏梅等译. 北京:中国轻工业出版社,2003.
14. Baldwin, P. , Fleming, K. *Teaching Literacy through Drama*[M]. London: RoutledgeFalmer, 2002.
15. Berger R, Rugen L, Plaut S N, et al. Transformational Literacy: Making the Common Core Shift With Work That Matters [M]. California, Jossey-Bass, 2014.
16. Brian Tomlinson, Hitomi Masuhara. The Complete Guide to the Theory and Practice of Materials Development for Language Learning [M]. New Jersey: Wiley-Blackwell, 2017.
17. Gail E. Tompkins. Language Arts: Patterns of Practice [M]. New York: Pearson Education, Inc, 2005.
18. Goodwin, J. Using Drama to Support Literacy: Activities for Children Aged 7 – 14 [M]. London: Paul Chapman, 2006.
19. Johnson, L. , O'Neill, C. , Dorothy Heathcote: Collected Writings Education and Drama [M]. London: Hutchinson, 1984.
20. Lesley Mandel Morrow, Karen K. Wixson, Timothy Shanahan. *Teaching with the Common Core Standards for English Language Arts, Grade 3 – 5* [M]. New York: Guilford Press, 2013.
21. Maureen McLaughlin. Inside the Common Core Classroom Practical ELA Strategies for Grade 6 – 8 [M]. New York: Pearson Education, Inc, 2015.
22. Mccaslin N. Creative Drama in the Classroom and Beyond [M]. New York: Pearson Education Inc, 2006.
23. Moran Patrick R. Teaching Culture: Perspectives in Practice [M]. Shanghai: Foreign Language Teaching and Research Press, 2004.
24. Saldaña J. Drama of Color [M]. Portsmouth: Heinemann, 1995.

25. Shirlee S. From the Page to the Stage: The Educators Complete Guide to Readers Theater [M]. New York: Teacher Ideas Press, 2003.

26. The National Centre for languages. European Language Portfolio — Junior Version: Revised edition [M]. Modern Colour Solutions. 2001.

27. Vygotsky L. Thought and Language [M]. Cambridge, MT: The MIT Press, 1986.

28. Wagner B. J. Educational Drama and Language Arts: What Research Shows [M]. Portsmouth, NH: Heinemann, 1998.

二、期刊

29. 池夏冰,董蓓菲.教育戏剧在语文课程中的功能与路径[J].基础教育,2017(6).

30. 丁晓婧.2016英国国家课程考试KS1(二年级)英语阅读[J].上海教育,2016(10).

31. 丁晓婧.2016英国国家课程考试KS2(六年级)英语阅读[J].上海教育,2016(10).

32. 董蓓菲.语文课程标准的文化回归与超越[J].课程·教材·教法,2013(6).

33. 高天明,熊焰.英国小学课堂生态交往·监控·倾听[J].课程·教材·教法,2007(9).

34. 黄丽燕,李文郁.英国基础教育2014年国家课程计划述评[J].课程·教材·教法,2014(9).

35. 蒋艳红,陈琳,李凡.英国中小学教育改革最新动向——《教学重要性》白皮书解读及启示[J].外国教育研究,2012(2).

36. 牛悦,於荣.美国大学入学考试SAT的改革及其启示.[J].北京:中国人民大学教育学刊,2016(2).

37. 钱小龙,汪霞.英国普通高中课程改革的基本特征研究[J].外国教育研究,2014(2).

38. 汪霞.英国基础教育课程目标的界定[J].全球教育展望,2001(1).

39. 王晓梅.英国国家课程简介[J].课程·教材·教法,2014(6).

40. 杨国富.美国大学入学考试SAT改革述评.[J].上海:全球教育展望,2015(1).

41. 张海燕.美国中小学跨学科教学设计简析[J].内蒙古教育,2010(6).

42. 张建珍,郭婧.英国课程改革的"知识转向"[J].教育研究,2017(8).

43. 张紫屏.基于核心素养的教学变革——源自英国的经验与启示[J].全球教育展望,2016(7).

44. 赵笪婷,许明.英国中小学国家课程改革的新动向[J].外国中小学教育,2014(6).

45. 周文叶.核心素养的课程转化:以美国为例[J].教育发展研究,2017(12).

46. Elizabeth Petroelje Stolle & Charlotte Frambaugh-Kritzer. Putting Professionalism Back into Teaching: Secondary Preservice and In-Service Teachers Engaging in Interdisciplinary Unit Planning [J]. Action in Teacher Education, 2014,36(1).

47. Heathcote D, Herbert P. A Drama of Learning: Mantle of the Expert [J]. Theory into Practice, 1985,24(3).

48. Kardash C A M, Wright L. Does Creative Drama Benefit Elementary School Students: A Meta-analysis [J]. Youth Theatre Journal, 1986,1(3).

49. Lee B K. The Effect of Drama-based Pedagogy on Pre K–16 Outcomes: A Meta-analysis of Research from 1985 to 2012 [J]. Review of Educational Research, 2015,85(1).

50. Martinez M, Roser N, Strecker S. "I never thought I could be a star": A Readers Theatre Ticket to Fluency [J]. The Reading Teacher, 1999,52(4).

51. Podlozny A. Strengthening Verbal Skills through the Use of Classroom Drama: A Clear Link [J]. Journal of Aesthetic Education, 2000,34(3–4).

52. Rosenblatt L M. Literature S. O. S [J]. Language Arts, 1991,68(6).

53. Rosenblatt L M. The Literary Transaction: Evocation and Response [J]. Theory Into Practice, 1982,21(4).

54. Susan Merten. Reading and Writing Alignment Across Content Areas [J]. Science Scope, 2015,38

(6).

三、学位论文

55. 陈艳. 美国 SAT 考试历史变迁研究[D]. 南京：南京师范大学，2011.

56. 冯琳. 英国出版业的发展特点及其启示[D]. 北京：北京印刷学院，2006.

57. 刘春香. 美国基于共同标准的课程改革：策略与启发[D]. 上海：华东师范大学，2014.

58. 张海燕. 美国中小学跨学科课程研究[D]. 上海：华东师范大学，2005.

59. 赵烨. 英国小学母语作文教科书研究——以 Nelson Thornes 出版社的《Focus On Writing Composition》为例[D]. 上海师范大学，2012.

60. Conrad F. The Arts in Education and a Meta-analysis ［D］. West Lafayette：Purdue University，1992.

61. Lin S M. The Effects of Creative Drama on Story Comprehension for Children in Taiwan (China) ［D］. Phoenix：Arizona State University，1999.

四、网络文献

62. Assessment for learning 10 principles. ［EB/OL］. ［2018 - 05 - 10］. http://wwww. qca. ora. uk/ downloads/afl principles. pdf.

63. California State Board of Education. Chapter 10: Learning in the 21st Century of the English Language Arts/English Language Development Framework ［EB/OL］. ［2018 - 02 - 01］. https:// www. cde. ca. gov/ci/rl/cf/documents/elaeldfwchapter10. pdf.

64. CollectEdNY. Word Gen Weekly Interdisciplinary Units. ［EB/OL］. ［2018 - 01 - 28］. http:// www. collectedny. org/frameworkposts/wordgen-weekly-interdisciplinary-units/.

65. Common Core State Standards Initiative. Common Core State Standards for English Language Arts ［EB/OL］. ［2018 - 01 - 20］. http://www. corestandards. org/ELA-Literacy/CCRA/SL/.

66. Common Core State Standards Initiative. Common Core State Standards for English Language Arts & Literacy [EB/OL]. ［2018 - 01 - 20］. http://www. corestandards. org/ELA-Literacy/.

67. Corestandards. org. Revised Publishers' Criteria for ELA/Literacy [EB/OL]. ［2018 - 05 - 01］. https://achievethecore. org/page/227/revised-publishers-criteria-for-ela-literacy.

68. Daniel Bentley. A Knowledge-Based Curriculum Is What Our Children Need [EB/OL]. ［2018 - 02 - 10］. http://www. civitas. org. uk/press/a-knowledge-based-curriculum-is-what-our-children-need/.

69. David Green. Michael Gove's planned national curriculum is designed to renew teaching as a vocation [EB/OL]. ［2018 - 02 - 10］. https://blogs. spectator. co. uk/2013/04/michael-goves-planned-national-curriculum-is-designed-to-renew-teaching-as-a-vocation/.

70. Department for Education. National curriculum in England：framework for key stages 1 to 4 [EB/ OL]. ［2018 - 02 - 10］. https://www. gov. uk/government/publications/national-curriculum-in-england-framework-for-key-stages-1-to-4/the-national-curriculum-in-england-framework-for-key-stages-1-to-4.

71. Department for Education. National curriculum in England：English programmes of study [EB/OL]. ［2018 - 02 - 10］. https://www. gov. uk/government/publications/national-curriculum-in-england-english-programmes-of-study/national-curriculum-in-england-english-programmes-of-study.

72. Department for Education. The national curriculum in England Key stages 1 and 2 framework document. ［EB/OL］. ［2018 - 02 - 10］. https://assets. publishing. service. gov. uk/government/ uploads/system/uploads/attachment_data/file/425601/PRIMARY_national_curriculum. pdf.

73. Edreports. org. Informed decisions, improved materials, better outcomes for students ［EB/OL］.

[2018 – 05 – 01]. https://www.edreports.org/files/EdReports.org_AboutUs_7-2017.pdf.

74. Edreports.org. Tools and Evidence Guides [EB/OL]. [2018 – 05 – 01]. https://www.edreports.org/resources/tools-and-evidence-guides/index.html.

75. Edreports.org. High School ELA [EB/OL]. [2018 – 05 – 01]. https://www.edreports.org/about/our-approach/high-school-ela.html.

76. Fran Abrams. Cultural literacy: Michael Gove's school of hard facts [EB/OL]. [2018 – 02 – 10]. http://www.bbc.com/news/education-20041597?print=true.

77. GCSE ENGLISH/ENGLISH LANGUAGE. [EB/OL]. [2018 – 03 – 10] https://revisionworld.com/a2-level-level-revision/english-language-gcse-level/english-language-gcse-past-papers/aqa-gcse-english-language-past-papers.

78. Kathleen Kennedy Manzo. English Curriculum: 21st Century Skills and English Map [EB/OL]. [2018 – 02 – 01]. https://search.proquest.com/docview/202754192?accountid=10659.

79. Ken, Kay. On the Common Core State Standards Initiative [EB/OL]. [2018 – 02 – 01]. http://www.P21.org/index.php?option=com_content&task=view&id=941&Itemid=64.

80. Key stage 2 English reading test mark schemes. [EB/OL]. [2017 – 2 – 2]. http://www.gov.uk/government/publications.

81. Learning in Partnership. The Learning and Performance Network Final Impact Evaluation Report 2016 [EB/OL]. [2017 – 5 – 27]. https://cdn2.rsc.org.uk/sitefinity/education-pdfs/lpn-10-years-of-transforming-experiences-of-shakespeare/the-learning-and-performance-network-final-impact-evaluation-report-2016.pdf.

82. National Curriculum. Functional skills [EB/OL]. [2018 – 02 – 10]. http://archive.teachfind.com/qcda/curriculum.qcda.gov.uk/key-stages-3-and-4/skills/functional-skills/index.html.

83. New Model School. Core Knowledge Introduction [EB/OL]. [2018 – 02 – 10]. http://www.newmodelschool.co.uk/Core-Knowledge-Introduction/.

84. Nick Gibb. 2017 Speech on Knowledge-Based Education [EB/OL]. [2018 – 02 – 10]. http://www.ukpol.co.uk/nick-gibb-2017-speech-on-knowledge-based-education/.

85. Nicky Morgan. Why knowledge matters [EB/OL]. [2018 – 02 – 10]. https://www.gov.uk/government/speeches/nicky-morgan-why-knowledge-matters.

86. Partnership for 21st century skills. P21 Common Core Toolkit: A Guide to Aligning the Common Core State Standards with the Framework for 21st Century Skills [EB/OL]. [2018 – 02 – 01]. http://www.P21.org/storage/documents/P21CommonCoreToolkit.pdf.

87. Partnership for 21st century skills. 21st Century Skills Map English [EB/OL]. [2018 – 02 – 01]. http://www.P21.org/storage/documents/21st_century_skills_english_map.pdf.

88. Pellegrino J W E, Hilton M L E. Education for Life and Work: Developing Transferable Knowledge and Skills in the 21st century. [EB/OL]. [2018 – 02 – 01]. https://www.nap.edu/read/13398/chapter/3#b1.

89. Qualifications and Curriculum Development Agency. Functional skills [EB/OL]. [2018 – 02 – 01]. http://archive.teachfind.com/qcda/curriculum.qcda.gov.uk/key-stages-3-and-4/skills/functional-skills/index.html.

90. Royal Shakespeare Company. Introducing Rehearsal Room Approaches [EB/OL] [2017 – 5 – 21]. https://www.rsc.org.uk/education/teacher-resources/introducing-rehearsal-room-approaches.

91. RSA. RSA Opening Minds competence framework [EB/OL]. [2018 – 02 – 10]. http://www.rsaopeningminds.org.uk/about-rsa-openingminds/competences/.

92. Standards & Testing Agency. 2016 key stage 2 English reading：answer booklet ［EB/OL］. ［2018 – 02 – 10］. https://www. gov. uk/government/uploads/system/uploads/attachment _ data/file/ 523735/2016_ks2_Englishreading_readinganswerbooklet_04012016_PDFA. pdf.

93. Standards & Testing Agency. Teacher assessment frameworks at the end of key stage 2 for 2017/18 ［EB/OL］. ［2018 – 02 – 10］. https://www. gov. uk/government/uploads/system/uploads/ attachment_data/file/647107/2017_to_2018_teacher_assessment_frameworks_at_the_end_of_key_ stage_2_PDFA. pdf.

94. Standards & Testing Agency. 2016 key stage 2 English reading booklet ［EB/OL］. ［2018 – 02 – 10］. https://www. gov. uk/government/uploads/system/uploads/attachment _ data/file/523734/2016 _ ks2_Englishreading_readingbooklet_26012016_PDFA. pdf.

95. Standards & Testing Agency. 2016 KS2 scaled scores. ［EB/OL］. ［2018 – 02 – 10］. https://www. gov. uk/government/uploads/system/uploads/attachment _ data/file/616977/2016 _ KS2 _ scaled _ scores. pdf.

96. Standards & Testing Agency. Information for parents：Results from the 2016 national curriculum assessments at the end of key stage ［EB/OL］. ［2018 – 02 – 10］. http://dera. ioe. ac. uk/26784/1/ Information_for_parents_-_2016_NCT_results_at_the_end_of_key_stage_2. pdf.

97. Student Achievement Partners. Instructional Materials Evaluation Tool ［EB/OL］. ［2018 – 05 – 01］. https://achievethecore. org/page/1946/instructional-materials-evaluation-tool.

98. Susan M. Drake, Rebecca C. Burns. What is Integrated Curriculum. ［EB/OL］. ［2018 – 01 – 28］. http://www. ascd. org/publications/books/103011/chapters/What-Is-Integrated-Curriculum%C2% A2. aspx.

99. The Great Education Debate. The curriculum ［EB/OL］. ［2018 – 02 – 10］. http://www. greateducationdebate. org. uk/debate/debate. the-curriculum. html.

100. The College Board. The SAT Subject Tests Student Guide. ［EB/OL］. ［2018 – 01 – 16］. https:// collegereadiness. collegeboard. org/pdf/sat-subject-tests-student-guide. pdf.

101. Word Generation. How WordGen WEEKLY Works. ［EB/OL］. ［2018 – 01 – 28］. http://wordgen. serpmedia. org/assets/wordgenweekly_orientation_pages_series_1. pdf.

102. 东西有信. 新 SAT 写作样题深度解析：怎样利用写作逆袭名校. ［EB/OL］. ［2018 – 04 – 15］. http://mp. weixin. qq. com/s/RIlQhLp4VIFxvP7FegIlYg.